웹툰계약 마스터

웹툰 제작 및 유통에 필요한 계약 정복

이영욱·홍정순 지음

서문

본 책은 거창하게 '웹툰 계약 마스터'라는 이름을 갖고 있습니다.

우리 웹툰의 눈부신 발전상에 대해서는 모두 아는 바와 같습니다. 제가 어릴 때는 삼성이 소니를 따라잡으리라고는 상상도 하지 못했는데, 이러다가 한국 웹툰(만화)이 일본 만화를 앞서는 것 아닐까 싶을 정도입니다. 업계의 어떤 분은 '2000년대 초반 우리나라 MMO RPG 게임이 세계를 휩쓸던 모습을 보는 것 같다.'라고 하더군요.

다만 이렇게 업계가 발전을 하면서 파이가 커짐에 따라, 법적인 문제들도 점차 많아지고 있습니다. 법적인 문제라면 저작권 침해 등 문제도 있지만, 그보다는 우선 '계약'의 문제가 있습니다. 사실 어찌보면 저작권 침해와 같이 큰 일은 일평생 한 번 있을까 말까 하지만, 계약은 더 흔히 부딪칠 수 있는 문제겠군요.

제가 수년간 한국예술인복지재단, 한국만화영상진흥원 등 자문위원을 하면서 많은 질문을 받다 보니, 뭔가 계약에 대해 자세히 설명할 수 있는 책이 필요하겠다는 생각이 점점 들더군요. 작가에게도, 사업자 측 실무자에게도요.

보통 예술가, 창작자들, 만화가들은 아무래도 창작을 하는 입장이므로 법적인 문제, 계약, 계약서 등에 약한 경우가 보통입니다. 반면, 사업자 측의 계약서는 점점 더 두꺼워지고 세밀해지고 있습니다.

우리나라 실무에서도 부당한 저작권 계약들이 종종 문제가 되어, 작가분들도 이제는 나름 경각심을 갖고 계약에 임하고 있습니다. 그럼에도 불구하고, 종종 도대체 무슨 이런 계약이 있나 싶은 계약서들을 접하고 깜짝 놀라곤 합니다. 더군다나 태연히 날인이 된 계약서들이죠. 특히 변호사로서 안타까운 일은 이미 돌이킬 수 없는 내용의 날인된 계약서를 갖고 오는 경우로서, 이 경우 이를 바로잡기 위해서 상당히 많은 시간과 노력이 필요하게 됩니다.

제가 법대를 졸업하고 광고 회사를 다니던 때, '순간의 선택이 10년을 좌우합니다'라는 전설적인 카피를 쓴 카피라이터 상무님도 함께 일하고 있었습니다. 이는 웹툰 계약서도 그러합니다. 아니, 더 합니다. 잘 쓴 계약서는 생길 수 있는 분쟁까지 막을 수 있지만, 잘못 쓴 계약서는 10년 이상의 기간에 걸쳐 여러분을 괴롭히고 권리와 시간, 돈을 몽땅 빼앗아 갈 수 있습니다.

업계, 학계와 정부측의 노력으로 우리나라에도 많은 표준계약서와 표준약관이 제정되기는 하였지만, 그런 계약서들도 이해하기 어렵거나 어색한 경우가 많습니다. 아니, 심지어 표준계약서의 내용도 이해하지 못하는 경우가 많습니다.

엔터테인먼트 산업이 가장 발달한 미국의 경우를 보면 감탄스러울 정도로 엔터테인먼트 업계 분야별로 계약에 관한 책들이 많이 나와 있고, 음악이나 출판 같은 경우는 계약서 책만도 매우 많은 책들이 나와 있습니다.

그럼에도 우리나라에는 아직 이 분야 계약서 책이 존재하지 않거나 산발적으로 존재하고 있어, 업계에서 많이 사용될 수 있는 계약서를 가급적 중립적이고 기본적인 내용으로 충분히 담고자 하였습니다.

본 책은 기본적으로 창작자(작가) 입장에서 썼습니다.

개인적으로 저는 저작권과 계약 분야를 계속 공부해와서 이 분야로 석사, 박사학위를 받고 저작권, 특허, 상표, 엔터테인먼트 등 업무를 계속하고 있는 변호사입니다. 동시에 저는 창작자이기도 합니다. 제가 연재를 하고 있는 '변호사25시'는 주 1회, 4컷 만화이긴 하지만 연재를 시작한지 15년이 넘었고, 만화로 된 책을 낸 것을 합쳐보면 대략 18권은 되는 것 같네요. 나름 업력이 상당하죠? 그렇기 때문에 어쩔 수 없이 창작자의 입장이 투영이 되었을 것 같습니다.

또한 훨씬 더 많은 경험과 자원을 가진 사업자와, 자기 이름으로 된 계약서라고는 난생처음 써보는 것일 수도 있는 작가가 계약을 체결하는 '기울어진 운동장' 상황에서는 사업자보다는 작가님들을 위해 책을 써야 할 필요성도 있습니다.

그러나 사업자에게도 분명 도움이 되는 내용일 것이라고 생각합니다. 나름대로 양자의 입장을 고려해서 설명을 하려고 노력하였습니다.

책을 어느 수준에 맞출 것인가의 문제도 있었습니다. 예술가는 원래 법이나 계약과는 친하지 않은 사람이고, 오히려 그런 걸 가까이하면 창작력이 떨어진다고 생각하곤 하죠. 또한 요즘 많은 웹툰 작가들이 대학을 아예 가지 않고 데뷔하거나, 대학을 졸업하기 전에 데뷔하는 경우도 많습니다. 그래서 본 책의 수준은 고등학교를 갓 졸업한 독자를 상정하여 썼습니다.

나름대로 사명감을 갖고 책을 써보려고 노력했습니다만, 부족한 점이 있다면 아낌없이 지적을 해주시고 채찍질 해 주시기 바랍니다.

이 책의 집필자를 말씀드립니다. 책에 수록된 영문 계약서 부분은 홍정순 변호사님이, 작가 입장에서의 팁은 최인수(하마탱) 작가님이 집필하였으며, 나머지 모든 부분은 제가 집필하였습니다. 그림의 삽화 또한 (아마추어 만화가라고 할 수 있는) 제가 그렸습니다. 사실 원래 이 책은 제가 기획과 작업을 오랜 기간 진행하였지만, 개인적으로 영문계약서 부분을 꼭 넣고 싶었고, 예전부터 보아온 최인수 작가님의 작가를 위한 소중한 팁들도 꼭 넣고 싶었습니다. 기꺼이 원고를 주셔서 이 책의 가치를 높여주신 두 분께 다시 한번 깊은 감사를 드립니다.

이 책이 나오는데 가장 큰 도움을 준 것은 무엇보다도 가족입니다. 변함없이 부족한 남편을 응원해주고 가정을 이끌어나가는 아내 성은과 딸 지민에게 진심으로 감사합니다. 어머님과 형제들께도 감사드리고, 이 책의 처음 아이디어를 주신 원종우 대표님께 감사드립니다. 노동법 분야를 보고 의견을 준 친구 박용호 노무사에게도 감사드립니다.

또한 그간 많은 공부를 하게 해주신 여러 만화가, 웹툰 작가님들(특히 계약서를 모으는 것을 도와주신 이종범 작가님), 관련 사업자의 임직원 여러분, 예술인복지재단, 한국만화영상진흥원, 고려대 대학원 교수님들, 저작권판례연구회의 많은 분들께도 진심으로 감사드립니다.

2021. 9 이영욱 올림

목차

I부
웹툰, 만화 주요계약

참고용 계약서 목록

II부
웹툰, 만화 주요계약
(영문계약)

III부
저작권법, 계약의
기초지식

주요 등장인물

용조 작가

만화 경력 15년의 30대 중견 작가.
비교적 옛날 만화 형태를 포함한 다양한 경험을 갖고 있다.

모롱 작가

만화 경력 5년의 20대 여자 작가.
감성적인 일러스트와 스토리로 인기를 끌고 있다.
계약 경험 등은 상대적으로 좀 적은 편.

웹툰툰 플랫폼 노연서 PD.

웹툰 사이트인 '웹툰툰' 플랫폼의 피디.
웹툰계 경력 5년차의 피디이다.

푸르릉 출판사 모동윤 사장

만화 출판사인 푸르릉 출판사의 사장님.
40대 남자. 만화계에서 잔뼈가 굵은 분이다.

씨앤웹 에이전시 주지현 대표

웹툰 에이전시인 씨앤웹 에이전시의 대표이다.
씨앤웹 에이전시는 예전에 주로 작가들 작품을 소개하고 매니지먼트
하는 일을 했지만, 요즘에는 본격적인 웹툰 제작도 검토하고 있다.

구성과 활용 및 주의사항

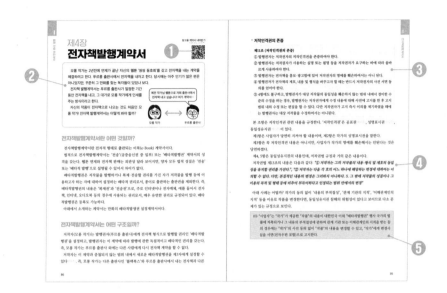

❶ 관련 자료 다운로드 : QR코드를 스캔하여 각 장에서 설명하는 계약서 전문을 참고할 수 있도록 했다.

❷ 작가와 사업자가 실제로 마주하게 될 상황을 알기 쉽게 제시하고 있다.

❸ 표준 또는 기준이 되는 계약서 조항은 별색 박스로 표시했다.

❹ 주요 인용구 및 사례는 이탤릭과 별색으로 표시했다.

❺ 실제 계약 사례를 보여주는 예제는 회색 박스로 표시했다.

● 보통 우리나라의 계약서에서 당사자는 '갑', '을'로 표기한다. 그런데 '갑', '을'이라는 단어가 주는 거부감 때문인지, 많은 표준계약서에서는 '갑', '을'이 아닌 적당한 이름으로 표기하고 있다. 이렇게 표준계약서 등에 표시된 것은 그대로 표기하되, 여타의 계약서에서는 최대한 '작가'와 '사업자'로 설명을 하였다.

● 정부, 공공기관에서 발표한 표준계약서 등은 원본 그대로를 기재하였다. 다만, 표준계약서 중 특히 완전하지 못하다거나 미흡하다고 생각되는 부분은 부득이하게 해당 부분을 수정하거나 각주를 달아 보충하였다.

● 표준계약서를 수록한 이유는 이미 해당 분야에 국가에서 업계의 표준으로 제정, 발표한 표준계약서를 수록하고자 함이고, 또 하나는 아직 잘 알려지지 않았거나 찾기 힘든 표준계약서를 수록하고자 함이다.

● 본 계약서에서는 많은 다른 계약서들을 인용하였다(검토한 관련 계약서 개수를 세어보니 200개가 넘는 것 같다!). 계약서의 입수 경로는 다양하다. 다만, 각 작가나 사업자들이 그런 계약서의 내용을 공개하기를 원하지 않는 경우가 많고, 또 이를 밝히는 것이 적절하지 않기 때문에 부득이하게 출처 표시를 생략하였다.

● 또한 계약서를 인용시 그대로 사용하지는 않았고, 적절히 표현 등을 바꾸었다.

● 표준계약서가 있는 경우 표준계약서를 중심으로, 표준계약서가 없는 경우 새로 기준이 될만한 계약서를 만들어서 설명하였다. 본 책에 수록된 계약서는 현장에서 사용될 수 있는 가장 일반적이고 최소한의 내용으로 구성하였다. 따라서 실제로 이를 당사자간 계약에 사용할 때는 변호사 등 전문가의 도움을 받기 바란다.

● 표준계약서는 2021. 6.자를 기준으로 하였다(문화체육관광부 고시 제2019-000호).

● 책에서 인용하는 법률은 이름을 써주었지만, 가장 많이 등록하는 저작권법은 법명을 생략한 경우가 있다. 따라서 '제O조'라고만 나오면 저작권법을 말한다.

웹툰, 만화
주요계약

서장
계약서의 형식

중견 만화가인 용조 작가는 '웹툰툰' 플랫폼의 노 PD로부터 연재 제안을 받았다. 모처럼 만의 꼭 놓치고 싶지 않은 기회!

미팅 이후 노 PD가 이메일로 계약서를 보내왔는데, 15년간 만화판에서 일해온 용조 작가이지만 점점 더 복잡해지고, 분량이 많아지는 계약서가 무섭기만 하다. 예전에 용조 작가가 모시던 선생님은 '계약서 같은 문서를 보면 볼수록 만화가의 창조성이 떨어진다'고도 했는데…

자 이 계약서, 어떻게 봐야 하지?

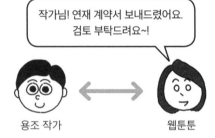

작가님! 연재 계약서 보내드렸어요. 검토 부탁드려요~!

용조 작가   웹툰툰

계약서의 구성과 내용

여러분은 작가 또는 사업자 측 담당자로서 웹툰 또는 만화 관련 계약서를 앞에 두고 있다. 과연 이 계약서는 어떻게 구성되어 있을까?

본 책에서는 여러 계약서를 다루고 있지만, 계약서를 크게 나누어보면 **(1) 계약서 제목, 전문, 머리말 등 계약서 앞 부분**과, **(2) 계약의 핵심이 되는, 쌍방간 권리의무 관계를 다루는 계약서의 본문 부분**, **(3) 그 이후 계약기간, 계약의 해제, 해지, 손해배상, 관할 법원 등 통상 계약서에 들어가는 유사한 부분**이 있음을 알게 된다.

즉, 대체로 이런 형식이다.

앞부분	제목, 목적, 정의
권리규정(실질규정)	계약별로 핵심적인 권리 의무에 관한 규정
관리규정(일반규정)	계약기간, 손해배상, 해제(해지), 계약변경, 양도, 관할, 분쟁의 해결 등
뒷부분	서명 날인

참고로 미국의 '시각 아티스트를 위한 핸드북'의 계약서에서는 다음 사항들이 포함되어야 한다고 설명한다.[1] 우리 계약서 포맷과 꼭 맞는 것은 아니지만, 참고할 만한 내용으로 생각된다.

대항목	세부 항목
1. 저작권 이용 이슈	매체(제품)의 종류 / 이용의 범주/ 이용 영역 / 이용기간 / '모든 권리' 조항 / 원작의 소유권/ 제3자에 대한 이용허락 / 독점 여부 / 업무상저작물
2. 지불 이슈	비용(대강) / 추가적 보상 / 취소비용/ 지불 일정 / 지연배상 / 고객의 변경요청 / 세금 / 법률비용
3. 법적 이슈	보증 / 면책 / 구제수단(타입, 지리적 영역, 법적 비용, 시정 조항)
4. 작업 관계 이슈	작업의 설명 / 단계 및 스케줄 / 승인 절차 / 최종 아트워크와 반환

　그래서 이 책에서는 우선 공통된 부분으로서 일반 계약서의 공통조항, 웹툰, 만화 계약서의 공통조항 부분을 살펴본 다음 각 개별 계약서를 살펴본다(국문 계약서, 그 후 영문 계약서).

　본 책을 볼 때는 처음부터 끝까지 볼 필요는 전혀 없다. 여러분이 가장 필요로 하는 계약서를 위주로 보면 된다.

　다만, '공통조항' 부분은 앞에서 몰아서 집중적으로 보게 되므로 각 개별 계약서에서는 해당 부분 설명은 생략하거나 각 계약서에 특수한 조항들만 설명하겠다. 거꾸로, 각 계약서를 살펴볼 때는 '공통조항' 부분과 함께 각 개별 계약서를 살펴보면 되겠다.

제1장
공통조항(1)-일반계약서

용조 작가는 '웹툰툰' 플랫폼의 노 PD로부터 받은 계약서를 쭉 한번 살펴본다. 용조 작가는 오랜 기간 만화 작품 생활을 하면서 그간 상당히 여러 종류의 계약을 해봤기에, 앞부분과 뒷부분에는 뭔가 비슷비슷한 내용들이 나오는 것을 알고 있다.

앞부분의 계약서 제목, 목적이니 정의니 알듯 말듯 한 말들… 뒷부분의 계약기간, 갱신, 해제, 해지, 위약금, 계약의 양도, 변경 등등.

이런 것들도 하나하나 꼼꼼히 봐야 하나? 어떤 사항을 주의해서 봐야 할까?

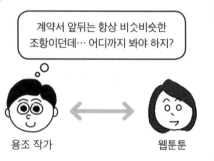

1. 앞부분

계약서 제목

계약서는 다양한 이름으로 부를 수 있다. 예를 들어 뒤에서 살펴볼 '웹툰제작계약'을 보자. 계약서 내용은 유사하지만, 실례를 살펴보면 그냥 '계약서', '콘텐츠 투자제작계약서', '웹툰 콘텐츠 제작 계약서', '만화콘텐츠제작계약서', '웹툰제작협업계약서', '웹툰 콘텐츠 외주 제작 용역 계약서', '웹툰제작계약서', '저작물 공동저작 및 저작물 유통 계약서' 등 다양한 명칭을 사용하고 있다.

계약서 제목 자체만으로 어떤 법적 구속력이나 효과를 발생시키지는 않고, 단지 계약의 개요를 설명하는 것에 불과하다. 그렇기 때문에 계약서 제목은 계약서 내용과 무관하거나 계약서 제목과 배치되는 것만 아니면 괜찮다.

제목과 본문이 다르면 어떻게 될까? 예를 들어서 본 계약서의 제목이 내용과 달리 '웹툰 저작권 양도 계약서'라고 기재되어 있으면? 계약의 해석과 효력은 본문을 따라가게 되어 있으므로 제목이 그렇다고 해도 저작권 양도를 인정할 수는 없다(판사는 계약서 제목은 아마도 단순한 잘못된 표기, 즉 오기라고 생각할 것 같다).

다양한 거래가 복합적으로 섞여 있거나 새로운 형태의 계약인 경우, 계약서 제목을 무엇으로 할지 뚜렷하지 않다면 그냥 '계약서'라고 해도 좋겠다.[2]

전문과 목적 규정

본격적으로 조문이 나오기 이전에, 계약서의 앞부분에서 예를 들어 "작가 ○○○와 사업자 ○
○○는 아래의 저작물에 대하여 다음과 같이 연재계약을 체결한다."라고 설명하는 부분을 '전
문前文'이라고 한다.

전문과 계약서에 제1조로 들어가는 '목적' 규정은 위치는 다르지만 실제로는 두 개 모두 계약
서의 목적이나 취지를 규정하는 경우가 많다.

이러한 부분은 없다고 해도 계약서의 역할에 지장을 주지 않는다. 다만, 계약서의 전체적 이해
에 도움이 될 수 있고, 계약서의 구체적인 규정 해석에 간접적인 도움을 줄 수 있을 것이다. 따
라서 이런 전문이나 목적 조항이 없는 계약서도 존재한다.

예를 살펴본다. 전문 형태로 되어 있는 계약서 사례를 본다.

> 본 계약은 사업자(이하 '사업자'라 함)와 웹툰 작가 ○○○(이하 '작가'라 함)이, '사업자'가 운영
> 하는 웹사이트에 '작가'가 웹툰을 제공하고 '사업자'가 이를 통해 수익을 얻기 위한 사업을 진행
> 함에 있어 상호간 권리 의무를 정하고자 한다.

전문 없이 목적 규정이 나오는 경우를 보자. 표준계약서인 '웹툰 연재계약서'의 경우다.

> **제1조(계약의 목적)**
> 본 계약은 저작권자가 창작한 저작물(웹툰 콘텐츠)을 서비스업자에게 제공하고, 서비스업자는
> 이를 온라인 플랫폼을 통하여 연재하고 그 대가를 저작권자에게 지급함에 있어 양 당사자 간의
> 권리의무 및 기타 제반사항을 규정하는데 그 목적이 있다.

목적 조항의 다른 예를 살펴본다.

> **제1조(목적)**
> 본 계약은 '사업자'가 '작가'로부터 제공받은 웹툰을 '사업자' 또는 제3자의 정보서비스에서 제
> 공하는데 필요한 양 당사자의 권리·의무 및 관련 사항을 규정함을 목적으로 한다.

다른 예를 살펴본다.

> **제1조(계약의 목적)**
> 본 계약은 '작가'가 '사업자'에게 '콘텐츠'를 제공하고 '사업자'는 '콘텐츠'를 '서비스'할 수 있
> 는 권리를 가지는데 있어 필요한 양 당사자의 권리 의무와 관련 제반 사항을 규정함을 목적으로
> 한다.

정의 규정

계약서의 앞부분에 흔히 정의 규정이 있다. 복잡하지 않은 계약서에서는 별도로 정의 규정을 두지 않고 계약서 내에서 특별한 정의가 필요한 용어가 나올 때마다 따옴표(' ')나 쌍따옴표(" ")로 정의를 하는 경우도 있다. 그래서 실제로 정의 규정이 없는 계약서도 상당히 많고, 그렇게 해도 무방하다.

정의 규정은 계약서를 획일적이고 명확하게 해석하기 위한 것이다. 또한 다수의 작가와 계약을 하는 사업자 입장에서는 계약서 내용을 정확하게 전달(안내)하는 역할도 할 수 있겠다.

표준계약서에서는 '정의' 규정에서 대체로 저작권법상 용어를 해석하고 있는데, 사실 그런 정의 규정은 필요성이 낮은 편이다. 그런 규정은 굳이 설명하지 않아도 저작권법 규정 내용대로 해석될 것이기 때문이다.

정의 규정이 실질적으로 중요한 경우는 그 내용에 따라 계약서의 효과와 범위가 달라지는 경우이다. 작가와 사업자간 이해관계가 충돌할 수 있는 부분이기도 하다. 이럴 때는 작가 입장에서는 다소 피곤해도 또는 정의 규정을 수정하자고 요구하기가 쉽지 않아도 해당 규정을 잘 살펴볼 필요가 있다.

표준계약서인 '웹툰 연재계약서'를 살펴보면, 여기의 정의는 대부분 저작권법상 정의와 같아서 정의 규정을 둘 필요성이 비교적 낮다.

제2조 (정의)

1. "대상 저작물"은 위에 표시한, 이 계약의 목적이 되는 저작물을 말한다.
2. "복제"는 대상 저작물을 인쇄·사진촬영·복사·녹음·녹화 그 밖의 방법으로 일시적 또는 영구적으로 유형물에 고정하거나 다시 제작하는 것을 말한다.
3. "공중"은 불특정 다수인(특정 다수인을 포함한다)을 말한다.
4. "공중송신"은 대상 저작물을 공중이 수신하거나 접근하게 할 목적으로 무선 또는 유선통신의 방법에 의하여 송신하거나 이용에 제공하는 것을 말한다.
5. "전송(傳送)"은 공중송신 중 공중의 구성원이 개별적으로 선택한 시간과 장소에서 접근할 수 있도록 저작물 등을 이용에 제공하는 것을 말하며, 그에 따라 이루어지는 송신을 포함한다.
6. "사이트"란 서비스업자 또는 제3자가 이용자에게 대상 저작물을 제공하기 위하여 구축, 운영하고 있는, 인터넷 서비스를 제공하는 서버가 설치되어 있는 호스트 컴퓨터 시스템을 말한다.
7. "온라인 서비스"란 「정보통신망 이용촉진 및 정보보호 등에 관한 법률」 제2조 제1항 제1호 소정의 정보통신망을 통하여 대상 저작물을 복제, 전송하는 것을 말한다.
8. "연재"란 대상 저작물을 "사이트"에 회 단위로 분리하여 일정 기간 동안 일정 주기마다 게재하는 것을 말한다.
9. "2차적 저작물"은 대상 저작물을 번역·편곡·변형·각색·영상제작 그 밖의 방법으로 작성한 창작물을 말한다.

10. "Product Placement(PPL)"은 대상 저작물의 내용이나 맥락 내에 업체의 브랜드 이름이 보이는 상품을 배치하거나, 업체의 이미지나 명칭, 특정장소 등을 노출시키는 등의 방법으로 독자들에게 업체나 상품을 간접적으로 홍보하는 방식의 광고마케팅을 말한다.

11. "완전원고"는 대상 저작물의 연재를 위하여 필요하고도 완전한 원고를 말한다.

다른 사례를 살펴본다. 웹툰 연재계약서인데, 사업자 입장에서는 폭넓게 서비스를 할 수 있도록 해야 할 필요가 있으므로, "서비스"를 비교적 넓게 정의하고 있다.

제0조 (정의)

1. "서비스"란 "콘텐츠"를 "사업자"가 운영하는 국내외 유무선 인터넷, IPTV, PDA, 스마트폰, Application, Web, E-BOOK, API 서비스 및 기타 "사업자"가 개발한 프로그램 등 현재 개발되었거나 장래에 개발될 모든 매체 및 기술을 이용하여 배포, 복제, 발행 혹은 공중 전송 등의 방법으로 전자적 형태로 이용자에게 제공하는 행위를 말한다.

다른 사례를 살펴본다. 이 계약서에서는 사업자에게 '사업권'을 인정하는데, 정의 규정에서 사업권을 규정하면서 아래와 같이 정의한다. 이에 따르면 사업자는 2차적저작권 사업, 즉, 게임, 공연 등도 사업화를 할 수 있게 된다.

제2조 (정의)

1. 사업행위 : 국내/해외 연재, 출판, 배포 등 "콘텐츠"를 출판물(전자출판을 포함한다)로서 활용하여 수익을 창출하는 행위, 2차적저작권사업(영상화, 게임, 캐릭터, 애니메이션, 공연 등)

2. 사업권 : "사업행위"를 수행할 수 있는 권리 일체

정의 규정에 등장할 수 있는 용어들

정의 규정이 필요한 경우는 계약서에서 법 규정에 없거나 우리가 흔히 사용하지 않는 용어가 사용되는 경우이다. 몇가지 예를 살펴보자.

● 미니멈개런티 Minimum Guarantee

미니멈개런티는 '최소한의 보장금액'을 말한다. 즉, 사업자 입장에서 최소한 이 정도는 보장해 주겠다는 금액을 말한다. 예를 들어서 출판계약에서 1,000부에 상당하는 인세 상당액을 계약금으로 준다고 생각해 보자. 실제로 나온 책이 1,000부가 되지 않더라도 작가는 최소한 그 금액은 보장을 받는 것이다.

실제 사례를 살펴보자.

> **제0조 (용어의 정의)**
>
> (0) "Minimum Guarantee(이하 "M/G"라고 한다)"라 함은 '사업자'가 '작가'에게 '작품'에 대한 '서비스'에 대해 작품 이용료를 정산하여 지급함에 있어서 작품 이용료가 "M/G"로 정한 금액 이하로 발생하더라도 해당 금액만큼의 지급을 보장하겠다는 취지로 정한 최소보장금액을 의미한다.

● 우선협상권과 최종거절권

'우선협상권'과 '최종거절권'이라는 단어는 주로 회사법(특히 주식매매, M&A)에서 많이 쓰이는 용어였는데, 요 근래 엔터테인먼트 계약서에도 종종 등장하고, 이제는 만화나 웹툰 계약서에도 종종 등장하고 있다.

'우선협상권'은 쉽게 말하면 계약 당사자가 갖고 있는 권리에 대해 제3자와 계약할 때 계약 상대방과 먼저 협상을 하라는 것이다. 계약상대방과 협상을 하면 되는 것이지 꼭 계약을 체결해야 하는 것은 아니다. 따라서 비교적 가벼운 느낌이다.

반면 '최종거절권 Right of first refusal'은 계약 당사자가 갖고 있는 권리에 대해 제3자가 계약조건을 제시하면 계약 상대방에게 그 조건으로 계약을 체결할지 먼저 문의하고, 계약 상대방이 응하면 계약 상대방과 계약을 체결해야 하고, 계약 상대방이 거절한 후에야 제3자와 계약을 할 수 있다는 것이다. 결국 계약 상대방(주로 사업자)에게 상당히 강한 권리를 인정하는 권리이다.

다만, 한국만화가협회 자료에서는 '우선협상권'과 '최종거절권'을 다소 다른 의미로 설명하고 있는데, 정확한 설명은 아닌 듯하다.[3]

'우선협상권'과 '최종거절권'이 정의 규정에 들어 있는 실제 사례를 살펴보자.

> **제0조 (정의)**
>
> (0) '우선협상권' - '본 계약'의 당사자가 갖는 권리를 양도 또는 사용허락 하는 경우 우선 협상권을 갖는 당사자와 먼저 그 권리를 양수 또는 사용허락 받을 것인지 여부를 합의하지 아니하면 제3자와 협의할 수 없도록 하는 권리를 말한다.
>
> (0) '최종거절권' - '본 계약'의 당사자가 갖는 권리를 제3자에게 양도 또는 사용허락 하는 경우, 최종 거절권을 갖는 당사자가 제3자에게 양도 또는 사용허락 하기로 한 조건과 동일한 조건으로도 그 권리의 양수 또는 사용허락 받을 것을 거절하지 아니하면 제3자와의 계약을 체결할 수 없는 권리이다.

실제로 계약서 본문에서는 어떤 식으로 나타나는지 사례를 살펴보자.

다음의 경우 계약기간이 끝난 후, 사업자는 속편 등을 만들 수 있는 우선협상권을 가진다. 작가는 속편을 만들려면 사업자와 먼저 협상을 한 다음 제3자와 협상을 해야 한다. 다만, 작가가 사업자와 꼭 계약을 체결해야 할 의무는 없다.

(O) 본 계약이 기간만료로 종료된 경우 '사업자'는 '작가'와 속편 등을 직접 또는 제3자를 통해 개발할 수 있는 우선협상권을 갖는다.

우선협상권을 아래와 같은 식으로도 규정할 수 있지만, '우선적인 권리'가 무엇인지 의미가 분명하지 않아 다소 느슨하게 보인다.

제0조 (우선권)
본 저작물이 성공하여 후속편이 집필, 출판되는 경우 '사업자'는 이에 대한 우선적인 권리를 가지고, '작가'와 '사업자'는 관련 내용을 협의하여 정한다.

아래 사례에서는 우선협상권을 상당히 자세히 규정하였다.

제0조 (2차적 저작물 사업화에 대한 우선협상권)
① 본 계약기간 중 "사업자"는 본 저작물의 2차적 저작물 사업화에 대한 우선협상권을 가진다.
② 전항의 우선협상권은 "사업자"가 "작가"와 우선적으로 협상을 진행할 수 있는 권리가 있다는 것을 의미할 뿐 "작가"가 "사업자"와 반드시 계약을 체결하여야 하는 것으로 해석되지 않으며, 계약 여부의 최종적인 결정권한은 "작가"가 보유한다.
③ "작가"가 본 계약의 계약기간 중 제3자로부터 본 저작물에 대한 2차적 저작물 사업화제안을 받는 경우 "작가"는 제안을 받은 날로부터 0일 이내에 "사업자"에게 그 내용을 서면으로 통보하고 2차적 저작물 사업화에 대한 사항을 협의한다. "작가"가 "사업자"에게 협의를 통보한 시점으로부터 00일 이내에 "사업자"와 계약 조건 협의가 종료되지 아니하거나, "사업자"가 해당 2차적 저작물 사업화 제안에 대해서 우선협상권 행사 의사가 없음을 "작가"에게 통보 시, "사업자"의 2차적 저작물 사업화에 대한 우선협상권은 소멸하며, "작가"는 제3자와 계약을 체결할 수 있다.
④ "작가"가 "사업자"와 2차적 저작물 사업화를 위한 계약을 체결하고자 하는 경우, 이용허락의 조건 및 수익 배분에 대해서는 "작가"와 "사업자"가 별도의 서면으로 계약을 체결한다.

● **스핀오프** Spin Off

'스핀오프'는 예를 들어 '엑스맨X-MEN' 영화 시리즈가 나오다가, 엑스맨 중 하나인 '울버린Wolverine'이라는 캐릭터를 이용해서 새로운 영화 시리즈를 만드는 식으로, 어떤 작품에 등장하는 인물을 이용해 새로운 작품을 만드는 것을 말한다. '파생작' 또는 '번외작'의 의미이다.

'스핀오프'라는 단어가 일반적으로 알려졌다거나 일반적으로 의미를 공유하는 것은 아니므로, 이런 용어는 정의 규정을 넣거나 계약서 안에서 정의를 하는 것이 좋겠다.

실제 사례를 살펴보자. 계약서 본문에서 규정할 때는 다음과 같이 규정하면 된다.

> (O) "스핀오프"란 제3자에 의해 만들어진 새로운 창작물에 "콘텐츠"의 캐릭터가 등장하는 번외물 또는 파생작을 말한다.

● 매출, 수익, 비용

보통 계약서의 정의 규정에는 등장하지 않지만, 간략하게라도 알아두어야 할 개념이 있다. 이는 '매출', '비용', '수익'이다.

'매출'은 어떤 콘텐츠로 인해서 발생하는 총액을 말한다. '비용'은 어떤 콘텐츠가 유통되거나 서비스되면서 발생하는 비용을 말한다. '수익'은 '매출'에서 '비용'을 공제한 금액이다. 보통은 이렇게 남은 '수익'을 사업자와 작가가 분배하게 되는 것이다.

예를 들어서 X라는 웹툰으로 사업자가 벌어들인 돈(매출)이 총 1,000만 원이라고 하자. 그리고 사업자가 서비스를 하거나 유통을 시키면서 소요된 비용이 300만 원이라고 하자. 그러면 수익은 700만 원(=1,000만 원-300만 원)이 된다.

여기서 '매출', '비용', '수익'을 어떻게 정의하는지가 상당히 중요하다. 극단적으로 사업자의 임대료와 모든 직원 월급을 '비용'으로 정의하면, '수익'은 영영 발생할 가능성이 없어질 것 같다. 일단 여기서는 간략히 이 정도만 살펴본다.

2. 뒷부분

계약기간 및 계약의 갱신 등

계약기간과 갱신은 웹툰, 만화 관련 계약서에는 항상 들어가는 조항이다. 웹툰 연재계약서(표준계약서)의 전형적인 사례를 살펴보자.

● 계약기간 및 갱신조항

제12조 (계약기간 및 권리 유지 기간)
① 본 계약의 만료일은 연재 종료일로부터 __년이다.
② 저작자 또는 서비스업자가 계약기간 만료일 __개월 전까지 문서로서 상대방에게 계약의 연장을 요청하지 않을 경우, 계약기간 만료일에 이 계약은 종료된다.
③ 일방이 제2항에 따라 상대방에게 연장을 요청하고, 저작자와 서비스업자가 이 계약을 연장하기로 서면으로 합의하는 때에는, 이 계약은 연장 이전과 동일한 조건으로 __개월 연장된다.
④ 저작자와 서비스업자가 이 계약을 연장하면서 계약 조건을 변경하고자 하는 경우에는 변경된 계약조건을 반영한 새로운 계약서를 작성하여야 한다.

제2항 관련, 계약서에 따라 **(1) 일방에서 해지 통지를 하지 않으면 연장이 되는 계약(자동연장 또는 자동갱신조항)**과, **(2) 쌍방이 별도 합의를 하지 않으면 종료되는 계약(자동종료조항)**이 있다.

결국 효과는 비슷한데, 자동연장조항은 통지 시기를 놓치면 계약이 자동으로 연장이 되고, 자동종료조항은 별도 합의를 하지 않으면 계약이 자동으로 종료되는 차이가 있다. 그런데 여러 직원들을 이용하여 항상 사무적인 업무를 확인하는 사업자와 달리 작가들은 이러한 기한을 놓치는 경우가 많기 때문에, 일반적으로 작가 입장에서는 자동종료조항을 취하는 것이 좋을 수 있다.

한국만화가협회 자료에서는 계약 후 계약분쟁이 발생하지 않는 한 계약서를 다시 챙겨 보지 않는다는 점을 감안할 때 작가가 종료 시기에 맞춰 업체에 통보한다는 건 매우 드물고, 실제로 자동연장조항을 신경 쓰지 않아 수년간 무한 연장된 작가들이 많으니, 작가의 의사와 무관하게 자동연장이 반복되는 것을 방지하기 위해서는 관련 조항을 '종료 일정 기간 전에 일방이 계약 연장 의사를 서면으로 통보하여 합의할 경우 연장한다'는 내용으로 하는 것이 좋다고, 즉 자동종료조항이 좋다는 취지로 설명한다.[4]

제3, 4항 관련, 계약을 연장하기로 서면 합의하는 경우 동일한 조건으로 할 수도 있지만, 조건을 합의하여 정한다고 해도 좋다. 계약조건을 변경하고자 한다면 새로운 계약서를 작성하고, 그런 변경이 없으면 예전 계약 내용이 연장될 것이다.

계약이 자동연장되는 조항을 취하는 다른 사례를 살펴보자.

> **제5조(계약기간)**
>
> (1) 본 계약의 계약기간은 최초 계약일로부터 연재 종료 후 ___년까지로 한다.
>
> (2) 계약기간 만료일로부터 30일 이전까지 당사자 일방의 계약 변경 또는 종료에 대한 서면(전자문서 포함)의 의사표시가 없는 경우 본 계약은 같은 조건으로 자동 연장된다. 그 이후에도 같다.

아래 사례는 다소 문제가 있어 보인다. 이에 따르면 작가가 저작횟수를 지키지 못하면 언제까지라도 계약에 얽매어 있어야 하는 결론이 되기 때문이다.

유사한 사례가 가수 전속계약 소송에서도 있었는데, 계약기간은 3년으로 하되, 실질적 계약만료일은 음반의 출시 후 6개월 이후로 하고 총 5장의 음반을 제작하기로 한 사안에서, 법원은 **'5장의 음반을 제작하기로 한 부분은 음반의 목표 수량을 정한 것으로 보아야 한다.'**는 취지로 이미 3년이 지난 전속계약이 종료된 것으로 보았다.[5]

> **제0조 (계약기간)**
>
> (0) 본 계약의 계약기간은 ___년으로 한다. 다만, 계약기간 만료일까지 '작가'가 제0조에 정한 저작횟수를 준수하지 못하는 경우, 계약기간은 '작가'가 그 저작횟수에 해당하는 '대상작품'을 저작할 때까지 연장된다.

아래 사례도 문제가 있어 보인다. 이에 따르면 사업자가 일방적으로 사실상 영구히 작가를 계약에 묶어놓을 수 있기 때문이다. 법원에 가도 무효 판단을 받을 가능성이 높다고 생각된다.

> **제0조 (계약기간)**
>
> (0) 제1항에도 불구하고 '사업자'는 계약기간 만료일로부터 0개월 전까지 '작가'에 대한 서면통지로 계약갱신을 요청할 수 있고, '작가'는 정당한 사유 없이 갱신을 거부할 수 없다.

● 계약기간 종료와 계약기간 중 체결된 계약의 효력 문제

사업자와 작가 사이의 계약기간이 종료될 경우 계약기간 중 체결된 다른 계약의 효력은 어떻게 될까?

예를 들어 사업자(A)와 작가(B)가 5년 기한의 계약(본 계약)을 체결하고, 계약기간에 사업자(A)가 다른 사업자(X)와 다른 계약(2차 계약)을 체결했다고 할 때, 본 계약이 종료되면 2차 계약의 효력은 어떻게 될까? 이 부분은 간과되어 계약서에서도 명확히 규정하지 않은 경우가 많다.

그런데 이 문제를 보다 본질적으로 살펴보면, 계약기간 중 사업자가 다른 제3자와 체결하는 계약에 대해서 작가의 동의권이 잘 보장된다면 큰 문제는 없겠지만, 본 계약상 이러한 계약에 대한 작가의 동의권이 없다면 문제는 심각할 수 있다.

사례를 살펴보자. 이 사례는 사업자가 작가로부터 미리 동의를 얻어서 계약을 체결했고, 이러한 경우를 예상하여 규정하고 있으므로 비교적 잘 규정된 것으로 보인다. 게다가 작가가 기간 연장에 합의 여부를 결정할 수 있으므로 작가 입장도 잘 고려된 것으로 보인다.

> (0) 제0조에 따른 본 계약의 기간이 "사업자"가 "작가"로부터 사전 승인을 얻어 제3자와 "본건 저작물"에 기반하여 2차적 저작물 작성을 위해 체결한 계약보다 먼저 종료되는 경우, "사업자"와 "작가"는 합의하여 위 계약의 종료 시까지로 본 계약의 기간을 연장할 수 있다.

다른 사례를 살펴보자. 아래 사례에 따르면 단순히 '계약의 효력이 유지된다'라고만 규정했는데, 예를 들어서 2차 계약이 본 계약보다 훨씬 계약기간이 길거나, 아니면 계약기간이 영구한 계약이라면 문제가 심각할 수 있다. 작가는 단지 수익을 얻을 수 있을 뿐이다.

> **제0조 (계약기간 등)**
> (0) 본 계약의 해제, 해지, 기간만료 등은 본 건 작품에 관하여 '사업자'가 체결한 다른 계약에 영향을 미치지 아니한다.
> (0) 본 계약이 해제, 해지, 기간만료 등으로 종료된 경우에도 계약 종료 이전에 이미 진행된 사업에 관하여는 계약 종료 이후에도 본 계약의 효력이 유지되며, '사업자'는 '작가'에게 해당 사업에서 발생하는 수익을 수익분배 요율에 따라 분배한다.

다른 사례를 살펴보자. 역시 유사한 문제가 있어 보인다.

> **제0조 (기간 종료 후 사업자의 이용 등)**
> ① '사업자'는 종료 사유를 불문하고 본 계약에 따른 본 저작물에 대한 권리, 권한의 부여가 종료된 경우에도 그 당시 본 저작물의 이용에 관하여 제3자와 체결한 계약의 계약 기간이 남아 있는 경우에는 그 기간 동안 본 저작물을 이용할 수 있다.
> ② '사업자'가 전항에 따라 대상 저작물을 이용하는 경우에도 '사업자'는 '작가'에게 그 이용에 따른 수익을 본 계약에 따라 배분하여야 한다.

다른 사례를 살펴보자.

> **제0조 권한 부여 종료 후 회사의 이용 등**
> ① '사업자'는 본 계약에 따른 본 저작물에 대한 권리, 권한의 부여가 종료(그 종료 사유는 부여 기간 종료, 본 계약 해제, 해지를 불문한다. 이하 같다)된 경우에도 종료 당시 본 저작물의 이용에 관하여 제3자와 체결한 계약의 계약 기간이 남아 있는 경우에는 저작물 이용 업무의 정리 등을 위하여 그 기간 동안 본 저작물을 제3자와 체결한 계약의 이행을 위해 그대로 이용할 수 있다.
> ② '사업자'가 제1항에 따라 대상 저작물을 이용하는 경우에도 '사업자'는 '작가'에게 그 이용에 따른 수익에 관하여 본 계약에서 정한 바에 따라 배분하여야 한다. 단, 계약 종료(그 종료 사유는 불문함)의 귀책사유가 '작가'에게 있을 시에는 배분하지 아니한다.

다른 사례를 살펴보자.

> (0) '사업자'가 본 조에 따라 계약을 해제하는 경우에도 '사업자'는 본 계약에서 정한 내용 및 조건에 따라 본 저작물을 이용할 수 있고, 그에 관하여 제3자와 체결한 계약을 그대로 유지할 수 있다.

이번에는 다소 다른 측면인데, 웹툰 또는 콘텐츠를 구매한 소비자(이용자)와의 관계 문제이다. 이러한 점까지 명확하게 규정하면 바람직하겠다.

> **제0조(계약기간)**
>
> (3) 제1, 2항에도 불구하고 계약기간 중 '이용자'의 계정으로 영구적으로 이용(소장)될 수 있도록 판매된 '콘텐츠 등'에 대해서는, '사업자'는 계약기간 만료, 계약 해지 등의 사유로 본 계약이 종료된 이후에도 해당 '콘텐츠 등'을 '서비스' 또는 '유통'을 통해 '이용자'에게 적법하게 제공할 수 있는 권한을 보유한다.

다른 사례를 살펴보자. 역시 이용자와의 관계 관련이다.

> (0) 본 계약이 종료되어도 '사업자' 및 '사업자'의 제휴업체를 통하여 소비자에게 배포 및 판매된 저작활동 콘텐츠의 이용 권한은 계속 소비자에게 존속된다.

다른 사례를 살펴보자.

> (0) 본 계약이 종료 또는 해지되면 "사업자"는 "작품"을 "이용자"가 구매할 수 없도록 조치한다. 단, 본 계약이 종료 또는 해지되더라도 그 이전에 이미 "작품"을 적법하게 구매한 "이용자"는 이를 계속 이용할 수 있고, "사업자"는 이용자가 이미 구입한 "작품"의 이용에 제공하기 위한 목적 및 범위에 한하여 이를 이용할 수 있다.

다른 사례인데, 역시 유사한 취지이다.

> (0) 전송에 의한 저작물 이용은 계약 만료일 이후 즉시 중단하여야 하지만, 구매자가 이미 전송받은 저작물의 이용에 영향을 끼치지 않는다.

또 다른 전자책 계약 사례이다.

> (0) 본 계약이 해지되더라도 '사업자' 및 '사업자'의 제휴사를 통하여 기 배포·판매된 전자책의 이용 권한은 소비자에게 존속된다.

계약의 해제 또는 해지

'해제'는 통상의 계약에서, '해지'는 계속적 계약에서 문제되는 것으로 법적 효력이 다르다(해제는 소급하여 효력을 잃고 원상회복의 문제가 남지만, 해지는 해지 시점 이후부터 효력을 잃는다). 그러나 계속적 성격의 계약도 해제가 가능한 경우도 있는데, 예를 들어서 계약이 본격적으로 이행되기도 전에 일방이 계약을 불이행하는 경우에는 해제를 하면 된다.

해제(해지)를 할 수 있는 경우는 크게 보면 2가지가 있다.

민법에서 정한 해제사유가 발생하는 경우 할 수 있는 해제는 '법정해제'라고 하는데, 민법에서 규정한 사유는 '이행지체'(제544조)와 '이행불능'(제546조)이다. 계약서에 '해제'에 관한 조항이 전혀 없는 경우에도(그런 계약서도 간혹 있다) 법정해제는 할 수 있다.

당사자가 계약에 포함시킨 해제사유가 발생하는 경우의 해제는 '약정해제'라고 한다.

위 두 가지(약정해제, 법정해제)에 포함되지 않는 사유로는 해제를 할 수 없음이 원칙이다. 자세한 내용은 뒤에서 살펴본다.

계약서의 해석상 주의할 점이 하나 있다. 계약의 해제 또는 해지는 계약의 주된 의무 위반일 경우에 가능하고, 계약의 종된 의무나 부수적 주의의무 위반의 경우는 해제 또는 해지가 아닌 손해배상 청구만 가능하다는 점이다. 예를 들어 냉장고를 매매하는 계약을 체결한 경우, 냉장고가 배달되어 오지 않으면(주된 의무 위반) 해제를 할 수 있지만, 냉장고는 왔지만 설명서가 오지 않는 경우(종된 의무 위반)에는 손해배상만 청구할 수 있지, 해제는 할 수 없다.

● 해제 또는 해지 조항

해제 또는 해지 조항의 전형적이고 보편적인 규정은 아래와 같다.

즉, 상대방에게 계약 이행을 최고한 다음 시정이 되지 않으면 계약을 해제 또는 해지할 수 있고(이것이 이행지체시 민법상 원칙이다), 특별한 경우(예컨대 이행불능)에는 계약 이행을 최고할 필요 없이 곧장 해제 또는 해지할 수 있다는 내용이다.

그런데 '최고가 필요 없는 경우'가 그렇게 중요치는 않기 때문에 다음과 같은 형태도 무난하다.

제0조 (계약해지)

① "작가"와 "사업자"는 상호 서면 합의에 의하여 본 계약의 전부 또는 일부를 해지할 수 있다.

② "작가"와 "사업자"는 일방 당사자가 본 계약사항을 명백하게 위반하거나 충실히 이행하지 않았거나 관계법령을 위반한 경우 상대방에게 서면으로 시정을 요구할 수 있고, 상대방이 시정을 요구받은 날로부터 00일 이내에 위반사항을 시정하지 않을 경우에는 상대방에게 서면에 의한 의사표시를 하여 본 계약을 해지할 수 있다.

다른 사례를 살펴보자. 역시 무난하다.

> **제0조 (계약의 해제 또는 해지)**
>
> (1) '작가'와 '사업자'는 상호 서면 합의에 의하여 본 계약의 전부 또는 일부를 해지할 수 있다.
>
> (2) '작가'와 '사업자'는 상대방이 본 계약을 위반하거나, 아래 각 호에 해당하는 경우 상대방에게 그 시정을 요구할 수 있으며 시정 요구일로부터 00일 이내 시정이 이루어지지 않는 경우 상대방에 대한 서면 의사 표시로 본 계약을 해지할 수 있다.
>
> > (가) '콘텐츠'의 누락 또는 지연에 대한 사전 서면(전자메일 포함) 통지 없이 '작가'의 귀책사유로 '콘텐츠'의 누락 또는 지연이 0회 이상 연속될 경우
> >
> > (나) '사업자'나 '작가'가 계약을 중대하게 위반하거나 관계법령을 위반함으로써 계약의 목적 달성이 불가능하다고 판단되는 경우
> >
> > (다) 천재지변, 전쟁, 화재 등 불가항력 사유에 의해 객관적으로 본 계약을 이행할 수 없는 경우. 다만 이 경우에는 시정기간이 불필요하다.

아래는 최근에 표준계약서에 일괄하여 새로 들어온 조항이다. 상대방이 성희롱, 성폭력 등 성범죄를 저지른 경우 해제, 해지를 할 수 있다는 취지이다. 성범죄가 문제가 되는 사회 흐름에 따른 조항으로 보이며, 읽어보면 이해가 될 것으로 생각한다.

> **제0조 (계약의 해제 또는 해지)**
>
> ⑥ 저작권자가 서비스업자 소속 임직원에 의해 성희롱·성폭력 등 성범죄로 인한 피해를 입은 경우 저작권자는 해당 임직원을 관련 업무에서 배제 요청할 수 있으며, 서비스업자는 사실을 확인한 후 업무배제 및 기타 적절한 조치를 수행하여야 한다.
>
> ⑦ 저작권자 또는 서비스업자(소속 임직원을 포함한다)가 상대방에 대한 성희롱·성폭력 등 성범죄로 인하여 국가인권위원회의 결정이나 법원의 확정판결을 받은 경우, 상대방은 계약을 해지할 수 있으며 그로 인한 손해의 배상을 청구할 수 있다.
>
> ⑧ 서비스업자는 저작권자의 성범죄에 대한 국가인권위원회의 결정이나 법원의 확정판결이 있는 경우 저작권자와의 계약을 해지할 수 있으며 그로 인한 손해의 배상을 청구할 수 있다.

● 특이한 해제(해지) 사유

웹툰, 만화 관련 계약에서 살펴볼 수 있는 다소 특이한 해제(해지) 사유를 살펴보자.

작가가 계속해서 저작물 공급을 지연하는 등으로 정상적인 계약이행이 불가능해 보이는 경우 해지를 할 수 있을 것이다.

> (0) "작가"가 정당한 사유 없이 제0조의 저작물 인도시기를 연속으로 0회 이상 준수하지 못하고, "작가"가 "사업자"와 사전에 합의한 정상 연재가 불가능할 것으로 판단되는 경우

사업자가 저작물을 현실적으로 유통하거나 서비스하기 힘든 경우, 객관적 기준 하에 해지 가능성을 열어놓을 필요가 있을 것이다.

사례를 살펴보자. '객관적 사유', '협의' 등을 넣어서 여지를 준 점도 좋다.

> (0) 인기부진, 매체의 연재 거절 등 본건 저작물이 서비스될 수 없는 객관적 사유가 발생할 경우, '사업자'는 '작가'와 협의하여 본건 저작물의 제작을 중지할 수 있다.

아래 사례는 어떨까? 계약을 할 때는 상대방에 대해 충분히 파악을 하고 판단하여 계약을 해야 하는데, 계약 후 받은 저작물이 기대에 미치지 않는다고 해지를 할 수 있다면 불공정의 여지가 있다고 생각된다. 또한 '사업을 하기 힘든 상태 또는 품질'이라는 기준이 다소 주관적인 느낌도 있어, 논란의 여지가 있는 조항으로 보인다.

> (0) "작가"가 제공하는 본건 저작물의 내용이 "사업행위"를 영위하기 어려울 정도의 상태 또는 품질이 낮아서 "사업자"가 시정을 요구하였음에도 "작가"가 요구를 받은 날로부터 20일 이내에 이를 시정하지 않는 경우 "사업자"는 본 계약을 해제 또는 해지할 수 있다.

아래 사례는 비교적 객관적 기준을 이용하여 납득이 될만한 내용으로 보인다.

> (0) 각 당사자가 본건 저작물을 연재나 유통하기 위하여 노력하였음에도 불구하고 각 당사자의 귀책사유 없이 본건 저작물이 계약 체결일로부터 0년간 연재나 유통되지 않을 경우, 각 당사자는 본 계약을 해지할 수 있다.

이 사례는 약정해지와 합의해지가 혼재된 내용으로 보이는데, 비교적 합당하게 규정되었고 탄력적으로 잘 규정된 것으로 보인다. 계약서 작성은 이처럼 장래에 생길 여러 경우(가능성)를 잘 포함시켜서 어떤 경우에 어떻게 처리할 수 있다는 식으로 규정함이 중요하다.

> (0) '사업자'가 '작가'의 저작 능력에 대한 판단이나 본 저작물의 사업성에 대한 판단을 통해 후속 원고를 진행하지 않거나, '작가'가 신변상의 이유로 해당 시점 이후의 작업을 더 이상 진행할 수 없는 경우, '사업자'는 '작가'와 협의하여 작업 중 또는 인도 이전의 원고에 대하여 한 권당 0000원의 한도 내에서 대가를 지불하고 계약을 해지할 수 있다.

아래 사례는 작가 입장에서, 사업자가 제대로 대금 지급을 하지 않으면(즉, 사업자의 지불능력 등에 불신이 있으면) 깨끗하게 계약을 종결시키고 싶은 경우 유용한 조항이다.

> (0) '사업자'가 제0조의 기일까지 제0조의 금원을 지급하지 않는 경우 본 계약은 자동 해제되고, '사업자'는 본 계약과 관련된 모든 권리를 상실한다.

● 합의해지조항

당사자는 합의를 해서 계약을 종결할 수 있고, 이때는 쌍방이 합의해서 효과를 정하면 되므로 별다른 문제가 없다.

> (0) '작가'와 '사업자'는 상호 서면 합의에 의하여 본 계약의 전부 또는 일부를 해지할 수 있다.

● 계약위반/해제(해지)에 따르는 효과

계약위반 또는 해제(해지) 후 법률 효과 부분도 중요하다.

예를 들어서 '작가 측에서 기한 내에 사업자에게 저작물을 제공하지 못하면 사업자는 저작권료를 지급하지 않는다'는 조항은 어떨까? 마감일을 지키지 못했다는 이유로 사업자에게 저작권료 전액의 지급을 면하게 하는 것은 업계 관행에 비하여 과도한 페널티를 정한 약관이므로 작가에게 불공정한 조항으로 무효로 볼 여지가 있다는 해석이 있다.[6]

조금 더 생각해 보면, 작가가 계약을 불이행하여 저작물을 제공하지 않는 경우 해당 분량의 대가를 지급하지 않는 것은 당연하겠고 그로 인하여 발생한 손해를 배상하는 것은 당연하겠으나, 예컨대 '기존에 작가가 지급받은 모든 대가를 반환해야 한다'는 내용은 일종의 '손해배상액의 예정'인데, 지나치게 과도한 감이 있다. 민법 제398조(배상액의 예정)에서는 *"① 당사자는 채무불이행에 관한 손해배상액을 예정할 수 있다. ② 손해배상의 예정액이 부당히 과다한 경우에는 법원은 적당히 감액할 수 있다."*라고 규정한다.

아래는 웹툰 연재계약서(표준계약서) 사례인데, 무난한 내용이다.

> **제15조 (계약의 해지 또는 해제)**
> ⑤ 이 계약이 해지되면, 저작자와 서비스업자는 다음과 같은 책임을 부담한다.
>   1. 서비스업자는 저작자에게 해지 시점까지 발생한 연재료를 즉시 지급한다.
>   2. 서비스업자는 저작자에게 원고를 반환하고, 원고의 복사본 및 디지털 데이터 등을 모두 파기한 후, 파기사실을 확인하는 각서를 작성하여 저작자에게 교부한다.
>   3. 서비스업자는 즉시 대상 저작물의 복제, 전송 등 모든 서비스를 중지하여야 한다.
>   4. 이상의 책임과는 별개로, 이 계약의 해지에 책임이 있는 자는 상대방에게 해지에 따라 발생한 손해를 모두 배상하여야 한다.

주의할 내용은 저작권의 귀속 부분이다.

일반론으로, 사업자가 계약을 불이행할 경우 사업자가 손해배상을 해야 하고, 권리는 작가에게 되돌아온다는 내용은 타당할 것이다. 작가가 계약을 불이행할 경우에 작가가 손해를 배상하고, 권리가 사업자에게 넘어간다는 조항은 어떨까? 손해배상은 몰라도, 권리가 양도된다는 것은 다소 과한 느낌이 있다. 작가 입장에서는 주의해야 할 내용이다.

'표준 영화화 권리 이용허락 계약서'의 아래 사례 또한 매우 무난한 조항이다. 작가가 계약위반을 한 경우 사업자는 작가로부터 금전을 돌려받고, 사업자가 계약위반을 한 경우 작가는 그간 받은 금전을 돌려주지 않고 권리는 작가에게 다시 돌아온다는 내용이다. 물론, 그 외에 손해가 있으면 배상청구를 하면 된다(제4항).

> **제11조 (계약의 해제·해지)**
>
> (1) '제작사'는 '작가'가 제4조 제(7)항을 위반한 경우, 제5조의 진술 및 보증사항이 허위이거나 이를 위반한 것으로 밝혀지는 경우, 제10조를 위반한 경우 본 계약을 서면으로 해제·해지할 수 있다. 이 경우 '작가'는 '제작사'로부터 수령한 모든 금원 및 이에 대한 지급일로부터 상환일까지 연 [   ]%의 비율로 계산한 금원을 '제작사'에게 반환하여야 한다.
>
> (2) '작가'는 '제작사'가 제6조에 따른 금원을 지급하지 아니하거나, 제9조, 제10조를 위반하는 경우 '제작사'에게 그 의무의 이행 또는 위반의 금지를 서면으로 최고할 수 있다. 최고 후 2주일이 경과하여도 '제작사'가 의무를 이행하지 아니하거나 위반사항을 시정하지 아니하는 경우 '작가'는 본 계약을 서면으로 해제·해지할 수 있다. 이 경우 '작가'는 기 수령한 금원을 반환하지 아니하며, 제4조 제(1)항에 따라 이용허락한 권리는 작가에게 반환된다.
>
> (3) '작가'와 '제작사'는 상호 합의하여 본 계약을 해제·해지할 수 있고, 이 경우 권리의 귀속 및 정산 등에 관한 내용은 별도의 서면 합의로 정한다.
>
> (4) 본 조의 해제·해지는 손해배상의 청구에 영향을 미치지 않는다.

아래 사례는 작가의 계약 위반시 작가는 계약금을 전부 반환하고 저작물에 대한 권리도 사업자에게 모두 귀속하는 것으로 하였다.

> **제○조 (계약해제)**
>
> (1) '사업자'는 '작가'가 용역의 제공을 거부하거나 기타 이 계약상의 의무를 이행하지 아니하는 경우 계약을 해제할 수 있다. 이 경우에 '작가'는 계약금을 전액 반환해야 한다.
>
> (2) '작가'는 '사업자'가 이 계약에 따른 보수를 지급하지 않는 경우 서면으로 이행을 최고할 수 있고, 통보 후 ○○일이 경과하여도 보수를 지급하지 않은 경우 '작가'는 계약을 해제할 수 있다. 이 경우에 '작가'는 '사업자'에게 그때까지 지급받은 보수를 반환하지 아니한다.
>
> (3) 제1항에 의하여 계약이 해제 또는 해지되는 경우에 '작가'가 제공한 모든 용역(아이디어, 제안, 주제, 플롯, 스토리, 캐릭터의 설정, 스크립트, 제목 기타 모든 용역)의 결과물은 '사업자'에게 귀속되며, '작가'는 해제 또는 해지 후에 이를 사용하여서는 아니 된다.

다음 사례는 일견 평등한 것 같지만, 계약상 저작물 제작이 온전히 작가의 몫이었다면 사업자는 작가에게 넘길 만한 저작물 또는 지식재산권이 없어 결국 작가의 권리만을 넘기게 되므로 주의할 필요가 있겠다.

> (0) 본 계약의 당사자 일방이 본 조에 따라 본 계약을 해제 또는 해지한 경우, 상대방은 그때까지 개발된 본건 저작물 및 관련 지식재산권을 상대방에게 양도하고, 본건 저작물 및 이를 기초로 작성된 2차적저작물에 이의를 제기하지 않고, 성명표시권, 동일성유지권 등 일체의 권리를 주장하지 않는다.

아래 사례는 상당히 부당해 보인다. 1항은 사업자가 불이행한 경우인데, 비교적 당연한 내용이다. 2항은 작가가 불이행한 경우인데, 대가의 2배를 반환하는 것에 더해서 저작권까지 넘기는 결과가 되어 상당히 불이익이 크다.

제0조 (계약의 해지)

(1) '작가'는 '사업자'가 작업의 대가를 지급하지 아니하거나 기타 본 계약상의 의무를 이행하지 아니하는 경우에 '사업자'에게 이행 최고 후 2주일이 경과하여도 시정되지 아니한 경우 본 계약을 해지할 수 있다. 이 경우에 '작가'는 그때까지 이미 지급받은 각 단계별 작업 대가를 반환하지 아니하며, 그동안 '사업자'에게 제출했던 작업 결과물에 대한 저작권을 단독으로 보유할 수 있다.

(2) '사업자'는 '작가'가 만화 제공을 거부하거나 기타 본 계약상의 의무를 이행하지 아니하는 경우 '작가'에게 이행 최고 후 2주일이 경과하여도 시정되지 아니한 경우 본 계약을 해지할 수 있다. 이 경우에 '사업자'는 이미 제출된 작업 결과물에 대한 저작권을 단독으로 보유한다. '작가'는 해지 시점 이후에는 이미 '사업자'에게 제출했던 작업결과물을 사용해서는 아니 되며, '사업자'의 요구가 있을 경우 지급받았던 작업 대가의 2배를 반환해야 한다.

또 하나 생각할 것은 해제, 해지시 작가가 기존에 만들던 저작물을 이용해서 사업자가 그대로 창작을 이어갈 수 있느냐 하는 점이다. 예를 들어서 작가가 계약을 한 후 작업을 하다가 작가 측 귀책사유로 계약이 해지된 후, 사업자가 작가의 기존 저작물을 이용해 다른 제3자의 작가를 고용해 작업을 마무리 지을 수 있겠냐는 문제이다.

이 점에 대해서 다른 서적에서는 일부 완성한 작품의 저작권은 창작자에게 귀속되므로, 사업자가 스토리를 제공했다고 해도 작가의 동의 없이 작가가 디자인한 저작물을 이용해 다른 제3자가 추가 원고를 작성하면 작가의 저작권 침해에 해당한다고 설명하고 있다.[7]

물론 작가가 온전히 창작해온 작품이라면 제3자가 작품을 건드릴 수 없겠으나, 예를 들어 사업자가 상당한 정도로 기획을 하였고, 사업자가 적극적으로 작가를 고르는 등으로 제작을 해온 작품이라면(예를 들어서 기획만화라거나, 작가에게 선화, 채색 등 작품 창작의 일부분만을 맡긴 경우 등) 달리 생각해 볼 여지가 있을 것 같다. 물론, 작가 입장에서도 신중해야 할 조항이다.

다음 사례는 작가의 계약 위반시 사업자가 다른 작가와 후속 작업을 할 수 있도록 하였다.

> **제0조 (계약의 해지 및 손해배상)**
>
> ① '작가' 또는 '사업자'가 계약에서 정한 사항을 위반하였을 경우 그 상대방은 00영업일 이내의 기간을 정하여 시정할 것을 요구할 수 있다. 특히, '사업자'는 '작가'가 제공한 저작물이 제3자의 권리를 침해한 경우, '사업자'의 동의 없이 '작가'가 저작물의 저작을 0개월 이상 무단 중지 하는 경우, '작가'에 대한 서면통지로 즉시 본 계약을 해지할 수 있다.
>
> ② 전항의 '작가'의 귀책사유로 본 계약이 해지될 경우 '사업자'는 제3자와 본 저작물에 대한 공동저작계약을 새롭게 할 수 있고, '사업자'와 새로운 저작자는 계약 해지 전까지 '작가'가 제공한 대상저작물을 활용하여 새로운 저작물을 저작할 수 있으며, '작가'는 이에 대해 일체 이의 제기를 하지 않는다.

다른 사례를 살펴보자.

> (0) '작가'는 본건 저작물의 작화 작업을 계속하기 어려운 때에는 '사업자'가 대책을 세울 수 있도록 지체없이 통지하여야 한다. '작가'가 작화를 포기한 경우, '사업자'는 제3자에게 작화를 의뢰하여 본건 저작물을 완성할 수 있으며, 이 경우 '작가'의 기존 저작 부분을 활용할 수 있다.

아래 사례도 비슷한 맥락이다.

> **제0조 (계약의 중도 포기 등)**
>
> (1) '작가'가 스스로의 귀책사유로 중도에서 본 계약의 이행을 포기하거나 중지하는 경우, '작가'는 본건 저작물에 대한 모든 권리를 포기한다. 이 경우 '사업자'는 그때까지 발생한 '작가'에 대한 대가를 지급하면 향후 아무런 책임이 없다.
>
> (2) '사업자'는 '작가'가 포기하거나 중지한 저작물에 관하여 스스로의 판단에 따라 스스로 또는 제3자를 통해 저작물 제작을 중단, 변형하여 이용하는 등으로 자유롭게 사용, 수익, 처분할 수 있다.

위약금, 손해배상, 위약벌 등

계약위반을 한 경우의 금전적 배상 문제를 살펴본다.

계약위반을 한 경우 상대방에 대한 금전 손해배상 의무가 발생한다(민법 제394조). 따라서 가장 기본적인 조항은 손해배상 조항이다.

'위약금'은 '손해배상액의 예정'의 성질을 가지므로 위약금을 정한 경우 손해배상액의 예정으로 추정한다(민법 제398조 제4항). '위약벌'은 이와 달라서, 손해배상과 별도로, 계약을 위반한 데 따르는 일종의 벌칙으로 부과되는 의무이다.

예를 들어서 작가와 사업자가 계약을 하고 진행을 하다가, 작가가 계약위반을 했다고 하자. 작가가 계약위반을 한 경우, 사업자는 손해배상을 청구할 수 있다. 그런데 계약서에 '위약금'을

100만 원으로 정했다면, 사업자는 실제 손해액이 얼마인지 입증 없이 100만 원을 청구할 수 있다. 계약서에 100만 원을 '위약벌'로 정했다면 사업자는 100만 원을 위약벌로 받아가고 추가로 손해배상을 받아갈 수도 있다. 입장을 바꿔도 마찬가지다.

● 손해배상 조항

계약위반을 한 경우 상대방에 대한 손해배상 의무가 발생하는데, 아래는 가장 무난한 형태의 조항이다.

> **제0조 (계약의 해제 또는 해지)**
> (0) 계약의 해제 또는 해지는 손해배상의 청구에 영향을 미치지 아니한다. 귀책사유에 의한 계약의 해제 또는 해지의 경우, 귀책사유 있는 자는 상대방에게 손해를 배상하여야 한다.

> **제0조(손해배상)**
> 본 계약을 위반하거나 본 계약이 해제 또는 해지되는 경우, 귀책사유 있는 당사자는 상대방에게 그로 인한 일체의 손해를 배상하여야 한다.

아래 사례에서 손해의 범위를 살펴보지 않고 무조건 작가의 대가 전액을 몰취할 수 있다는 취지로 규정한 것은 다소 문제가 있다고 보인다. '이로 인해 발생한 손해를 공제하거나 지급하지 않을 수 있다'고 하는 것이 원칙일 것이다.

> (0) '작가'가 콘텐츠에 관한 본 계약상 의무를 위반하거나, 진술 및 보증사항이 사실과 다른 것으로 밝혀지거나, '작가'의 귀책사유로 '사업자'의 서비스가 정상적으로 이루어지지 않을 경우, '사업자'는 '작가'에게 본 계약의 대가를 지급하지 않는 것을 원칙으로 한다.

● 위약금 또는 위약벌

보통 위약금 또는 위약벌 조항은 웹툰, 만화 계약서에 잘 등장하지 않지만, 그 자체로만으로 부당하다고 할 수는 없겠다. 다만 웹툰, 만화 관련 계약서는 손해액을 입증하기가 매우 힘들기 때문에 조항의 필요성이 오히려 더 높을 수 있다.

위약금 조항 사례를 살펴보자.

> **제0조 (위약금)**
> '작가'가 정당한 사유없이 본 계약에서 정한 사항을 위반하는 경우, '작가'는 '사업자'에게 위약금으로 계약금의 2배를 지불해야 한다.

다음 사례는 위약벌 조항이다.

> **제0조 (위약벌)**
> "작가"의 귀책사유로 제0조 제0항 내지 제0조에 의하여 본 계약이 해제 또는 해지되는 경우 "작가"는 손해배상과 별도로 위약벌로 기지급받은 계약금의 전액을 "사업자"에게 지급한다.

아래는 '표준 영화화 권리 이용허락 계약서'의 위약벌 조항 사례이다.

> **제12조 (손해배상 등)**
> (3) '작가'가 제4조 제7항을 위반한 경우, 제5조 제(2)항, 제(3)항의 진술 및 보증사항이 허위이거나 '작가'가 이를 위반한 것으로 밝혀지는 경우, '작가'는 제11조 제(1)항의 금원이나 본 조 제(1)항의 손해배상액과는 별개로 '제작사'에게 위약벌로 [   ]원을 지급하여야 한다.

양도의 허용 여부

계약상 지위 또는 계약상 권리의무의 양도가 가능하게 할 것인가?

계약 상대방이 누구인지 중요한 계약에서는 금지하는 조항이 들어가는 것이 보통이다. 예를 들어 특정 브랜드 노트북을 100만 원에 판다고 할 때, 누가 사고파는지는 크게 중요하지 않다. 하지만 웹툰 계약에서는 누가 서비스를 하는지, 어떤 작가가 그리는지가 매우 중요하기 때문에 작가, 사업자 모두 상대방 동의를 얻어야 계약상 지위, 권리의무 양도가 가능하도록 하는 경우가 보통이다. 다만, 경우에 따라 사업자는 양도를 좀 자유롭게 하는 경우도 있다.

전형적인 사례를 살펴보자.

> **제0조 (양도 금지)**
> '작가' 또는 '사업자'는 상대방의 사전 서면 동의 없이 본 계약상 권리와 의무를 제3자에게 양도할 수 없다.

> **제0조 (양도금지)**
> '사업자'와 '작가'는 상대방의 사전 서면동의 없이 본 계약상 지위 또는 권리와 의무를 제3자에게 양도하거나 권리의 목적으로 제공하는 등 일체의 처분행위를 할 수 없다.

다소 관점이 다르지만, 작가의 저작권 양도를 제한하는 규정이 있다. 작가가 계약기간 중 제3자에게 권리 양도를 하거나 권리를 설정하는 경우 사업자가 계약상 권리행사에 방해를 받을 수 있기 때문에 이런 규정을 둔다. 아래는 만화 출판계약서(표준계약서) 사례이다.

> **제19조 (저작재산권, 출판권의 양도 등)**
> ① 저작권자가 대상 저작물의 복제권 및 배포권의 전부 또는 일부를 계약기간 중 제3자에게 양도

하거나 이에 대하여 질권을 설정하고자 하는 경우에는 출판권자에게 사전에 서면으로 그 사실을 통지하여야 한다.

② 출판권자가 대상 저작물의 출판권을 제3자에게 양도하거나 이에 대하여 질권을 설정하고자 하는 경우에는 반드시 저작권자로부터 사전 서면 동의를 얻어야 한다.

계약의 변경

계약을 변경할 때는 서면으로만 하도록 하는 조항이다. 이 조항이 현실적인 의미를 갖는 것은 쌍방이 계약서와 다른 내용을 말로 합의하고 이런 합의가 우선한다고 주장하는 경우이다. 이때 상대방은 '서면으로 합의가 된 것이 아니니 계약이 변경되지 않았다.'고 주장할 수 있다. 아래 사례 정도면 무난한 조항이다.

제0조 (계약내용의 변경)
본 계약은 '사업자'와 '작가'의 서면 합의에 의해서만 변경될 수 있다.

제0조 (계약내용의 변경)
본 계약의 일부 또는 전부를 변경할 필요가 있는 경우는 '작가'와 '사업자'의 서면합의에 의하여 이를 변경하고, 그 변경 내용은 변경한 날 다음날로부터 효력을 가신다.

계약서를 쓴 다음 추가 합의(기존 계약의 일부를 보충하거나 변경하는 합의)를 하는 경우, 당사자 의사에 비추어 그 효력은 계약(본 계약)에 앞서는 경우가 보통이다.

아래 사례는 다소 이상하다. 당사자들이 합의해서 원래 계약과 다른 내용의 계약을 정하는데, 그때도 본 계약을 우선해야 할까? 의문이다.

제0조 (계약의 해석 및 보완)
(0) "작가"와 "사업자"가 본 계약기간 중에 추가적인 서면합의로 특약을 설정할 경우, "특약"과 "본 계약"의 내용이 상충되는 경우 "본 계약"을 우선하여 해석한다.

불가항력

계약서에 흔히 들어가는 불가항력 조항이다. 이 조항은 우리나라보다는 영미법계 국가에서 큰 의미를 갖는 조항이라 생략해도 무방하고, 실제로 없는 계약서도 많다. 다만 작가나 사업자가 우려되는 상황이 있다면 이 조항에 넣어놓으면 좋을 것 같다. 아래 정도면 무난하다.

제0조 (재해, 사고)
천재지변, 그 밖의 불가항력의 재난으로 '작가' 또는 '사업자'가 손해를 입거나 계약 이행이 지체 또는 불가능하게 된 경우에는 서로의 책임을 면제하며, 후속조치를 쌍방이 협의하여 결정한다.

> **제O조 (불가항력)**
>
> 본 계약의 의무 불이행이나 이행지체가 천재지변, 폭동, 전쟁, 소요사태, 정부(지방자치단체 포함)의 규제 등 불가항력적 사유로 발생한 경우에는 "작가"와 "사업자"는 그에 대해 책임을 지지 아니한다.

비밀유지

비밀유지조항도 이 부분에 흔히 들어가는 조항이다. 통상의 사례를 살펴본다.

> **제O조 (비밀유지)**
>
> '작가'와 '사업자'는 이 계약의 체결 및 이행과정에서 알게 된 상대방의 사업상 비밀 정보를, 상대방의 서면에 의한 사전 승낙 없이 제3자에게 누설하여서는 아니 된다.

> **제O (비밀유지)**
>
> 당사자들은 본 계약의 내용과 상대방으로부터 제공받은 정보에 대하여 비밀을 유지하고, 법령에 의한 경우를 제외하고 상대방의 사전 서면동의 없이 이를 제3자에게 공개, 누설하거나 "본 계약"의 목적 외로 사용하여서는 안 된다. 본 조의 의무는 "본 계약"이 종료되는 경우에도 효력을 가진다.

다만, 작가분들은 이 조항이 있는데 변호사에게도 자문을 얻어도 되느냐(계약서를 보여줘야 하므로) 하는 의문을 갖는 경우가 많다.

한국만화가협회 자료에서는 "비밀유지 조항에 변호사나 협회, 기관 등에 상담받는 것이 포함된다고 보기는 어렵다. 특히 불공정 조치소차도 비밀유지 조항에 따라 제보할 수 없도록 원천봉쇄한다면 그 자체로 불공정행위에 해당한다. 만약 상담이나 제보를 금지하는 조항이라면 여러 정부기관에서 제공하는 계약서 검토 서비스는 모두 비밀유지 조항에 위배되는 행위가 된다. 공정한 계약을 체결하기 위해서 협회나 기관 등에 계약서 검토를 요청하는 것과 공정한 계약문화 정착을 위해 불공정 사례를 제보하는 것은 작가의 권리를 지키고 반복되는 피해를 줄이기 위한 최소한의 권리라 할 수 있다."라고 설명한다.[8]

결론부터 말하면 비밀유지조항이 있다고 해도 변호사에게 계약서를 보여주고 자문을 얻는 것이 문제되지는 않을 것 같다. 이러한 행위는 '정당행위'(형법 제20조)로 위법성이 없고, 변호사는 직무상 알게된 비밀에 대해서 비밀유지의무가 있기 때문이다(변호사법 제26조) 또한 이런 문제로 사업자가 법원에서 손해배상 등 소송을 한다고 한들, 손해액 입증도 힘들고 판사들에게 매우 눈총을 받을 것 같다.

다음 사례에서는 변호사에 대해서는 비밀을 공개해도 된다고 규정하고 있다.

제0조 (비밀유지)

(1) 각 당사자들은 본 계약의 체결 및 이행과정에서 알게 된 상대방의 영업 또는 업무상 비밀정보
를 상대방의 사전 서면 동의 없이 다른 목적으로 사용하거나 제3자에게 누설해서는 안 된다.
다만, (i) 법령의 적용, 정부기관 또는 법원의 명령에 의하여 공개하는 경우, (ii) 당사자의 출자
자, 투자자, 또는 본건 저작물의 개발 및 사업화를 위하여 거래상대방에게 필요한 범위 내에
서 공개하는 경우, (iii) 관련 업무수행을 위하여 비밀유지의무를 부담하는 회계사, 변호사, 기
타 대리인에게 공개하는 경우는 예외로 한다.

(2) 각 당사자들은 그 임직원, 종업원, 기타 관련자로 하여금 동일한 의무를 이행하도록 필요한
조치를 하여야 한다.

(3) 본 조는 본 계약이 종료된 경우에도 유효하게 존속한다.

아래 사례는 일정한 범위에서 공개를 할 수 있지만, 그 사실을 상대방에게 통보하도록 하였다.

제0조 (비밀유지 의무)

(1) "사업자"와 "작가"는 본 계약의 내용을 포함하여 본 계약과 관련하여 알게 된 상대방의 정보,
영업비밀, 사업과 관련된 비밀정보를 법령에 의해 관계기관에 제공이 강제되는 경우, 변호사
등에게 조언을 받을 목적으로 공개하는 경우 또는 사전 합의된 경우를 제외하고 어떠한 경우
에도 공개해서는 안 되며, 본 계약 상의 목적 외의 다른 목적으로 이용해서는 안 된다.

(2) 전항 중 법령에 의해 관계기관에 제공이 강제되어 정보 등을 공개할 때는 반드시 사전에 관
련사실을 상대방에게 통보하여야 한다.

침해 대응(권리행사의 위임)

권리 침해에 대한 대응 관련 조항이다.

크게 보면 두 가지 방법이 있다. 하나는 사업자가 배타적발행권설정 또는 저작권 양도를 받아서
직접 당사자가 되어 권리 행사를 하는 방법으로, 이때는 굳이 위임조항이 필요 없을 수도 있다.

다른 하나는 사업자가 계약관계만 있어 제3자에 대한 권리를 주장하기 힘들기 때문에 법적
조치를 할 권한을 위임받아서 조치를 하는 방법이다.

아래 사례는 후자의 통상적인 규정이다.

(0) '사업자'는 본건 작품, 본건 사업 및 이와 관련된 '작가'의 본건 작품의 저작권, 퍼블리시티권
등 제반 권리를 제3자가 침해하거나 방해하는 경우 그 침해나 방해를 배제하기 위해 법적 조
치를 포함하여 필요한 조치를 취할 수 있다.

다음 사례 또한 통상적인 규정이다. 다만, 엄밀히 말하면 변호사가 아닌 자가 이익을 받거나

받을 것을 약속하고 법률사건에 관하여 대리, 중재, 화해, 기타 법률사무를 취급하면 변호사법 위반의 소지가 있다 (변호사법 제109조). 다만, 사업자가 자신의 이익이 침해됨을 이유로 권리 주장을 하는 경우는 달리 볼 여지가 있을 것이다.

> **제0조 (권리행사의 위임)**
> '작가'는 저작권법 관련 단속 권리행사에 대해 '사업자'에게 다음의 권한을 위임한다.
> (1) '작가'의 저작권 등을 침해하는 자에 대하여 침해 단속을 할 수 있는 권한
> (2) 우편 등의 발송을 통하여 침해의 중지를 요청하고 변호사를 통하여 민형사상 소송을 제기할 수 있는 권한
> (3) 손해배상금 등의 수령 등을 포함한 합의 또는 조정을 할 수 있는 권한

다음은 다소 맥락이 다른데, 쌍방은 권리 침해에 대해 협력하여 대응해야 한다고 규정한다.

> **제0조 (저작권 침해의 공동대응)**
> '작가'와 '사업자'는 본건 저작물에 대한 저작권 침해 행위를 공동으로 대응하여야 하며, 이를 위해 필요한 경우 상대방에게 자료를 제공하는 등 적극적으로 협조할 의무가 있다.

조금 더 깊게 들어가면, 과연 이런 법적 조치를 해야 할 의무가 사업자나 작가 중 누구에게 있는지도 문제될 수 있다. 아래 사례는 기본적으로 대응 책임은 작가에게 있다고 보고 있다.

> **제0조 (권리 침해에 대한 대응)**
> ① '작가'가 본 계약에 따라 '사업자'에게 제공한 저작물의 지식재산권(저작권 포함)을 제3자가 침해할 경우, '작가'는 자신의 비용과 책임으로 해당 제3자에 대하여 법적 조치를 취함을 원칙으로 한다.
> ② 전항에도 불구하고, '사업자'는 직접 자신의 책임과 비용으로 법적 조치를 취할 수 있으며, 작가는 이러한 '사업자'의 조치에 적극 협력하여야 한다.

관할 법원(분쟁의 해결)

법적 분쟁이 발생한 경우 어떠한 절차를 통해 해결하는가의 문제이다.

가장 무난한 사례는 아래에 적절한 법원을 써넣는 것이다. 양자가 수도권에 살고 있다면 '서울중앙지방법원'으로 기재하는 것도 좋다.

다만, "이 계약과 관련한 분쟁의 제1심 관할 법원은 '사업자'의 소재 지방법원으로 한다."라는 식으로 사업자의 계약서에 일률적으로 '사업자의 소재지를 관할하는 법원'으로 규정하면 약관의 규제에 관한 법률 제6조에 위반하여 무효로 볼 가능성도 있다.[9]

> **제0조 (관할 법원)**
>
> 이 계약과 관련된 소송은 _____법원을 제1심 법원으로 한다.

특정 법원을 기재하기 싫다면 아래의 조항도 좋다. 이때는 계약위반으로 자신이 손해를 배상 받아야 한다고 생각하는 당사자가 자신의 주소지 관할법원에 소송을 제기할 수 있다.[10]

> **제0조 (분쟁의 해결)**
>
> 본 계약과 관련하여 분쟁이 발생한 경우 당사자의 상호 협의에 의한 해결을 모색하되, 분쟁에 관한 합의가 이루어지지 아니한 경우에는 민사소송법상의 관할 법원에서 분쟁을 해결하기로 한다.

분쟁해결은 법원에서 진행하는 소송 외에 다른 제도도 있다(대체적 분쟁 해결 Alternative Dispute Resolution, ADR).

가장 참고할 만한 제도로 한국저작권위원회의 조정제도가 있다.[11] 저작권 관련 분쟁을 대상으로 하고, 1인 또는 3인 조정부가 구성되는데, 조정위원들이 전문성이 높아 타당성 있는 해결책을 내놓을 가능성이 높고, 저작권을 잘 이해하고 저작권 보호에 우호적인 저작권법에 해박한 조정위원들이 조정을 하기 때문에 권장할 만하다.

조정비용도 1~10만 원 정도로 저렴한 편이다. 다만, 당사자가 임의로 승복하는 것을 전제로 하는 '조정'이기 때문에, 양자가 조정 결과에 승복하지 않으면 해결되지 않는 단점이 있다.

조정 규정을 두는 사례는 다음과 같다.

> **제0조 (분쟁의 해결)**
>
> (1) 이 계약과 관련한 분쟁의 제1심 관할 법원은 _____법원으로 한다.
> (2) '사업자'와 '작가'는 분쟁의 제소에 앞서 한국저작권위원회의 조정을 받을 수 있다.

조정 조항을 둔 다른 사례를 살펴보자.

> **제0조 (합의관할)**
>
> (0) 이 계약과 관련하여 분쟁 또는 이견이 발생하는 경우 '사업자'와 '작가'는 우선적으로 한국저작권위원회에 조정신청을 하여 그 결과에 따르기로 한다. 다만, 어느 일방이 조정 결과를 받아들이지 못하여 불가피하게 제기되는 소송은 _____법원을 제1심 법원으로 한다.

다른 제도로 '중재'를 추천한다.

저자(이영욱)는 대한상사중재원 중재인으로 근무하고 있는데, 중재의 경우 대외적인 비밀이 유지되면서, 전문가에 의해서 구체적 타당성 있는 판단을 구할 수 있는 장점이 있다. 중재는 3심이 아닌 1심으로 끝나는데, 이를 단점으로 생각할 수도 있지만 오랜 기간이 걸리지 않고 비용도 상대적으로 저렴하기 때문에 장점이기도 하다.

중재는 조정과 달리 결과에 불복을 할 수 없기 때문에 상당한 강제력이 있는데, 중재제도를 거치려면 반드시 중재조항이 있어야 한다. 중재조항은 다음과 같이 규정한다.

> **제0조 (분쟁의 해결)**
>
> 본 계약으로부터 발생되는 모든 분쟁은 대한상사중재원에서 국내중재규칙에 따라 중재로 해결한다.

기명 날인(말미)

계약서의 말미에는 다음과 같이 말미에 기명날인(이름을 쓰고 날인을 함)을 한다. 문서를 당사자 본인이 썼음을 분명히 하기 위해 보통은 자필로 이름을 쓰거나 서명을 하는 것이 보통이다.

꼭 다음 내용을 전부 써야 하는 것은 아니고, 당사자를 명확히 특정할 수 있으면 된다.

> 이 계약을 증명하기 위하여 계약서 2통을 작성하여 작가, 사업자가 서명 날인한 다음 각 1통씩 보관한다.
>
> _____년 ___월 ___일
>
> "작가"   "사업자"
> 작 가 명 :   상   호 :
> 주민등록번호 :   사업자번호 :
> 주   소 :   주   소 :
> 기명날인 : _____(인)   대표이사 : _____ (인)

기타 추가로 생각해 볼 조항

이하에서는 기타 계약서에 추가를 고려해 볼 만한 조항을 살펴본다.

● 계약의 해석

이런 조항은 문제될 것은 없지만 유용성이 떨어지는 조항이다. '관계 법령'은 굳이 명시하지 않아도 그에 의거해서 해석할 것이며, '관례'가 무엇인지도 분명하지 않기 때문이다.

사례를 살펴보자.

> **제0조 (일반사항)**
>
> (0) 본 계약에서 정하지 않은 사항은 관계 법령 및 관례에서 정한 바에 따른다.

비슷한 다른 사례이다.

> **제0조 (계약의 해석 및 분쟁해결)**
>
> (0) 본 계약서에 명시되지 않은 사항이나 명시된 내용에 대한 상호 이견이 있는 경우 '사업자'와 '작가'가 협의하여 결정하되, 원만히 협의되지 않는 경우는 관례 또는 관련 법령에 따른다.

또 다른 사례를 보자.

> **제0조 (계약의 해석 및 보완)**
>
> (0) 이 계약에 명시되어 있지 아니한 사항에 대하여는 '작가'와 '사업자'가 서면으로 합의하여 정할 수 있고, 해석상 이견이 있을 경우에는 저작권법 등 관련 법률 및 계약해석의 원칙에 따라 해결한다.

● 포괄조항(완전계약조항)

이런 조항을 넣을 경우 본 계약서로서 기존의 합의(특히 구두합의)를 대체한다는 결과가 되어 불필요한 분쟁을 막을 수 있다. 다만, 굳이 이 조항이 없어도 계약을 해석할 때는 그러한 취지로 해석이 될 것 같고, 그래서 그런지 별로 많이 쓰이는 조항은 아니다. 이 조항은 영미법의 구두증거배제법칙 Parole Evidence Rule에서 나온 소항으로, 주로 영미법계 계약에서 중요한 조항이다.

사례를 살펴보자.

> **제0조(완전 계약)**
>
> 본 계약서에 기재된 내용은 본 계약과 관련하여 양 당사자 사이에 합의된 내용의 전부이며, 본 계약과 관련하여 양 당사자 사이에 이뤄진 기존의 모든 서면 또는 구두의 합의 중 본 계약의 내용과 배치되는 사항은 효력이 소멸되며 본 계약의 내용으로 대체된다.

● 신의성실 이행 조항

이 조항은 취지는 좋지만, 현실적으로 큰 의미는 없다. 이렇게 특정되지 않은 '신의성실 의무'를 위반했다고 소송에서 주장하는 것도, 불이행을 입증하는 것도 거의 불가능하기 때문이다.

> **제0조 (계약의 이행)**
>
> "작가"와 "사업자"는 본 계약의 내용을 신의성실하게 이행한다.

● 효력 발생 조항

이 조항도 크게 문제되지 않는 조항이다. 이 조항이 없으면 어떨까? 그때에도 계약서 체결일로부터 효력이 발생할 것이다. 따라서 계약서 체결과 별도로 효력발생일을 정하지 않는다면(이런 경우는 거의 없을 것으로 생각된다) 없어도 무방한 조항이다.

> **제0조 (효력 발생)**
> 본 계약은 계약체결일로부터 효력이 발생된다.
>
> **제0조 (계약내용의 효력)**
> 본 계약의 효력은 "작가"와 "사업자"가 서명 날인한 후부터 발생한다.

● 금지청구권의 포기

저작권의 가장 강력한 효과 중 하나가 '금지청구권'이다. 즉, '금전을 아무리 많이 줘도 소용없으니 저작물을 사용하지 말라'는 효과가 있는 것이다.

금지청구권의 포기 조항을 두면, 작가로서는 금지청구권은 행사할 수 없고 금전적 배상청구권 등 다른 권리만 행사할 수 있기 때문에 작가 입장에서는 유의해야 한다. 큰 규모의 투자가 수반되는 계약에서는 이런 조항이 가끔 등장한다.

사례를 살펴본다.

> (0) "작가"는 본 계약에 따른 금전적 청구를 제외하고, 금지청구권 행사를 비롯하여 "사업자" 및 제3자의 권리 행사를 방해 또는 침해할 수 있는 일체의 행위를 하지 아니한다.

표준 영화화 권리이용허락계약서의 조항을 살펴보자.

> **제13조 (분쟁의 해결 및 관할)**
> (3) '제작사'와 '작가' 사이에 본 계약 또는 "본건 영화"와 관련하여 분쟁이 발생하는 경우, '작가'는 '제작사'에게 손해배상을 청구하는 이외에, "본건 영화"의 제작, 배급, 상영을 중지·제한할 수 있는 가처분신청, 침해정지청구 등을 제기하지 않는다.

● 권리유보 조항

계약서의 해석상 작가 또는 사업자 어느 쪽에 권리가 있는지 애매한 경우가 있다. 예를 들어서 LP 음반만 나오던 시절에 계약이 체결되었는데 차후 CD가 나온 경우이다. 이때 LP 음반과 관련하여 체결된 계약은 CD에 대해서도 유효한가? 아니면 이는 계약의 범위 밖인가?[12]

이럴 때 권리유보 조항은 작가에게 매우 유리한 역할을 한다(다소 다르지만, 영어로는 "All rights reserved"도 비슷한 취지이다). 명확히 계약서에 의해서 사업자에게 허락된 것이 아니라면, 모든 권리는 작가에게 남아 있다는 것이기 때문이다.

대법원 또한 *'명시적으로 저작권을 양도하지 않았다면, 저작권은 작가에게 남아 있다.'*는 입장이긴 하지만, 작가 입장에서는 이런 조항을 넣어서 나쁠 것은 없다.

웹툰 연재계약서(표준계약서)에서도 같은 취지로 규정한다.

> **제11조 (2차적 저작물 및 재사용 이용 등에 대한 허락)**
> ③ 이 계약서에서 서비스업자에게 부여하지 않은 권리는 모두 저작권자에게 있다.

다른 사례를 살펴보자.

> **제0조 (특약사항)**
> (0) 본 계약에 의해 '사업자'에게 명시적으로 허락된 권리 외의 모든 권리는 '작가'에게 유보된다.

● 선량한 관리자의 주의의무 조항

'선량한 관리자의 주의의무'는 민법상 위임계약의 수임인의 의무이다. 계약상 이러한 의무를 사업자에게 부과하는 경우, 사업자의 탈법적 또는 기만적인 행위를 막는 효과가 있을 수 있다.

아래는 매니지먼트 위임 계약서(표준계약서)의 사례이다. 다른 계약서에서도 "'사업자'는 본 계약을 이행함에 있어 선량한 관리자의 주의의무를 다하여야 한다." 정도의 규정을 두면 효과가 있겠다.

> **제4조 (저작권자와 수임인의 의무)**
> ③ 수임인은 이 계약의 내용에 따라 선량한 관리자의 주의로서 위임사무를 처리하여야 한다.

같은 취지의 다른 사례를 살펴보자.

> (0) '사업자'는 '작가'가 제공한 콘텐츠를 통해 발생한 수익을 '사업자'의 순매출을 기준으로 다음과 같이 배분한다. (이하 생략)
> (0) 순매출은 콘텐츠로 인하여 발생한 수익 총액 중 수수료를 제외하고 실제로 '사업자'가 취득한 금액을 말한다. 이때 해당 수수료는 업계 통상 요율 또는 그 이하여야 한다.

1 Graphic Artists Guild, "HANDBOOK – PRICING & EHICAL GUIDELINES", 14th edition(2013), 124~127면.

2 채정원·이은미, "계약서 작성실무", 영화조세통람(2015), 50면.

3 사단법인 한국만화가협회·주재국·노명희, "공정계약을 위한 웹툰작가 필독서", 사단법인 한국만화가협회 (2017), 28면. 이 자료에서는 '우선협상권'을 '최종거절권'의 의미로 해석하는 듯하다(제안받은 조건과 같거나 그 이상의 조건을 제시한다면 업체와 계약, 업체에서 포기한다면 타 업체와 계약할 수 있다). 또한 '최종거부 권'은 '업체에서 제시한 계약조건에 대해 작가가 최종 결정할 권리'라고 설명한다.

4 사단법인 한국만화가협회·주재국·노명희, "공정계약을 위한 웹툰작가 필독서", 사단법인 한국만화가협회 (2017), 23면. 다만, '일방이 계약 연장 의사를 서면으로 통보하여 합의한다'는 부분은 일방만 연장 의사를 표 시하면 연장이 되는 것처럼 설명하는데, 다소 부정확한 표현으로 보인다.

5 서울고등법원 2006.2.17. 선고 2005나99789 판결.

6 윤영환·임애리·김성주·신하나, "웹툰 작가에게 변호사 친구가 생겼다", 바다출판사(2020), 116면.

7 윤영환·임애리·김성주·신하나, "웹툰 작가에게 변호사 친구가 생겼다", 바다출판사(2020), 111면.

8 사단법인 한국만화가협회·주재국·노명희, "공정계약을 위한 웹툰작가 필독서", 사단법인 한국만화가협회 (2017), 26면; 사단법인 한국만화가협회, "만화·웹툰 공정계약 가이드", 사단법인 한국만화가협회(2019), 33면

9 대법원은 "사업자와 고객 사이에서 사업자의 영업소를 관할하는 지방법원으로 전속적 관할합의를 하는 내용 의 약관조항이 고객에 대하여 부당하게 불리하다는 이유로 무효로 보기 위해서는 그 약관조항이 고객에게 다소 불이익하다는 점만으로는 부족하고, 사업자가 그 거래상의 지위를 남용하여 이러한 약관조항을 작성·사 용함으로써 건전한 거래질서를 훼손하는 등 고객에게 부당하게 불이익을 주었다는 점이 인정되어야 한다."라 고 판시한다(대법원 2008. 12. 16.자 2007마1328 결정).

10 관할법원이 궁금하면 대한민국 법원 사이트의 '관할법원 찾기' 또는 적당한 인터넷 사이트를 이용하면 된다.

11 한국저작권위원회 사이트 '조정' 페이지 참고. https://www.copyright.or.kr/business/mediation/adjustment/ index.do

12 우리나라에서 문제 된 사례로는 대법원 1996. 7. 30. 선고 95다29130 판결이 있다.

제2장
공통조항(2)-웹툰, 만화 계약서

> 모롱 작가는 작은 유료 플랫폼인 '만만세'(만화만세의 준말이라고 한다) 플랫폼의 장 이사로부터 받은 계약서를 확인한다.
>
> 모롱 작가는 동료 웹툰 작가들에게도 첨예한 관심이 되고 있는 '2차적저작물작성권' 부분을 먼저 살펴본다.
>
> 떡하니 들어가 있는 '2차적저작물작성권'의 영구 공유 조항! 그리고 MG와 함께 수익 분배 조항이 들어가 있는데, '모든 비용을 공제한 수익을 분배한다'고? 비용은 어디서 어디까지지?

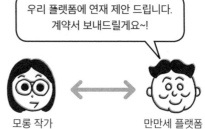

우리 플랫폼에 연재 제안 드립니다.
계약서 보내드릴게요~!

모롱 작가　　　　　　만만세 플랫폼

이번 장에서는 웹툰 계약, 만화 계약에 공통되는 부분을 살펴본다.

계약지역과 언어

웹툰은 인터넷을 통해 서비스되기 때문에, 계약지역과 언어가 중요하다.

전반적으로 표준계약서는 계약지역과 언어를 한국과 한국어에 한정시키고, 그 이상의 경우 동의를 얻거나 추가계약을 하도록 하고 있다. 그러나 최근에는 우리나라 웹툰과 플랫폼이 전 세계적으로 영향력이 있는 만큼 외국에서의 서비스를 전제로 한 계약도 점점 늘고 있는데, 이에 대비한 적절한 규정이 필요할 것이다.

한 가지 더. 인터넷 시대에는 국가로 제한을 해도 실제로는 국경을 넘은 서비스가 가능하다. 예를 들어서 한국으로 지역을 제한해도 '영어' 서비스가 가능하다면, 전 세계 영어 사용자들이 웹툰을 볼 수 있기 때문이다. 따라서 지역과 언어를 함께 규정해야 한다.

출판계약서(표준계약서)의 사례를 살펴보자.

> **제4조 (출판권의 한계)**
> ① 출판권자는 대상 저작물을 다른 언어로 번역할 수 없다.
> ② 출판권자는 대상 저작물을 대한민국의 영토 외의 장소에서 배포, 발행할 수 없다.
> ③ 단, 출판권자는 해외진출 등의 목적을 위해 대상 저작물을 다른 언어로 번역하거나, 대상 저작물의 캐릭터, 스토리, 구성요소 등을 활용하고자 할 경우 저작권자와 협의 후 별도의 계약을 체결해야 한다.

사업자가 출판물의 해외수출 권리를 갖게 하는 다른 사례를 살펴보자.

> **제0조 (해외 수출)**
> (1) 본 계약 기간 중에 '사업자'는 본건 저작물이 해외에 수출될 수 있도록 다각적으로 노력하며, 해외로 판권이 수출되거나 번역 제작 판매되었을 경우 '사업자'는 '작가'와 협의하여 이를 진행하고, 이를 통해 발생하는 총 수익은 '작가'와 '사업자'가 00대 00으로 배분하도록 한다.
> (2) '작가'는 본 계약 기간 중에 본 저작물의 제호 및 내용의 전부 또는 일부와 동일 또는 유사한 저작물을 직접 번역하여 수출하거나 제3자로 하여금 번역 및 수출하도록 하여서는 안 된다.

웹툰의 해외 서비스를 가능하게 한 사례를 살펴보자.

> **제0조 (글로벌 서비스)**
> (1) 본 계약의 전자출판권은 대한민국을 포함한 모든 국가와 지역에서 유효하며, 본건 저작물을 전자적 형태로 복제 및 전송할 수 있는 권리를 포함한다.
> (2) 전항의 목적을 위해 필요한 경우, "사업자"는 자신의 비용과 책임으로 본건 저작물의 번역 및 편집을 수행할 수 있고, 이러한 경우 제작한 번역 및 편집물에 대한 모든 권리는 "사업자"에게 귀속된다.

비교적 정교하게 규정한 다른 사례를 살펴보자.

한국에 있는 회사가 웹툰을 인터넷으로 서비스해서 미국에서 접속할 수 있다면 계약지역을 '대한민국'으로 하는 것이 의미가 있는가? 아래의 계약 사례에서는 '한국어'로 제한하면서, 해외에서의 접속은 계약 위반이 아님을 규정하고 있다.

> (0) 본 계약의 계약지역은 대한민국으로 하되, 인터넷의 특성상 불가피하게 대한민국 이외 지역에서 접속, 이용하는 것은 허용한다. 이 경우에도 한국어 외 언어를 사용하여 유통을 하는 것은 허용되지 않는다.

2차적저작물작성권

공정거래위원회의 결정을 통해 2차적저작물작성 부분은 연재계약서, 출판계약서 등과 별도의 계약으로 체결하는 것으로 정리가 되었다. 또한 표준계약서에서도 중요하게 규정하는 것이 2차적저작물작성권 조항이다. 이에 대해서는 뒤의 웹툰 연재계약서에서 여러 사례와 함께 살펴본다.

웹툰 연재계약서(표준계약서)의 사례를 살펴보자.

> **제11조 (2차적 저작물 및 재사용 이용 등에 대한 허락)**
> ① 서비스업자는 이 계약에서 규정한 권리만을 가지며, 그 외 2차적저작물작성권 등 다른 저작재 산권을 이용하기 위해서는 저작권자와 별도로 계약을 체결하여야 한다.
> ② 저작권자가 계약기간 중 제3자로부터 대상 저작물에 대한 출판, 2차적 저작물 제작, 캐릭터 이용 등의 제안을 받고 협의가 필요한 경우, 제안을 받은 날로부터 __일 이내에 서비스업자에게 그 내용을 서면으로 통보하여, 서비스업자가 이 계약상 권리가 침해되지 않는지를 확인할 수 있도록 하여야 한다.
> ③ 이 계약서에서 서비스업자에게 부여하지 않은 권리는 모두 저작권자에게 있다.

한국만화가협회의 '공정계약을 위한 웹툰작가 필독서'에서는 '2차적저작물 작성권은 별도 계약'을 표준계약서의 권장 사항으로, '연재 계약에 모든 2차적저작물의 독점적 권리를 포함'을 불공정한 경우로 설명하고 있다. 또한 2차적저작권은 '작가에게 있음'을 표준계약서의 권장 사항으로, '업체에 있음'을 불공정한 경우로 설명한다.[1]

다소 각도가 다르지만 중요한 내용이니 아래 내용을 한번 생각해 보자.

A라는 저작물이 있는데, 양도인(작가)이 해당 저작물에 대해서 2차적저작물작성권까지 양도하면, 양수인(사업자)이 그 캐릭터들을 이용해서 다른 저작물을 만들수 있는지가 '구름빵' 사건에서 문제되었다.

법원은 '그림책의 경우 어문저작물, 미술저작물, 캐릭터저작물이 결합된 것인데, 계약서 문언상 양자가 각 개별저작물을 포함해 저작물 일체를 양도, 양수한 것으로 보인다.', '그림책을 원저작물로 하여 2차적저작물을 작성할 때는 원저작물의 캐릭터의 사용 및 변형을 수반하는 경우가 대부분일 것이므로 캐릭터 저작권이 원작자에게 남아있다고 보기 어렵다.'라는 이유들을 들어서 2차적저작물작성권이 양도되면 캐릭터들의 저작권까지 양도된 것으로 보았다.[2]

이에 대해서 문제는 이 사건 저작물에 대한 2차적저작물작성권 속에 '속편을 작성할 권리'와 '캐릭터를 상품화하는 권리'가 포함된다고 해석할 수 있는지 여부인데, **(1) 이 사건 계약에서는 이 사건 저작물과는 별개로 캐릭터 저작물을 양도 대상으로 하는지 여부를 명시하지 않았고, (2) 이 사건 계약에서는 '속편을 작성할 권리'와 '캐릭터를 상품화하는 권리'에 관해 명시하지 않았고 단지 2차적저작물작성권이 양도된다고 규정하였을 뿐인데, 2차적저작물작성권 양도에는 위 두 가지 권리가 포함되었다고 해석하는 것은 부당하다**는 강력한 반론이 있다.[3] 어쨌거나 가급적 계약으로 분명하게 규정하는 것이 좋겠다.

저작물의 내용(보증)

저작권 계약의 경우 전형적으로 들어가는 조항이다. 자신이 제공하는 저작물(작품)이 다른 사람의 저작권 등 권리를 침해하지 않았고, 유효하게 계약을 체결하는 데 아무런 문제가 없다는 내용이다. 특허를 이용하도록 하는 실시권 계약에서 특허의 유효성을 보장한다는 조항, 상표를 이용하도록 하는 실시권 계약에서 상표의 유효성을 보장한다는 조항 모두 마찬가지이다.

아래와 같은 내용이 통상적인 사례이다.

> **제0조 (진술과 보증)**
> (1) "작가"는 본 저작물이 제3자의 저작권, 디자인권, 상표권, 초상권, 인격권, 명예 기타 일체의 법적 권리를 침해하지 않는다는 점을 진술 및 보증한다.
> (2) "작가"는 본 저작물과 관련하여 저작권 등 타인의 권리 침해와 관련한 분쟁이 발생할 우려가 있거나 발생하였을 경우 지체 없이 서면으로 "사업자"에게 통지해야 하며, 이로 인해 "사업자"에게 손해를 끼칠 경우 이에 대한 모든 책임을 진다.

웹툰 연재계약서(표준계약서)의 사례를 보자.

> **제7조 (저작물의 내용에 따른 책임)**
> ① 대상 저작물의 내용 중 저작권자가 소재, 내용 등을 모두 독립적으로 제작한 부분이 제3자의 저작권 등 법적 권리를 침해하여 서비스업자 또는 제3자에게 손해를 끼칠 경우에는 저작권자가 그에 관한 모든 책임을 진다.
> ② 대상 저작물의 내용 중 서비스업자가 저작권자에게 소재, 내용 등을 제공하였거나, 대상 저작물의 제작에 관여한 부분이 제3자의 저작권 등 법적 권리를 침해하여 서비스업자 또는 제3자에게 손해를 끼칠 경우에는 서비스업자가 그에 관한 모든 책임을 진다.

위 조항 중 제1항이 전형적인 내용이다. 다만, 표준계약서에서는 작가를 보호하는 취지에서 제2항을 두어서, '사업자가 작가에게 소재, 자료를 제공했는데 그 소재, 자료로 인해 문제가 생기는 경우' 사업자가 책임을 지도록 했다. 예를 들어 사업자가 작가에게 제공한 시나리오로 인해서 분쟁이 생긴다면 사업자가 책임을 진다는 취지이다.

권리의 등록

사업자가 권리를 등록해야 제3자에게 권리를 주장하거나 대항할 수 있는 경우가 있다(배타적 발행권, 출판권, 저작권 양도 등).

예를 들어 출판사가 작가와 단순히 '이용허락'만 하는 출판계약을 하면 출판사는 원칙적으로 불법 출판을 하는 제3자에게 권리 행사가 불가능하다(작가에게 요청해서 작가가 권리 주장을 해야 한다). 이때 출판사가 출판권 설정 등록을 마치면 직접 제3자에게 권리 행사가 가능하다. 저작권 양도를 한 경우에도(원칙적으로는 계약만으로도 효력이 발생하나) 대외적으로 유효하게 저작권 양수를 주장하려면 등록이 필요하다.

이런 경우 아래와 같이 등록조항을 두곤 한다. 큰 이슈 또는 문제가 있는 조항은 아니다.

출판계약서(표준계약서)의 내용을 살펴보자.

> **제5조 (출판권의 등록)**
> ① 저작권법 제54조 제2호에 따라 출판권자는 대상 저작물에 대한 출판권 설정 사실을 한국저작권위원회에 등록할 수 있다.
> ② 제1항에 따라 출판권자가 출판권 설정등록을 하는 경우 저작권자는 등록에 필요한 서류를 출판권자에게 제공하는 등 이에 적극 협력하여야 한다.
> ③ 출판권자가 출판권을 한국저작권위원회에 등록하였을 경우, 출판권자는 계약이 종료 또는 해제·해지되는 즉시 출판권 등록을 말소하고, 이를 말소하였다는 서면 증빙을 저작권자에게 교부하여야 한다.

기획만화계약서(표준계약서)의 내용을 살펴보자.

> **제3조 (저작재산권의 양도)**
> ① 작가는 대상 저작물에 대한 저작재산권 중 다음에 해당하는 권리를 발주자에게 양도한다. 다만, 위 저작물을 원저작물로 하는 2차적저작물을 작성하여 이용할 권리의 포함 여부는 별도로 정한다.(표 생략)
> ② 작가는 발주자에게 대상 저작물에 대한 저작재산권을 양도하는 절차에 협력하여야 한다.

저작인격권의 존중

뒤에서 자세히 살펴보겠지만, 저작권은 저작재산권과 저작인격권으로 나뉘고, 저작인격권은 공표권(제11조), 성명표시권(제12조), 동일성유지권(제13조)이 있다. 저작인격권을 존중한다는 조항은 저작권법의 내용이므로, 당연히 들어갈만한 내용이다.

여기서 공표권은 저작물을 유통하라고 사업자에게 건네주면 공표에 동의한 것으로 추정하므로(제11조 제2항) 별 문제가 안 된다.

성명표시권은 저작물에 저작자의 성명을 적절히 표시해준다는 내용으로 규정하면 된다. 다만, 2차적저작물에도 성명표시권이 인정되는지 다툼이 있는데, 판례와 학설의 입장이 다소 나뉘지만 긍정하는 견해가 우세한 것 같다.

동일성유지권은 '저작물의 내용·형식 및 제호의 동일성을 유지할 권리'라는 강력한 내용인데, 이런 계약서에서는 사업상 필요성 등으로 오히려 동일성유지권이 일정 정도 제한된다는 취지로 규정을 두는 경우가 많다.

성명표시권에 관한 웹툰 연재계약서(표준계약서)의 내용을 살펴보자.

제8조 (저작인격권의 존중)

① 서비스업자는 저작권자의 저작인격권을 존중하여야 한다.

② 서비스업자는 저작권자가 사용하는 실명 또는 필명 등을 저작권자가 요구하는 바에 따라 올바르게 사용하여야 하며, 대상저작물의 복제물 또는 전송물에 저작권자가 사용하는 실명 또는 필명 등 저작권의 표시를 하여야 한다.

③ 서비스업자는 대상저작물의 온라인 서비스를 홍보함에 있어 저작권자의 명예를 훼손하여서는 아니 된다.

동일성유지권에 관한 보통의 규정 사례는 아래와 같다.

제0조(저작인격권의 존중)

'사업자'가 본 저작물을 출판에 적합하도록, 내용, 형식, 제호 등을 변경할 때에는 반드시 '작가'의 동의를 얻어야 한다.

그럼 이제 동일성유지권을 제한하는 사례를 살펴본다. 여러 가지 사유로 동일성유지권을 일부 포기한다는 취지로 규정하였다. 예를 들어서 만화, 웹툰이 영화, 드라마, 애니메이션 등 영상물로 만들어질 때는 어느 정도 변경이 일어나는 것이 보통이다.

제0조 (저작인격권)

(1) '사업자'는 '작가'의 저작인격권을 존중해야 하며, '대상작품'을 이용할 때는 '작가'의 성명을 반드시 표시한다.

(2) '작가'는 관련 법령, 업계의 관행, 출판 및 그 외의 활용 등에 적합하도록 '대상작품'의 내용, 표현 또는 작품명, 소제목 등이 일부 변경되거나, 번역시 제목, 소제목이 변경되거나 본문이 일부 변경될 수 있음을 양해한다.

이러한 변경에 제한을 둔 다른 사례를 살펴보자.

(0) "사업자"는 본건 저작물을 영상화하는 과정에서 스토리, 캐릭터 등 본건 저작물의 요소를 설정에 맞게 변형하거나 각색할 수 있다. 다만, 이 경우에도 본건 저작물의 본질적 요소를 변경할 수 없고, 부득이하게 변경이 필요한 경우 사전 동의를 얻어야 한다.

아래는 19세 이상 작품을 15세 이상 작품으로 변경하는 것을 양해한다는 취지로 규정하였다.

제0조 (편집 및 변경)

(0) "작가"는 "사업자"가 저작물의 서비스 제공 및 홍보를 위해 "콘텐츠"를 15세 이용가화(19세 미만인 자는 감상할 수 없는 "콘텐츠"를 15세 이상의 자가 감상할 수 있도록 변경하는 것)하여 서비스하는 것에 동의한다.

수정 요구

사업자가 작가에게 수정을 요구하는 것은 흔히 문제가 되는 사례이다. 특히 기획만화 등 사업자 측에서 기획하여 진행하는 만화에서 이런 사례가 많은 것 같다.

수정 요구 조항 사례를 살펴본다.

> (0) '사업자'는 '작가'가 인도한 원고의 완전성 여부에 대해 이의를 제기할 수 있고, '사업자'의 이의 제기가 있는 경우 '작가'는 수정, 보완하여 '사업자'에게 다시 인도하여야 한다.

계약서에 이런 규정이 존재할 때, 과연 사업자가 요구를 하면 작가는 무한정하게 사업자가 더 이상 요구하지 않는 때까지 수정을 해야 하는 걸까? 언제까지, 어느 범위에서 수정을 해야 할까? 작가가 사업자의 요구에 불응하면 계약 위반이 되는 걸까?

음식점에서 가수를 섭외하여 공연을 부탁한다고 하자. 이때 음식점은 가수에 대해 나름대로의 판단을 해서 그 가수를 골라 그 가격으로 계약을 하여 노래를 시켰을 것이다. 가수가 공연을 했는데, 음식점이 '나는 오늘 당신 노래가 마음에 들지 않았다. 그러니 출연료를 줄 수 없다.'라고 할 수는 없을 것이다.

만화, 웹툰 계약도 마찬가지라고 본다. 사업자는 작가에 대해 나름대로 판단을 하고 작가와 계약을 했다. 작가가 신의성실에 반힐 징도로 악의적으로 불량한 작품을 갖고 오거나 그럼에도 불구하고 수정을 하지 않는 한, 사업자가 무한정하게 수정을 요구할 수는 없는 것이다. 그렇기 때문에 사업자의 수정 요구는 제한적으로만 가능하도록 해야 한다.

기획만화계약서(표준계약서)에서는 이 문제를 아래와 같이 규정한다. 즉, 해당 계약서에서는 수정 요청 사항을 구체적으로 특정하여, 원칙적으로 1회에 한하여 요구할 수 있도록 하고, '검수 확인서'를 교부한 경우에는 수정 요구가 불가능하도록 하고 있다.

> **제7조 (발주자의 수정 요구)**
> ① 발주자는 대상 저작물의 창작 과정에서, 이 계약 체결 당시의 기획 의도나 의뢰 범위를 벗어나지 않는 범위 내에서 작가에게 대상 저작물의 내용이나 작화 등을 __일 까지 수정할 것을 요구할 수 있다. 그러나 작가가 서면으로 합의하지 않는 한, 발주자가 직접 대상 저작물을 수정할 수는 없다.
> ② 발주자가 수정을 요구할 때에는, 작가에게 수정을 요하는 내용을 가능한 명확하게 서면에 기재하여 교부하여야 한다. 발주자의 수정 요구 사항이 추상적이어서 그 내용을 확정하기 어려운 경우, 작가는 자신의 판단에 따라 발주자의 수정 요구 사항을 해석할 수 있으며, 발주자는 이에 대해 이의를 제기할 수 없다.
> ③ 제1항에도 불구하고, 발주자는 한번 수정을 요구한 부분에 대해, 작가의 서면 동의 없이 최초 수정 요구사항과 다른 내용으로 수정을 요구할 수 없다.

④ 작가는 시나리오 완성, 스케치 완성 등 작품 창작의 각 단계마다 발주자에게 그 시점까지 작가가 제작한 작품의 검수를 요구할 수 있다. 발주자는 작품을 검수하고 수정할 사항이 없을 경우 수정할 사항이 없다는 취지를 기재한 검수확인서를 ___일까지 작가에게 작성, 교부하여야 한다.

⑤ 제1항에도 불구하고, 발주자는 검수확인서가 작성, 교부된 부분에 대해서는 작가의 서면 동의가 없는 한 수정을 요구할 수 없다.

아래 사례에서는 납품 후 하자의 검수기간을 정하듯 이의제기 기간을 한정하였다.

(0) "사업자"의 "원고"에 대한 이의제기는 "작가"로부터 "원고"를 제공받은 날로부터 OO 영업일 이내에 해야 하며, 해당 기일을 초과하는 경우에 이의제기를 할 수 없다.

다른 제한 방법으로는 수정 요구의 횟수를 정하는 방법, 표준이 되는 원고를 특정하고 표준원고에 현저히 미치지 못하는 경우에 한하여 수정을 요구할 수 있다고 규정하는 방법, 0회 수정요구가 가능하도록 하고 그 이후에는 적절한 대가를 지급하도록 하는 방법 등이 있겠다.

작품의 내용을 문제 삼아 수정을 요구하는 조항은 어떨까?

아래 사례는 작가에게 수정을 요구할 수 있다는 사례이다.

(0) "사업자"는 "본건 저작물"의 내용에 폭력, 성적인 내용, 특정 계층 비하, 정치적으로 민감한 사항 등이라고 판단될 경우 "작가"에게 이에 대한 수정요청을 할 수 있으며 "작가"는 이에 적극 협조하여야 한다.

아래 사례에서 '사업자의 영업에 유해한 결과를 초래할 우려'가 있으면 시정을 해야 한다는 내용은 사업자의 입장은 이해가 되지만 동일성유지권 존중 측면에서 보면 다소 의문이다.

(0) "작가"가 제공하는 콘텐츠가 "사업자"의 영업손실 또는 유해한 결과를 초래하거나 초래할 우려가 있는 경우, "사업자"는 "작가"에게 시정을 권고할 수 있고, "작가"는 위 권고를 수용하여 콘텐츠의 내용을 수정 또는 삭제하여야 한다.

아래도 다소 불명확한 이유로 작품을 수정 또는 삭제해야 한다고 규정하는데 역시 문제가 있어 보인다.

(0) "작가"는 "작품"이 "사업자"의 영업에 손실이나 유해한 결과를 초래하거나 초래할 우려가 있는 경우 또는 "작품"의 내용이 "배타적발행권" 행사 국가의 법률에 저촉되거나 그 내용의 부적절성에 관하여 관계 기관 또는 이해관계인의 지적을 받는 등의 경우 "사업자"가 권고하는 시정을 받아들여 "만화작품" 내용을 수정 또는 삭제하여야 한다.

홍보, 프로모션용 공개의 경우

보통 계약에서는 특정 수단을 통해 작품을 공개하고, 그에 따른 수익을 지불하도록 한다. 그러므로 작가의 허락 없이 작품을 공개하면 저작권 침해가 될 수 있다(복제권, 전송권 등).

따라서 사업자가 홍보, 광고 목적으로 작품의 일부 공개가 필요할 때는 이에 대한 근거를 남겨 놓는 것이 좋고, 이로써 괜한 말썽을 줄일 수 있다. 경우에 따라서는 10% 이하, 20% 이하라고 비율을 특정하는 경우도 있다. 다만, 공개 범위를 어느 정도 제한하지 않으면 작품 전체가 공개되어도 이의하기 힘들기 때문에 작가 입장에서는 신경을 쓰는 것이 좋겠다.

사례를 살펴보자.

> (0) '사업자'는 '작가'의 사전 동의를 얻지 않고도, 본 저작물의 이용 촉진·홍보 목적으로 본 저작물의 내용 일부를 무상으로 서비스하거나, SNS 등 외부매체나 광고채널 등에 일부 게재할 수 있다. 다만, 그 범위는 전체 저작물의 10%를 넘지 않도록 한다.

또 다른 사례이다.

> (0) "사업자"는 "서비스" 또는 "작품", "사업자"에 대한 홍보나 광고의 목적으로 "콘텐츠" 및 그 표지, 제호, 본문 등의 이미지 및 "작가"의 성명, 초상, 이력사항을 발췌, 가공하여 이용할 수 있다.

사업자의 권리 보호 조항

사업자가 저작물을 서비스하면서 만든 형식(출판물의 경우 '판면')은 현행법상 보호되는지가 다소 애매하다. 그렇기 때문에 아래와 같이 계약 조항을 두어 사업자의 권리를 보호하기도 한다.

실제 사례를 살펴본다.

> (0) "작가"가 제공한 콘텐츠를 디지털 서비스 환경에 맞게 "사업자"가 비용을 지불하여 재편집 및 재가공한 디지털 파일의 소유권은 "사업자"에게 있다. 다만 이는 "작가"의 콘텐츠에 대한 권리에 영향을 주지 아니한다.

사업자가 발행을 하면서 발생한 권리에 대한 전자책 계약서의 다른 사례를 살펴본다.

> **제0조 ("발행데이터"의 권리 귀속)**
> (1) "배타적발행권"을 행사하기 위하여 "사업자"의 노력과 비용으로 만들어진 각종 데이터에 관한 권리는 "사업자"에 귀속된다.
> (2) "작가"는 "본 계약"의 유효기간뿐 아니라 계약 종료 후에도 "사업자"의 서면 동의 없이는 전

항의 데이터를 직접 이용하거나 제3자로 하여금 이용하게 하여서는 아니 된다. 만일 "작가"
가 이를 제3자에게 이용하게 하고자 할 경우 "작가"는 "사업자"에게 해당 데이터의 매수를
요청할 수 있으며, 이에 따른 구체적인 조건은 쌍방이 별도로 합의하여 정한다.

사업자가 자신의 비용과 책임으로 번역을 한 경우, 해당 번역 부분의 권리는 사업자가 갖는 것
이 당연하다. 예를 들어서 작가가 사업자와 계약을 종료하고 다른 사업자를 통해서 서비스를 한
다거나 직접 서비스를 할 경우, 이전 사업자와 계약을 맺고 해당 부분의 이용허락 계약 등을 해
야 할 것이다. 관련 사례를 살펴보자.

(0) "사업자"가 본 계약에 따라 "작품"의 내용을 외국어로 번역하거나 수정, 편집 등을 하는 경우
해당 번역, 수정, 편집물에 대한 저작권은 "사업자"에게 귀속된다. 단, "사업자"는 이를 본 계
약에 따라 "작품"의 서비스를 위한 용도로만 이용할 수 있다.

비용의 부담

엔터테인먼트, 저작권 계약에서 전형적인 비용부담 구조는 창작 부분은 작가가 비용을 부담
하고, 사업화(유통) 부분은 사업자가 비용을 부담하는 식이다.

통상의 사례를 보자.

제0조 (비용 부담)
① 본 저작물의 저작에 필요한 비용(및 원고 인도 비용)은 '작가'의 부담으로 하고, 본 출판물의 제
　작, 발행 및 선전에 따른 비용(그에 따른 세금 포함)은 '사업자'의 부담으로 한다.
② 본 출판물의 조판 완성 후 원고의 대폭적인 수정으로 비용이 투입되어야 할 경우에 그 추가 비
　용 부담은 '작가'와 '사업자'가 협의하여 결정한다.

제2항 관련, 다음과 같은 사례도 있다.

(0) '작가'의 요청에 따른 수정·증감 등에 의하여 통상의 제작비를 현저히 초과한 경우 '사업자'는
그 초과액의 전부 또는 일부를 '갑'에게 청구할 수 있다.

조금 더 자세히 규정한 다른 사례를 살펴보자. 전반적으로 합리적인 내용으로 보인다.

제0조 (비용의 부담)
(1) '작가'는 본 저작물의 저작에 소요되는 비용과 본 저작물에 부수되는 사진, 그림 등 자료의 사
　용료를 포함한 원고 완성에 이르기까지의 모든 비용을 부담하고, '사업자'는 본 저작물의 제

> 작, 홍보, 광고, 판매, 전송에 따른 비용을 부담한다.
> (2) '작가'가 타인의 저작물을 본 저작물에 포함시키고자 하는 경우, '작가'는 해당 저작물의 저작권 문제를 해결하여야 한다. '사업자'가 '작가'를 대신하여 이를 해결할 경우 '사업자'는 그 비용을 '작가'에게 구상하거나 '작가'에게 지급할 대가에서 공제할 수 있다.

한국만화가협회 자료에서는 해외유통 부속합의서를 쓰면서 '번역비는 업체에서 부담한다.'고 하면서 '번역비는 수익에서 제한다'라고 적는 경우를 설명하면서, 권리를 행사하기 위한 비용은 업체가 부담하는 것이 원칙이므로 작가에게 이를 부담하게 하는 것은 문제가 있고, 번역비를 만약 작가가 부담한다면 수익 셰어에 있어서도 상응하는 차이가 있어야 한다고 설명한다.[4]

타당한 설명인데, 다만, 원 사례에서 '번역비를 업체에서 부담한다'는 것과 '번역비를 수익에서 제한다'는 것은 그 자체가 모순이다. 번역비를 수익에서 공제하면 업체에서 부담하는 것이 아니기 때문이다.

수익 분배와 비용 공제

문제가 발생하는 것은 '비용'을 공제하고 수익 분배를 하는 경우이다.

기본적으로 어떤 콘텐츠로 발생한 수익을 작가와 사업자가 비율적으로 나누는 데는 2가지 방법이 존재한다. 첫 번째는 '매출'을 기준으로 하는 방법이고, 다른 하나는 '수익', 즉 매출에서 비용을 공제한 수익을 기준으로 하는 방법이다.

그런데 여기서 '수익'을 어떻게 계산하는지, 즉 매출에서 공제되는 '비용'을 어떻게 계산하는지의 문제가 발생한다. 매니지먼트 계약이 전형적으로 이런 경우이다.

일부 매니지먼트 계약에서는 작가가 창작에 필요한 비용을 부담하고, 사업자는 매니지먼트(사업화)에 필요한 비용을 부담한다. 그런데 다른 매니지먼트 계약에서는 매니지먼트(사업화)에 필요한 비용을 총 매출에서 공제하고 분배하는 구조를 취하기도 한다(전형적으로 연예인 매니지먼트 계약).

매니지먼트 업무 비용을 사업자 측에서 순수하게 부담을 하고 나중에 분배를 계산하든(이럴 때는 사업자 지출이 다소 클 것이다. 따라서 예컨대 작가:사업자=5:5), 매니지먼트 업무 비용을 사업자와 작가가 나눠서 부담을 하고 나중에 분배를 계산하든(이럴 때는 사업자의 부담이 별로 없을 수 있다. 따라서 예컨대 작가:사업자=7:3), 적절히 비율만 조정하면 결과적으로 다르지는 않다.

그런데 후자의 경우, 즉, 분배되는 수익 이전에 비용을 공제한다면, 작가 입장에서는 분배되는 수익이 줄어드는 결과가 되기 때문에 작가는 비용을 하나하나 잘 살펴야 한다. 사업자 측 매니지먼트 업무를 진행하는 담당자의 출장시 숙식비도 공제해야 할까? 마케팅, 판매에 따른 비용을 작가도 부담해야 할까? 사업자 사장님 등 직원의 임금도 공제해야 할까? 여기서 공제되는 비용을 어떻게 정의하느냐가 상당히 중요할 것이다.

연예인 전속계약에서는 계약에서 공제하는 금액(비용) 범위가 어디까지인지에 대해 분쟁이 매우 많았다. 웹툰, 만화, 캐릭터 매니지먼트(에이전시) 계약에서도 가끔 그런 사례가 있는데 흔하지는 않은 것 같다.

수익 배분 조항을 볼 때 기준이 무엇인지를 확인해야 하는데, '제반비용을 제한 금액'이라고만 기재되면 정산내역서를 받아도 작가로서는 자신의 작품이 일으킨 매출을 정확히 파악하기도 어렵고, 제대로 수익이 계산된 것인지도 파악하기 어렵다. [5]

또 다른 한국만화가협회 자료에서는 "제반비용은 어떤 업무를 행할 때 쓰는 일체의 비용을 말합니다. 업체가 '제반비용을 제하고' 수익을 셰어한다는 조항이 종종 계약서에 보이는데, 이는 매우 포괄적인 단어이기에 불공정하다 볼 수 있습니다. 만약 '제반비용'이라는 용어를 계약서에 쓰려면 계약서상에 예시를 구체적으로 들어 열거할 필요가 있으며, 비용의 사용내역을 작가에게 증빙할 수 있어야 합니다."라고 설명한다. [6] '제반비용'이라는 용어 사용 자체로 계약이 불공정하다고 할 수 있는지는 다소 의문이지만, 앞에서 보았듯이 그 취지는 충분히 공감할 수 있다.

유통수익과 결제수수료의 정의에 대한 사례를 살펴보자.

> (0) "유통수익"이란 "작품"의 "배타적발행권"을 통해 발생한 수익을 말하며, "국내유통수익"과 "해외유통수익"의 총합이다. "국내유통수익"은 "사업자"가 직접 운영하는 플랫폼 총매출에서 "결제수수료"를 제외한 금액과 국내의 제3자가 운영하는 "서비스 매체"로부터 "사업자"가 수령한 금액의 총합이다. "해외유통수익"은 국외의 제3자가 운영하는 "서비스 매체"로부터 "사업자"가 수령한 금액이다.
>
> (0) "결제수수료"란 결제/환불수수료, 미수/이자 비용 및 결제운영 비용을 포함한 결제와 관련된 일체의 수수료 및 플랫폼 운영수수료를 말한다. 플랫폼 또는 앱스토어의 수수료는 해당 스토어 또는 플랫폼의 정책에 따르되, "사업자" 플랫폼의 결제수수료는 총매출액의 00%로 한다.

아래 사례를 한번 살펴보자. 물론 사업자 측에서는 비용의 범위가 넓을수록 좋지만, '일체의 비용', '등', '기타 비용' 등은 모호해서 나중에 다툼의 소지가 있을 것 같다.

> **제2조 (용어의 정의)**
> 본 계약에서 사용하는 용어의 정의는 아래와 같다.
> (0) 제작비 - 본 계약에 따른 매니지먼트 업무 진행과 관련하여 직접 소요되는 일체의 비용(교통비, 숙식비, 취재비, 인건비, 지식재산권 등록 및 유지 관련 비용 등), 서비스, 발행, 광고, 마케팅, 판매에 따른 비용, 관련하여 발생하는 세금, 수수료, 기타 비용 등

참고로, 매우 많은 분쟁 끝에 작성된 연예인 표준 전속계약서 사례(표준 대중문화예술인(가수) 계약서)를 보자.

공제되는 항목을 3가지로 나누었다: ① 을의 공식적인 연예활동으로 현장에서 직접적으로 소요되는 비용(자세한 내용 규정), ② 광고수수료 비용, ③ 갑이 을의 동의 하에 지출한 비용을 공제한 금액.

그런데 실제로는 이렇게 매우 구체적으로 규정한 계약에서도 여기에 해당하느냐 아니냐 문제로 다툼이 생기기도 한다.

> **제12조 (수익의 분배 등)**
> ③ 연예활동과 관련된 수익에 대한 수익분배방식(예: 슬라이딩 시스템)이나 구체적인 분배비율도 갑과 을이 별도로 합의하여 정한다. 이때 수익분배의 대상이 되는 수익은 을의 연예활동으로 발생한 모든 수입에서 을의 공식적인 연예활동으로 현장에서 직접적으로 소요되는 비용(차량유지비, 의식주 비용, 교통비 등 연예활동의 보조·유지를 위해 필요적으로 소요되는 실비)과 광고수수료 비용 및 기타 갑이 을의 동의 하에 지출한 비용을 공제한 금액을 말한다.

정산 또는 분배

그 다음으로 실제 정산 또는 분배에 관한 규정이다.

만약 다른 관련 규정들이 잘 정리되었으면 이 부분은 그다지 복잡하지는 않고, 실제 계산이 정확히 되었는지가 오히려 중요할 것이다.

이 부분은 각 계약서마다 좀 다를 수 있으므로 개별 계약서에서 사례를 통해 살펴본다.

정산자료 또는 관련 자료의 제공

정산 관련해서는 오히려 이 부분이 중요할 수 있다.

이 문제는 크게 보면 2가지인데, 정산자료 또는 관련 자료의 제공의무가 계약상 규정되어 있으나 이를 이행하지 않은 경우와, 정산자료 또는 관련 자료의 제공의무가 계약상 명확하지 않은 경우로 나눌 수 있다.

전자와 관련된 사례를 보자. 가급적이면 정산금 지급과 함께 정산자료를 보내도록 하고, 주기적으로 정산자료를 제공하도록 규정하면 좋겠다.

> (0) "사업자"는 본건 저작물의 사용료 정산과 관련하여 세부 내역을 확인할 수 있는 정산자료를 "작가"에게 제공한다. "작가"가 본건 저작물의 정산과 관련한 추가적인 자료의 제시를 요구할 경우 "사업자"는 해당 자료를 제공한다.

간단한 규정을 두고 있는 사례이다.

(O) '작가'가 '콘텐츠' 판매 관련 자료의 제시를 요구할 경우에 '사업자'는 성실하게 자료를 제공하여야 한다.

조금 더 자세한 규정을 두고 있는 다른 사례이다.

제0조 (사용료의 정산)

(1) "사업자"는 본 계약에 따라 서비스권을 부여받는 대가로 "작가"에게 작품 사용료를 본 계약에 따라 지급한다.

(2) "사업자"는 위 작품 사용료의 정산과 관련하여 세부 내역을 확인할 수 있는 정산자료를 "작가"에게 제공한다. 만약 "작가"가 작품 사용료의 정산과 관련한 추가적인 자료의 제시를 요구할 경우 "사업자"는 객관적으로 합리적인 범위내에서 작품 사용료의 정산자료를 제공한다.

(3) "작가"가 지급된 작품 사용료의 내역에 대하여 이의가 있는 경우에는 "사업자"에게 해당 내역에 대한 이의를 제기할 수 있다. 만약 지급일까지 양 당사자의 이견이 좁혀지지 않는 경우에는 "사업자"는 우선 "작가"에게 통지한 작품 사용료를 기준으로 정산하고, 차후 이의가 정리되면 "사업자"와 "작가"는 차액을 정산한다.

다음과 같은 사례도 있는데, 코인을 사용하는 웹툰 같은 경우 유용할 것이다.

(O) "사업자"는 "본건 저작물"에 대한 이용자의 코인 사용수(저작물 판매 횟수, 코인 사용 횟수)를 확인할 수 있는 기술적 장치를 "작가"에게 제공해야 한다. "작가"가 "본건 저작물"의 판매와 관련된 자료의 제시를 요구할 경우에 "사업자"는 성실하게 자료를 제공해야 한다.

그런데 이렇게 명확히 규정이 있음에도 불구하고 사업자가 정산자료를 제공하지 않으면 어떨까? 특히 이 문제는 연예인 전속계약에서도 종종 문제가 되는데, 사업자 측에서 흔히 하는 항변은 '정산금이 없으니 정산서를 제공할 필요도 없다.'는 것이다.

이 문제에 관하여 법원은 *"원고와 피고의 투명하면서도 성실한 수익 분배는 위와 같은 신뢰관계의 존속을 위한 필수적인 전제조건이므로, 피고에 의하여 이루어지는 수익 분배가 적정한지 여부의 판단을 위하여 이 사건 전속계약에서 규정하고 있는 피고의 정산자료 제공 의무는 피고의 정산의무와 동일한 수준의 중요한 의무이고, 정산의 결과 피고가 원고에게 실제 지급할 금액이 있는지 여부와 관계없이 피고는 원고에게 그 정산자료를 제공하여야 할 의무를 부담한다고 봄이 타당하다.", "이처럼 피고가 이 사건 전속계약에서 규정하고 있는 정산자료 제공의무를 이행하지 않음에 따라 원고는 수익 정산과 관련하여 피고에게 이의를 제기할 수 있는 이 사건 전속계약상의 권리를 제대로 보장받지 못하였을 뿐만 아니라, 피고가 위와 같이 장기간에 걸쳐 정산자료 제공의무를 이행하지 않은 것은 사실상 이 사건 전속계약상의 정산의무를 이행하지 않은 것과 다를 바 없다고 할 것이*

다.", "위와 같이 피고가 이 사건 전속계약에서 정한 정산자료 제공의무를 위반한 것은 이 사건 전속
계약 해지 사유에 해당하므로, 원고는 이 사건 전속계약에서 정하는 절차에 따라 이를 해지할 수 있
다."라고 판시하였다.[7]

이 판결에서는 전향적으로, 설사 정산금이 없다고 해도 정산자료를 아예 제공하지 않는 것만
으로도 계약위반, 계약해지 사유가 된다고 판단한 것이다.

다음으로, 계약서상 정산자료 제공 의무가 없는 경우를 살펴보자.

이때 작가는 사업자에게 정산자료를 요구할 수 있을까?

한국만화가협회 자료에서는 에이전시가 세 달에 한 번씩 정산 리포트만 보낼 뿐 어느 유통처
에서 얼마나 벌었는지를 자세히 알 수 없고, 담당자는 정산서를 보여줄 의무가 없다고 하는 사
례를 소개한다.[8]

해당 자료에서는 "보여줄 의무가 있습니다. 에이전시와 플랫폼간의 계약 조건을 작가에게 제
공해야 하며, 수익 내역 역시 내 작품을 사업화할 권리를 위임한 대가로 정당하게 제공받아야
합니다. 내역을 제시하라고 요구할 수 있고 이 요구에 대해서 정당한 사유 없이 공개하지 않으
면 이것은 계약 위반에 해당합니다. 원한다면 특정 날짜의 조회수와 자세한 수익을 요구할 수
있으며 이는 작가의 권리입니다."라고 설명한다.

다만, 계약상 명확한 규정이 없는데도 작가가 계약상 그런 권리를 갖는지는 다소 의문이다.

또한 한국만화가협회 자료에서는 작가가 에이전시와 계약을 했는데, 에이전시와 플랫폼간의
계약서를 본 적이 없다, 이 계약서를 요구할 권리가 있는지 궁금하다는 사례를 소개한다.[9]

해당 자료에서는 "원칙적으로는 에이전시와 플랫폼의 계약과 에이전시와 작가와의 계약은 별
개입니다. 물론 작가가 수익이 예측 가능해야 한다고 법을 해석하고 작가의 온전한 권리로서 공
개하라고 할 수는 있으나 이걸 강제할 수 있는 법적인 장치는 없는 상태입니다. 따라서 계약서
에 수익이나 유통에 관련한 계약조항을 작가에게 공개해야 한다고 의무를 부과하면 관련 계약
조항을 볼 수 있습니다. 계약서에 2차적저작물 관련 권리가 포함되어 있다면 2차적저작물은 별
도의 서면계약을 체결하거나 작가의 최종 서면 동의를 얻어야 한다는 조항을 넣는 것이 좋습니
다. 이와 별개로 업체는 정산내역과 근거를 제시해야 할 의무와 책임이 있기 때문에 작가가 명
확히 알기 어려운 정산내역이 있다면 업체에 설명을 요구하고 정확한 산정방식과 내역을 제공
받아야 합니다."라고 설명한다.

그런데 역시 계약상 명확한 의무 규정이 없는데도 작가가 계약상 그런 권리를 갖는지는 다소
의문이다. 하지만, 사업자는 작가에게 정당하게 계산된 정산액을 지급해야 하는 의무가 있고,
이를 확인하기 위해서는 결국 관련 자료의 확인이 필요하므로, 이는 넓게 보면 작가의 계약상
권리 또는 사업자의 계약상 의무로 생각해 볼 수 있을 것이다.

다만, 만약 이것이 분쟁이 되어 민사소송으로 진행이 되면, 작가는 법원에 사업자가 해당 자료

와 계약서들을 제출해야 한다는 '문서제출명령신청'(민사소송법 제344, 제345조)을 할 수 있고, 법원은 거의 확실히 사업자에게 해당 자료들을 모두 제출하라고 명령할 것이다. 법원 명령에도 불구하고 문서를 제출하지 않으면, *법원은 신청자 측 주장을 진실한 것으로 인정할 수 있다*(민사소송법 제349조).

정산자료의 보관 및 제공

약간 맥락은 다르지만, 정산이 수반되는 계약서에서는 정산자(사업자) 측이 관련 서류와 자료를 따로 유지, 보관하고, 상대방(작가 측)이 요청하면 즉시 제공하도록 하고, 계약기간이 끝난 뒤에도 일정 기간(예컨대 3년) 보관하도록 정하는 것이 좋다.

사례를 보면 다음과 같다.

> (0) '사업자'는 본 저작물의 매출 관련 장부(컴퓨터 파일) 및 관련 자료를 별도로 유지, 보관해야 하며, '작가'가 요청하면 이를 즉시 제공해야 한다. '사업자'는 위 장부(파일)를 계약 종료 후 O년간 보관하여야 한다.

다른 사례를 살펴본다.

> (0) '사업자'는 본건 저작물의 매출액 내역 및 수액 배분의 계산과 관련된 자료를 별도로 작성, 보관하고, '작가'가 열람, 제공을 요청하는 즉시 이에 응해야 한다.
> (0) '사업자'는 본 계약이 종료한 후에도 O년간 이를 보관한다.
> (0) 사업자'는 공정하게 자료를 작성, 관리할 것을 보장한다.

미주_2장

1 사단법인 한국만화가협회·주재국·노명희, "공정계약을 위한 웹툰작가 필독서", 사단법인 만화가협회(2017), 19면.

2 서울고등법원 2020. 1. 21. 선고 2019나2007820 판결(상고기각으로 확정)(구름빵 사건).

3 박성호, "그림책 <구름빵>의 캐릭터 저작권은 양도되었는가?", 저작권문화 제313호(2020. 9.), 18면.

4 사단법인 한국만화가협회, "만화·웹툰 공정계약 가이드", 사단법인 한국만화가협회(2019), 36면.

5 사단법인 한국만화가협회,주재국·노명희, "공정계약을 위한 웹툰작가 필독서", 사단법인 한국만화가협회(2017), 25면.

6 사단법인 한국만화가협회, "만화·웹툰 공정계약 가이드", 사단법인 한국만화가협회(2019), 53면.

7 서울고등법원 2019. 12. 13. 선고 2019나2034976 판결.

8 사단법인 한국만화가협회, "만화·웹툰 공정계약 가이드", 사단법인 한국만화가협회(2019), 37면.

9 사단법인 한국만화가협회, "만화·웹툰 공정계약 가이드", 사단법인 한국만화가협회(2019), 37면.

하마탱 작가의
실전 팁 1

웹툰작가의 수익은 어떤 것이 있을 수 있을까?

웹툰은 작가의 혼이 담긴 예술이기도 하지만, 상업적 목적을 가진 상품이기도 하다. 대중을 대상으로 하는 유료 콘텐츠라면 최대한의 매출을 올리기 위한 적정가를 책정하고, 소비자의 구매를 기다린다. 기획사나 플랫폼은 이윤 창출을 위해 웹툰, 홍보만화, 브랜드툰 등을 제작한다. 이때 자본을 투자하는 것이고, 원고료는 바로 그 대표적인 제작비이다.

우선 웹툰 작가는 어떤 일로 수익을 창출할 수 있는지 분야별, 직무별로 수익구조를 총망라해 보자.

- 원고료, MG: 기획, 스토리, 각색, 콘티, 펜터치, 배경, 컬러링, 편집 모두 담당
- 어시스턴트, 컬러리스트, 배경전문가, 스탭 등 작업 분야별 스페셜리스트 원고료
- 급여: 스튜디오, 제작사, 메니지먼트 업체 등
- 유료매출 수익배분: RS, 미리보기, 다시보기 등
- 해외 수익: 미국, 중국, 일본, 동남아, 유럽 등
- 광고, PPL, 컬래버레이션
- 2차 저작물, 판권, 라이선스 (출판, E북, 영화, 드라마, 애니메이션, 게임 등)
- 연재작품 단행본 인세, 이론서, 실용서, 작법서 등 출간
- 캐릭터상품, 디지털 굿즈 출시 (이모티콘 등)
- 굿즈 직접개발: 판매와 상품개발, 온라인 스토어, 홍보, 마켓, 페어 참가, 입점 등
- 브랜드툰, 외주작업, 커미션 등
- 콘텐츠 개발, 지원사업: 콘텐츠 기획서, 작품 소개, 샘플, PPT
- 제작 지원금 (공공기관, 자치단체)

- 완결작 재연재, 유통 (독점, 비독점)
- 저작료, 로열티 (ex. 교과서 게재, 광고, 상품 등에 활용)
- 원작료, 원작자 자문료
- 캐리커처(라이브, 주문제작), 캘리그래피, 레터링 등
- 교육, 강의: 대학, 학교(초중고), 학원, 아카데미, 그룹개인 과외 등
- 온오프라인 강좌, 교재
- 심사, 평가, 자문
- 특강(기업), 인터뷰, 행사
- 전시회 출품료
- 출연료 (TV, 라디오 등)
- 상금 (공모전, 만화상)
- 원천소스 판매 (ex. 스케치업 모델링, 플러그인, 프로그램, 브러시 등 소재)
- 영상 BJ 등 부가활동
- 독자 후원, 펀딩, 정기 구독 등

돈, 얼마나 받아야 할까?

앞서 보듯이 향후 더 많은 분야, 더 새로운 방식이 생겨날 것이고, 꽤 다양한 수익구조를 가지고 있다는 것을 알 수 있다. 그때마다 늘 돈 얘기를 할 수밖에 없다. 돈이 흐르는 곳에 꿈이 있고 갈등도 있듯이, 해법도 있을 것이다. 작가들은 행복한 수익창출을 위해 충분한 협상전략을 가져야 하고, 신중히 계약서를 작성해야 한다. 이때 제작사와 작가는 적정 수준의 원고료를 책정해야 하는데, 대부분의 작가들이 금전과 관련한 협상과 계약을 어려워한다. 이는 나 역시 마찬가지다.

필자는 10년 차를 갓 넘은 기성작가이자 영산대 웹툰학과 학생들과 멘토 멘티 관계를 맺고 있어서 신인작가나 작가 지망생과 접할 기회가 많았다. 또 부산글로벌웹툰센터 부녀회장, 부산경남만화가연대 이사를 역임하며 이와 관련한 수많은 고민 상담을 하곤 했다. 많은 동료 작가와 지망생은 한시바삐 결론부터 듣고 싶어 한다. 그래서 본격적인 상담 전에 결론부터 알려준다. "얼마나 받아야 할까?" 보통 질문이 끝나자마자 웃으며 되묻는 편이다. "얼마 받고 싶은데?" 그 결론을 정해야 한다.

물론 대화는 한참 더 이어진다. "정말 아예 모르겠어서 그래" "그래? 그럼 회당 천만 원" "헉, 너무 센 거 아냐?" "그럼 회당 십만 원" "에이, 말도 안 되지, 요즘 누가 그 돈 받고 일을 해" "아예 모르겠다며…" "……" 다시 원점이다. 물론 마음가짐은 달라진다.

"얼마가 적당할지 모르지만, 내가 그걸 정해야 돼"

나만의 케이스를 만들자

정말 그렇다. 정답은 모른다. 모르니까 알아내야 한다. 결국 케이스 바이 케이스다. 그러니 나만의 케이스를 만들어야 한다. 보상과 대우 수준을 먼저 제시해 답을 받던가, 상대가 제시한 보상과 대우 수준을 검토하고 답을 줘야 한다. 서로 합의해 볼 여지와 의사가 있다면 계속해서 논의를 하면 된다. 서로 생각하는 갭이 너무 커서 도무지 좁혀볼 여건이 아니라면? 아쉽지만 다음 기회에 좋은 관계로 일을 하면 된다.

작가의 실력, 개성, 경력, 인지도, 신뢰도, 평판에 따라 원고료는 천차만별이다. 심지어 같은 작가가 유사한 작업을 하더라도, 시기나 상황, 입장과 처지, 스케줄에 따라 달라질 수도 있다. 외부적 요인도 크다. 제작투자, 의뢰를 하는 업체의 규모나 성향, 웹툰 작업에 대한 이해도, 가용 예산, 프로젝트 추진 의지에 따라서도 천차만별이다. 단적인 예로, 직원 3명에 연 매출이 1천만 원 정도인 기업에서 1억 원의 통 큰(?) 예산을 편성할 리가 없다.

모든 계약의 기본은 서로의 권리와 의무를 약속하는 것이다. 줄 건 주고, 받을 건 받는 합리적 관계를 전제로 한다. 서로가 준비된 자세로 충분한 사전 논의와 실무 협상을 거쳐 계약을 체결하는 것이다. 이를 위해 작가는 자신의 노동 가치를 정하고, 상대를 설득하고 협상할 준비를 해야 한다. 그렇다. 이제 원고료 협상을 준비하자.

제3장
웹툰연재계약서

참고용 계약서 내려받기
(QR코드 스캔 ▼)

모롱 작가는 '만만세 플랫폼'에서 온 웹툰연재계약서를 보고 있다.

작가 입장에서 가장 신경 쓰게 되는 것은 역시 '얼마를 받느냐' 문제. 웹툰을 이용해서 상당한 수익이 나기 때문에 매번 연재 시에 받는 수입 외에도 이러한 수익 쉐어를 얼마를 받느냐 신경 쓰게 된다.

또 하나는 연재를 하면 어떤 결과가 되는지 살펴본다. 연재를 한 다음 다른 플랫폼에서 연재를 해도 되나? 플랫폼 쪽으로 권리가 몽땅 넘어가는 계약은 아닌가? 연재를 하면서 책을 내도 되나? 연재를 하는 동안 영화나 드라마화 제안이 오면, 플랫폼에게 수익을 나눠줘야 하나?

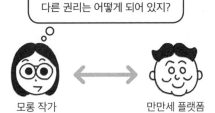

내 수입은 얼마지? 수익 쉐어는? 다른 권리는 어떻게 되어 있지?

모롱 작가 ← → 만만세 플랫폼

웹툰연재계약서란 어떤 것일까?

만화는 전통적으로 종이로 출간되는 만화를 중심으로 발달되어 왔으나, 최근에는 압도적으로 인터넷을 통하여 서비스되는 만화인 '웹툰'이 주류가 된 느낌이다. 이런 흐름은 외국에 비해서도 매우 빠르고, 관련 시장도 빠르게 성장하고 있다. 웹툰에서 가장 먼저 접하게 되는 계약서는 플랫폼 연재계약서로, 웹툰 작가 입장에서는 가장 중요한 계약서가 아닐까 싶다.

웹툰webtoon은 인터넷을 통해 연재되는 만화이므로, 인터넷 사이트를 통해서 서비스가 된다. 책을 통해서 만화가 나오듯, 연재 사이트를 통해서 웹툰이 나오는 것이다. 여기서 작가와 인터넷 사이트를 운영하는 사업자 사이의 계약이 웹툰 연재계약이다.

필자가 여러 사례를 접하다 보면 현장에서 표준계약서를 그대로 활용하는 경우는 많지 않은 것 같지만, 책의 성격상 표준계약서를 기준으로 살펴본다.

작가는 스스로 또는 에이전시를 통해 연재 사이트를 운영하는 플랫폼 사업자와 계약을 하기도 한다. 어떤 경우든 웹툰 작가는 대체로 플랫폼의 계약서를 받아들일 뿐, 내용에 대해 이의 제기를 하는 것은 힘들 수 있다.

웹툰 자체가 새로운 매체이기도 하고 플랫폼의 계약서에 대해서 받아들이는 입장이다보니, 그간 웹툰 연재 계약과 관련하여 많은 분쟁이 있었다.

대외적으로 드러난 가장 큰 사건은 아마도 플랫폼 '레진' 사건이었던 것 같다. 이 사건은 2017년말부터 다수의 작가들이 '불리한 계약을 체결했고, 부당한 처우를 당했다'는 작가들의 규탄과 함께 한국만화가협회 회장이 기자회견까지 하는 경과 끝에, 결국 사업자 측에서 작가들에 대해 제기한 민사소송을 취하하고, 차감된 지체상금을 작가들에게 돌려주며, 향후 작가들이 신고하는 부당하거나 불합리한 처우에 대해서는 회사가 최대한 빠른 조치를 하겠다고 사과를 하여 종결되었다.[1]

해당 사건에서 주로 문제가 되었던 쟁점들은 다음과 같다.

- **지체상금을 무조건적으로, 과도하게 공제를 한다.**
- **지나치게 낮은 수익배분을 한다. 또는 부당한 수익배분을 강요한다.**
- **행사로 인한 할인, 근거 없는 공제를 했다.**
- **일방적, 자의적으로 회사 측에서 해지가 가능하다.**
- **작품의 무료 공개가 지나치게 많다.**
- **회사가 블랙리스트를 작성하고 불이익한 처우를 했다.**

한편, 공정거래위원회는 2018. 3. '26개 웹툰 서비스 사업자의 웹툰 연재 계약서상 불공정 약관 조항 시정' 보도자료를 발표하였는바, 국내의 거의 모든 웹툰 서비스 업체가 망라되어 있고, 이들 업체는 약관 심사 과정에서 불공정 약관 조항을 자진 시정했다. 해당 내용은 다음과 같다.[2]

	위반유형	시정 전 약관	시정 후 약관
1	2차적 저작물에 대한 무단사용	웹툰 콘텐츠 연재 계약시 2차적 저작물에 대한 무단 사용	2차 저작물의 작성·사용권에 대하여 별도 개별 계약 체결
2	계약해지	최고절차 없이 포괄적이고 추상적인 사유로 계약해지	상당기간 최고 후 계약해지하고 추상적인 해지사유 삭제
3	손해배상	고의나 중과실일 경우에만 손해배상책임을 부담	경과실을 포함하여 손해배상책임을 부담
4	가격설정	콘텐츠 가격을 사업자가 임의로 결정	당사자가 상호 협의하여 가격조정
5	관할법원	사업자 소재지 법원에 소 제기	민사소송법상 관할 규정 따름
6	계약종료 후의 전자출판권 부여	계약종료 후에도 사업자가 전자출판권 보유	관련조항 삭제 또는 제공대가 상호 협의
7	계약연장	콘텐츠에 대한 사업화 계약을 체결하여 부당하게 계약연장	관련조항 삭제
8	지체상금	지연 또는 무단휴재할 경우 부당한 지체상금 부과	관련조항 삭제 또는 무단휴재일 경우에만 일부 지체상금부과
9	저작권자의 동의없이 제3자에게 권리를 사용허락	제3자에게 권리를 위임·위탁·사용허락을 할 때 저작권자의 허락 없이 함	관련조항 삭제
10	장래 개발될 매체까지 계약에 포함	장래 개발될 매체까지 계약내용으로 포함	관련조항 삭제

공정거래위원회의 위 시정조치 중 가장 눈에 띄는 점은 '콘텐츠의 2차적저작물에 대한 무단 사용 조항'이었는데(21개사), 공정거래위원회에 따르면 **'웹툰 콘텐츠 연재 계약을 체결하면서 계약 내용에 2차적저작물 사용권을 포함한 권리까지 설정'**하는 것은 **'웹툰 서비스 사업자는 저작자로부터 원작 그대로 연재할 권리를 부여받은 것뿐이므로 연재 계약으로부터 2차적 저작물에 대한 작성·사용권이 자동적으로 발생하는 것이 아니다. 더욱이 저작자는 저작물을 2차적 저작물로 작성할 경우 연재 계약을 체결한 사업자 이외에도 다수의 상대방과 거래 조건을 협의하여 더 좋은 조건으로 계약을 체결할 기회가 보장되어야 한다. 따라서 해당 약관 조항은 계약 내용에 2차적 저작물 작성·사용권을 포함한 권리까지 설정하여 저작자가 제3자와 계약을 체결할 권리를 부당하게 제한하는 조항에 해당되어 무효이다.**^(약관법 제11조)'라고 설명하고 있다.

그에 따른 시정 전후의 약관 예시는 아래와 같다.

시정 전 약관 조항(예시)	시정 후 약관 조항(예시)
본 계약의 계약기간 동안 "콘텐츠"가 방송, 녹음, 녹화, 연극, 그 이외의 공연 등의 형태로 이차적으로 사용될 경우, "갑"은 그 이차적 사용에 대한 사무일체를 "을"에게 위임하기로 한다.	콘텐츠의 이차적 사용에 대하여 "갑"과 "을"은 별도의 계약을 체결하도록 한다.

사실 이러한 공정거래위원회 판단은 이미 2014년에도 있었다.[3]

공정거래위원회는 단행본 분야의 매출 상위 20개 출판사가 사용하는 '저작권양도계약서' 및 '출판권 등 설정계약서'에 대해서 **'(시정 전) 분리양도가 가능한 7가지 저작재산권을 2차적 저작물 작성권까지 포함하여 일체로 영구히 출판사에게 매절하도록 함.'**을 **'(시정 후) 저작자가 양도할 권리를 직접 선택하도록 하고 2차적 저작물 작성권의 양도는 별도의 명시적인 특약에 의하도록 함.'**으로 조치했다.

또한 **'(시정 전) 출판권 등의 설정 계약을 체결하면서 저작물의 2차적 사용에 대한 처리를 해당 출판사에게 전부 위임하도록 함.'**을 **'(시정 후) 출판사가 임의로 저작물을 2차적으로 사용하지 못하도록 2차적 사용에 대한 권리가 저작자에게 있음을 명시하고, 저작자가 위임여부 등을 개별적으로 결정하도록 함.'**으로 조치했다.

이에 따라서 현재 유력한 플랫폼 사업자는 계약을 할 때 연재계약서와 별도로 '2차적저작물작성권 부여 계약서' 등 복수의 계약을 체결하곤 한다.

웹툰연재계약서는 어떤 구조일까?

웹툰연재계약서를 체결하면 작가는 웹툰을 창작해서 사업자에게 인도를 한다. 사업자는 이렇게 전달받은 웹툰을 인터넷을 통해 독자들에게 서비스를 한다.

연재의 내용은 사업자가 기간을 정해 저작물의 서비스(복제, 전송)를 할 수 있다는 것으로 '이용허락' 또는 '배타적발행권'의 방법이다.

즉, 이 경우 저작권 양도까지 하는 경우는 좀처럼 없고, 플랫폼 사업자가 작가로부터 저작권을 양도까지 받아서 연재를 한다는 것은 여러모로 이상하다. 참고로 방송계에서는 예전에는 외부 영상제작사의 작품을 서비스하면서 저작권 양도를 받는 관행이 있었는데, 그 부당성이 누차 지적되었다.

작가는 웹툰 서비스를 특정 사업자에게 독점적으로 할 수도 있고, 비독점적으로 할 수도 있다. 비독점적인 경우에는 작가는 다른 사업자와 계약을 체결하여 다른 사이트에서 동시에 서비스할 수도 있다. 사업자는 자신의 사이트에서만 서비스할 수도 있고, 제3자를 통해서 다른 사이트에서도 서비스할 수도 있다. 이런 모든 내용들은 계약서에서 명확히 언급이 되어야 하겠다.

작가가 지작물을 제공하는 반대급부로 사업지는 작기에게 대가를 지불한다. 대가는 일시불일 수도 있고, 독자들이 지불한 돈의 일부를 지불하는 R/S(인세 또는 로열티) 방식일 수도 있다. 일부를 미리 지급하거나 고정적으로 주기도 한다.

계약서를 조문별로 살펴보자

표준계약서를 조문별로 살펴보되, 다른 계약서의 여러 사례들을 비교하면서 살펴보겠다.

● 계약서 제목, 전문, 당사자

웹툰 연재계약서

저작재산권자 ____(이하 '저작권자'라고 한다)와(과) 게재 매체 사업주 ____(이하 '서비스업자'라고 한다)는(은) 아래의 저작물에 대하여 다음과 같이 연재(게재)계약을 체결한다.

대상 저작물의 표시
제호(가제):

계약서의 제목은 크게 중요하지 않고, 실제로도 여러 제목이 혼용하여 사용된다.

다만, '대상 저작물의 표시' 부분은 해당 내용으로 연재되는 작품이 결정되므로, 중요한 의미를 갖는다. 예를 들어서 이 부분을 비워놓으면 사업자가 임의로 고른 작품을 계약 작품이라고 주장할 수도 있고, 계약서 목적물을 특정하기 힘들다. 따라서 공란으로 놔두기보다는 임시의 제목(가제)이라도 써넣는 것이 좋겠다.

● 계약의 목적

제1조(계약의 목적)
본 계약은 저작권자가 창작한 저작물(웹툰 콘텐츠)을 서비스업자에게 제공하고, 서비스업자는 이를 온라인 플랫폼을 통하여 연재하고 그 대가를 저작권자에게 지급함에 있어 양 당사자 간의 권리의무 및 기타 제반사항을 규정하는데 그 목적이 있다.

목적 조항은 직접 법적 효과가 있는 조항은 아니므로, 보통 별 문제가 되지 않는다. 다만 본 계약서가 어떤 취지를 위한 계약서인지 알려주는 역할을 한다.

● 정의

> **제2조 (정의)**
>
> 1. "대상 저작물"은 위에 표시한, 이 계약의 목적이 되는 저작물을 말한다.
> 2. "복제"는 대상 저작물을 인쇄·사진촬영·복사·녹음·녹화 그 밖의 방법으로 일시적 또는 영구적으로 유형물에 고정하거나 다시 제작하는 것을 말한다.
> 3. "공중"은 불특정 다수인(특정 다수인을 포함한다)을 말한다.
> 4. "공중송신"은 대상 저작물을 공중이 수신하거나 접근하게 할 목적으로 무선 또는 유선통신의 방법에 의하여 송신하거나 이용에 제공하는 것을 말한다.
> 5. "전송(傳送)"은 공중송신 중 공중의 구성원이 개별적으로 선택한 시간과 장소에서 접근할 수 있도록 저작물 등을 이용에 제공하는 것을 말하며, 그에 따라 이루어지는 송신을 포함한다.
> 6. "사이트"란 서비스업자 또는 제3자가 이용자에게 대상 저작물을 제공하기 위하여 구축, 운영하고 있는, 인터넷 서비스를 제공하는 서버가 설치되어 있는 호스트 컴퓨터 시스템을 말한다.
> 7. "온라인 서비스"란 「정보통신망 이용촉진 및 정보보호 등에 관한 법률」 제2조 제1항 제1호 소정의 정보통신망을 통하여 대상 저작물을 복제, 전송하는 것을 말한다.
> 8. "연재"란 대상 저작물을 '사이트'에 회 단위로 분리하여 일정 기간 동안 일정 주기마다 게재하는 것을 말한다.
> 9. "2차적 저작물"은 대상 저작물을 번역·편곡·변형·각색·영상제작 그 밖의 방법으로 작성한 창작물을 말한다.
> 10. "Product Placement(PPL)"은 대상 저작물의 내용이나 맥락 내에 업체의 브랜드 이름이 보이는 상품을 배치하거나, 업체의 이미지나 명칭, 특정장소 등을 노출시키는 등의 방법으로 독자들에게 업체나 상품을 간접적으로 홍보하는 방식의 광고마케팅을 말한다.
> 11. "완전원고"는 대상 저작물의 연재를 위하여 필요하고도 완전한 원고를 말한다.

정의 조항을 두는 것은 용어의 의미를 분명히 해야 할 필요가 있는 경우인데, 본 표준계약서의 정의 부분은 대체로 구체적인 의미가 문제되지 않는 용어들이고, 저작권법에 정해진 내용이므로 큰 의미는 없다고 보인다.

다만 하나 설명하자면 웹툰이 서비스되는 것은 저작권법상 '전송'인데, 저작권법상 '공중송신'은 3가지 권리, 즉 '전송', '방송', '디지털음성송신'으로 구성되어 있고, 인터넷을 통해 서비스되는 웹툰은 이용자들이 '개별적으로 선택한 시간과 장소에서 언제든지 접근'할 수 있는 것으로서 '전송'으로 서비스되는 것이다.

● 양자의 권리

제3조 (권리)

① 서비스업자는 이 계약기간 중 대상 저작물의 온라인 서비스에 대하여 이 계약에서 정한 내용의 권리를 보유한다. 다만 서비스업자가 대상 저작물을 연재할 수 있는 사이트는 다음에 열거한 도메인 네임을 가진 것으로 한정한다.

   가. http://www.webtoon.com

② 저작권자는 이 계약기간 중 대상 저작물의 제호 및 내용의 전부와 동일 또는 유사한 저작물을 제3자로 하여금 온라인 서비스를 하게 하여서는 아니 된다.

③ 저작권자는 서비스업자에게 이 계약에 따른 권리를 연재 종료(마지막 회 또는 후기 업데이트)일로부터 __년 간 허락한다.

④ 대상 저작물의 데이터 보관은 연재종료일로부터 __년으로 하며, 보관기관이 종료되는 즉시 서비스업자는 대상 저작물의 모든 데이터를 삭제하고, 이를 확인하는 서면을 작성하여 저작권자에게 교부한다.

본 조는 계약의 핵심이 되는 '연재'에 대해서 규정한다. 사업자는 계약기간 중 저작물을 계약서의 지정된 사이트에서 온라인 서비스, 즉 복제하여 전송할 권리를 보유하고(제1항), 이 권리는 보통 연재 종료 후 수년(3년이 많은 것 같다)간 계속할 수 있도록 하는 것이 보통이다(제3항). 지작권자는 계약기간 중 해딩 사이트에 독짐적인 언새 권리를 부여한나(세2항). 1항을 나눔는다면 '대상 저작물을 복제, 전송할 권리를 보유한다.'정도면 좋겠다.

서비스의 범위

제1항에서는 서비스가 되는 사이트를 한정하였는데, 사업자가 다른 방법으로도 서비스하도록 할 수도 있겠다. 작가가 사업자를 신뢰할 수 있고, 해당 내용을 정확히 알며, 대가를 정확히 받을 수만 있다면 사이트 특정이 꼭 중요하지는 않다고 생각한다.

물론 작가가 개별적으로 동의를 할 수 있도록 한다면 더욱 좋다. 관련 사례를 살펴본다.

아래 사례에서는 사업자가 적극적으로 플랫폼과 국가를 선택할 수 있도록 하였다.

제0조 (작품의 서비스)

(0) '사업자'는 작품을 국내 또는 국외의 플랫폼을 통해 서비스한다. '작가'와 '사업자'가 별도 합의하는 경우를 제외하고 플랫폼에 대한 별도의 제한은 없으며, '사업자'는 작품이 서비스되는 플랫폼 및 국가를 결정할 권리가 있다.

다음 사례에서는 사업자의 국내외 관계사에 허락할 수 있도록 하였다.

> **제0조 (서비스 권한 등의 허락)**
>
> '작가'는 '사업자'에게 '작품'에 대해 계약지역 내에서 다음의 권한을 허락한다.
>
> (1) '작품'의 유·무료 '서비스'를 제공할 수 있는 권리
>
> (2) '서비스'에 대한 광고 및 홍보를 위하여 '작품'의 일부, 로고, 명칭, 상표를 복제, 편집, 수정, 전송, 배포, 전시, 번역, 이용할 수 있는 권리
>
> (3) 본 계약에 따라 '사업자'가 획득한 권한과 동일한 범위의 권한을 '사업자'의 국내외 자회사 및 계열사에게 허락할 수 있는 권리

아래 사례에서 사업자는 자신의 플랫폼을 통해서 서비스할 수 있지만, 제3자를 통해서도 서비스를 할 수 있도록 하였다. 이때 작가에게 동의권을 부여하였다.

> **제0조 (제공 범위)**
>
> (1) '사업자'는 '작가'가 저작권을 소유한 아래 작품(이하 '본건 저작물'이라 한다)에 대해 한국어로 유/무선 온라인에 서비스할 수 있다.
>
> (2) '작가'는 '사업자'에게 본건 저작물의 독점적 유/무선 온라인 서비스권을 부여하며, '사업자'는 직접 또는 '사업자'가 지정한 제3자를 통해 본건 저작물을 서비스할 수 있다.
>
> (3) '사업자'가 제3자를 통해 본건 저작물을 서비스하는 경우, '사업자'는 서비스 시작 이전에 '작가'에게 해당 제3자에 대한 정보, 서비스의 주요 내용을 서면(이메일 포함)으로 알리고, '작가'의 동의를 얻어야 한다. 변경사항이 발생하는 경우에도 같다.

서비스의 법적 성격

사업자가 갖는 '서비스할 수 있는 권리'는 법적으로 어떤 성격일까? 별다른 규정이 없으면 '이용허락에 따른 이용권'이다. 사업자가 보다 강한 권리를 갖고 싶으면 계약서에서 '배타적발행권'임을 명확히 해야 한다. 한편 뒤에서 볼 전자책 발행 계약서에서의 사업자의 권리도 배타적발행권이므로, 사실상 법적 성격은 같다.

사례를 살펴보자. 계약서에서 '배타적발행권'임을 분명히 한 사례이다.

> **제0조 (권리의 부여 등)**
>
> (1) '작가'는 본 계약에 따라 '사업자'에게 다음과 같은 권리를 부여한다 : 본건 작품을 계약기간 동안 이용자에게 '사업자', '사업자'의 계열회사 또는 제3자의 플랫폼을 통해 이용자에게 서비스할 수 있는 전 세계적, 독점적인 배타적발행권

다음 사례에서도 배타적발행권을 부여하는 계약임을 분명히 했다.

> **제0조 (배타적발행권의 설정)**
>
> ① '작가'는 '사업자'에 대하여 제공하는 콘텐츠의 배타적발행권을 설정하고, '사업자'는 전 세계를 대상으로 그 형태와 방식을 불문하고 콘텐츠를 독점적·배타적으로 복제·전송할 수 있는 저작권법상 배타적발행권을 가진다.

아래 사례를 보면, 서비스의 내용을 '전송', '배포'라고 하였으므로 '이용허락' 취지의 계약서임이 계약서상 분명하다.

> **제0조 (전송에 의한 공중송신권의 부여)**
>
> ① "작가"는 "사업자"에게 "콘텐츠"를 인터넷을 이용한 전송을 통하여 스크롤 혹은 페이지 방식으로 국내에서 복제, 전송, 배포할 수 있는 권리를 부여한다.
>
> ② "사업자"가 "사업자" 또는 제3자가 운영하는 다른 온라인 플랫폼을 통하여 "콘텐츠"를 전송하거나 제3자에게 "콘텐츠"에 대한 이용을 허락하고자 하는 경우, "사업자"는 "작가"로부터 사전 서면 동의를 받아야 한다(전자메일 포함).
>
> ③ "작가"는 "콘텐츠"를 국외에서 전송하여 유통·판매할 수 있는 권리에 대하여 "사업자"에게 우선적으로 협상할 수 있는 권한을 부여하고, 이를 부여하고자 하는 경우에는 별도의 서면 계약을 체결한다.

한편, 아래의 사례는(실제 사례이지만) 연재 후 저작권 양도가 된다는 내용으로, 작가 입장에서는 최악의 사례라고 할 수 있는 계약서이다.

> **제0조 [작품에 대한 권리, 책임 등]**
>
> (0) '작가'와 '사업자'의 약정에 따라 연재되는 작품은 연재 서비스 기간이 종료된 후 대가의 지급이 완료되면 저작재산권은 '사업자'에게 이전하며 '사업자'는 이를 유료서비스에 계속 제공할 수 있다. 이 경우 '사업자'는 2차적저작물작성권을 보유하고, 이를 이용할 권리가 있다.

독점적, 비독점적 서비스

제2항은 작가의 독점적 공급 의무를 규정하여, 사업자의 독점적인 권리를 규정한다. 만약 이 규정을 비독점적인 것으로 바꾼다면 '독점적'으로 제공한다는 취지의 문구를 삭제하면 된다.

예컨대 표준계약서에서 제1항을 적절히 수정하고, 제2항의 "② 저작권자는 이 계약기간 중 대상 저작물의 제호 및 내용의 전부와 동일 또는 유사한 저작물을 제3자로 하여금 온라인 서비스를 하게 하여서는 아니 된다."라는 조항을 삭제하면 된다.

• 계약지역 및 언어

> **제4조 (번역 및 해외진출 등)**
>
> 서비스업자는 해외진출 등의 목적을 위해 대상 저작물을 다른 언어로 번역하거나, 대상 저작물의 캐릭터, 스토리, 구성요소 등을 활용하고자 할 경우 저작권자와 협의 후 별도의 계약을 체결해야 한다.

표준계약서 조항은 기본적으로 사업자가 한국어로만 서비스를 하고, 외국어로 서비스를 하려면 작가와 별도 계약을 체결하라는 취지이다. 그런데 요즘은 우리나라 웹툰이 해외에서도 넓게 서비스되고 있고, 작가 입장에서도 자신의 작품을 널리 외국에 선보이고 추가 수입도 생긴다면 나쁠 것은 없겠다.

한국만화가협회 자료에서도 "계약 내용을 최대한 명확하게 하기 위해, 번역을 금지하는 것을 원칙으로 하였다. 만약 서비스업자에게 번역권한을 주는 것으로 계약하는 경우에는, "서비스업자는 대상 저작물을 한국어 이외에 중국어, 영어, 일본어로 번역할 수 있다."라는 식으로 수정하면 된다."라고 설명한다.[4]

외국어로 서비스할 때 작가의 별도의 동의를 얻도록 하는 사례도 있고, 동의 없이도 가능하도록 하는 사례도 있다. 이 부분은 제3조에서도 사례를 살펴본 바 있다.

상당히 적극적으로 사업자의 서비스 범위를 규정한 사례를 살펴보자. 전 세계에 걸친 사업을 인정하는 취지이다.

> **제0조 (대한민국외 지역의 서비스)**
>
> ① '사업자'는 콘텐츠의 배타적발행권 보유자로서, 콘텐츠의 글로벌 서비스를 독점적으로 수행한다.
>
> ② '사업자'는 콘텐츠의 글로벌 서비스를 위해 '사업자'의 비용과 책임으로 콘텐츠의 외국어 번역을 직접 또는 제3자를 통해 수행할 수 있다. 이 경우 번역 부분에 대한 저작권은 '사업자'에 귀속된다.

다른 사례를 살펴보자. 역시 해외에서의 서비스에 대해 자세히 규정하면서, 작가가 동의/거부할 수 있는 권리를 부여하였다.

> **제0조 [권리와 의무]**
>
> ① "작가"는 "사업자"에게 "콘텐츠"에 대하여 현지화 작업을 완료한 현지화 작품을 계약기간 동안 "해당국"에서 "해당 언어"로 서비스할 수 있는 독점적인 권한을 부여한다.
>
> ② "작가"는 "사업자"에게 "콘텐츠"에 대한 현지화 작업을 할 수 있는 권한을 부여하고, "사업자"는 "콘텐츠"에 대한 현지화 작업을 할 수 있다.

③ "사업자"는 "콘텐츠"를 대한민국 외 지역에서 현지화하여 현지화 작품을 서비스하기 전에 "작가"에게 해당 서비스 내용을 별도로 서면(전자메일 포함. 이하 같다)으로 고지하여야 하고, 작가가 서면(전자메일 포함)으로 이를 거부하는 경우 서비스를 할 수 없다.

④ "작가"는 현지화 작업을 위하여 필요한 경우, "콘텐츠"에 대하여 각 "해당 언어"로 번역 저작물을 작성할 수 있는 권한을 "사업자"에게 부여하고, 이에 따라 "사업자"는 직접 또는 제3자를 통하여 번역저작물을 작성할 수 있다. 번역저작물 및 현지화 작품에 수반되는 저작권은 "사업자"에게 귀속된다.

● 원고의 인도와 연재 시기

제5조 (원고의 인도와 연재 시기)

① 저작권자는 계약체결 시 연재 원고의 __회 분량을 인도하고 이후 원고는 일정에 따라 연재 __시간 이전에 인도한다. 다만, 부득이한 사정이 있을 때에는 저작권자는 서비스업자의 서면 동의를 얻어 그 기일을 변경할 수 있다.

② 완전원고의 형태나 내용 등에 대한 서비스업자의 요구사항은 별지 1과 같다.

③ 서비스업자는 완전원고를 인도받은 날로부터 __개월 내에 대상 저작물의 게재를 개시하여야 한다. 다만, 부득이한 사정이 있을 때에는 저작권자의 사전 서면 동의를 얻어 그 기일을 변경할 수 있다.

④ 연재 종료일은 저작권자와 서비스 업자간 협의 후 확정한 일자로 한다.

본 조는 작가의 원고 전달에 대해서 규정한다.

제1항 관련, 작가는 '세이브 원고', 즉, 연재 펑크를 대비하기 위한 원고를 몇 회 분량 제공하는 것이 보통이고, 요 근래는 '미리보기'를 위해서라도 상당한 원고를 미리 주는 것 같다.

원고 인도가 늦는 경우 부과되는 '지각비'는 어떤가?

2018년 공정거래위원회 약관 시정 사례에서는 **본 약관상 지체상금은 작가가 계약서상 기재된 원고의 마감 시간을 어길 경우 콘텐츠 제공 대가의 일정 비율을 손해액으로 부과하는 규정이다. 그러나 보통 작품의 마감 시간은 게재 시간보다 2일 전을 설정하는 경우가 많고, 지연의 경우에는 실질적으로 매출이나 이용률의 하락 등 피해가 크게 발생한다고 보기 어렵다. 그럼에도 불구하고 콘텐츠 제공을 지연하는 경우 부당한 지체상금을 부과하는 규정은 고객에게 부당하게 불리한 조항이므로 무효이다.**(약관법 제6조)'라고 설명하면서, '**(시정 후) 무단 휴재의 경우에만 일부 지체상금을 부과하거나 해당 약관 조항을 삭제했다.**'라고 조치 내용을 밝히고 있다.[5]

즉, 기본적으로 마감시간을 일부 늦는 정도에 대해서 위약금을 부과하는 것은 부당하지만, 무단으로 휴재하는 어느 정도의 지체 상금 부과도 가능하다는 취지이다.

다음은 원고 인도가 늦는 경우 차회에 연재를 하도록 한 사례이다.

(0) "작가"가 본 항의 규정에 따라 서비스가 가능한 상태로 작품 원고를 제출하지 못한 경우, "사업자"는 이용자에게 휴재처리 사실을 공지하고 해당 원고는 다음 연재주기에 제출을 받아 서비스를 한다.

제2항의 '완전원고' 조항은 아마 연재 이전에 서로간 작품의 대강을 확인한 탓인지 알 수 없으나, 실제로는 별로 이용되지 않는 조항인 것 같다.

제3항을 보자. 저작권법의 출판권이나 배타적발행권에도 **"배타적발행권자는 그 설정행위에 특약이 없는 때에는 배타적발행권의 목적인 저작물을 복제하기 위하여 필요한 원고 또는 이에 상당하는 물건을 받은 날부터 9월 이내에 이를 발행등의 방법으로 이용하여야 한다."**라는 조항이 있다(제58조 제1항, 제63조의2). 사업자가 원고를 받아놓고 서비스를 하지 않아 작가의 권리가 부당하게 침해되는 것을 막기 위한 조항이다.

이러한 조항 없이 아래 사례처럼 사업자가 전적으로 결정을 할 수 있도록 하는 것은 다소 문제가 있다고 보인다.

(0) '사업자'는 스스로의 판단에 따라 발행 방법, 발행 시기 등을 결정하여 콘텐츠의 배타적발행권을 행사할 수 있다. 단, 콘텐츠의 유료서비스 개시, 콘텐츠가 전송되는 플랫폼 또는 국가의 추가 등 중요한 사항에 대하여는 '작가'에게 사전에 고지한다.
(0) '사업자'는 스스로 판단하기에 적정한 시점에 서비스를 개시할 수 있다.

제4항의 연재종료일은 제3조 제3항에 "저작권자는 서비스업자에게 이 계약에 따른 권리를 연재 종료(마지막 회 또는 후기 업데이트) 일로부터 ___년 간 허락한다."라는 규정과 함께, 사업자가 언제까지 작품을 서비스할 수 있는지 판단하는 기준이 된다.

● 연재 중단 금지

제6조 (연재 중단 금지)
서비스업자와 저작권자는 연재 중단 사유가 발생한 경우 상호 협의를 통해 해소할 수 있도록 노력해야 하며, 저작권자에게 사전에 고지한 귀책사유가 없음에도 불구하고 연재 기간 중에 부당하게 저작권자가 제공한 원고의 인도를 거부하거나 저작물의 연재를 중단하여서는 아니 된다.

저작권법에도 배타적발행권, 출판에 관하여 **"배타적발행권자는 그 설정행위에 특약이 없는 때에는 관행에 따라 그 저작물을 계속하여 발행 등의 방법으로 이용하여야 한다."**라고 하여 유사한 규정을 두고 있다(제58조 제2항, 제63조의2). 작가의 권리 보호를 위한 조항이다.

● 저작물의 내용에 대한 책임

제7조 (저작물의 내용에 따른 책임)

① 대상 저작물의 내용 중 저작권자가 소재, 내용 등을 모두 독립적으로 제작한 부분이 제3자의 저작권 등 법적 권리를 침해하여 서비스업자 또는 제3자에게 손해를 끼칠 경우에는 저작권자가 그에 관한 모든 책임을 진다.

② 대상 저작물의 내용 중 서비스업자가 저작권자에게 소재, 내용 등을 제공하였거나, 대상 저작물의 제작에 관여한 부분이 제3자의 저작권 등 법적 권리를 침해하여 서비스업자 또는 제3자에게 손해를 끼칠 경우에는 서비스업자가 그에 관한 모든 책임을 진다.

이 부분은 앞에서의 설명으로 갈음한다('공통조항' 참고).

● 저작인격권의 존중

제8조 (저작인격권의 존중)

① 서비스업자는 저작권자의 저작인격권을 존중하여야 한다.

② 서비스업자는 저작권자가 사용하는 실명 또는 필명 등을 저작권자가 요구하는 바에 따라 올바르게 사용하여야 하며, 대상저작물의 복제물 또는 전송물에 저작권자가 사용하는 실명 또는 필명 등 저작권의 표시를 하여야 한다.

③ 서비스업자는 대상저작물의 온라인 서비스를 홍보함에 있어 저작권자의 명예를 훼손하여서는 아니 된다.

저작권에는 '저작재산권'과 '저작인격권'이 있는데, 저작인격권은 저작권법에 규정된 저작자의 권리이므로 제1항은 조항이 없어도 사업자가 당연히 지켜야 할 내용이다.

제2항은 성명표시권 규정인데, 저작권법의 *"저작자는 저작물의 원본이나 그 복제물에 또는 저작물의 공표 매체에 그의 실명 또는 이명을 표시할 권리를 가진다."*는 조항(제12조 제1항)과 같은 내용이다.

제3항은 사업자가 작품을 홍보하면서 작가의 명예를 훼손해서는 안 된다는 조항인데, 역시 당연한 조항이다.

본 표준계약서에는 '동일성유지권' 조항[6] 내용이 없는데, 해당 조항이 적절히 들어가면 좋을 것 같다(내용은 '공통조항' 부분 참고).

● 교정

제9조 (교정)

대상 저작물의 내용 및 구성요소에 대한 교정은 원고를 인도받은 날로부터 ___일까지 서비스업자가 요청할 수 있으며, 서비스업자가 요청할 경우 그 교정 책임은 저작권자에게 있다.

계약서 사례를 보면 교정 책임을 사업자가 지는 경우도 있고, 작가가 지는 경우도 있는 듯하다. 군이 말하자면 작품을 직접 창작하여 내용을 잘 알고, 최종 결정해야 할 작가가 원칙적 책임을 짐이 맞을 듯하다.

대가의 지급

제10조 (연재료, 후기 등 제작료 및 PPL 수익 배분 등)

① 서비스업자는 저작권자에게 매달 00일까지 _____원 또는 1편당 _____원을 저작권자와 서비스업자가 합의한 일자에 연재료로 저작권자의 지정 계좌에 지급한다.

② 서비스 업자가 저작권자에게 별도의 예고편과 후기 제작, 일러스트레이션 제작 등을 요구하는 경우에는 이에 대한 별도의 비용을 지급하여야 한다. 이때 지급할 금전은 당사자간 서면 합의에 의한다.

③ 저작권자 또는 서비스업자는, 그 수익 방법의 배분 방법을 기재한 별도의 서면 합의에 의해, 대상 저작물에 PPL을 삽입할 수 있다. 다만 구체적인 서면 합의는 PPL을 실시하는 경우에 다시 체결한다.

이 조항은 표준계약서에서 미흡한 부분이라고 볼 수 있다. 이런 식으로 편당 얼마 만을 지급하고 연재를 하는 사례는 거의 없기 때문이다. 따라서 이 부분을 좀 집중적으로 살펴볼 필요가 있다.

다만, 표준계약서의 각주 3에서는 다음과 같이 규정하고 있다.

유료웹툰의 경우 수익에 대한 배분구조로 운영되는 경우가 있으며, 이 경우 아래와 같이 계약 사항을 적용할 수 있음
「① 서비스업자는 웹툰 연재로 인해 발생되는 수익의 ___%를 매달 ___일까지 저작권자에게 지급한다.」

또한 그렇기 때문에 표준계약서에서는 정산 부분이 누락되어 있다. 한국만화가협회 자료에서도 "저작권 사용료를 페이지 뷰, 매출 등에 연동하여 받을 경우, 사용료 산정 내역을 검증할 수 있는 자료를 요구할 권리를 별도로 규정할 필요가 있다."라고 설명한다.[7]

제1항 관련, 웹툰 연재 대가를 지급하는 방법을 표로 그려보면 다음과 같다.

일시불로 지급하는 연재계약(1방식)은, 본 표준계약서의 규정이지만, 그런 사례는 많지 않다.

웹툰 플랫폼 별로 보면, 기본적으로 웹툰을 무료로 서비스하는 대형 웹툰플랫폼의 경우 작가에게 일정한 원고료를 주고 추가 수익은 별도로 지급하는 방식(2방식)이 많은 듯하고, 기본적으로 이용자가 웹툰을 유료로 봐야 하는 유료 웹툰플랫폼의 경우는 MG Minimum Guarantee. 최소보장금 +RS Revenue Share. 수익배분방식(3, 4방식)이 많은 듯하다.[8]

	기본 대가	추가 수익	기본 대가의 내용
1방식	원고료	없음	원고료
2방식	원고료	지급	원고료+추가수익 형태로 지급
3방식	MG(누적MG)	RS	RS는 총 MG를 넘어설 때부터 지급
4방식	MG(월MG)	RS	MG는 월별 계산. RS는 월별 MG를 넘어설 때부터 지급

예를 들어서 연재 1회차에 100만 원을 주는 계약을 생각해 보자.

1방식은 연재료 100만 원이면 끝이다.

2방식은 연재료 100만 원+웹툰으로 수익이 생기면 추가 수익을 지급한다.

3방식은 100만 원을 주지만, 이것은 MG로, RS의 선지급 금액이다. 따라서 RS는 100만 원×연재 횟수 총액이 넘는 때부터 지급한다. 예를 들어서 총 50회 연재를 한 경우, RS로 작가가 분배 받는 수익이 5,000만 원을 넘는 때부터 지급한다. 연재가 끝난 후에도 RS가 MG에 미치지 못하면 RS를 받지 못한다.

4방식은 3방식과 거의 비슷하지만, 매월 400만 원을 주는데, 이는 월 MG로, MG는 해당 각 월별로 계산을 한다. MG가 누적되지 않고, 월별로 계산되므로, 연재가 끝난 후에는 고스란히 RS배분을 받을 수 있다.

기본 대가를 주지 않고 추가 수익만 주는 계약도 있을 수는 있겠지만, 실제 본 적은 없다.

개념상으로는 이렇게 1~4방식으로 분류가 되지만, 실제 계약 내용은 어떤 방식에 딱 들어맞지 않을 수 있고, 하나의 플랫폼에서도 여러 계약서를 혼용해서 사용하는 듯하다. 따라서 각 계약서를 자세히 살펴봐야 한다.

2방식에 따른 사례를 보자. 기본 원고료+추가 수익배분의 방식이다.

제0조 (원고료 지급)

① "사업자"는 "작가"가 제공한 "콘텐츠"의 각 회당 개별 "콘텐츠"에 대하여 개별 계약에서 정한 원고료를 "작가"에게 지급한다.

② "사업자"는 "작가"가 "콘텐츠"를 제공한 달의 익월(M+1) 말일까지 "작가"에게 전항에 따른 원고료를 지급하고, 원천징수의무자로서 의무를 이행해야 하는 경우에는 이를 공제하고 "작가"에게 지급할 수 있다.

제0조 (수익의 배분)

① "사업자"는 본 계약에 따라 "콘텐츠"를 전송 및 유통·판매하여 발생한 매출에 대하여 개별 계약에서 정한 수익배분비율에 따라 산출한 금원을 매월 정산하여 "작가"에게 지급하여야 한다.

② "사업자"는 매월 "작가"에게 본 조에 따른 정산을 하며, "사업자"는 "작가에게 전항에 따라 매월 정산한 금액을 금액이 발생한 달(M)의 익월(M+1) 말일까지 "작가"에게 지급하고, 원천징수의무자로서 의무를 이행해야 하는 경우에는 이를 공제하고 "작가"에게 지급할 수 있다.

3방식의 사례를 살펴보자.

제0조(콘텐츠 제공 대가)

(1) 최소보장금의 지급 — '사업자'는 '작가'의 '콘텐츠' 공급에 대해 최소보장금으로 '콘텐츠' 제공 1회당 금 ___원(₩ ___)을 지급한다. 최소보장금의 지급 시기는 월 1회로 하며, 해당 말일을 기준으로 하여 [최소보장금*해당월에 마감된 총 횟수]를 지정된 지급일에 지급한다.

(2) 수익배분 — 계약 기간 중 제0조에 따라 매출이 발생할 경우 '사업자'는 '작가'에게 '순매출액'의 00%를 월 1회 지정된 지급일에 지급한다. 이러한 수익배분은 '작가'의 수익배분금이 '작가'에게 지급된 '최소보장금'의 누적액을 초과한 시점부터, 초과분에 한하여 지급한다.

아래 사례도 3방식의 사례이다.

제0조 ['콘텐츠' 제공의 대가]

'사업자'는 '콘텐츠' 제공의 대가를 '서비스' 제공월의 익월 00일까지 '작가'가 지정한 통장에 아래와 같이 지급한다.

(1) '콘텐츠'의 회당 [0000]원을 고정금액으로 지급한다.

(2) 유료 및 미리보기 서비스 제공대가는, 각 회당 전항의 금액을 최저보장금액으로 하고, 추가로 발생한 수익을 1코인 기준 00원으로 계산하며, 코인사용수*00원의 금액을 지급한다.

매우 간단하긴 하지만, 아래 사례도 3방식의 사례이다.

---

(1) '사업자'는 '작가'에게 1회당 [000]원을 '콘텐츠' 제공월의 익월 00일에 지급한다.

(2) 유료 및 미리보기 서비스 제공 대가는 각 회당 (1)의 금액을 최저보장금액으로 하여 해당 금액 이상의 부분을 추가로 지급한다.

4방식의 사례는 다음과 같다. 다만, 해당 계약서의 다른 조항과 함께 세심하게 봐야 한다.

제0조 (사용료의 정산)

(0) "사업자"은 본 계약에 따라 서비스권을 부여 받는 대가로 "작가"에게 아래 내용에 따라 "작품 사용료"를 지급한다.

(0) 매월 정산된 작품사용료가 해당 월에 산정된 "MG" 금액에 미달하는 경우 "사업자"는 해당 월에 산정된 "MG" 금액을 지급한다. 이 경우 해당 월의 "MG"에 미달하는 금액이 존재해도 익월 작품사용료의 정산에는 영향을 미치지 아니한다.

지급 절차를 자세히 규정하기도 한다. 사례를 살펴본다.

---

(1) '사업자'는 수익분배금을 제0조의 수익분배율을 기준으로 매월 산정하고, 각 서비스별 수익

> 분배금의 상세내역 및 그 산정근거를 서면(전자문서를 포함한다. 이하 같다)으로 '작가'에게 고지한다.
>
> (2) '작가'는 고지 받은 수익분배금에 대해 이의가 없는 경우 세금계산서 발행 등의 적합한 방법으로 '사업자'에게 해당 금액을 청구한다. '사업자'는 '작가'의 청구가 있는 날로부터 OO일 이내에 제공자가 지정한 계좌로 수익분배금을 지급한다.
>
> (3) '작가'가 수익분배금에 대해 이의가 있는 경우 '작가'와 '사업자'는 상호 협의를 통해 조정을 시도한다. '사업자'가 고지한 날로부터 OO일 내에 조정이 이루어지지 않으면 '작가'는 우선 '사업자'가 최초에 고지한 금액을 기준으로 수익분배금을 청구한다. 차후 확인된 정당한 수익분배금과 위 수익분배금의 사이에 차액이 발생하는 경우에는 해당 차액을 익월의 수익분배금 지급 시에 반영하는 등으로 정산한다.

본 계약서 제2항 관련, 별도 작업을 할 때는 이에 대해서 비용을 지급하도록 했다. 무상의 노력 봉사를 강요하지 말라는 취지이다. 다만 서면합의까지 하라는 것은 약간 과한 감이 있다고 생각한다.

제3항 관련, 대상 저작물 PPL 삽입 시는 별도 서면 합의를 하도록 했다.

● 2차적저작물자성권

제11조 (2차적 저작물 및 재사용 이용 등에 대한 허락)

① 서비스업자는 이 계약에서 규정한 권리만을 가지며, 그 외 2차적저작물작성권 등 다른 저작재산권을 이용하기 위해서는 저작권자와 별도로 계약을 체결하여야 한다.

② 저작권자가 계약기간 중 제3자로부터 대상 저작물에 대한 출판, 2차적 저작물 제작, 캐릭터 이용 등의 제안을 받고 협의가 필요한 경우, 제안을 받은 날로부터 _일 이내에 서비스업자에게 그 내용을 서면으로 통보하여, 서비스업자가 이 계약상 권리가 침해되지 않는지를 확인할 수 있도록 하여야 한다.

③ 이 계약서에서 서비스업자에게 부여하지 않은 권리는 모두 저작권자에게 있다.

제1항 관련, 사업자가 2차적저작물작성권 등 '연재' 외의 권리를 어디까지 갖는지가 문제가 되어 왔는데, 본 계약서에서는 엄격하게 사업자는 연재 권리만을 갖고 기타 2차적저작물작성 등 다른 권리는 모두 작가에게 있는 것으로 하였다.

제2항 관련, 다만 작가가 계약기간 중 제3자로부터 출판, 2차적저작물 사업 등 제안을 받은 경우 사업자에게 내용을 통보하여 사업자가 확인을 할 수 있도록 하였다(제10조 제2항).

3항 관련, 계약서에서 서비스업자에게 명시적으로 부여되지 않은 모든 권리는 저작권자에게 남아 있도록 하였는데, 작가에게 유리한 조항이다. 이 조항은 예전부터 문제 되었던 점을 정리한 상당한 의미가 있는 조항이다.

예컨대 작가가 사업자의 X사이트에 매월 200만 원씩 원고료를 받고 연재를 해왔는데, 1년이 지났을 무렵 해당 만화의 판권(영상화권)이 팔려서 1억 원의 대가가 생긴 경우, 사업자가 예컨대 연재계약서상 규정된 00%의 권리를 주장하는 것이 전형적인 상황이다. 웹툰이 영상물 등 여러 용도로 사용되어 큰 수익이 발생한 경우가 전형적인 경우이다.

앞에서도 보았지만, 공정거래위원회는 연재계약서를 작성하면서 2차적저작물작성권 관련 내용을 포함하지 말라고 하였다. 따라서 본 연재계약서에 2차적저작물 관련 내용을 포함하는 것은 곤란하다. 별도의 2차적저작물작성권 관련 계약서가 필요할 것인데, 이에 대해서는 본 장 뒤에서 살펴본다.

사례를 살펴본다. 작가에게 동의를 얻도록 하였지만, 사업자에게 우선협상권과 최종거절권을 인정한 사례이다.

> **제0조 (2차적 저작물의 사업화)**
> (1) "작가"가 제공하는 "콘텐츠"의 재수록을 포함하여 출판, 연극, 영화, 애니메이션, 드라마, 게임, 상품화 또는 기타 일체의 형태나 방법의 2차적 저작물 사업화에 관한 사항은 "작가"와 "사업자"가 별도로 합의하여 정한다.
> (2) 전항의 2차적 저작물 사업화의 경우 "사업자"는 우선협상권 및 최종거절권을 갖는다.
> (3) "사업자"는 "콘텐츠"의 속편, 스핀오프, 리메이크에 관한 투자·제작을 할 수 있는 우선협상권과 최종거절권을 가진다.

본 사례는 사업자가 직접 2차적저작물을 작성하고자 하는 경우인데, 역시 동의를 얻도록 하였는 바, 별도 계약을 하라는 취지이다.

> (0) "사업자"가 본 웹툰의 온라인 연재분을 종합하여 출판하거나, 2차적저작물로서 이용하고자 하는 경우에는 사전에 갑의 동의를 얻어야 하며, 이 경우 대가의 지급에 관하여는 별도의 합의에 의한다.

다른 사례를 살펴본다. 연재계약서에 우선협상권 규정을 두고 있는 사례는 종종 보인다.

> **제0조 (2차적 저작물의 사업화)**
> (1) '작가'는 '사업자'에 제0조의 계약기간 중 2차적저작물(출판, 연극, 영화, 애니메이션, 드라마, 게임, 상품화 또는 기타 일체의 형태나 방법으로 2차적 저작물을 사용하는 경우)의 사업화 '우선협상권'을 부여한다.
> (2) '사업자'는 2차적저작물의 사업화 조건과 방식에 대하여 '작가'에게 사전에 충분한 정보를 제공하고 별도로 합의해야 한다.
> (3) '우선협상권'은 '사업자'가 '작가'로부터 제3자로부터의 제안 관련 사실에 대한 서면(전자서면 포함) 통지를 수령한 날로부터 00일간 유효하다.

비슷한 내용인데, 계약서에 부속합의서 형식으로 첨부된 사례이다.

> **<부속합의서>**
>
> 1. "작가"가 제공하는 "콘텐츠"의 재수록을 포함하여 출판, 연극, 영화, 애니메이션, 드라마, 게임, 상품화 또는 기타 일체의 형태나 방법으로 2차적 저작물을 작성하여 사용할 경우 (이하 "2차적 저작물 사업화"라고 한다) 이를 위한 이용허락의 조건 및 2차적 저작물 사용으로 인하여 발생하는 수익에 대하여는 "작가"와 "사업자"가 상호 합의하여 별도 계약을 체결하여 진행한다.
> 2. "콘텐츠"의 사업권에 대한 권리는 "작가"에게 있다.
> 3. "사업자"는 전항의 "2차적 저작물 사업화"에 대한 '우선협상권'을 갖는다. '우선협상권'은 "사업자"가 "콘텐츠"의 '2차적 저작물 사업화'에 대해 우선적으로 협상할 수 있는 권리를 말한다.

● 계약기간

> **제12조 (계약기간 및 권리 유지 기간)**
>
> ① 본 계약의 계약 기간(또는 연재 기간)은 __년 __월 __일부터 __년 __월 __일까지로 한다. 다만, 계약 종료 시점에 저작물의 연재가 종료되지 아니한 경우 본 계약의 계약 기간은 저작권자와 서비스업자가 협의 후 확정한다.
> ② 저작권자 또는 서비스업자가 계약기간 만료일 __개월 전까지 문서로서 상대방에게 계약의 연장을 요청하지 않을 경우, 계약기간 만료일에 이 계약은 종료된다.
> ③ 일방이 제2항에 따라 상대방에게 연장을 요청하고, 저작권자와 서비스업자가 이 계약을 연장하기로 서면으로 합의하는 때에는, 이 계약은 연장 이전과 동일한 조건으로 __개월 연장된다.
> ④ 저작권자와 서비스업자가 이 계약을 연장하면서 계약 조건을 변경하고자 하는 경우에는 변경된 계약조건을 반영한 새로운 계약서를 작성하여야 한다.

표준계약서처럼 특정시점을 정할 수도 있지만, 계약기간은 연재종료시까지 또는 연재종료 후 O년간으로 하는 경우도 많다. 사례를 보자.

> "본 계약의 계약기간은 최초 계약일로부터 연재 종료 후 ___년까지로 한다."

아래 사례에서는 '제작기간'과 '사용기간'을 나눠서 규정하고 있다.

> **제O조(계약기간)**
>
> (O) 본 계약의 '콘텐츠'의 제작 기간은 계약일로부터 '콘텐츠' 최종화 제작 기간까지이다.
> (O) 본 계약의 '콘텐츠'의 사용 기간은 계약일로부터 '콘텐츠' 최종화가 연재된 후 3년까지이다.

앞에서도 다루었지만, 이용자가 '영구소장'으로 구매한 경우 이를 보장할 필요가 있는데, 표준 계약서에는 이에 대한 규정이 없다. 이를 규정하는 사례를 살펴보자.

> (0) 본 계약 또는 콘텐츠에 대한 배타적발행권 존속기간이 만료됨과 관계 없이, "사업자"는 이용자가 서비스를 통해 콘텐츠를 구매하여 영구적으로 다운로드 및 이용할 수 있는 구매 모델로 구입한 콘텐츠에 대해서는 이용자에게 계속하여 제공할 수 있는 권한을 적법하게 유지할 수 있다.

다른 사례를 살펴보자.

> (0) 본 계약이 기간의 만료, 취소, 해지 등의 사유로 종료된 경우, '사업자'와 '작가'는 상대방이 요청할 경우 수령한 일체의 개인정보 및 자료를 반환하여야 하며 반환이 곤란할 때에는 파기하여야 한다. 단, 계약이 종료된 후에도 양 당사자가 이미 제공한 정보 중 이용자들에게 서비스된 '콘텐츠 등'의 경우는 해당 '콘텐츠 등'을 유료로 구매한 이용자들에 한하여 계속적으로 제공한다.

● 관리조항

이하의 내용은 관리조항(일반조항)이므로 앞에서의 설명으로 대신한다.

> **제13조 (계약 내용의 변경)**
>
> 이 계약은 저작권자와 서비스업자 쌍방의 합의에 의하여 변경할 수 있다. 이에 대한 합의는 서면으로 한다.
>
> **제14조 (양도 금지)**
>
> 저작권자 또는 서비스업자는 상대방의 사전 서면 동의 없이 본 계약상 권리와 의무를 제3자에게 양도할 수 없다.
>
> **제15조 (계약의 해지 또는 해제)**
>
> ① 저작권자 또는 서비스업자가 이 계약에서 정한 사항을 위반하였을 경우 그 상대방은 ___일(개월) 이상의 기간을 정하여 제대로 이행할 것을 요구할 수 있다.
>
> ② 제1항의 조치에도 불구하고 이를 이행하지 아니하는 경우, 그 상대방은 대상 저작물의 연재가 시작되기 이전까지는 이 계약을 해제할 수 있다. 이때 계약을 위반한 당사자는 상대방에게 계약 위반으로 인한 손해를 배상하여야 한다.
>
> ③ 제1항의 조치에도 불구하고 이를 이행하지 아니하는 경우, 그 상대방은 대상 저작물의 연재가 시작된 이후에는 이 계약을 해지할 수 있다.
>
> ④ 저작권자는, 서비스업자가 더 이상 대상 저작물을 이 계약에 따라 연재할 의사가 없음을 저작권자에게 서면으로 통지하거나 파산 등의 사유로 이 계약에 따른 연재를 계속할 수 없음이 명

백한 경우 즉시 이 계약의 해지를 서비스업자에게 서면으로 통고할 수 있다.

⑤ 이 계약이 해지되면, 저작권자와 서비스업자는 다음과 같은 책임을 부담한다.

   1. 서비스업자는 저작권자에게 해지 시점까지 발생한 연재료를 즉시 지급한다.

   2. 서비스업자는 저작권자에게 원고를 반환하고, 원고의 복사본 및 디지털 데이터 등을 모두 파기한 후, 파기사실을 확인하는 각서를 작성하여 저작권자에게 교부한다.

   3. 서비스업자는 즉시 대상 저작물의 복제, 전송 등 모든 서비스를 중지하여야 한다.

   4. 이상의 책임과는 별개로, 이 계약의 해지에 책임이 있는 자는 상대방에게 해지에 따라 발생한 손해를 모두 배상하여야 한다.

⑥ 저작권자가 서비스업자 소속 임직원에 의해 성희롱·성폭력 등 성범죄로 인한 피해를 입은 경우 저작권자는 해당 임직원을 관련 업무에서 배제 요청할 수 있으며, 서비스업자는 사실을 확인한 후 업무배제 및 기타 적절한 조치를 수행하여야 한다.

⑦ 저작권자 또는 서비스업자(소속 임직원을 포함한다)가 상대방에 대한 성희롱·성폭력 등 성범죄로 인하여 국가인권위원회의 결정이나 법원의 확정판결을 받은 경우, 상대방은 계약을 해지할 수 있으며 그로 인한 손해의 배상을 청구 할 수 있다.

⑧ 서비스업자는 저작권자의 성범죄에 대한 국가인권위원회의 결정이나 법원의 확정판결이 있는 경우 저작권자와의 계약을 해지할 수 있으며 그로 인한 손해의 배상을 청구 할 수 있다.

제16조 (손해 배상)

  이 계약의 일방이 본 계약의 책임과 의무를 다하지 못하여 상대방에게 손해가 발생할 경우, 상대방의 손해를 배상하여야 한다.

제17조 (재해, 사고)

  천재지변, 그 밖의 불가항력의 재난으로 저작권자 또는 서비스업자가 손해를 입거나 계약 이행이 지체 또는 불가능하게 된 경우에는 서로의 책임을 면제하며, 후속조치를 쌍방이 서면으로 합의하여 결정한다.

제18조 (비밀 유지)

① 저작권자와 서비스업자는 이 계약의 체결 및 이행과정에서 알게 된 상대방의 사업상 비밀 정보를, 상대방의 서면에 의한 사전 승낙 없이 제3자에게 누설하여서는 아니 된다. 단, 계약서의 사전검토, 공공기관 연구목적임을 증명할 수 있는 증빙서류가 존재하는 공공기관 연구목적으로 개인정보 및 사업자정보를 제외한 제공은 제외로 한다.

② 저작권자와 서비스업자(서비스업자를 위해 노무를 제공하는 자를 포함한다) 사이에 「형법」, 「성폭행범죄의 처벌 등에 관한 특례법」, 「민법」, 「저작권법」 등 법률 위반에 대한 분쟁이 발생하여 관련 법령에 예정된 절차에 따라 대처하기 위한 경우, 수사기관의 수사나 법원의 민사강제집행 등 법령에 의해 강제되는 경우에는 제1항 본문을 적용하지 아니한다.

제19조 (저작권자의 정보 이용)

저작권자는 서비스업자가 이 계약에 의한 온라인 서비스의 홍보, 판매 등을 위하여 저작권자가 제공한 정보를 스스로 이용하거나 제3자에게 제공하는 것을 허락한다. 다만, 저작권자의 초상 이용에 대하여는 저작권자와 서비스업자가 서면으로 별도 합의하여 결정한다.

제20조 (계약의 해석 및 보완)

① 이 계약에 명시되어 있지 아니한 사항에 대하여는 저작권자와 서비스업자가 서면으로 합의하여 정할 수 있고, 해석상 이견이 있을 경우에는 저작권법 등 관련법률 및 계약해석의 원칙에 따라 해결한다.

② 제1항의 합의를 포함하여, 이 계약에 따라 이루어지는 모든 합의는 서면으로 작성하고, 저작권자와 서비스업자가 이 서면에 모두 날인하여야 한다.

제21조 (저작권 침해의 공동대응)

저작권자와 서비스업자는 대상 저작물에 대한 저작권 침해 행위를 공동으로 대응하여야 하며, 이를 위해 필요한 경우 상대방에게 자료를 제공하는 등 적극적으로 협조할 의무가 있다.

제22조 (관할 법원)

이 계약과 관련된 소송은 _____법원을 제1심 법원으로 한다.

제23조 (효력 발생)

본 계약은 계약체결일로부터 효력이 발생된다.

첨부서면

1. 별지 1 : 완전원고의 요구기준

이 계약을 증명하기 위하여 계약서 2통을 작성하여 저작권자, 서비스업자가 서명 날인한 다음 각 1통씩 보관한다.

_____년 ___월 ___일

"저작권자"

작 가 명 : _____(인) 이명(필명) : _____
생년월일 :
주   소 :
입금계좌 : _____은행 _____

"서비스업자"

상   호 :
사업자번호 :
주   소 :
대 표 이 사 : _____(인)

기타 추가로 생각해 볼 조항

이하에서는 기타 계약서에 추가를 고려해 볼 만한 조항을 살펴본다.

● 가격설정과 이용범위

작품의 서비스 가격과 내용(판매정책 등)은 사업자가 정하는 것이 통례로 보인다(물론 작가의 동의를 얻도록 하는 것도 가능하다). 그렇다면 해당 내용은 사업자에게 권한이 있음을 분명히 하면 좋겠다. 사례를 살펴본다.

> **제0조 (콘텐츠의 가격 설정 등)**
>
> (0) "사업자"는 판매촉진을 위하여 "콘텐츠"의 가격을 임의로 설정 및 조정할 수 있으며, "작가"가 다수의 "콘텐츠"를 제공하는 경우 "사업자"의 재량으로 "콘텐츠"의 일부 또는 전부를 묶음 상품으로 구성하여 서비스할 수 있다.
>
> (0) "콘텐츠"를 유료로 서비스하거나 "콘텐츠"가 완결되어 유료로 전환하는 경우 "사업자"는 홍보 또는 판매촉진을 위하여 "콘텐츠" 전체 분량의 00%를 넘지 않는 양을 무료로 서비스할 수 있다.
>
> (0) "사업자"는 "서비스" 내에 광고를 게재할 권리를 가진다.

● 전자출판계약 조항

인터넷 사이트를 통한 웹툰 연재의 법적 성격은 '전송'의 이용허락 또는 '배타적발행권설정'임은 앞에서 보았다. 그런 점에서 전자책의 전자출판권 또한 법적 성격이 다르지 않다. 그렇기에 종종 웹툰 연재계약서에서 전자책 발행 규정을 두고 있는 경우가 보이는데, 엄밀히 말하면 2차적저작물 작성으로도 볼 수 있지만, 다른 경우와 달리 부당하다고 보기 어려운 점이 있다.

사례는 아래와 같다.

> (0) '사업자'는 '작가'가 제공한 '콘텐츠'에 대하여 본 계약의 지역과 기간 내에서 이를 전자책 등으로 발행할 수 있는 권리를 가진다.

● 2차적저작물작성권 계약서

앞에서 보았지만, 공정거래위원회와 표준계약서에서는 2차적저작물작성권에 대해서 별도의 계약을 체결하도록 하였다. 이런 2차적저작물작성권 계약서는 연재계약서와 동시에 체결되는 경우도 많다.

그렇다면 이걸 굳이 문서를 나눠서 체결할 필요가 있을까? 하는 생각도 들지만, 적어도 작가에게 선택권을 준다는 의미가 있다고 본다.

그렇다면 저자가 예시로 작성해 본 '2차적저작물작성권 부여 계약서'를 보자. 내용은 읽어보면 이해가 가능할 것이다. 단, 이 계약서에서 정하지 않은 부분은 본 계약서(연재계약서)를 따르도록 한 만큼, 본 계약서의 내용도 중요할 것이다.

2차적저작물작성권 부여 계약서

작가 ____(이하 '작가'라고 한다)와(과) 사업자 ____(이하 '사업자'라고 한다)는(은) 아래의 저작물에 대하여 다음과 같이 2차적저작물작성권 부여 계약을 체결한다.

대상 저작물의 표시
제호(가제) :

제1조 (목적)
본 계약은 '작가'가 창작한 위 대상 저작물(이하 '본건 저작물'이라 한다)에 대하여 '작가'가 '사업자'에게 2차적저작물작성권을 부여함에 필요한 권리, 의무 사항을 규정함에 목적이 있다.

제2조 (2차적저작물작성권의 부여)
(1) '작가'는 '사업자'에게 본건 저작물에 관하여 아래 표 중 선택한 사항에 대하여 스스로 또는 제3자를 통하여 2차적저작물(본건 저작물을 원저작물로 번역·편곡·변형·각색·영상제작 그 밖의 방법으로 작성한 창작물)을 작성하는 독점적인 권리를 부여한다(아래 표에 기재되지 않은 항목은 항목을 추가함).

항목	선택 여부	수익분배비율(작가:사업자)
영상화권(영화, 드라마 등)		
공연권(뮤지컬, 연극 등)		
해외 번역, 유통권		
상품화권		
이모티콘		
게임화권		
출판권		
어문저작물작성권		
음악저작물작성권		
광고		

(2) '사업자'가 스스로 또는 제3자를 통하여 2차적저작물을 작성할 경우, '사업자'는 '작가'에게 해당 내용을 사전에 알리고, 동의를 얻어야 한다.

제3조 (수익의 분배 등)

(1) '사업자'가 제3자를 통하여 2차적저작물을 작성하도록 하고 이에 따라 '사업자'가 수익을 분배받은 경우, '사업자'는 제2조 제1항의 표에서 정한 비율에 따라 '작가'에게 수익을 분배한다.

(2) '사업자'가 직접 2차적저작물을 작성하는 경우, '사업자'의 사업으로 인하여 발생할 수익의 배분 비율에 대해서는 양 당사자가 별도로 합의하여 계약을 체결한다.

(3) '작가'와 '사업자'는 개별적인 2차적 이용에 대하여 별도의 계약서 또는 합의서를 작성할 수 있고, 이 경우 해당 내용이 우선적인 효력을 가진다.

제4조 (저작권의 귀속)

(1) 2차적저작물의 저작권은 '사업자'에게 귀속되거나 또는 '사업자'와 제3자가 정하는 바에 따라 귀속된다.

(2) 전항은 본건 저작물에 대한 '작가'의 저작권에 영향을 미치지 아니한다.

(3) '사업자'는 2차적저작물에 원작자인 '작가'를 표시해야 하고, 구체적인 표시 방법은 상호 협의를 통해 정한다.

제5조 (계약기간)

(1) 본 계약은 본 계약 체결시부터 효력을 발행하여 본건 저작물의 최종화가 완료된날로부터 3년간 효력을 가진다.

(2) 본 계약이 종료되기 전 1개월까지 양 당사자가 계약 기간 연장에 합의하는 경우, 본 계약 기간은 동일한 조건으로 1년간 연장된다.

(3) '사업자'가 본 계약에 따라 제3자와 체결한 계약이 있는 경우, 본 계약은 해당 계약에 관해서는 본 계약기간 종료 이후에도 효력이 유지된다.

제6조 (기타)

(1) 본 계약에서 정하지 않은 사항(정산규정 포함)은 '작가'와 '사업자'가 본건 저작물에 대하여 0000. 0. 0. 체결한 '○○○ 계약서'에 따른다.

(2) 본 계약에 관한 분쟁은 상호 협의하여 해결함을 원칙으로 하되, 합의가 이루어지지 아니할 경우 민사소송법상 관할법원에서 분쟁을 해결한다.

　본 계약을 증명하기 위하여 계약서 2통을 작성하여 작가, 사업자가 서명 날인한 다음 각 1통씩 보관한다.

_____년 ___월 ___일

'작가'	'사업자'
성　　명 :	상　　호 :
생년월일 :	사업자번호 :
주　　소 :	주　　소 :
기명날인 : _____(인)	대 표 이 사 : _____(인)

미주_3장

1   지디넷코리아 2018. 7. 12. 기사 '레진 대표 "과오 인정… 작가연대와 상생 노력"'.

2   공정거래위원회, "콘텐츠의 2차적 저작물 사용 권리를 설정할 땐 별도 계약을 체결해야! - 26개 웹툰 서비스 사업자의 웹툰 연재 계약서상 불공정 약관 조항 시정" 2018. 3. 27.자 보도자료.

3   공정거래위원회, "창작물을 2차적으로 활용할 땐, 저작권자의 명시적 허락 받아야! 2차적 콘텐츠 창작권까지 매절(賣切)하게 하는 조항 등 출판 분야 불공정약관 시정", 2014. 8. 28.자 보도자료.

4   사단법인 한국만화가협회, 주재국·노명희, "공정계약을 위한 웹툰작가 필독서", 사단법인 만화가협회(2017), 33면, 각주 7.

5   공정거래위원회, "콘텐츠의 2차적 저작물 사용 권리를 설정할 땐 별도 계약을 체결해야! - 26개 웹툰 서비스 사업자의 웹툰 연재 계약서상 불공정 약관 조항 시정", 2018. 3. 27.자 보도자료.

6   제13조(동일성유지권) ①저작자는 그의 저작물의 내용 · 형식 및 제호의 동일성을 유지할 권리를 가진다.

7   사단법인 한국만화가협회, 주재국·노명희, "공정계약을 위한 웹툰작가 필독서", 사단법인 한국만화가협회 (2017), 34면.

8   사단법인 한국만화가협회, "만화·웹툰 공정계약 가이드", 사단법인 한국만화가협회(2019), 20~21면.

제4장
전자책발행계약서

참고용 계약서 내려받기
(QR코드 스캔▼)

모롱 작가는 2년 전에 연재가 끝난 자신의 웹툰 '씽씽 동호회'를 갖고 전자책을 내는 계약을 체결하려고 한다. 푸르릉 출판사에서 전자책을 내자고 한다. 당시에는 아주 인기가 많은 편은 아니었지만, 꾸준히 그 만화를 찾는 독자들이 있었나 보다.

전자책 발행계약서는 푸르릉 출판사가 일정한 기간 동안 전자책을 내고, 그 대가로 모롱 작가에게 인세를 주는 방식이라고 한다.

자신의 작품이 전자책으로 나오는 건 처음인 모롱 작가! 전자책 발행계약서는 어떻게 봐야 할까?

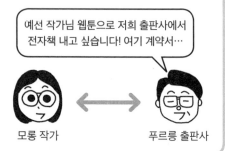

예선 작가님 웹툰으로 저희 출판사에서 전자책 내고 싶습니다! 여기 계약서…

모롱 작가　　　　푸르릉 출판사

전자책발행계약서란 어떤 것일까?

전자책발행계약서란 전자적 형태로 출판되는 이북(e-Book) 계약서이다.

법적으로 전자책발행계약서는 '전송'(공중송신권 중 일부) 또는 '배타적발행권' 계약서의 성격을 갖는다. 웹툰 연재와 전자책 판매는 외관상 달라 보이지만, 양자 모두 법적 성질은 '전송' 또는 '배타적 발행'으로 설명될 수 있어서 차이가 없다.

배타적발행권은 저작물을 발행하거나 복제·전송할 권리를 가진 자가 저작물을 발행 등에 이용하고자 하는 자에 대하여 설정하는 배타적 권리로서, 종이로 출판하는 출판권을 제외한다. 즉, 배타적발행권의 내용은 '복제권'과 '전송권'으로, 주로 인터넷이나 전자매체, 예를 들어서 전자책, 인터넷, 오디오북 등의 경우에 사용되는 권리로서, 매우 유연한 권리로 규정되어 있다. 배타적발행권은 등록도 가능하다.

아래에서 소개하는 계약서는 만화의 배타적발생권 설정계약서이다.

전자책발행계약서는 어떤 구조일까?

저작자(모롱 작가)는 발행권자(푸르릉 출판사)에게 전자책 형식으로 발행할 권리인 '배타적발행권'을 설정하고, 발행권자는 이 계약에 따라 발행에 관한 독점적이고 배타적인 권리를 갖는다. 즉, 모롱 작가는 푸르릉 출판사 외에는 다른 사람에게 다시 전자책 계약을 할 수 없다.

저작자는 이 계약과 중첩되지 않는 범위 내에서 새로운 배타적발행권을 제3자에게 설정할 수 있다(제3조). 즉, 모롱 작가는 다른 출판사인 '블랙북스'와 푸르릉 출판사에서 내는 전자책과 다른 형태인 IPTV에서 서비스하는 웹툰서비스를 허락할 수도 있다.

대가의 지급은 출판(종이책 출판)과 유사하다. 작가는 사업자에게 배타적 발행권을 부여하고, 전자책을 낼 수 있는 저작물을 (자적 형식으로) 제공한다. 사업자는 이를 이용해 수익을 올리고, 작가에게 대가를 지급한다. 출판되는 서적과 마찬가지로 대가는 전자책의 판매수량에 따른 일정 대가를 지급하는 식이다. 전자책은 출판보다는 판매 수량 등 확인이 쉬운 것 같다.

계약서를 조문별로 살펴보자

이하에서는 표준계약서인 '전자책(e-Book) 발행계약서' 내용에 대해서 본다. 본 계약의 많은 부분은 종이책 출판계약서와 동일하므로 출판계약서의 내용도 참조하면 좋겠다.

● 계약서 제목, 전문, 당사자

전자책(e-Book) 발행계약서

저작재산권자 _____(이하 '저작권자'라고 한다)와(과) 전자책 발행업자 _____(이하 '발행권자'라고 한다)는(은) 아래의 저작물에 대하여 다음과 같이 전자책 발행에 따른 배타적발행권설정계약을 체결한다.

대상 저작물의 표시
제호(가제) :

계약서의 제목은 그리 중요하지 않고, 위 제목 정도면 무난하다.

대상 저작물 또는 제호를 공란으로 하거나 너무 포괄적으로 규정하는 것은 곤란하고, 계약의 목적물은 특정하면 좋겠다(앞에서도 살펴보았다).

● 계약의 목적

제1조 (계약의 목적)
이 계약은 대상 저작물의 저작권자가 발행권자에게 대상 저작물을 발행하거나 복제, 전송할 권리(다만 대상 저작물을 인쇄 그 밖에 이와 유사한 방법으로 문서 또는 도화로 발행할 권리는 제외한다)를 수여하기 위해 체결된다.

본 조항에서는 계약의 개요, 계약의 대강을 규정하는데, 작가가 사업자에게 출판권을 제외한 배타적 발행권을 준다는 취지이다.

● 정의

제2조 (정의)

1. "대상 저작물"은 위에 표시한, 이 계약의 목적이 되는 저작물을 말한다.

2. "복제"는 대상 저작물을 인쇄·사진촬영·복사·녹음·녹화 그 밖의 방법으로 일시적 또는 영구적으로 유형물에 고정하거나 다시 제작하는 것을 말한다.

3. "공중"은 불특정 다수인(특정 다수인을 포함한다)을 말한다.

4. "공중송신"은 대상 저작물을 공중이 수신하거나 접근하게 할 목적으로 무선 또는 유선통신의 방법에 의하여 송신하거나 이용에 제공하는 것을 말한다.

5. "전송(傳送)"은 공중송신 중 공중의 구성원이 개별적으로 선택한 시간과 장소에서 접근할 수 있도록 저작물 등을 이용에 제공하는 것을 말하며, 그에 따라 이루어지는 송신을 포함한다.

6. "배포"는 대상 저작물 원본 또는 그 복제물을 공중에게 대가를 받거나 받지 아니하고 양도 또는 대여하는 것을 말한다.

7. "발행"은 대상 저작물을 공중의 수요를 충족시키기 위하여 복제·배포하는 것을 말한다.

8. "배타적 발행권"은 대상 저작물을 발행하거나 복제·전송(이하 "발행 등"이라 한다)할 권리를 말한다. 다만 대상 저작물을 인쇄 그 밖에 이와 유사한 방법으로 문서 또는 도화로 발행할 권리는 제외된다.

9. "2차적 저작물"은 대상 저작물을 번역·편곡·변형·각색·영상제작 그 밖의 방법으로 작성한 창작물을 말한다.

10. "전자책"은 대상 저작물의 내용을 전자적 매체에 실어 이용자가 컴퓨터 등 정보처리장치를 이용하여 그 내용을 읽거나 보거나 들을 수 있게 발행한 것을 말한다.

11. "완전원고"는 대상 저작물의 발행을 위하여 필요한 완전한 원고를 말한다.

정의 규정인데, 대체로 저작권법의 내용이므로 정의 규정을 둘 필요가 낮다.

다만, '배타적발행권'의 개념을 살펴보자. 이는 저작물을 발행하거나 복제·전송할 권리를 말하는데, 출판을 제외한다. 출판 외의 방법으로 저작물을 이용하는 경우가 많아지면서 이를 포괄적으로 하나의 권리로 규정하고자 하는 취지이다.

10호 관련, 출판문화산업 진흥법 제2조 제4호는 "전자출판물"에 대해서 **"이 법에 따라 신고한 출판사가 저작물 등의 내용을 전자적 매체에 실어 이용자가 컴퓨터 등 정보처리장치를 이용하여 그 내용을 읽거나 보거나 들을 수 있게 발행한 전자책 등의 간행물"**이라고 규정하고 있다.

● 권리의 설정(양자의 권리)

제3조 (배타적발행권의 설정)

① 저작권자는 발행권자에게 대상 저작물을 전자책 형식으로 발행 등의 권리인 배타적발행권을 설정한다.

② 발행권자는 이 계약에서 정한 조건 및 방법에 따른 대상 저작물의 발행 등에 관하여 독점적이고도 배타적인 권리를 갖는다.

③ 저작권자는 이 계약기간 중 대상 저작물의 제호 및 내용의 전부와 동일 또는 유사한 저작물을 이 계약에서 정한 조건 및 방법과 같거나 유사하게 제3자로 하여금 발행 등의 방법으로 이용하게 하여서는 아니 된다.

④ 제1, 2, 3항에도 불구하고, 저작권자는 이 계약에서 정한 발행 등의 방법 및 조건이 중첩되지 않는 범위 내에서 대상 저작물에 대한 새로운 배타적발행권을 제3자에게 설정할 수 있다.

본 계약서의 핵심적 내용이다.

제1항에서는 배타적발행권을 부여한다는 내용을 규정한다.

제2항은 이에 따라 사업자가 이 계약에서 정한 조건 및 방법대로 독점적이고 배타적인 발행을 할 권리를 갖는다는 내용이다.

제3항은 작가는 다른 사람에게는 이러한 배타적 발행을 허락해서는 안 된다는 내용이므로, 결국 이것도 사업자에게 독점적 권리를 인정한다는 취지이다.

배타적발행권은 폭이 넓고 유연한 권리라고 언급했지만, 제4항의 내용은 이처럼 넓은 배타적발행권 중 내용이 중첩되지 않는 범위에서 다른 배타적발행권을 작가가 갖고 있고, 이를 다른 사업자에게 허락할 수 있다는 내용이다.

비슷하게 정리된 다른 사례를 살펴보자.

제0조 (권리의 귀속 등)

(1) "작품"의 "저작권"은 "작가"에게 귀속된다.

(2) "사업자"는 본 계약에서 정한 조건 및 방법에 따른 "작품"의 "발행 등"에 관하여 독점적이고 배타적인 권리를 갖는다.

(3) "작가"는 계약기간 중 "작품"의 제호 및 내용의 전부와 동일 또는 유사한 저작물을 제3자로 하여금 "발행 등"의 방법으로 이용하게 해서는 안 된다.

(4) "작품"의 "배타적발행권"을 제외한 "작품"의 2차적 저작물 작성에 대한 권리는 "사업자"와 "작가" 사이의 별도 합의서 작성을 통해 정한다.

다른 사례를 살펴보자.

사업자에게 전자책 판매와 연재 판매(웹툰)를 허락하였다. 사업자는 배타적발행(복제 및 전송) 또는 공중송신의 방법으로 유통시킬 수 있도록 했다. '공중송신'은 전송권, 방송권, 디지털음성송신권으로 구성되어 있어서, '전송'보다 넓은 개념이다.

제0조 (판매 및 유통의 유형)

(1) 전자책 판매 : 전자책을 구매자가 단권 단위로 정가에 구입하는 것을 의미한다.

(2) 연재 판매 : 쌍방이 합의한 일정 및 분량에 따라 연속적으로 게재하여 연재 종료일까지 하나의 작품으로 무료 또는 유료 판매하는 것을 말한다.

제0조 (전자책 출판의 배타적 권리 설정)

(1) '작가'는 '사업자'에게 본건 콘텐츠를 대한민국에서 웹툰 및 전자책으로 발행(이하 '전자출판'이라 한다)하는 배타적 발행권과, 공중송신의 방법으로 판매·유통할 권리를 설정한다.

(2) '사업자'는 계약기간 동안 본건 콘텐츠의 배타적발행권자가 되며, 본 계약에서 정하는 바에 따라 본건 콘텐츠를 전자출판할 독점적이고 배타적인 권리를 가진다.

(3) '사업자'는 저작권법에 따라 본건 콘텐츠에 대한 배타적발행권 설정을 한국저작권위원회에 등록할 수 있으며, '작가'는 등록에 필요한 서류를 '사업자'에게 제공하는 등 이에 적극 협조하여야 한다.

● 계약지역 및 언어

제4조 (배타적발행권의 한계)

발행권자는 해외진출 등의 목적을 위해 대상 저작물을 다른 언어로 번역하거나, 대상 저작물의 캐릭터, 스토리, 구성요소 등을 활용하고자 할 경우 저작권자와 협의 후 별도의 계약을 체결해야 한다.

본 조항의 취지는 다른 언어로 번역 시에는 작가와 별도로 계약을 하도록 함으로써 작가를 보호하기 위함이다.

이에 대한 설명과 다른 사례는 앞의 웹툰 연재계약서(표준계약서)를 참고하면 된다.

● 권리의 등록

제5조 (배타적발행권 설정의 등록)

① 저작권법 제54조 제2호에 따라 발행권자는 대상 저작물에 대한 배타적발행권 설정 사실을 한국저작권위원회에 등록할 수 있다.

② 제1항에 따라 발행권자가 배타적발행권 설정등록을 하는 경우 저작권자는 등록에 필요한 서류를 발행권자에게 제공하는 등 이에 적극 협력하여야 한다.

③ 발행권자가 배타적발행권을 한국저작권위원회에 등록하였을 경우, 발행권자는 계약이 종료 또는 해제·해지되는 즉시 배타적 발행권 등록을 말소하고, 이를 말소하였다는 서면 증빙을 저작권자에게 교부하여야 한다.

배타적발행권 설정계약을 해도 사업자가 복제, 전송의 방법으로 이용할 권리는 발생한다. 다만, 등록을 하지 않으면 제3자에게 대항할 수 없다(제54조). 등록하지 않은 상태에서는 사업자는 제3자에게 직접 권리 주장을 할 수 없는 것이 원칙이다. 즉, 등록하지 않으면 사업자는 계약적

(채권적)인 권리만 있기 때문에, 자신의 권리에 기해서 대외적인 법적 조치를 할 수 없다. 따라서 권리침해가 있어도 오직 작가에게 침해에 대해 대응해달라고 요청을 할 수 있을 뿐이다.

제2항은 작가가 사업자의 등록에 협조해야 한다는 작가의 의무를 규정한다.

제3항은 계약이 종료되는 경우 사업자가 등록을 말소해야 한다는 당연한 내용이다.

● 저작권자의 저작권 유지

제6조 (저작권자의 저작권 유지)

저작권자는 이 계약기간 중 대상 저작물에 대한 배타적 발행권의 양도 등 발행권자가 이 계약에 따른 배타적발행권을 독점적, 배타적으로 행사하는 데 장애가 될 수 있는 어떠한 행위도 하여서는 아니 된다.

작가가 사업자와 계약 체결 후 저작물에 대한 배타적발행권을 양도하거나 하면 계약 상대방인 사업자의 권리를 해치므로, 그러한 행동을 해서는 안 된다고 규정한 것이다.

사업자가 배타적발행권 등록을 한 후 작가가 이를 재차 양도해도, 해당 배타적발행권도 유효할 수 있으므로 사업자는 보호를 받기 위해서 미리 등록을 해놓을 필요가 있다(제45조 제2호).

● 계약기간

제7조 (배타적발행권의 존속기간)

① 대상 저작물의 배타적발행권은 맨 처음 발행을 한 날로부터 ___년간 존속한다.

② 저작권자 또는 발행권자가 계약기간 만료일 ___개월 전까지 문서로써 상대방에게 계약의 연장을 요청하지 않을 경우, 계약기간 만료일에 이 계약은 종료된다.

③ 일방이 제2항에 따라 상대방에게 연장을 요청하고, 저작권자와 발행권자가 이 계약을 연장하기로 서면으로 합의하는 때에는, 이 계약은 연장 이전과 동일한 조건으로 ___개월 연장된다.

④ 저작권자와 발행권자가 이 계약을 연장하면서 계약 조건을 변경하고자 하는 경우에는 변경된 계약조건을 반영한 새로운 계약서를 작성하여야 한다.

제1항에는 적절한 계약기간을 써넣으면 된다. 참고로 저작권법은 배타적 발행권의 존속기간을 맨 처음 발행일로부터 3년으로 보고 있다(제59조 제1항).

제2, 3, 4항 관련 내용은 '공통조항' 부분에서 살펴보았다. 계약기간 만료시 '자동 갱신'과 '자동 종료'로 규정하는 2가지 방식 관련, 작가 입장에서는 '자동 종료'가 나을 듯하다.

다른 자동 종료 사례를 보자.

(0) 본 계약은 계약기간 만료일 00일 전까지 별도 계약서(혹은 합의서) 작성을 통해 연장 및 수정을 하지 않는 한, 계약기간 만료일에 자동 종료된다.

다른 자동 갱신 사례를 보자. 이 경우 작가는 계약기간이 언제 만료되는지를 계산하여 만료일로부터 계산해서 1개월 전에 '계약갱신을 원하지 않는다.'라고 통고를 해야 한다('내용증명 우편'으로 하는 것이 안전하다). 자칫 그 기간을 놓쳐 통고를 늦게 하면 계약은 같은 조건으로 0년이 연장된다.

> (0) 계약 만료일 1개월 이전까지 '작가'와 '사업자' 어느 한쪽에서 계약갱신을 원하지 않는다고 문서로 통고하지 않는 한 이 계약과 동일한 조건으로 계속 0년씩 연장된다.

아래 계약서는 웹툰 연재와 전자책 계약이 포함된 사례이다.

> **제0조 (연재 및 계약 기간)**
> (1) '사업자'는 본 작품의 연재 종료일로부터 0년간 본 작품을 웹툰으로 연재할 수 있다. 완결이 되지 아니하는 경우에도 같다.
> (2) 본 작품의 전자책의 판매 기간은 최초 전자출판일을 기준으로 0년으로 한다. 최초 전자출판일은 제0조에 따라 원고가 인도된 후 0개월 이내인바, 이 시점을 최초 전자출판일로 본다.
> (3) 웹툰 연재 만료일 0개월 이전까지 '작가'와 '사업자'가 기간 연장에 합의하지 않으면, 웹툰 연재 계약은 종료된다.
> (4) 전자책 판매 기간 만료일 0개월 이전까지 '작가'와 '사업자'가 갱신에 합의하지 않으면, 전자책 출판 계약은 종료된다.

● 원고의 인도와 발행 시기

> **제8조 (완전원고의 인도와 발행 시기)**
> ① 저작권자는 _____년 ___월 ___일까지 완전원고를 발행권자에게 인도하여야 한다. 다만, 부득이한 사정이 있을 때에는 발행권자의 서면동의를 얻어 인도 시한을 변경할 수 있다.
> ② 완전원고의 형태나 내용 등에 대한 발행권자의 요구사항은 별지 1과 같다.
> ③ 발행권자는 저작권자로부터 완전원고를 인도받은 날로부터 ___개월 안에 대상 저작물을 이 계약 제9조에서 정한 이용 방법으로 이용하여야 한다. 다만 부득이한 사정이 있을 때에는 저작권자의 서면 동의를 얻어 그 기일을 변경할 수 있다.

본 조는 작가의 원고 인도 의무에 대해서 규정한다.

작가는 완전원고를 사업자에게 인도해야 하고(제1항), 완전원고의 내용은 별지로 규정한다(제2항).

제3항 관련, 사업자는 원고를 인도받은 날로부터 일정 기간 안에 이용(배타적발행)을 해야 한다. 사업자가 이용을 하지 않으면 작가에게 수입이 생기지 않기 때문이며, 작가를 보호하기 위한 규정이다. 저작권법에서는 **다른 약정이 없으면 발행권자는 9개월 이내로 발행할 의무가 있다고 규정한다**(제58조 제1항).

다른 사례를 살펴보자.

> **제0조 (전자책의 제작 및 관리)**
> (1) '작가'는 본 계약이 체결된 이후 0개월 또는 '사업자'와 합의된 날짜 내에 본 콘텐츠의 원활한 전자출판을 위하여 필요한 편집이 완료된 원고를 디지털 파일 형태로 '사업자'에게 인도한다.
> (2) '사업자'는 '작가'가 제공한 본 콘텐츠의 디지털 파일을 인도 받은 이후 0개월 이내에 이를 전자출판하고, 판매·유통한다.
> (3) '작가'와 '사업자' 상호간에 특약이 없는 한, 본 계약 콘텐츠의 전자출판 후 '사업자'는 '작가'가 인도한 디지털 파일을 반환하지 않으며, '작가'가 요청할 경우 이를 파기하고 파기사실을 증명하는 서면을 작성하여 제공한다.

● 저작물의 이용

> **제9조 (저작물 이용 조건 및 방법 등)**
> ① 대상 저작물의 발행 등에 따른 이용 조건 및 방법은 다음과 같이 정한다.
> - 복제 유형 : 온라인 (다운로드 형식) /오프라인 (USB등 유형 매체)
> - 매체 형식 : 전자책, 오디오북 등
> - 이용 형식 : 솔루션/디바이스/플랫폼 등
> - 정가 : 회당 (또는 1set) _____원
> ② 발행 등의 시기 및 홍보·광고, 판매의 방법 등은 발행권자가 결정한다. 다만, 발행권자는 사전에 저작권자와 이를 협의하여야 한다.
> ③ 대상 저작물의 제작, 홍보, 광고 및 판매에 따른 비용은 발행권자가 부담한다.

본 조에서는 이용 조건 및 방법을 규정하도록 했다. 배타적발행권이 유연한 권리이므로 그 내용을 여기서 명기하고, 나머지 권리는 여전히 작가가 행사할 수 있도록 한 것이다.

본 조는 계약서 제목인 '전자책(e-book) 발행'과 충돌하는 측면이 있지만, 쌍방이 합의하는 매체 형식 등을 보다 분명히 규정할 필요가 있다. 계약 시점에서 '정가'를 쓰기는 힘들 수도 있을 것 같은데, 공란으로 놔두거나 '추후 결정'이라고 쓰면 되겠다.

제2항에서 '발행 시기 홍보, 광고, 판매 방법'은 사업자가 결정하도록 했는데, 통상 그렇게 하는 것 같다.

제3항에서 발행물의 제작, 홍보, 광고, 판매에 따른 비용은 사업자가 부담하는 것이 당연하겠다. 다음과 같이 '작가' 부분을 같이 규정해도 좋다.

> 대상 저작물의 저작에 관한 비용은 '작가'가 부담하고, 제작, 홍보, 광고, 판매에 따른 비용은 '사업자'가 부담한다.

● **보증**

> **제10조 (저작물의 내용에 따른 책임)**
>
> ① 대상 저작물의 내용 중 저작권자가 소재, 내용 등을 모두 독립적으로 제작한 부분이 제3자의 저작권 등 법적 권리를 침해하여 발행권자 또는 제3자에게 손해를 끼쳤을 경우에는 저작권자가 그에 관한 모든 책임을 진다.
>
> ② 대상 저작물의 내용 중 발행권자가 저작권자에게 소재, 내용 등을 제공하였거나, 대상 저작물의 제작에 관여한 부분이 제3자의 저작권 등 법적 권리를 침해하여 발행권자 또는 제3자에게 손해를 끼쳤을 경우에는 발행권자가 그에 관한 모든 책임을 진다.

이 조항에 대해서도 앞의 웹툰 연재계약서 부분에서 보았다. 저작물의 내용은 작가가 책임을 지고 작성하는 것이므로 해당 내용의 문제로 저작물을 발행할 수 없게 된다면 작가가 책임을 지는 것이 당연하다. 사업자가 제공한 내용 때문에 말썽이 생긴다면 그 부분은 사업자가 책임을 져야 할 것이다.

본 조 관련 다른 사례를 본다. 보통은 이런 유형의 계약에서 사업자가 소재, 내용을 제공하거나 저작물 내용에 관여하는 일은 드물기 때문에, 이 정도의 내용이라도 무난하다.

> **제0조 (보증)**
>
> (1) '작가'는 본 저작물의 내용 및 표현 형식에 책임을 지며, 본 저작물에 타인의 명예훼손에 관련된 내용 및 타인의 저작권을 침해하는 내용이 없음을 보증한다.
>
> (2) 본 저작물의 내용 및 표현 형식과 관련하여 '사업자' 또는 제3자에게 분쟁 및 손해가 발생할 경우, '작가'는 민·형사상의 책임 및 일체의 손해를 배상하여야 한다. 이러한 분쟁 및 손해배상과 관련하여 '사업자'가 '사업자'의 비용으로 문제를 해결하였을 경우, '작가'는 '사업자'에게 그에 따른 일체의 비용을 지급하여야 한다.
>
> (3) 전 2항의 보증 및 배상책임은 본 계약 기간이 만료된 이후에도 유효하다.

아래도 유사한 사례이다.

> (0) "작품"이 제3자의 저작재산권 등 법적 권리를 침해하는 등의 이유로 분쟁이 발생한 경우 "작가"는 자신의 비용으로 "사업자"를 면책시켜야 하며, "작품"과 관련하여 발생하는 모든 법적 문제에 관하여 전적으로 그에 대한 책임을 부담한다. 이와 관련하여 "사업자" 또는 제3자에게 어떠한 손해가 발생한 경우 "작가"가 배상하여야 한다.

• 저작인격권의 존중

제11조 (저작인격권의 존중)

① 발행권자는 저작권자의 저작인격권을 존중하여야 한다.

② 발행권자는 저작권자가 사용하는 실명 또는 필명 등을 저작권자가 요구하는 바에 따라 올바르게 사용하여야 한다.

③ 발행권자는 전자책을 홍보·광고함에 있어 저작권자의 명예를 훼손하여서는 아니 된다.

④ 발행권자가 전자책의 제호, 내용 및 형식을 바꾸고자 할 때는 반드시 저작권자의 사전 서면 동의를 얻어야 한다.

⑤ 4항에도 불구하고, 발행권자가 대상 저작물의 동일성을 훼손하지 않는 범위 내에서 경미한 수준의 수정을 하는 경우, 발행권자는 저작권자에게 수정 내용에 대해 사전에 고지를 한 후 고지 범위 내의 수정 또는 편집을 할 수 있다. 다만 저작권자가 고지 즉시 이의를 제기하였을 때에는 발행권자는 대상 저작물을 수정하여서는 아니된다.

본 조항은 저작인격권 관련 내용을 규정한다. '저작인격권'은 공표권(제11조), 성명표시권(제12조), 동일성유지권(제13조)이 있다.

제1항은 사업자가 당연히 지켜야 할 내용이며, 제2항은 작가의 성명표시권을 말한다.

제3항은 꼭 저작인격권 내용은 아니지만, 사업자가 작가의 명예를 훼손해서는 안 된다는 것은 당연하겠다.

제4, 5항은 동일성유지권의 내용인데, 저작권법 규정과 거의 같은 내용이다.

저작권법 제13조의 내용은 다음과 같다: *"① 저작자는 그의 저작물의 내용·형식 및 제호의 동일성을 유지할 권리를 가진다.", "② 저작자는 다음 각 호의 어느 하나에 해당하는 변경에 대하여는 이의할 수 없다. 다만, 본질적인 내용의 변경은 그러하지 아니하다. 5. 그 밖에 저작물의 성질이나 그 이용의 목적 및 형태 등에 비추어 부득이하다고 인정되는 범위 안에서의 변경"*

아래 사례는 어떨까? 작가의 동의 없이 '내용의 부적절성', '관계 기관의 지적', '이해관계인의 지적' 등을 이유로 작품을 변경한다면, 동일성유지권 침해의 위험성이 있다고 보이므로 다소 문제가 있는 규정으로 보인다.

(0) "사업자"는 "작가"가 제공한 "작품"의 내용이 대한민국 이외 "배타적발행권" 행사 국가의 법률에 저촉되거나 그 내용의 부적절성에 관하여 관계 기관 또는 이해관계인의 지적을 받는 등의 경우에는 "작가"의 사전 동의 없이 "작품"의 내용을 변경할 수 있고, "작가"에게 변경사실을 서면(전자우편 포함)으로 고지한다.

● 교정

제12조 (교정)

대상 저작물의 내용 교정은 저작권자의 책임 아래 00년 00월까지 발행권자가 수행함을 원칙으로 한다. 다만, 발행권자가 수행한 교정 결과물은 저작권자로부터 최종 확인을 받아야 한다.

교정에 대해서도 앞에서 보았다. 이 계약서에서는 사업자가 교정을 하고 작가로부터 확인을 받도록 하였는데, 양식 있는 작가라면 교정을 간과하지 않을 것 같다. 본 조항에서도 교정은 작가의 책임 아래 진행하고, 작가로부터 최종 확인을 받아야 한다고 규정했다.

아래는 다른 사례인데, 역시 무난해 보인다.

본 저작물의 내용 교정 및 교열에 관한 책임은 '작가'에게 있다. 단, '작가'는 '사업자'에게 교정 및 교열에 대한 협력을 요청할 수 있다.

● 전자책의 수정 발행

제13조 (전자책의 수정 발행)

① 저작권자가 발행된 전자책의 내용 등을 수정하고자 하는 때에는 사전에 발행권자와 그 수정 내용에 대해 서면으로 합의하여야 한다.
② 발행권자가 전자책의 형태 등 대상저작물의 내용과 상관없는 부분을 수정하고자 하는 경우에는 사전에 저작권자에게 그 수정 내용을 서면으로 통지하여야 한다.

제1항은 다소 특이하다. 작가가 전자책 내용을 수정할 때 사전에 사업자와 수정 내용을 서면으로 합의하여야 한다는 것인데, 작가가 자신의 책을 수정하는데 사업자와 합의까지 해야 하는지 다소 의문이다.

제2항 관련, 작가에게는 동일성유지권이 있으므로, 사업자는 작품의 제호, 내용, 형식을 함부로 수정할 수 없다(작가의 동의를 받아야 한다). 따라서 '전자책의 형태'를 수정하는 것도 동일성유지권 침해 소지는 있다. 다만, 본 조항은 이러한 내용, 제호, 형식과 상관없는 부분을 수정함을 전제로 한 듯하다.

● 저작권의 표시

제14조 (저작권의 표시 등)

발행권자는 전자책에 저작권자가 사용하는 성명 또는 필명과 발행 연월일 등 저작권의 표시를 하여야 한다.

저작인격권 중 성명표시권을 규정하는 조항으로, 당연한 내용이다.

● 계속발행의무

> **제15조 (계속 발행 등의 의무)**
> 발행권자는 이 계약기간 중 전자책의 발행 등을 유지할 의무가 있다.

작가는 계속 판매가 이루어져야 수익을 얻을 수 있기 때문에, 작가의 이익을 보호하기 위한 조항이다. 저작권법에서도 *"배타적발행권자는 그 설정행위에 특약이 없는 때에는 관행에 따라 그 저작물을 계속하여 발행 등의 방법으로 이용하여야 한다."*라고 규정한다(제58조 제2항).

● 대가의 지급

> **제16조 (전자책 출판료 등)**
> ① 발행권자는 이 계약과 동시에 선급금으로 ____원을 저작권자에게 지급한다. 이 선급금은 이후 처음 지급하는 저작권사용료에서 공제한다.
> ② 발행권자는 저작권자에게 매달 발생하는 매출액의 ___퍼센트에 해당하는 금액을 그 다음달 ___일까지 전자책 출판료로 저작권자의 지정계좌에 지급하고, 매출에 대한 자료가 포함된 전자책 출판료 계산서를 저작권자에게 서면으로 교부하여야 한다.
> ③ 발행권자는 ___개월에 한 번씩 그 동안의 매출 현황을 저작권자에게 서면으로 통보하여야 한다.
> ④ 저작권자는 발행권자에게 매출액 산정에 대한 자료 일체를 수시로 요청할 수 있다.
> ⑤ 저작권자는 발행권자로부터 받은 매출액 산정에 대한 자료를 상대방의 서면에 의한 사전 승낙 없이 제3자에게 유출해서는 아니 된다. 다만 발행권자는 저작권자가 이 자료를 자신이 관련된 소송이나 행정 절차 등에서 법원이나 행정청에게 적법하게 제출하는 것은 허용한다.

대가의 지급은 본 계약과 출판계약의 구조가 같다.

제1, 2항 관련, 매출액의 일정 퍼센트를 인세로 지급하는데, 그 중 일부를 선금으로 계약금으로 지급하고 나중에 발생하는 인세에서 공제를 한다. 계약금으로 지급한 인세 총액을 넘어서는 인세가 발생할 때에만 인세를 지급하는 것이다.

사업자는 주기적으로 매출 현황을 작가에게 통지해야 하고(제3항), 매출액에 의문이 있을 경우 작가는 사업자에게 매출액 산정에 관한 자료를 수시로 요청할 수 있는데(제4항), 해당 자료를 외부에 유출해서는 안 될 것이다(5항).

제1항 관련, 만약 사업자가 작가에게 별도의 원고제작료를 지급할 경우에는 이 부분을 아래와 같이 규정하면 될 것이다. 이 원고제작료는 공제하는 인세가 아니다.

> 발행권자는 이 계약과 동시에 전자책 출판료의 선급금으로 _____원, 원고제작료로 _____원을 저작권자에게 지급한다. 이중 선급금은 이후 처음 지급하는 전자책 출판료에서 공제한다.

본 조 관련, 다른 사례를 한번 보자. 다만, 앞에서 '공통조항' 부분에서 설명했듯이, '순이익'이라고 규정하면, 어떤 것이 순이익인지, 공제되는 비용은 어떤 것이 있는지 분쟁이 생길 수 있다. 가급적 '매출액'으로 하는 것이 바람직하다.

> (0) '사업자'는 본 저작물의 디지털 파일 전송이 개시되면 1회 판매당(동일 사용자의 이종 단말기 이용에 따른 복수 전송은 1회로 본다) 발생한 순 이익의 00%에 해당하는 금액을 전송에 따른 저작권 사용료로서 '작가'에게 지급한다.

아래 계약 사례에서는 전자책 판매와 연재 판매를 따로 규정하여 배분율을 정했다. 제4항에서 일정 금액 이하인 경우는 이월하여 지급하도록 한 것도 흔히 볼 수 있는 소항이다. 제5항처럼 직가가 정산 내역을 직접 확인할 수 있도록 한 것은 투명한 징산을 위해 긍정적으로 보인다.

> **제0조 (수익 배분 및 정산)**
> (1) 전자책 판매를 통하여 매출이 발생할 경우, '사업자'는 '작가'에게 총 매출의 00%를 지급한다.
> (2) 연재 판매를 통하여 매출이 발생할 경우, '사업자'는 '작가'에게 총 매출의 00%를 지급한다.
> (3) '사업자'는 제1, 2항의 '작가'의 수익을 매월 말일 정산하여 익월 말일까지 '작가'가 지정하는 계좌로 세금 공제 후 이체한다. 은행수수료는 '사업자'가 부담한다.
> (4) '작가'의 월 수익이 0만 원 미만인 경우에는 이월하여 지급하며, 이월된 '갑'의 수익이 누적 0만 원 이상일 경우 지급하는 것으로 한다. 다만, 매분기 정산 시에는 누적 금액과 관계없이 '작가'의 수익을 모두 정산하는 것으로 한다.
> (5) '사업자'는 본조의 정산 내역을 '작가'가 열람할 수 있도록, '작가'가 지정한 메일과 작가/출판사 전용 사이트(http://○○○.○○○.com/○○○)를 통하여 공개한다.

다른 사례에서는 세부적으로 유통경로를 규정하고 그에 따라 수익배분 비율을 달리 했는데, 참고할 만한 사례로 보인다.

> **제0조 (수익 배분 및 정산)**
> (1) B2C 판매(전자책을 '사업자'의 유/무선 통신망을 이용하여 구매자가 단권 단위로 정가에 구입하는 경우)를 통하여 '사업자'에게 매출이 발생할 경우, '사업자'는 '작가'에게 판매 가격의 00%를 지급한다.
> (2) B2BC 판매(전자책을 '사업자'와 제휴관계에 있는 판매망에 제공하거나, 사이트 입점 등의 방법으로 판매하는 경우)를 통하여 매출이 발생할 경우, '사업자'는 '작가'에게 판매 가격의 00%를 지급한다.
> (3) B2B 판매('사업자'가 전자책을 도서관, 관공서, 학교, 기관 및 기업체 등에 온라인대출 반납 서비스를 제공해 판매하는 경우 또는 디지털 도서관 시스템에 기반한 판매방식의 경우)를 통하여 매출이 발생할 경우, '사업자'는 '작가'에게 판매 가격의 00%를 지급한다.
> (4) '사업자'는 본조의 판매를 통한 매출 중 '작가'의 수익을 매월 말일 정산하여 익월 말일까지 '작가'가 지정하는 계좌로 세금 공제 후 이체한다.

● 2차적저작물작성권

제17조 (2차적저작물 및 재사용 이용허락)

① 이 계약기간 중에 대상 저작물이 번역, 각색, 변형 등에 의하여 2차적 저작물로서 연극, 영화, 방송 등에 사용될 경우, 대상 저작물을 원 저작물로 하는 2차적 저작물에 대한 권리는 원 저작물에 대한 저작권자의 권리를 침해하지 않는 범위 내에서 저작권자에게 있다.

② 이 계약의 목적물인 대상 저작물의 내용 중 일부가 제3자에 의하여 재사용되는 경우, 그에 관한 이용을 허락할 권한은 저작권자에게 있다.

③ 발행권자는 이 계약에 따라 설정된 발행권만을 가지며, 그 이외의 다른 저작재산권을 이용하기 위해서는 저작권자와 별도로 계약을 체결하여야 한다.

본 조항에 대해서는 앞의 웹툰 연재계약서에서 자세히 설명하였다.

제1항 관련, 2차적저작물로 사용되는 모든 권리는 작가에게 남아있다는 취지로, 많은 사업자들은 2차적저작물작성권 부여에 대해서 별도의 계약을 체결하고 있다.

표준계약서에서는 2차적저작물작성권에 대해서는 표준계약을 제시하지 않고 있는데, 이에 대해서는 해당 내용은 웹툰연재계약서의 말미에 첨부한 '2차적저작물작성권 부여 계약서'를 참고하면 되겠다.

다만, 제1항의 "원 저작물에 대한 저작권자의 권리를 침해하지 않는 범위 내에서 저작권자에게 있다."라는 부분은 어떤 취지인지 잘 이해되지 않는다.

제2항도 제1항과 마찬가지의 취지이고, 제3항은 더욱 명시적으로 규정을 하고 있다.

다른 사례를 살펴보자. 간단하지만 표준계약서의 취지를 잘 준수하고 있다.

제0조 (2차적저작물작성권 등)

(1) 본 계약기간 동안 본 저작물이 수출, 상품화, 영상화 등에 의하여 2차적 이용이 될 경우 이에 관한 권리는 '작가'에게 있다.

(2) 본 계약기간 동안 본 저작물의 내용 중 전부 또는 일부가 제3자에 의하여 사용될 경우 이에 관한 권리는 '작가'에게 있다.

(3) '작가'는 본조에 관련된 사항을 '사업자'에게 위임할 수 있고, 이 경우 별도의 계약을 체결한다.

다른 사례를 살펴보자. 이 정도 규정은 무난하다고 보이며, 정의 규정을 계약서 본문에 넣은 예이기도 하다.

제0조 ("작품"의 2차적 저작물 작성의 우선협상권)

(1) "작가"는 계약기간 동안 "사업자"에게 "만화작품"의 2차적 저작물작성에 대한 "우선협상권"을 부여한다.

(2) "우선협상권"은 "작가"에 대한 제3자로부터의 "만화작품"의 2차적 저작물 작성 제안에 대해

"사업자"가 최초로 알 권리 및 해당 제안의 동일 또는 그 이상의 조건으로 우선적으로 협상할 수 있는 권리를 말한다. 다만, "우선협상권"은 "작가"가 "사업자"에게 제3자로부터의 "작품"의 2차적 저작물 작성 제안 관련 사실에 대한 서면(전자우편 포함)으로 통지한 날로부터 00일간 유효하다.

다른 사례를 살펴보자. 다만, 공정거래위원회나 표준계약서 모두 이제는 이런 식으로 본 계약서 본문에 2차적저작물작성권 관련 내용을 넣지 않도록 하고 있다.

제0조 (2차적저작물의 작성)

(1) 본 계약 기간 중에 본 저작물의 재수록을 포함하여 번역·번안·연극·영화·방송·녹음·녹화·만화·영상·편집 기타 일체의 형태나 방법으로 2차적 저작물을 작성하여 사용할 경우, '작가'는 그에 관한 업무를 '사업자'에게 위임하고, '사업자'는 구체적 조건에 대하여 '작가'와 협의한 후 결정한다.

(2) '작가'는 본 저작물의 2차적 저작물에 의한 수출에 관한 모든 사항을 '사업자'에게 위임하고, '사업자'는 본 저작물을 원저작물로 하는 2차적 저작물의 복제 및 배포에 관한 독점적인 권리를 가진다.

(3) 본 저작물의 2차적 저작물 사용으로 발생하는 수익은 '작가'와 '사업자'가 협의 배분하도록 한다.

다른 사례를 살펴보자. 이런 조항이 본 계약서에 들어가서는 안 되거니와, 내용도 다소 불공정한 듯하다(특히 제4항).

제0조 (2차 저작권의 우선권 및 수익 배분)

(1) '작가'는 '본 작품'의 2차 저작권에 대해서는 '사업자'에게 우선 협상권 및 판매 대행에 대한 우선권을 보장하며, '사업자'가 2차 저작권에 대하여 판매 대행을 한 경우에는 수익금을 0(작가) : 0(사업자)으로 배분하기로 한다.

(2) 전항의 '사업자'의 2차 저작권에 대한 권리행사 기간은 제0조와 동일하게 한다.

(3) '작가'와 '사업자'는 2차 저작권의 판권 사업 진행시 반드시 상호간에 사전 협의 후에 진행하며, '사업자'가 구매 또는 판매 대행 진행 시 별도의 계약서를 첨부한다.

(4) '사업자'가 '본 작품'의 2차 저작권에 대한 에이전시 역할을 하지 않았을 경우에도, '작가'는 '사업자'의 출판 등을 통한 '본 작품'의 홍보, 마케팅 등의 프로모션 역할을 인정하여, '본 작품'으로 발생한 '작가'의 2차 저작권료의 0%를 '사업자'에게 지급한다.

역시 본문에 들어가는 경우 부적절한 다른 사례를 살펴보자.

제0조 (2차적 사용)

(1) 본 계약의 유효기간 중에 '본 저작물'을 번역·개작·다이제스트, 연극·영화·방송·녹음·녹화·

대여 등, 그밖에 이차적으로 사용할 경우, '작가'는 그 처리에 관한 모든 사항을 '사업자'에게 위탁할 수 있다. 제3항의 수익 비율에서 '작가'의 수익 비율을 100%로 정한 항목은 '사업자'에게 위탁하지 않은 것으로 본다.

(2) 2차적 사용 등과 관련하여 '작가'가 '사업자'에게 위탁하여 처리한 사항에 대해 '사업자'는 그 처리 결과를 지체 없이 '작가'에게 통보하여야 한다.

(3) '본 저작물'에 대하여 아래 항목에 해당하는 수익이 발생한 경우, 수익 배분은 다음과 같이 정한다. (표 생략)

(4) 제1항 내지 제3항에도 불구하고 '사업자'는 필요한 경우 구체적 조건에 대하여 '작가'와 협의하여 결정할 수 있다.

● 권리의 양도

제18조 (저작재산권, 배타적발행권의 양도 등)

① 저작권자는 대상 저작물의 복제권 및 배포권의 전부 또는 일부를 계약기간 중 제3자에게 양도하거나 이에 대하여 질권을 설정하고자 하는 경우에는 반드시 발행권자에게 사전에 서면으로 그 사실을 통지하여야 한다.

② 발행권자가 대상 저작물의 배타적발행권을 제3자에게 양도하거나 이에 대하여 질권을 설정하고자 하는 경우에는 반드시 저작권자로부터 사전 서면 동의를 얻어야 한다.

제1항은 작가가 저작물의 복제권, 배포권을 제3자에게 양도하거나 질권을 설정하는 경우 사업자에게 사전에 서면으로 '통지'하도록 했고, 제2항에서는 사업자가 배타적발행권을 제3자에게 양도하거나 질권을 설정하려고 할 때는 작가에게 사전 서면 '동의'를 얻도록 했다.

다만, 작가가 저작권의 복제권 등을 양도하면 사업자의 권리를 해할 수 있기 때문에 제1항에서 통지만으로 양도를 가능하도록 한 점은 다소 의문이다.

● 원고의 반환

제19조 (원고의 반환 등)

① 이 계약이 계약기간 만료에 의한 종료, 해제, 해지, 취소되거나, 계약이 존속하는 중이라도 저작권자가 요구하는 경우, 발행권자는 저작권자에게 육필원고나 원화 등의 실물원고를 모두 반환하여야 한다.

② 이 계약이 계약기간 만료에 의한 종료, 해제, 해지, 취소되는 경우, 발행권자는 자신이 보관하고 있는 원고의 복사본 및 전자적 형태의 데이터 모두를 파기하고, 이를 파기하였다는 서면 확인서를 만들어 저작권자에게 교부하여야 한다.

③ 발행권자의 고의 또는 과실로 원고가 훼손 또는 분실이 되었거나, 또는 발행권자가 제2항에

따른 파기 의무를 이행하지 않았을 경우, 발행권자는 저작권자에게 이에 따른 민·형사상의 책임을 진다.

④ 발행권자가 제1항 및 제2항의 의무를 이행하지 않아 저작권자에게 발생한 손해액을 산정하기 어려울 때에는, 발행권자의 손해배상액을, 이 계약이 계약기간 만료에 의한 종료, 해제, 해지, 또는 취소되는 시점을 기준으로 _____원으로 본다.

제1항, 3항의 원고의 반환의무는 당연한 규정이다. 실제로 출판사가 만화 원고를 분실하여 문제가 된 사례도 있었는데, 법원은 페이지당 단가로 계산한 손해를 배상하도록 하였다.

제2항에서는 계약이 끝났을 때 사업자가 관련 자료를 모두 폐기하도록 하였는데, 당연히 인정할 의무이겠다. 아마 전자책은 원고를 전자파일로 제공할 것이므로, 제2항이 적용될 범위가 넓을 듯하다.

제4항 관련, 손해배상액의 예정을 해서 손해액 입증을 간단하도록 한 취지는 좋지만 현실적으로 적절하게 정할 수 있을지는 다소 의문이고, 전자책의 내용을 전자 파일로 제공하는 경우에는 불필요할 것 같다.

● 계약기간 이후의 이용

제22조 (배타적발행권 소멸 후의 배포)

① 배타적발행권이 소멸한 후에도 발행권자는 계약기간 만료일 이전에 배포 등의 방법으로 이용한 저작물(유형물에 한함)을 __월 동안 발행할 수 있다. 만일 이같은 배타적발행권 소멸 후 약정기간이 경과하였음에도 발행권자가 배포 등 이용행위를 계속하는 경우 발행권자는 이에 따른 민·형사상의 책임을 진다.

② 제1항에 따른 배포에 대하여 발행권자는 제16조에 따라 전자책 출판료를 지급하여야 한다.

본 규정은 출판계약에서 유래한 것이다. 이미 책을 찍어놓은 경우, 계약기간이 끝났다고 책을 모두 폐기하도록 한 것은 지나치므로 어느 정도 기간 동안은 책을 팔도록 한 것이다(인세 지급을 조건으로). 해당 기간이 지난 다음에는 위법행위를 한 것이므로 사업자는 이에 대한 책임을 져야 한다.

다만, 배타적발행권의 경우도 이런 조항이 있어야 하는지는 다소 의문이다. 재고를 상상하기 힘들고, 즉시 판매 중지가 가능하기 때문이다. 어쨌거나, 출판보다는 기간이 짧아도 될 것 같다.

아래 사례는 표준계약서와 비슷한 맥락이지만, 잘 정리된 조항으로 보인다.

제0조(배타적발행권 소멸 후의 복제물의 배포)

(1) 배타적발행권이 존속기간의 만료 그 밖의 사유로 소멸된 때에 '사업자'가 본 계약의 유효기간 중 제0조에 따른 대가를 지급한 경우에는, '사업자'는 이 기간 중에 만들어진 복제물 중 그 대가에 상응하는 수량의 복제물을 배타적발행권이 소멸된 후에도 계속 배포할 수 있다.

(2) 배타적발행권이 소멸된 때에, 본 계약의 유효기간 중에 만들어진 복제물 중 전항의 수량을 제외한 나머지 복제물에 대해서는 '작가'와 '사업자'가 별도로 협의하여 처리한다.

● 관리규정

이하의 내용은 관리조항(일반조항)이므로 문제가 되는 조항을 뺀 나머지는 앞에서의 설명으로 대신한다. 제22조는 앞에서 살펴보았다.

제20조 (계약 내용의 변경)

이 계약은 저작권자와 발행권자 쌍방의 합의에 의하여 변경할 수 있다. 이에 대한 합의는 서면으로 한다.

제21조 (계약의 해지 또는 해제)

① 저작권자 또는 발행권자가 이 계약에서 정한 사항을 위반하였을 경우 그 상대방은 __일(개월) 이상의 기간을 정하여 제대로 이행할 것을 요구할 수 있다.

② 제1항의 조치에도 불구하고 이를 이행하지 아니하는 경우, 그 상대방은 맨 처음 발행이 아직 시작되기 이전까지는 이 계약을 해제할 수 있다. 이때 계약을 위반한 당사자는 상대방에게 계약 위반으로 인한 손해를 배상하여야 한다.

③ 제1항의 조치에도 불구하고 이를 이행하지 아니하는 경우, 그 상대방은 맨 처음 발행이 이미 시작되었을 경우에는 이 계약을 해지할 수 있다.

④ 저작권자는, 발행권자가 더 이상 발행할 의사가 없음을 저작권자에게 서면으로 통지하거나 파산 등의 사유로 더 이상 발행할 수 없음이 명백한 경우 즉시 이 계약의 해지를 발행권자에게 서면으로 통고할 수 있다.

⑤ 이 계약이 해지되면, 저작권자와 발행권자는 다음과 같은 책임을 부담한다.

　　1. 발행권자는 저작권자에게 해지 시점까지 발생한 전자책 출판료를 즉시 지급한다.

　　2. 발행권자는 저작권자에게 원고를 반환하고, 원고의 복사본 및 디지털 데이터를 모두 파기한 후, 파기사실을 확인하는 각서를 작성하여 저작권자에게 교부한다.

　　3. 발행권자가 한국저작권위원회에 이 계약에 따른 배타적발행권을 등록하였을 경우, 해지 즉시 배타적 발행권 등록을 말소하고 이에 대한 서면 증빙을 발급받아 저작권자에게 교부한다.

　　4. 이상의 책임과는 별개로, 해지의 책임이 있는 자는 상대방에게 해지에 따라 발생한 손해를 모두 배상하여야 한다.

⑥ 저작권자가 발행권자 소속 임직원에 의해 성희롱·성폭력 등 성범죄로 인한 피해를 입은 경우 저작권자는 해당 임직원을 관련 업무에서 배제 요청할 수 있으며, 발행권자는 사실을 확인한 후 업무의 배제 및 기타 적절한 조치를 수행하여야 한다.

⑦ 저작권자 또는 발행권자(소속 임직원을 포함한다)가 상대방에 대한 성희롱·성폭력 등 성범죄로 인하여 국가인권위원회의 결정이나 법원의 확정판결을 받은 경우, 상대방은 계약을 해지할 수 있으며 그로 인한 손해의 배상을 청구 할 수 있다.

⑧ 발행권자는 저작권자의 성범죄에 대한 국가인권위원회의 결정이나 법원의 확정판결이 있는 경우 저작권자와의 계약을 해지할 수 있으며 그로 인한 손해의 배상을 청구 할 수 있다.

제23조 (재해, 사고)

천재지변, 그 밖의 불가항력의 재난으로 저작권자 또는 배타적발행권자가 손해를 입거나 계약 이행이 지체 또는 불가능하게 된 경우에는 서로의 책임을 면제하며, 후속조치를 쌍방이 서면으로 합의하여 결정한다.

제24조 (저작권자의 정보 이용)

저작권자는 발행권자가 이 계약에 의한 전자책의 제작 및 홍보, 판매 등을 위하여 저작권사가 제공한 정보를 스스로 이용하거나 제3자에게 제공하는 것을 허락한다. 다만, 저작권자의 초상 이용에 대하여는 저작권자와 발행권자가 서면으로 별도 합의하여 결정한다.

제25조 (계약의 해석 및 보완)

① 이 계약에 명시되어 있지 아니한 사항에 대하여는 저작권자와 발행권자가 합의하여 정할 수 있고, 해석상 이견이 있을 경우에는 저작권법 등 관련법률 및 계약해석의 원칙에 따라 해결한다.

② 제1항의 합의를 포함하여, 이 계약에 따라 이루어지는 모든 합의는 서면으로 작성하고, 저삭권자와 발행권자가 이 서면에 모두 서명 또는 날인하여야 한다.

제26조 (저작권 침해의 공동대응)

저작권자와 발행권자는 대상 저작물에 대한 저작권 침해 행위를 공동으로 대응하여야 하며, 이를 위해 필요한 경우 상대방에게 자료를 제공하는 등 적극적으로 협조할 의무가 있다.

제27조 (관할 법원)

이 계약과 관련된 소송은 _____법원을 제1심 법원으로 한다.

첨부서면

1. 별지 1 : 완전원고의 요구기준

이 계약을 증명하기 위하여 계약서 3통을 작성하여 저작권자, 발행권자가 서명 날인한 다음 각 1통씩 보관하고, 나머지 1통은 배타적발행권설정 등록용으로 사용한다.

___년 _월 _일

"저작권자"   "발행권자"

작 가 명 :_____(인) 이명(필명) : _____   상   호 :

생년월일 :   사업자번호 :

주   소 :   주   소 :

입금계좌 :____은행 _____   대 표 이 사 :_____(인)

전자책 계약서 외 다른 계약서와 결합시

전자책 출판은 단독으로 이루어지는 경우보다 다른 형태의 계약과 함께 이루어지는 경우도 많다. 이때에는 아래와 같이 여러 형태의 복합적 계약 사례가 된다. 사례에 대해 살펴보자.

전자책 발행과 출판을 겸하는 사례이다.

제0조 (배타적 이용)

(1) '사업자'는 본 저작물을 출판하거나 배타적 발행을 할 수 있는 독점적이고 배타적인 권리를 가진다.

(2) '작가'는 본 계약기간 중 본 저작물과 동일 또는 유사한 저작물을 스스로 또는 제3자를 통하여 출판 또는 배타적 발행을 하여서는 아니 된다.

아래 사례도 마찬가지로, 전자책 발행+출판을 겸하는 사례이다.

제0조 (유효기간과 갱신)

(1) 본 계약에 의한 출판권은 계약일로부터 본 저작물의 각 최초 발행일로부터 만 0년간 그 효력이 존속한다.

(2) 본 저작물을 디지털 파일로 제작한 경우 전송권은 최초 디지털 파일의 전송일로부터 만 0년간 그 효력이 존속한다.

제0조 (출판에 따른 저작권 사용료의 지급)

(1) '사업자'는 본 저작물의 출판에 대한 저작권 사용료를 판매부수×정가×인세율 00%의 방식으로 계산해서 '작가'에게 지급한다.

(2) '작가'는 '사업자'가 납본, 증정, 신간안내, 서평, 홍보, 일반 업무 등 판매 이외의 목적에 사용하는 부수에 대해서는 출판에 따른 저작권 사용료를 면제한다. 또한 '작가'는 본 저작물의 복제물이 유통 과정에서 파손, 멸실되거나 화재, 침수 등 기타 불가피한 사유로 인하여 폐기 처분되는 부수에 대해서는 사용료를 면제한다.

제0조 (전송에 따른 저작권 사용료의 지급)

(1) '사업자'는 본 저작물의 디지털 파일 전송에 대하여 저작권 사용료로서 1회 판매당(동일 사용자의 이종 단말기 이용에 따른 복수 전송은 1회로 본다) 정가의 00%에 해당하는 금액을 '작가'에게 지급한다.

다른 사례를 살펴본다. 사업자에게 인쇄 출판, 전자 출판을 하는 권리를 부여하고, 기타의 2차적저작물에 대해서는 우선협상권을 부여한다는 내용이다.

> **제0조 (권리의 부여)**
>
> (1) "사업자"는 본 저작물을 본 계약에 따라 단행본 출판, 전자 출판을 하는 권리를 갖는다.
>
> (2) 단행본 출판, 전자 출판 이외의 2차 저작권에 대해서는 "사업자"에게 우선 사업 협상권이 있으며 구체적인 내용에 대해서는 "작가"와 "사업자"가 합의하여 결정한다.
>
> (3) "사업자"는 2차 저작권에 대한 사업화에 대해 최선을 다하며, "사업자"가 직접 사업을 하지 못할 경우 제3자를 통한 사업 극대화에 최선의 노력을 하여야 한다.

아래 계약 사례는 사업자에게 출판, 전자출판, 번역출판에 대한 권리를 부여하고, 2차적저작물에 대해서 우선협상권을 부여한다는 취지이다.

> **제0조 (저작권 사용의 대가)**
>
> (1) '사업자'는 본 계약에 의하여 부여되는 공중송신권으로 유선, 무선 인터넷 및 기타 통신, 전자책(e-book), 방송망 등을 통한 전송, 송신, 방송 등의 서비스를 실시한다.
>
> (2) '사업자'는 '작가'에게 전항의 서비스에 대한 저작권 사용료로 '사업자'의 매출(각종 세금, 수수료, 외부제작비 등을 제외한 '사업자'의 실매출액)의 00%를 지급한다.
>
> (3) 단행본 출간에 대한 저작권 사용료는 단행본 발행 부수에 소비자 가격의 00%를 곱한 금액으로 한다.
>
> **제0조 (번역출판권 등)**
>
> (1) '작가'는 위 저작물을 한국 이외의 지역에서 번역 출판하거나 해당 지역 출판사가 번역 출판하도록 하는 데 필요한 권한(번역출판권 및 번역출판물의 공중송신권)을 '사업자'에게 독점적으로 제공한다.
>
> (2) '사업자'는 번역출판 전에 수출국가, 로열티, 계약 기간 등을 '작가'와 사전에 협의하여야 한다. 본 계약 기간 내에 '사업자'가 체결하는 각각의 번역출판물의 계약 기간은 해당 계약 내용에 따른다.
>
> (3) 제1항의 번역출판권에 관련해 '갑'에게 지급할 저작권 사용료는 '을'의 매출(각종세금, 수수료, 외부제작비 등을 제외한 실매출)의 00%로 한다.
>
> (4) 본 조에서 정하지 않은 저작물의 2차적 사용 및 2차적 저작물 제작에 관련된 권리는 '작가'에게 있으며, '작가'는 사업진행 및 위탁의 우선협상권을 '사업자'에게 부여한다.

기타 추가로 생각해 볼 만한 조항

이하에서는 기타 계약서에 추가를 고려해 볼 만한 조항을 살펴본다.

● 전자책의 제작 및 관리

사업자 측 입장에서 편리한 규정들을 담은 다른 사례를 살펴보자.

(0) '사업자'가 편집 및 교정한 최종 디지털 파일의 편집 및 교정 저작권은 '사업자'에게 있다.

(0) 본 계약의 종료시 '작가'가 전항에 의한 '사업자'의 편집 및 교정본을 이용하고자 하면 '사업자'는 이를 제공하여야 한다. 단, '작가'는 쌍방이 협의로 정한 상당한 대가를 지불하여야 한다.

● 회원제 서비스

회원제 서비스에 대한 사례를 살펴보자.

'사업자'는 개인 및 특정 집단을 대상으로 이용 가능한 전자책의 범위/기간/금액을 고정한 후 판매하는 회원제 서비스를 진행할 수 있으며, 이때 수익배분은 '작가'와 '사업자'가 별도 협의한다.

● 작가에 의한 작품 일부의 공개

작가가 자신의 SNS 등에서 일부 공개를 하는 경우를 대비해 아래 사례와 같은 조항을 넣으면 좋겠다.

'작가'가 본 저작물의 전부를 '갑'이 운영하는 홈페이지(블로그, 메일, 매거진 등을 포함한다)에서 전송하고자 하는 경우(전송부분이 상당하여 본 건 전자출판계약의 목적 달성에 지장을 줄 경우를 포함한다)에는 '사업자'에게 사전 서면통지하고 '사업자'의 동의를 얻어야 한다.

1   서울남부지방법원 2004. 6. 3. 2003가합2452 판결(고우영 십팔사략 사건).

제5장
만화출판계약서

참고용 계약서 내려받기
(QR코드 스캔▼)

모롱 작가는 현재 '웹툰툰' 플랫폼에서 한참 인기리에 연재하고 있는 웹툰 '바른 연애 가이드'에 대해서 '푸르릉 출판사'로부터 출판 제안을 받았다. 내 만화를 인터넷상으로 본 것은 몇 번 경험이 있지만, 원래 모롱 작가가 만화를 보고 꿈을 키운 것도 출판 만화이고, 지금도 만화책을 무척 많이 소장하고 있는 터라, 출판에 대해서도 기대 만빵이다. 자, 출판계약서는 어떤 것일까?

> 현재 작가님이 연재하는 웹툰, 저희 출판사가 출판하고 싶어요~!

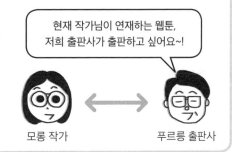

모롱 작가   푸르릉 출판사

만화출판계약서란 어떤 것일까?

만화출판계약은 만화(또는 웹툰)를 종이책으로 출판하는 계약이다.

작가는 출판을 하고자 하는 사업자에게 인쇄 등의 방법으로 서적을 발행할 권리를 설정하고, 사업자는 만화를 종이책으로 만들어 판매할 수 있게 된다.

출판계약도 출판권설정계약, 출판허락계약(이용허락계약), 저작권양도계약으로 나눌 수 있는데 여기 수록된 출판계약서는 출판권설정계약의 내용이다. 출판권설정계약서는 가장 널리 사용되는 계약서로서, 양도와 이용허락의 중간쯤에 있는 계약서이다.

한편, 전자책을 만들기 위해서는 '전송'이 필요하므로 출판계약서가 아니라 배타적발행권 설정계약(전자책계약)을 해야 한다.

만화출판계약서는 어떤 구조일까?

출판계약서를 체결하면 작가(모롱 작가)는 사업자(푸르릉출판사)에게 출판권을 설정한다. 사업자(푸르릉출판사)는 이를 출판할 수 있고, 작가에게 대가 지급 의무, 발행의무가 있다. 또한 사업자는 자신의 출판권을 등록할 수 있다.

작가(모롱 작가)는 자신의 만화를 정한 시기에 인도해야 하고, 만화 내용에 저작권 문제 등이 없음을 책임을 져야 한다.

출판계약에서 이슈 중 하나는 저작권료, 즉 인세를 어떻게 계산하는지이다. 본 계약에서는 선급금을 지급함과 동시에 발행부수를 기준으로 인세를 지급하도록 했다.

만화 출판에서 흔히 생겨온 이슈로는 '출판' 이상의 권리를 허락하거나 양도하는 계약일 것이다. 예컨대 출판을 해서 나온 책이 영화화되는 경우(2차적저작물작성권) 그 권리가 작가에게 있는지, 사업자에게 있는지, 아니면 양자가 함께 갖는지 여부이다. 표준 계약서에서는 기본적으로 2차 적저작물작성권, 재사용을 모두 작가가 갖고, 사업자는 출판권만을 가지며, 사업자가 그 이상의 권리를 갖기 위해서는 작가와 별도로 계약을 체결하도록 규정하였다.

계약서를 조문별로 살펴보자

이하에서는 표준계약서를 중심으로 조문별로 살펴보자.

● 계약서 제목, 전문, 당사자

출판계약서

저작재산권자 _____(이하 '저작권자'라고 한다)와(과) 출판권자 _____(이하 '출판권자'라고 한다)는(은) 아래의 대상 저작물에 대하여 다음과 같이 출판권설정계약을 체결한다.

대상 저작물의 표시
제호(가제) :

계약서의 제목은 결정적이 아니라는 것은 '공통조항' 부분에서 살펴보았다.

계약의 목적물(작품)을 특정해야 하고, '○○○ 작가의 작품 전체'라는 식, 또는 '작품 0개'라는 식은 바람직하지 않다.

● 계약의 목적

제1조 (계약의 목적)

이 계약은 대상 저작물의 저작권자가 출판권자에게 대상 저작물을 인쇄 그 밖에 이와 유사한 방법으로 문서 또는 도화로 발행(복제·배포)하는 권리를 부여하기 위해 체결된다.

계약의 목적 조항이다. 간단하게 출판의 내용을 설명하고 있다.

● 정의

제2조 (정의)

1. "대상 저작물"은 위에 표시한, 이 계약의 목적이 되는 저작물을 말한다.
2. "복제"는 대상 저작물을 인쇄·사진촬영·복사·녹음·녹화 그 밖의 방법으로 일시적 또는 영구적으로 유형물에 고정하거나 다시 제작하는 것을 말한다.

3. "공중"은 불특정 다수인(특정 다수인을 포함한다)을 말한다.

4. "배포"는 대상 저작물 원본 또는 그 복제물을 공중에게 대가를 받거나 받지 아니하고 양도 또는 대여하는 것을 말한다.

5. "발행"은 대상 저작물을 공중의 수요를 충족시키기 위하여 복제·배포하는 것을 말한다.

6. "출판권"은 대상 저작물을 인쇄 그 밖에 이와 유사한 방법으로 문서 또는 도화로 발행하는 권리를 말한다.

7. "출판물"은 대상 저작물을 인쇄 그 밖에 이와 유사한 방법으로 발행한 문서 또는 도화를 말한다.

8. "완전원고"는 대상 저작물의 출판을 위하여 필요한 완전한 원고를 말한다.

정의 조항인데 대부분 저작권법의 내용이고 큰 문제가 되지는 않을 내용이라서 정의 조항의 필요성이 크지는 않다.

● 권리의 설정(양자의 권리)

제3조 (출판권의 설정)

① 저작권자는 출판권자에게 대상 저작물에 대한 출판권을 독점적, 배타적으로 설정한다.

② 제1항의 규정에 따라 출판권자는 대상 저작물을 원작 그대로 출판할 수 있는 독점적이고도 배타적인 권리를 가진다.

본 조가 계약의 핵심적인 내용으로, 작가가 사업자에게 출판권을 설정한다는 내용이다. 이제 사업자는 계약기간 동안 해당 저작물을 독점적, 배타적으로 출판할 수 있으므로 작가는 이 사업자 외에 스스로 또는 다른 사람을 통해 출판을 할 수 없고, 계약기간 동안은 이 사업자를 통해서만 출판이 가능하다.

아래 사례를 보면, 조항 제목은 '출판권'이라고만 규정했지만, '전송' 내용이 들어가 있다. '전송'은 인터넷을 통한 서비스를 말하므로, 사실상 전자책에 대한 권리까지 설정한 셈이다. 주의해야 한다.

제0조 (출판권의 설정 등)

① '작가'는 '사업자'에 대하여 본 저작물에 대하여 한국어 출판권을 설정하고, '사업자'는 본 저작물의 복제 및 배포, 전송에 관한 독점적 권리를 가진다.

② '작가'는 본 계약의 유효기간 중에 본 저작물의 제호 및 내용의 전부 또는 일부와 동일 또는 유사한 저작물을 출판하거나 제3자로 하여금 출판하게 할 수 없다.

다음 사례는 보다 명확하게 출판과 전자출판(배타적발행권)을 함께 설정하고 있다.

> **제1조 (권리의 설정)**
>
> (1) '작가'는 '사업자'에게 본 저작물에 대한 '출판권' 및 '배타적발행권'을 설정하고, '사업자'는 본 저작물의 복제, 배포 및 전송에 관한 특정적이고도 배타적인 권리를 가진다.
>
> (2) 전항의 '출판권'은 문서 또는 도화의 형태를 지닌 모든 저작물에 대한 권리를 말한다. '배타적 발행권'은 인터넷 온라인 또는 PC통신상의 게시, 컴퓨터 파일 형태를 통한 전송 혹은 배포, 전자서적(e-book)의 형태, 발간, 유통, 판매방식 등과 관련하여 저작물을 이용하는 것, 전자매체에 기록한 출판물로 복제·배포하는 것과 복제·전송하는 권리를 말한다.

아래 사례 또한 출판+전송의 권리를 부여하는 계약이다.

> **제0조 [출판권의 설정]**
>
> (1) '작가'는 '사업자'에 대하여 위에 표시된 저작물(이하 '본 저작물'이라 함)의 출판권을 설정하고 '사업자'는 위 저작물의 복제 및 배포에 관한 독점적인 권리를 가진다.
>
> (2) '작가'는 '사업자'에게 본 저작물의 전송에 의한 이용을 허락하고, '사업자'는 본 저작물의 전송에 관하여 전 세계에 걸쳐 독점적인 권리를 갖는다.

작가로서 극히 조심해야 할 계약서는 어떤 것이 있을까? 단적으로, 출판(이용허락 또는 출판권설정)만 하도록 하는 계약인 줄 알았는데 저작권 양도를 하는 조항이 있다. 아래 계약의 내용으로 출판 계약을 체결하였다면 작가의 의도와 상관없이 저작권이 양도되고 만다. 주의해야 한다. 판례상 문제되었던 사례이다.[1]

> **제5조 (저작권)**
>
> (1) 저작물의 저작인격권을 제외한 일체의 권리(저작물의 저작재산권, 2차적저작물 또는 편집저작물을 작성, 이용할 권리 포함)는 저작물의 인도시에 '사업자'에게 양도된 것으로 본다.
>
> (2) '작가'는 '사업자'가 필요한 시기에 임의로 저작물을 공표할 것을 허용한다.
>
> (3) '작가'는 저작물의 전부 또는 일부의 내용이나 이와 유사한 내용을 '사업자'의 동의 없이 사용(출판, 복제, 배포, 대여, 전송, 판매 등)하거나 제3자에게 사용(출판, 복제, 배포, 대여, 전송, 판매 등) 허락할 수 없다.

아래 사례는 출판계약임에도 저작권 양도의 내용으로 구성되기도 하고, 저작권을 양도한다고 했다가(제1항), 권리를 부여하고 출판권을 설정하는 등(제2항) 내용이 갈팡질팡이다.

> **제0조 (본건 만화의 저작권)**
>
> (1) '작가'는 본건 만화의 작화 부분의 저작재산권을 '사업자'에게 양도한다.
>
> (2) '작가'는 '사업자'에게 '2차적 저작물 작성권', '유무선 전송권', '연재권'을 부여하고, '출판권'을 설정한다.

아래 사례는 저작권을 양도하는 내용의 출판계약이다.

> **제0조(저작재산권의 양도)**
>
> '작가'는 저작물에 대한 저작재산권 전부와 위 저작물을 원저작물로 하는 2차적 저작물 또는 위 저작물을 구성부분으로 하는 편집저작물을 작성하여 이용할 권리 전부를 '사업자'에게 양도한다.

다른 사례도 일러스트의 저작권을 양도하는 내용이다.

> **제0조 (일러스트 저작권의 양도)**
>
> '작가'는 본서 일러스트레이션에 대한 저작권 및 편집, 제작, 복제 및 배포에 관한 모든 권리를 '사업자'에게 영구적으로 양도한다.
>
> **제0조 (배타적 사용)**
>
> 본서의 일러스트레이션 저작권에 대한 모든 권리는 '사업자'에게 귀속된다. 따라서 '작가'는 본서 일러스트레이션의 전부 또는 일부와 동일 또는 현저히 유사한 저작물을 출판하거나 타인으로 하여금 출판 및 일러스트 사용을 하게 할 수 없다.
>
> **제0조 (저작재산권)**
>
> ① '목적물'에 대한 저작재산권 전부와 '목적물'을 원저작물로 하는 2차저작물 또는 '목적물'을 구성부분으로 하는 편집저작물을 작성하여 이용할 권리 전부는 '사업자'에게 귀속한다.
> ② '작가'는 '사업자'에게 '목적물'이 제3자의 저작권, 초상권, 기타 어떠한 권리도 침해하지 않았음을 보증한다. '목적물'이 권리침해 등의 문제를 일으켜 그 결과 '사업자' 또는 제3자에 대해서 손해를 끼치거나 분쟁이 발생할 경우 '작가'는 '사업자'를 면책시키고 '작가'가 책임과 부담을 지고 해결한다.

그렇다면 '저작권 양도' 형식의 출판계약은 위법하거나 무효인가? 작가 입장에서는 분명 달갑지 않은 형식의 계약이지만, 위법하다거나 무효라고 할 수는 없고, 표준계약서인 기획만화계약서는 저작권 양도를 내용으로 하고 있기도 하다.

게다가 저작권 양도를 제한하는 유럽(독일, 프랑스)이나 미국(종결권)과 달리, 일본과 우리나라는 저작권 양도에 대한 별다른 제한이 없고, 양도가 상당히 자유롭다.[2] 다만, 현재 '추가보상청구권'을 내용으로 하는 저작권법 개정안이 국회 상정 중이다.

● 계약지역 및 언어

> **제4조 (출판권의 한계)**
>
> ① 출판권자는 대상 저작물을 다른 언어로 번역할 수 없다.
> ② 출판권자는 대상 저작물을 대한민국의 영토 외의 장소에서 배포, 발행할 수 없다.

③ 단, 출판권자는 해외진출 등의 목적을 위해 대상 저작물을 다른 언어로 번역하거나, 대상 저작물의 캐릭터, 스토리, 구성요소 등을 활용하고자 할 경우 저작권자와 협의 후 별도의 계약을 체결해야 한다.

출판권은 언어와 지역으로 제한된다. 본 계약에서는 번역과 해외 출판을 금지함을 원칙으로 하였지만, 실무상 번역과 해외 출판이 이루어지는 사례도 많다.

이전 표준계약서 '각주'에서도 번역 또는 해외 출판을 허용하는 경우를 아래와 같이 설명하였는데, 이를 금지하는 취지는 아닌 듯하다.

① 출판권자는 대상 저작물을 한국어 이외에 중국어, 영어, 일본이로 번역할 수 있다.
② 출판권자는 대상 저작물을 대한민국, 일본, 중화인민공화국(홍콩, 대만 제외), 미합중국에서 복제, 배포, 발행할 수 있다

아래 사례에서는 사업자의 독점적 수출 권한을 규정하고 있다.

제0조 (해외 수출)

(0) 본 계약 기간 중에 '사업자'는 본 저작물이 해외에 수출될 수 있도록 다각적으로 노력하며, 해외로 판권이 수출되거나 번역 제작 판매되었을 경우 양자는 협의하여 이를 진행하고, 이를 통해 발생하는 총 수익은 '작가'와 '사업자'가 00:00으로 분배한다.

(0) '작가'는 본 계약 기간 중에 본 저작물의 제호 및 내용의 전부 또는 일부와 동일 또는 유사한 저작물을 직접 번역하여 수출하거나 제3자로 하여금 번역 및 수출하도록 해서는 아니 된다.

권리의 등록

제5조 (출판권의 등록)

① 저작권법 제54조 제2호에 따라 출판권자는 대상 저작물에 대한 출판권 설정 사실을 한국저작권위원회에 등록할 수 있다.

② 제1항에 따라 출판권자가 출판권 설정등록을 하는 경우 저작권자는 등록에 필요한 서류를 출판권자에게 제공하는 등 이에 적극 협력하여야 한다.

③ 출판권자가 출판권을 한국저작권위원회에 등록하였을 경우, 출판권자는 계약이 종료 또는 해제·해지되는 즉시 출판권 등록을 말소하고, 이를 말소하였다는 서면 증빙을 저작권자에게 교부하여야 한다.

출판권 설정을 해도 꼭 등록을 해야 하는 것은 아니지만, 출판권을 등록해야 제3자에게 효력이 생긴다. '이용허락' 방식에 의한 출판계약은 제3자에 대해서 권리를 주장할 수 없는 차이점이 있다.

제2항은 출판권 설정등록시 작가가 협조를 해야 한다는 당연한 내용이다.

제3항은 차후 계약이 종료되는 경우 사업자가 등록 말소까지 하도록 했다. 역시 당연한 내용이다.

● 작가의 의무

제6조 (배타적 권리)

① 저작권자는 이 계약기간 중 대상 저작물의 제호 및 내용의 전부와 동일 또는 유사한 저작물을 별도로 출판하거나 제3자로 하여금 출판하게 하여서는 아니 된다.

② 저작권자는 이 계약기간 중 출판권자의 사전 동의 없이 대상 저작물의 개정판 또는 증보판을 직접 발행하거나 제3자로 하여금 발행하도록 하여서는 아니 된다.

③ 저작권자는 이 계약기간 중 대상 저작물에 대한 저작권의 처분, 질권 설정, 대상 저작물이 기록된 도화를 발행할 권리의 양도 등 출판권자가 이 계약에 따른 출판권을 독점적, 배타적으로 행사하는 데 장애가 될 수 있는 어떠한 행위도 하여서는 아니 된다.

제1항은 출판권 설정이 배타적 권리임을 다시 분명히 확인하고 있다. 작가는 사업자 외에 다른 사람에게 출판을 하도록 해서는 안 된다는 것이다. 만약 작가가 다시 제3자와 출판을 허락하는 계약을 체결하였다면? 작가는 계약위반 책임을 진다. 사업자는 출판권 등록을 했으면 제3자에 대해서도 금지 청구가 가능하지만, 출판권 등록을 하지 않았으면 작가를 상대로만 책임을 물을 수 있을 뿐이다.

제2항은 작가 스스로도 그러한 행위를 해서는 안 된다는 내용이다.

제3항은 다소 성격이 다른데, 작가가 사업자의 권리를 존중하고, 사업자의 권리를 해하는 행위를 해서는 안 된다는 내용이다.

● 계약기간

제7조 (출판권의 존속기간 등)

① 대상 저작물의 출판권은 출판물의 첫 발행일로부터 ＿＿년간 존속한다.

② 저작권자 또는 출판권자가 계약기간 만료일 ＿＿개월 전까지 문서로써 상대방에게 계약의 연장을 요청하지 않을 경우, 계약기간 만료일에 이 계약은 종료된다.

③ 일방이 제2항에 따라 상대방에게 연장을 요청하고, 저작권자와 출판권자가 이 계약을 연장하기로 서면으로 합의하는 때에는, 이 계약은 연장 이전과 동일한 조건으로 ＿＿개월 연장된다.

④ 저작권자와 출판권자가 이 계약을 연장하면서 계약 조건을 변경하고자 하는 경우에는 변경된 계약조건을 반영한 새로운 계약서를 작성하여야 한다.

제1항에서는 쌍방은 합의를 한 기간을 적당히 써넣으면 된다. 사업자는 이 기간 동안은 독점적으로 출판을 할 수 있다. 저작권법은 특약이 없는 경우에는 출판권의 존속기간을 '맨 처음 발행한 날로부터 3년'으로 보고 있다 (제59조 제1항, 제63조의2).

제2항의 계약기간 연장과 관련하여, 표준계약서에서는 계약은 자동연장되지 않는 것을 원칙으로 하였다. 이 부분에 대한 설명은 '공통조항' 부분을 참고하면 되겠다.

● 원고의 인도와 연재 시기

제8조 (완전원고의 인도와 발행 시기)

저작권자는 _____년 __월 __일까지 완전원고를 출판권자에게 인도하여야 한다. 다만, 부득이한 사정이 있을 때에는 출판권자의 서면동의를 얻어 인도 시한을 변경할 수 있다.

작가가 사업자에게 원고를 넘겨줘야 하는 시기를 규정한다.

실무를 보면 종종 원고 인도 지연이 발생함에도 창작 작업의 성격상 그러한지 이 조항 위반으로 책임을 부과하는 일은 좀처럼 없는 것 같다. 실제로 손해액 입증을 하는 것도 힘들 듯하다.

● 보증

제9조 (저작물의 내용에 따른 책임)

① 대상 저작물의 내용 중 저작권자가 소재, 내용 등을 모두 독립적으로 제작한 부분이 제3자의 저작권 등 법적 권리를 침해하여 출판권자 또는 제3자에게 손해를 끼칠 경우에는 저작권자가 그에 관한 모든 책임을 진다.

② 대상 저작물의 내용 중 출판권자가 저작권자에게 소재, 내용 등을 제공하였거나, 대상 저작물의 제작에 관여한 부분이 제3자의 저작권 등 법적 권리를 침해하여 출판권자 또는 제3자에게 손해를 끼칠 경우에는 출판권자가 그에 관한 모든 책임을 진다.

작가는 자신의 만화가 타인의 권리를 침해하는 것이 아니라는 내용에 따른 책임을 져야 한다.

제1항은 다른 지적재산권 계약에도 보통 들어가는 조항이다. 저자가 타인의 저작권을 위반한 책을 낸다면 출판사는 책의 출판을 중지해야 하고, 경우에 따라서는 손해배상 등 책임도 져야 할 수 있다. 작가가 이러한 손해에 대해 책임을 진다는 것이다.

제2항은 만약 사업자가 자료 제공 등을 하여 해당 부분이 문제되는 경우에는 사업자가 책임을 져야 한다는 것이다. '출판권자 또는 제3자에게 손해를 끼칠 경우'는 문맥상 '저작권자 또는 제3자에게 손해를 끼칠 경우'로 하는 것이 맞겠다.

● 저작인격권

제10조 (저작인격권의 존중)

① 출판권자는 저작권자의 저작인격권을 존중하여야 한다.

② 출판권자는 저작권자가 사용하는 실명 또는 필명 등을 저작권자가 요구하는 바에 따라 올바르게 사용하여야 한다.

③ 출판권자는 출판물을 홍보함에 있어 저작권자의 명예를 훼손하여서는 아니 된다.

④ 출판권자가 출판물의 제호, 내용 및 형식을 바꾸고자 할 때는 반드시 저작권자의 사전 서면 동의를 얻어야 한다.

⑤ 4항에도 불구하고, 출판권자가 대상 저작물의 동일성을 훼손하지 않는 범위 내에서 경미한 수준의 수정을 하는 경우, 출판권자는 저작권자에게 수정 내용에 대해 사전에 고지를 한 후 고지 범위 내의 수정 또는 편집을 할 수 있다. 다만 저작권자가 고지 즉시 이의를 제기하였을 때에는 출판권자는 대상 저작물을 수정하여서는 아니 된다.

저작인격권(동일성유지권, 공표권, 성명표시권) 조항인데, 당연한 내용들이다.

제1항은 사업자가 작가의 저작인격권을 존중해야 한다는 너무나 당연한 내용이다.

제2항은 성명표시권을 규정한다.

제3항은 저작인격권의 내용은 아니지만, 역시 당연한 내용이다.

제4, 5항은 동일성유지권을 규정한다. 제5항에서는 '동일성을 훼손하지 않는 경미한 수정'은 사전에 알리기만 하면 되도록 하였다. 예를 들어 오탈자를 수정하는 경우 등인데, 별로 문제가 되지 않을 조항이다.

사족같지만, (다른 계약서도 마찬가지이지만) 제1항을 포함해서 본 조의 '저작권자'는 '저작자'가 보다 정확한 표현이다. 저작인격권은 창작자(저작자)의 권리이기 때문이다.

또한 작가가 사업자에게 원고를 넘겨주면 공표를 허락한 것으로 추정하기 때문에 (제11조 제2항) 공표권은 문제되지 않는다.

유사한 내용의 다른 사례를 살펴보자. 이 계약서에서는 (미묘하지만) 저작권을 제한 또는 포기하도록 하였다. 제1항에서는 '명예를 훼손시킬 우려가 있는 방법으로' 동일성유지권을 침해할 경우에 작가의 동의를 얻도록 했다. 제2항에서는 출판물의 성질, 독자, 사업 전개 등에 비추어 필요한 경우에는 작가의 동일성유지권이 제한됨(포기)을 분명히 했다.

제0조 [저작 인격권의 존중]

(1) '사업자'가 '작가'의 명예를 훼손시킬 우려가 있는 방법으로 위 저작물의 제호, 내용 또는 편별 등을 바꾸고자 할 때는 반드시 '작가'의 동의를 얻어야 한다.

(2) '사업자'는 출판물의 성질, 대상 독자, 사업 전개 및 형태 등에 비추어 불가피하다고 인정되는 범위 안에서 위 저작물의 제호, 내용, 편별 등을 변경하여 이용할 수 있으며, 이에 대해 '작가'는 민, 형사상의 일체의 권리 및 저작 인격권을 행사하지 않는다.

● 교정

> **제11조 (교정)**
>
> 대상 저작물의 내용 교정은 저작권자의 책임 아래 00년 00월까지 출판권자가 수행함을 원칙으로 한다. 다만, 출판권자가 수행한 교정 결과물은 저작권자로부터 최종 확인을 받아야 한다.

교정 책임은 사업자가 지고, 작가에게 최종 확인을 받도록 했다. 보통 출판 현장에서는 사업자도 교정을 보고, 작가도 교정을 보는 것 같다.

● 저작물의 이용

> **제12조(발행 등)**
>
> ① 출판권자는 저작권자로부터 완전원고를 인도받은 날로부터 ___개월 내에 출판물 초판 제1쇄 ____부를 발행하여야 한다. 다만 부득이한 사정이 있을 때에는 저작권자의 사전 서면 동의를 얻어 그 기일을 변경할 수 있다.
> ② 출판물에 대한 정가, 판형, 제책방식 등은 이 계약서에 첨부된 별지1에 따른다.
> ③ 출판권자는 출판물의 중쇄 또는 중판의 시기, 수량, 홍보와 판매 방법 등을 결정할 수 있다. 다만 미리 서면으로 중쇄 또는 중판 계획을 저작권자에게 통지하여야 한다.
> ④ 출판권자에게 출판물의 재고가 없을 경우, 저작권자는 출판권자에게 출판물의 중쇄 또는 중판을 요청할 수 있으며, 출판권자는 정당한 사유가 없는 한 이 요청에 응하여야 한다. 다만 중쇄 또는 중판의 시기, 수량, 홍보와 판매 방법 등은 시장 상황, 이 계약의 잔여기간, 출판권자의 경영 상황 등을 고려하여, 이 계약 당사자간 서면 협의에 의해 결정한다.
> ⑤ 대상 저작물을 출판물 형태로 제작하는 비용 및 홍보, 판매에 따른 비용은 출판권자가 부담한다.

제1항 관련, 사업자는 원고를 넘겨받은 후 그대로 썩히면 안 되고 원고를 출판해야 할 의무가 있다는 것이다. 저작권법에서는 출판권자가 9개월 이내로 출판할 의무가 있다고 규정했다(제58조 제1항, 제63조의2).

제2항 관련, 정가, 판형, 제책 방식은 계약서에서 정할 수도 있지만, 보통은 출판사가 출판 시 결정을 하는 것 같다. 아래 사례와 같다.

제3항 관련, 중쇄, 중판 관련 사항은 사업자가 정하도록 했다.

제4항 관련, 저작권법에서도 사업자는 계속 출판을 해야 할 의무가 있다(제58조 제2항, 제63조의2).

제5항 관련 제작비, 홍보비, 판매비는 사업자가 부담하도록 했는데 당연한 규정이다. 물론, '자비출판'이라면 이 부분이 변경될 수도 있다.

제2항 관련, 다른 사례를 살펴보자. 사실 출판에 관한 주요 사항은 출판 직전에 여러 가지를 고려해서 정해지는 경우가 많은 만큼 나름 합리적인 내용으로 생각된다. 작가와 협의한다거나 작가의 의견을 들어야 한다는 내용이 있으면 더 바람직할 것이다.

(0) 본 저작물의 복제물의 발행부수·정가·권수·장정·체재·증쇄의 시기 및 홍보·판매조건과 방법 등은 '사업자'가 결정한다.

● 저작권의 표시

제13조 (저작권의 표시 등)
① 출판권자는 출판물에 저작권자가 사용하는 성명 또는 필명과 발행 연월일, 인쇄 회차 등 저작권 표시를 하여야 한다.
② 출판권자는 저작권자가 교부한 검인지를 출판물에 부착하여야 한다.

제1항의 저작권 표시는 당연한 규정이고, 성명표시권의 내용이기도 하다.

제2항 관련, 인지를 생략할 경우에는 "작가와 사업자는 출판물에 대한 인지 첨부를 생략하는 데 합의한다"로 고치면 된다. 요즘은 인지를 생략하는 경우가 더 많은 것 같다.

● 계속 출판 의무

제14조 (계속 출판의 의무)
① 출판권자는 이 계약기간 중 대상 저작물의 복제, 배포를 중단하여서는 아니된다.
② 단행본 이외의 연속물(1권 이상~완결권)은 완결작품 전체를 제1항의 대상으로 한다.

제12조 제3, 4항과 같은 취지인데, 계속 출판 의무는 저작권법상 의무이기도 하다(제58조 제2항, 제63조의2).

작가 입장에서는 독점적 계약을 하였으므로 다른 곳에서는 책을 내지 못하는데, 사업자도 책을 내지 않으면 자신의 작품을 선보일 수도 없고 경제적 손해도 있을 것이다. 이러한 문제점을 막기 위한 조항이다.

이 의무를 경감한 다른 사례를 살펴보자.

(0) '사업자'는 본 계약 기간 동안 위 저작물을 계속해서 출판하여야 한다. 단 연간 판매 부수가 000부 이하가 될 경우, '사업자'와 '작가'가 협의하여 증쇄의 기간을 조정하거나 본 계약을 해지할 수 있다.

역시 비슷한 다른 사례이다.

(0) '사업자'는 본 계약의 유효기간 중 본 저작물을 계속하여 출판하여야 한다. 다만 6개월 동안 월간 평균 판매량이 00부 이하일 경우, 출판의 계속 기간을 조정하거나 출판을 중단할 수 있다.

● 대가의 지급

제15조 (출판료 등)

① 출판권자는 이 계약과 동시에 출판료의 선급금으로 ＿＿＿원을 저작권자에게 지급한다. 이 선급금은 이후 초판 제1쇄 발행 시 지급할 출판료에서 공제한다.

② 출판권자는 정가의 ＿＿＿퍼센트에 해당하는 금액에 발행 부수를 곱한 금액을, 출판료로 저작권자의 지정 계좌에 출판물의 첫 발행일이 속한 달의 다음달 ＿＿＿일까지 지급하고, 발행 부수에 대한 자료가 포함된 출판료 계산서를 저작권자에게 서면으로 교부하여야 한다.

③ 출판권자가 대상저작물을 재발행할 경우, 그 발행 부수를 저작권자에게 사전 통보하고, 재발행이 이루어진 달의 다음달 ＿＿＿일까지 재발행에 따른 출판료를 저작권자의 지정 계좌에 지급하고, 발행 부수에 대한 자료가 포함된 출판료 계산서를 서면으로 교부하여야 한다.

④ 출판권자가 발행 부수에 대한 자료를 제시하지 않는 등 출판권자가 주장하는 발행 부수를 입증할 자료가 없는 경우, 저작권자는 출판권자에게 임의로 ＿＿＿부에 해당하는 출판료를 청구할 수 있다. 이 경우 출판권자는 저작권자에게 저작권자가 주장하는 출판료를 즉시 지급하여야 하며, 이후 지급한 출판료가 실제 발행 부수에 따른 출판료를 초과했음을 출판권자가 입증하는 경우에 이후의 저작권사용료에서 이를 공제할 수 있다.

⑤ 저작권자는 납본, 증정, 신간 안내, 서평, 홍보 등(이하 '납본 등'이라 한다)을 위하여 제공되는 부수에 대하여는 출판료를 면제한다. 다만, 그 부수는 매쇄 당 ＿＿＿퍼센트를 초과할 수 없으며, 출판권자는 납본 등에 대한 자세한 내역을 매 제공시점마다 저작권자에게 서면으로 통지하여야 한다.

출판계약에서 이슈 중 하나는 인세를 어떤 기준에 따라 계산하는지 여부이다. 본 계약에서는 선급금을 지급함과 동시에 발행부수를 기준으로 인세를 지급하도록 했다.

선급금이란 먼저 주는 돈, 즉 인세 중 일부를 먼저 주는 것이므로 차후 해당 금액이 될 때까지는 인세를 지급하지 않는다. 최소한 이 정도는 판매를 보장한다는 의미에서 미니멈 개런티 minimum guarantee라고 할 수 있다. 다만, 양자가 합의하면 계약금을 주지 않는 계약도 충분히 가능하다.

제2항을 살펴보면, '정가'의 일정 퍼센트에 해당하는 금액을 인세로 지불하도록 했다. '출고가'가 아닌 '정가'를 기준으로 한다는 점에 유의해야 한다(다만 양 당사자가 정하기 나름이다).

또한 '발행부수'를 기준으로 하였고, '판매부수'를 기준으로 하지 않았다. 작가 입장에서는 '판매부수'보다는 '발행부수'를 기준으로 하는 것이 유리한데, 다른 서적에서는 그 이유를 발행부수를 기준으로 하면 판매하지 않은 부수(재고부수)에 대해서까지 인세를 지급하기 때문이고(재고에 대한 비용부담이 출판사에게 돌아감), 출판사가 판매부수를 조작할 위험이 크기 때문이라고 설명하고 있다.[3]

제3항에서는 사업자가 '발행 부수에 대한 자료가 포함된 계산서'를 작가에게 교부해야 한다고 규정한다. 사실 작가 입장에서는 아무런 설명 없이 인세라고 알려주는 돈만 받는 경우가 많

은데, 이 경우 인쇄부수가 얼마인지, 내 인세가 제대로 계산된 것인지 알기 힘들 수 있다. 따라서 이런 자료는 작가에게 매우 유용하다.

제4항은 다소 논란이 될 수 있는 조항이다. 너무 작은 부수가 기재되면 오히려 사업자가 이를 악용하려고 하지 않을까?

제5항은 보통 출판계약서에 들어가는 조항이다. 홍보용으로 무상 배포하는 부수에 대해서는 인세를 받지 않는 것으로 하는데, 다만 일정한 부수로 제한을 두고 있다.

제2항 관련, '발행부수'가 아닌 '판매부수'에 따라 지급하도록 한 사례를 보자.

제0조 (출판에 따른 사용료의 지급)

(1) '사업자'는 본 저작물의 출판에 따른 사용료를 아래와 같이 '작가'에게 지급한다.

출판에 따른 저작권 사용료 = 판매부수 × 정가 × 인세율

인세율: ＿＿ %

(2) '을'은 본 계약 후 '갑'에게 다음과 같이 계약금을 지급한다.

갑: ＿＿＿＿원

(3) 전항의 계약금은 본 저작물의 출간 이후 지급하는 출판에 따른 사용료에서 공제한다.

무난하게, 자세하게 대가 지급을 규정한 다른 사례를 살펴보자.

제0조 (출판권 설정 대가의 지급)

(1) 출판권 설정 대가는 초판 1쇄의 경우 발행일로부터 OO일 이내에 지급하고, 2쇄부터는 다음쇄 발행 시에 전쇄까지의 판매분을 지급하는 방식으로 한다.

(2) 본 저작물과 관련하여 출판권 설정 대가의 최종 정산은 추후 '작가'와 '사업자'가 합의한 절판 시점의 순판매부수를 기준으로 하며, 순판매부수는 출고부수 - 반품부수로 정산한다.

(3) '작가'는 '사업자'가 납본, 증정, 신간안내, 서평, 선전, 일반 업무 등 판매 이외의 목적에 사용하는 부수에 대해서는 출판권 설정 대가를 면제한다. 단, 그 부수는 각 발행 쇄마다 OO%를 초과할 수 없다.

(4) '작가'는 본 저작물의 복제물이 유통과정에서 파손, 멸실되거나 화재, 침수, 적대 행위 등 기타 불가피한 사유로 인하여 폐기 처분되는 부수에 대해서는 출판권 설정 대가를 면제한다.

상당히 자세히 인세 계산 방식을 규정한 다른 사례를 살펴보자.

제0조 (저작권사용료 등)

(1) '사업자'는 '작가'에게 출판물에 대한 저작권 사용료로 정가의 (OO%)에 해당하는 금액에 실판매부수를 곱한 금액(도서정가×판매인세율×실판매부수)을 지급한다. 이때 저작권사용료는 서점재고반품유예금(출고부수에서 반품부수를 뺀 실판매부수의 OO%에 해당하는 저작권사용료)을 차감 후 지급한다.

(2) 본 계약 종료 시 최종 저작권사용료의 정산은 반품 회수기간을 고려하여 계약 종료일로부터 0개월 후 서점재고반품유예금과 함께 정산하여 지급한다.

아래 사례에서도 비교적 자세히 대가를 규정하고 있다.

제0조 [출판권의 설정 대가]

(1) '사업자'는 '작가'에게 출판권 설정 대가로 1천 부까지 도서 정가의 00%, 1천 부 초과 시부터 도서 정가의 00%에 판매 부수(=총 출고 부수-반품 부수)를 곱한 액수를 현금으로 지급한다.

(2) '작가'는 납본, 증정, 언론릴리스, 서평, 홍보 등 순수 영업 이외의 목적을 위하여 제공되는 부수에 대해서는 출판권 설정 대가를 면제한다. 단, 그 부수는 각 발행 쇄마다 00%를 초과할 수 없다.

(3) '작가'와 '사업자'는 위 저작물의 복제물이 유통과정에서 파손, 멸실되거나 화재, 침수, 적대 행위 등 기타 불가피한 사유로 인하여 폐기 처분되는 부수에 대해서는 출판권 설정 대가를 면제한다.

(4) 특별 판매(대량 판매를 전제로 하는 단체 주문 등)의 경우 '사업자'는 사전에 '작가'에게 동의를 구하며, 특별 판매 부수를 통보하고 제1항에 약정된 인세의 00%를 지급한다.

(5) 인세는 매년 분기별로 판매내역을 '사업자'에게 고지한 후 00일 이내에 지급하여야 하며, '작가'의 요구가 있을 경우 '사업자'는 언제든지 판매내역을 공개하여야 한다.

아래 사례 또한 특별한 경로의 판매에 대한 대가 지급을 다루고 있다.

(0) 본 저작물이 온라인 이벤트, TV홈쇼핑, 서점 이벤트 등 '특판'의 형태로 판매될 경우 '사업자'는 '작가'에게 서면으로 책의 공급가격과 판매부수를 알려야 한다. 이 경우 '사업자'가 '작가'에게 지불하여야 할 저작권 사용료는 판매처에 제공한 '공급가격'을 기준으로 한다.

● 증정본 및 저자 구입본

제16조 (저작권자에 대한 증정본 등)

① 출판권자는 출판물의 초판 및 개정판 1쇄 발행 시 __부, 중쇄 발행 시 __부를 저작권자에게 증정한다. 이 증정본의 개수는 출판료를 산정하기 위한 발행부수에 포함되지 않는다.

② 저작권자가 제1항에 규정된 부수를 초과하는 출판물이 필요한 경우 정가의 __퍼센트에 해당하는 금액으로 출판권자로부터 구입할 수 있다. 이 구입본의 개수는 저작권의 사용료를 산정하기 위한 발행부수에 포함된다.

작가에게 무상으로 증정하는 증정본 관련 조항이다. 증정본 부수는 적절하게 규정하는 것이 좋겠다.

제2항 관련, 작가가 스스로 사업자로부터 책을 구입할 때는 상당히 할인된 가격에 제공하는것이 보통이다(대략 50~70% 정도). 이러한 부수에 대해서도 인세를 주는지 명확히 정하지 않은 계약서가 많은데, 본 계약서에서는 저자 구입본에 대해서도 작가에게 인세를 주도록 했다.

● 2차적저작물작성권

제17조 (2차적저작물 및 재사용 이용허락)
① 이 계약기간 중에 대상 저작물이 번역, 각색, 변형 등에 의하여 2차적 저작물로서 연극, 영화, 방송 등에 사용될 경우, 대상 저작물을 원 저작물로 하는 2차적 저작물에 대한 권리는 원 저작물에 대한 저작권자의 권리를 침해하지 않는 범위 내에서 저작권자에게 있다.
② 이 계약의 목적물인 대상 저작물의 내용 중 일부가 제3자에 의하여 재사용되는 경우, 그에 관한 이용을 허락할 권한은 저작권자에게 있다.
③ 출판권자는 이 계약에 따라 설정된 출판권만을 가지며, 그 이외의 다른 저작재산권을 이용하기 위해서는 저작권자와 별도로 계약을 체결하여야 한다.

그간 만화 출판을 하면서 2차적저작물작성권을 양도받거나 이용허락에 대한 권리 부분을 사업자가 상당 부분 가져간 사례가 많았는데, 제17조는 상당히 의미가 있는 조항이다. 예를 들어 출판을 해서 나온 책이 영화화되는 경우(2차적저작물작성권) 그 권리가 작가에게 있는지, 사업자에게 있는지, 아니면 작가와 사업자가 함께 갖는지 여부이다.

본 조항에서는 기본적으로 2차적저작물작성권, 재사용을 모두 작가가 갖고, 사업자는 출판권만을 가지며, 사업자가 다른 저작재산권을 이용하려면 작가와 별도로 계약을 체결하도록 규정하였다. 본 조항에 대해서는 앞의 연재계약서에서 자세히 설명하였고, 계약서 내용은 웹툰연재계약서의 말미에 첨부한 '2차적저작물작성권 부여 계약서'를 참고하면 되겠다.

제1항의 "대상 저작물을 원 저작물로 하는 2차적 저작물에 대한 권리는 원 저작물에 대한 저작자의 권리를 침해하지 않는 범위 내에서 저작자에게 있다." 부분 관련, '원 저작물에 대한 저작자의 권리를 침해하지 않는 범위 내에서' 부분은 무슨 취지인지 이해하기 힘들다. "대상 저작물을 원 저작물로 하는 2차적 저작물에 대한 권리는 저작자에게 있다." 정도로도 충분할 것 같다.

표준계약서든, 공정거래위원회 결정 내용이든 일치하는 부분은 출판계약 내용 중 2차적저작물작성권 부분을 함께 포함시켜서는 안 된다. 별도로 계약을 체결해야 한다는 부분이다.

관련된 사례들을 살펴본다.

다음 사례에서는 사업자에게 무조건 권리를 위임하도록 되어 있고, 작가는 구체적 조건에 대해서 '협의'만 할 수 있도록 하였다. 수출에 관한 사항도 모두 위임하도록 되어 있다. 문제가 있다고 보인다. 제1항에는 계약기간 제한이 있지만, 제2항에는 계약기간 제한이 없는 점도 문제로 보인다.

제0조 (2차적 저작물)

(1) 본 계약 기간 중 본 저작물의 재수록을 포함하여 번역·번안·연극·영화·방송·녹음· 녹화·만화·영상·편집 기타 일체의 형태나 방법으로 2차적 저작물을 작성하여 사용할 경우, '작가'는 그에 관한 업무를 '사업자'에게 위임하고, '사업자'는 구체적 조건에 대하여 '작가'와 협의한 후 결정한다.

(2) '작가'는 본 저작물의 2차적 저작물의 수출에 관한 모든 사항을 '사업자'에게 위임하고, '사업자'는 본 저작물을 원저작물로 하는 2차적 저작물의 복제 및 배포에 관한 독점적인 권리를 가진다.

(3) 본 저작물의 2차적 저작물 사용으로 발생하는 수익은 '작가'와 '사업자'가 협의 배분하도록 한다.

아래 사례도 역시 사업자에게 모든 권한이 위임되고, 작가는 조건을 협의하는 정도의 권리 정도뿐이므로 작가에게 불리한 계약이다.

제0조(이차적 사용)

본 계약기간 중에 본 저작물이 번역, 개작, 연극, 영화, 방송, 녹화, CD 형태 등 이차적으로 사용될 경우, '작가'는 그에 관한 처리를 '사업자'에게 위임하고 '사업자'는 구체적 조건에 대하여 '작가'와 협의, 설성한다

유사한 취지의 다른 사례이다.

제0조 [2차적 저작물 작성 및 이용]

(1) 본 저작물의 재수록을 포함하여 방송 영화, 번안, 만화, 연극, 애니메이션, 녹음, 녹화, 편집 및 기타 일체의 형태나 방법으로 본 저작물을 2차적으로 사용할 경우 '작가'는 그에 관한 처리를 '사업자'에게 위임하고, 이에 소요되는 제반비용을 제하고 발생하는 수익을 00(작가):00 (사업자)로 배분한다.

(2) '작가'가 동의할 경우 본 저작물의 2차 저작물을 '사업자'가 직접 제작할 수 있으며, 이 경우 발생하는 저작권료 역시 이에 소요되는 제반비용을 제하고 00(작가):00(사업자)로 배분한다.

(3) 해외 출판권이 설정되는 경우, 해외에서 부과된 로열티 원천세 및 에이전트 관리비용 및 수수료 등을 공제한 후의 수익을 00(작가):00(사업자)로 배분한다.

아래 사례는 다른 사례에 비해 부드럽지만, 2차적사용에 관한 권한을 위임하도록 한 것은 역시 문제가 될 수 있는 부분이다.

제17조 [이차적 사용]

(1) 본 계약기간 중에 위 저작물의 전부 혹은 일부가 번역, 개작, 연극, 영화, 방송, 녹음, 녹화,

캐릭터 사업 등 이차적으로 사용될 경우, '작가'와 '사업자'는 서로 협의하여 결정한다. '작가'는 '사업자'의 출판권을 보호하고 존중하는 선에서, '사업자'는 '작가'의 저작권을 보호하고 존중하는 선에서 구체적 상황과 조건에 대하여 사전에 서로 협의하여야 한다.

(2) '작가'는 저작권의 효율적 관리와 홍보를 위해 이차적 사용에 관한 협상권 등 관리에 대한 제반 사항을 '사업자'에게 위임하여야 한다.

아래 사례에서 제1, 2항에서는 작가에게 권리가 있다, 사업자에게 위임할 수 있다고 규정하고, 제3항에서는 (위임 여부와 상관없이) 일괄해서 사업자에게 권리가 있고, 작가에게 일정 대가만 지급하면 되는 것처럼 규정한 것은 조문 구조 자체로 모순으로 보인다.

제0조 (2차적 저작물 및 재사용 이용허락)

(1) 본 계약기간 중에 본 저작물이 번역, 각색, 변형 등에 의하여 2차적 저작물로서 연극, 영화, 방송 등에 사용될 경우에는 그에 관한 이용허락 등 모든 권리는 '작가'에게 있고, 이때 발생하는 저작권사용료 징수 등에 관한 사항에 대하여 '사업자'에게 위임할 수 있다.

(2) 본 저작물의 내용 중 일부가 제3자에 의하여 재사용되는 경우에는 먼저 '작가'가 그에 관한 이용을 허락하여야 하며, 이때 발생하는 저작권사용료의 징수 등에 관한 사항에 대하여 '사업자'에게 위임할 수 있다.

(3) '사업자'는 2차적 사용을 통해 얻는 '순매출(각종 수수료 및 부대비용 등을 제외한 실수령액 기준)'의 00%를 '작가'에게 2차적 저작권사용료로 지급한다.

꽤 오래 전의 출판계약서 사례로서, 해당 계약서는 저작물을 저작권 양도하는 내용이었다. 역시 문제가 있다고 보인다.

(0) '사업자'는 본 저작물을 번역, 방송, 녹음, 녹화, CD 등 기타 전자 기록 매체에 의한 저장, 전송(인터넷 온라인 또는 PC 통신상의 게시, 컴퓨터 파일 형태를 통한 전송 혹은 배포, 전자서적의 발간 등과 관련하여 저작물을 이용하는 것 등) 등에 2차적으로 사용할 수 있다.

● 전집 또는 선집의 수록

제18조 (전집 또는 선집 등에의 수록)

이 계약기간 중에 저작권자가 대상 저작물을 제3자 기획의 전집이나 선집 등에 수록, 출판할 때는 미리 출판권자의 서면 동의를 얻어야 한다.

사업자의 권리를 보호하는 취지의 조항이다. 즉, 계약기간 중에 작가가 작품을 다른 작품집에 게재하면 사업자의 권리가 침해되므로 사업자의 서면으로 된 동의를 얻도록 했다.

● 권리의 양도

> **제19조 (저작재산권, 출판권의 양도 등)**
>
> ① 저작권자가 대상 저작물의 복제권 및 배포권의 전부 또는 일부를 계약기간 중 제3자에게 양도하거나 이에 대하여 질권을 설정하고자 하는 경우에는 출판권자에게 사전에 서면으로 그 사실을 통지하여야 한다.
>
> ② 출판권자가 대상 저작물의 출판권을 제3자에게 양도하거나 이에 대하여 질권을 설정하고자 하는 경우에는 반드시 저작권자로부터 사전 서면 동의를 얻어야 한다.

작가가 만화의 저작권 일부를 양도하거나 질권을 설정할 때는 사업자에게 사전에 통지만 하면 되도록 규정하였다. 그런데 이 경우 사업자의 권리를 해할 우려가 있으므로 원칙적으로는 이 부분도 동의를 얻도록 하는 것이 맞지 않나 싶다. 다만, 사업자는 자신의 권리를 등록함으로써 제3자에게 대항할 수 있다.

제2항에서는 사업자가 출판권을 양도하거나 질권을 설정할 때는 작가의 동의를 얻도록 했다.

참고로 '질권'이란 채권자가 채무자로부터 채무의 담보로써 제공받은 동산, 채권 등을 점유하고, 채무자가 채무를 이행하지 않을 경우에는 이를 처분하거나 권리를 실행하여 우선변제를 받을 수 있는 권리를 말한다. 권리에 질권을 설정하는 것은 상당히 복잡하므로, 흔한 경우는 아닐 것 같다.

● 원고의 반환

> **제20조 (원고의 반환 등)**
>
> ① 이 계약이 계약기간 만료에 의한 종료, 해제, 해지, 취소되거나, 계약이 존속하는 중이라도 저작권자가 요구하는 경우, 출판권자는 저작권자에게 육필원고나 원화 등의 실물원고를 모두 반환하여야 한다.
>
> ② 이 계약이 계약기간 만료에 의한 종료, 해제, 해지, 취소되는 경우, 출판권자는 자신이 보관하고 있는 원고의 복사본 및 전자적 형태의 데이터 모두를 파기하고, 이를 파기하였다는 서면 확인서를 만들어 저작권자에게 교부하여야 한다.
>
> ③ 출판권자의 고의 또는 과실로 원고가 훼손 또는 분실이 되었거나, 또는 출판권자가 제2항에 따른 파기 의무를 이행하지 않았을 경우, 출판권자는 저작권자에게 이에 따른 민·형사상의 책임을 진다.
>
> ④ 저작권자가 제1항 및 제2항의 의무를 이행하지 않아 저작권자에게 발생한 손해액을 산정하기 어려울 때에는, 출판권자의 손해배상액을, 이 계약이 계약기간 만료에 의한 종료, 해제, 해지, 또는 취소되는 시점을 기준으로 _____원으로 본다.

사업자는 원고를 온전히 갖고 있다가 반환해야 하고, 원고를 분실해서는 안 되며(제1항), 분실 시 책임을 져야 한다(제3, 4항). '만화 십팔사략' 사건에서 원고 분실이 문제 되었다는 점은 앞에서 설명하였다.

제2항에서는 계약이 종료된 경우 사업자는 갖고 있는 자료를 모두 파기해야 한다는 점을 규정하였다. 어차피 사용할 수 있는 자료도 아닐 것이다.

제4항 관련, 손해액 입증이 힘들어 일단 금액을 정한 것 같은데, 계약 당시 이런 구체적인 금액까지 쓰기는 쉽지 않을 것 같다.

아래 사례는 원고의 반환의무를 면제한 사례인데, 원고를 전자파일 형태로 이메일로 주고받는다면 이런 형식이 바람직하지 않을까?

> **제0조(원고의 반환)**
>
> '작가'와 '사업자' 사이에 특약이 없는 한, 본 저작물의 출판 후 '사업자'는 원고 반환의 의무를 지지 아니한다.

● 계약의 해제(해지)

> **제22조 (계약의 해지 또는 해제)**
>
> ① 저작권자 또는 출판권자가 이 계약에서 정한 사항을 이행하지 않았을 경우 그 상대방은 ___일(개월) 이상의 기간을 정하여 성실히 이행할 것을 요구할 수 있다.
>
> ② 제1항의 조치에도 불구하고 이를 이행하지 아니하는 경우, 그 상대방은 초판 제1쇄본이 아직 모두 발행되지 않았을 경우에는 이 계약을 해제할 수 있다. 이때 계약을 위반한 당사자는 상대방에게 계약 위반으로 인한 손해를 배상하여야 한다.
>
> ③ 제1항의 조치에도 불구하고 이를 이행하지 아니하는 경우, 그 상대방은 초판 제1쇄본이 이미 모두 발행되었을 경우에는 이 계약을 해지할 수 있다.
>
> ④ 저작권자는, 출판권자가 더 이상 출판할 의사가 없음을 저작권자에게 서면으로 통지하거나 파산 등의 사유로 더 이상 출판할 수 없음이 명백한 경우 즉시 이 계약의 해지를 출판권자에게 서면으로 통고할 수 있다.
>
> ⑤ 이 계약이 해지되면, 저작권자와 출판권자는 다음과 같은 책임을 부담한다.
>
> 　1. 출판권자는 저작권자에게 해지 시점까지 발생한 출판료를 즉시 지급한다.
>
> 　2. 출판권자는 저작권자에게 원고를 반환하고, 원고의 복사본 및 디지털 데이터를 모두 파기한 후, 파기사실을 확인하는 각서를 작성하여 저작권자에게 교부한다.
>
> 　3. 출판권자가 한국저작권위원회에 이 계약에 따른 출판권을 등록하였을 경우, 해지 즉시 출판권 등록을 말소하고 이에 대한 서면 증빙을 발급받아 저작권자에게 교부한다.
>
> 　4. 이상의 책임과는 별개로, 해지의 책임이 있는 자는 상대방에게 해지에 따라 발생한 손해를 모두 배상하여야 한다.
>
> ⑥ 저작권자가 출판권자 소속 임직원에 의해 성희롱·성폭력 등 성범죄로 인한 피해를 입은 경우 저작권자는 해당 임직원을 관련 업무에서 배제 요청할 수 있으며, 출판권자는 사실을 확인한 후 업무의 배제 및 기타 적절한 조치를 수행하여야 한다.

⑦ 저작권자 또는 출판권자(소속 임직원을 포함한다)가 상대방에 대한 성희롱·성폭력 등 성범죄로 인하여 국가인권위원회의 결정이나 법원의 확정판결을 받은 경우, 상대방은 계약을 해지할 수 있으며 그로 인한 손해의 배상을 청구할 수 있다.

⑧ 출판권자는 저작권자의 성범죄에 대한 국가인권위원회의 결정이나 법원의 확정판결이 있는 경우 저작권자와의 계약을 해지할 수 있으며 그로 인한 손해의 배상을 청구할 수 있다.

본 조항도 무난한 조항이다. 다만, 해제-해지가 다소 복잡하게 규정되어 있다.

해지가 되면 사업자는 작가에게 그 시점까지의 출판료('인세'의 의미인 듯하다)를 지급한다. 또한 원고를 반환하고 관련 자료를 모두 파기하며, 출판권 등록을 말소해야 한다.

해제 또는 해지의 책임이 있는 자는 손해를 배상해야 한다고 규정한다(2항, 5항).

사족같지만, 상대방이 계약 위반을 하였지만, 손해배상만 청구하고 해제 또는 해지까지는 하고 싶지 않을 수 있는데, 본 계약서에 따르면 그것이 가능한지는 다소 의문이다.

● 계약기간 이후의 이용

제23조 (출판권 소멸 후의 배포)

출판권이 이 계약의 기간 만료, 해제, 해지 등을 이유로 소멸한 후에도, 저작권자가 서면으로 배포에 동의하고, 출판권자가 재고물량 전체를 포함하여 미지급 출판료를 모두 저작권자에게 지급하였을 경우에는 출판권자는 계약기간 만료일 이전에 발행된 도서의 재고물량을 출판권 소멸 이후에도 배포할 수 있다.

계약이 끝났을 경우에도 책이 그대로 남아 있는 경우가 있을 수 있다. 이때는 작가가 배포에 동의하고, 사업자가 해당 부분의 대가(인세)를 작가에게 지급한 경우에 한하여, 사업자가 어느 정도의 기간 동안 책을 배포할 수 있다는 내용이다.

거꾸로, 작가가 배포에 동의를 하지 않거나, 사업자가 대가를 지급하지 않는다면 사업자는 책을 배포할 수 없을 것인데, 이는 계약기간이 끝났으므로 당연한 귀결이기도 하다.

비슷한 취지의 다른 사례를 살펴본다.

제0조(출판권 소멸 후의 출판물의 배포)

① 출판권이 존속기간의 만료 그 밖의 사유로 소멸된 때에 '사업자'가 본 계약의 유효기간 중 제0조에 따른 대가를 지급한 경우에는, '사업자'는 이 기간 중에 만들어진 출판물 중 그 대가에 상응하는 부수의 출판물을 출판권이 소멸된 후에도 계속 배포할 수 있다.

② 출판권이 소멸된 때에, 본 계약의 유효기간 중에 만들어진 출판물 중 전항의 부수를 제외한 나머지 출판물에 대해서는 '작가'와 '사업자'가 별도로 협의하여 처리한다.

다만, 3단계로 정하는 경우도 있다. 예컨대, ① **계약기간이 끝나면 원칙적으로 출판물 배포는 금지되지만, ② 일정한 조건(대가의 전액 지급 등)이 성취되면 어느 정도의 기간(6개월 등)에 한하여**

배포가 가능하고, ③ 6개월이 끝나면 작가와 출판사가 합의하여 처분하거나 작가의 선택에 따라 이를 모두 폐기하라는 식의 계약도 가능하다.

● **관리조항**

이하의 내용은 관리조항(일반조항)이므로 문제가 되는 조항을 뺀 나머지는 앞에서의 설명으로 대신한다.

제21조 (계약 내용의 변경)

이 계약은 저작권자와 출판권자 쌍방의 합의에 의하여 변경할 수 있다. 이에 대한 합의는 서면으로 한다.

제24조 (재해, 사고)

천재지변, 그 밖의 불가항력의 재난으로 저작권자 또는 출판권자가 손해를 입거나 계약 이행이 지체 또는 불가능하게 된 경우에는 서로의 책임을 면제하며, 후속조치를 쌍방이 서면으로 합의하여 결정한다.

제25조 (저작권자의 정보 이용)

저작권자는 출판권자가 이 계약에 의한 출판물의 제작 및 홍보, 판매 등을 위하여 저작권자가 제공한 정보를 스스로 이용하거나 제3자에게 제공하는 것을 허락한다. 다만, 저작권자의 초상 이용에 대하여는 저작권자와 출판권자가 서면으로 별도 합의하여 결정한다.

제26조 (계약의 해석 및 보완)

① 이 계약에 명시되어 있지 아니한 사항에 대하여는 저작권자와 출판권자가 합의하여 정할 수 있고, 해석상 이견이 있을 경우에는 저작권법 등 관련법률 및 계약해석의 원칙에 따라 해결한다.

② 제1항의 합의를 포함하여, 이 계약에 따라 이루어지는 모든 합의는 서면으로 작성하고, 저작권자와 출판권자가 이 서면에 모두 서명 또는 날인하여야 한다.

제27조 (저작권 침해의 공동대응)

저작권자와 출판권자는 대상 저작물에 대한 저작권 침해 행위를 공동으로 대응하여야 하며, 이를 위해 필요한 경우 상대방에게 자료를 제공하는 등 적극적으로 협조할 의무가 있다.

제28조 (관할 법원)

이 계약과 관련된 소송은 _____법원을 제1심 법원으로 한다.

제29조 (효력 발생)

본 계약은 계약체결일로부터 효력이 발생된다.

첨부서면

1. 별지 1 : 출판물의 정가, 판형, 제호 등에 대한 합의

이 계약을 증명하기 위하여 계약서 3통을 작성하여 저작권자, 출판권자가 서명 날인한 다음 각 1통씩 보관하고, 나머지 1통은 출판권 설정등록용으로 사용한다.

___년 __월 __일

"저작권자"   **"출판권자"**

작 가 명 : _____(인) 이명(필명) : _____   상   호 :

생년월일 :   사업자번호 :

주   소 :   주   소 :

입금계좌 : ____은행 _____   대 표 이 사 : _____(인)

기타 추가로 생각해 볼 조항

이하에서는 기타 계약서에 추가를 고려해 볼 만한 조항을 살펴본다.

● 관련 자료의 권리 귀속

사업자의 판면파일을 사용하려면 허락을 얻고 별도의 사용료를 지급해야 한다는 내용이다. '공통조항' 부분에서도 관련 내용을 다루었다.

> (0) '작가'가 '사업자'의 발행데이터를 제3자에게 이용하게 하고자 할 경우, '사업자'는 '작가'에게 위 데이터의 제작에 따른 비용을 감안하여 판면파일 또는 발행데이터 원본의 매수를 요청할 수 있다. 그 구체적인 금액 등에 관한 사항은 별도로 합의한다.

● 관련 저작물의 우선권

아래 사례는 본 계약서로서 아직 나오지도 않은 다른 작품에 대해 권리를 인정하여 다소 의문이고, '우선적인 권리'라는 부분도 뜻이 애매하다.

> (0) 본 기획이 성공하여 본 저작물의 후속편들이 집필, 출판되는 경우 '사업자'는 이에 대한 우선적인 권리를 가지며, '작가'와 '사업자'는 그 진행을 위하여 상호 협의하도록 한다.

미주_5장

1 서울고등법원 2020. 1. 21. 선고 2019나2007820 판결(구름빵 사건).

2 이영욱, "공정한 저작권계약을 위한 입법적 보완방안에 관한 연구", 박사학위논문, 고려대학교(2015) 참조

3 윤영환·임애리·김성주·신하나, "웹툰 작가에게 변호사 친구가 생겼다", 바다출판사(2020), 126면.

참고용 계약서 내려받기
(QR코드 스캔▼)

제6장
기획만화계약서

용조 작가는 '푸르릉' 출판사로부터 기획만화를 내겠다는 제안을 받았다. 그런데 기획만화 계약서는 뭔가 다른 것 같은데? 회사에서 스토리와 캐릭터 같은 것들을 준다고 하는데, 응? 내 저작권을 양도해야 한다고? 또한 다른 직가들에게도 나른 시리즈 발주를 준다고 하네. 기획만화계약서, 뭔가 다르다?

작가님! 저희 회사에서 기획만화 시리즈를 내려 하는데, 참여하시죠?

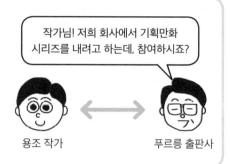

용조 작가   푸르릉 출판사

기획만화계약서란 어떤 것일까?

본 계약서는 만화 중에서도 사업자의 강한 기획 하에 제작되는 '기획만화'의 출판계약서이다.

이런 종류의 만화는 보통 출판사에서 미리 마련한 플롯과 배경, 설정, 캐릭터 하에 작가가 많은 시리즈 만화 중 한두 편의 작업을 맡는 용역적 성격을 띠고 있어서 저작권 양도 계약을 체결하는 경우가 많다(다만 꼭 그렇게 해야 하는 것은 아니다).

대가도 일시불로 지불하는 경우가 많은데, 이렇게 대가를 일시불로 지급하는 계약서를 '매절' 계약서라고 부르기도 한다. 이에 대해서는 뒤에서 자세히 살펴본다.

기획만화 계약서는 어떤 구조일까?

기획만화 계약이 체결되면 사업자는 정해진 대가를 지급하고, 작가는 저작권 중 정해진 권리를 발주자에게 양도한다. 대가가 일시불로 정해지면, 만화책이 얼마나 팔리건 간에 사업자는 작가에게 추가로 대가를 줘야 할 의무는 없다.

다만, 기획만화계약서라고 해서 꼭 저작권 양도를 해야 하는 것은 아니고, 대가를 일시불로 줘야 하는 것도 아니다.

계약서를 조문별로 살펴보자

문화체육관광부의 표준계약서인 '기획만화계약서'는 아래와 같다.

이 계약서의 큰 특징은 저작권 양도를 인정했다는 점과, 대가를 일시불로 하였다는 점이다. 다만, 작가를 보호하기 위한 취지의 규정도 많이 두었다. 본 계약서 내용을 파악하기 위해서는 같은 인쇄 형식의 계약서인 바로 앞의 출판계약서도 함께 살펴보면 좋겠다.

• 계약서 제목, 전문, 당사자/ 목적/ 정의

기획만화 계약서

작가 ____(이하 '작가'라고 한다)와(과) (주)발주자(이하 '발주자'라고 한다)는(은) 아래의 대상 저작물에 대하여 다음과 같이 기획만화 출판 계약을 체결한다.

대상 저작물의 표시

제호(가제) :

제1조 (계약의 목적)

이 계약은 작가가 발주자가 기획, 의뢰한 내용에 따라 대상 저작물을 창작하고, 이 대상 저작물에 대한 저작재산권을 발주자에게 양도하기 위해 체결된다.

제2조 (정의)

1. "대상 저작물"은 발주자가 기획하여 작가에게 창작을 의뢰하고, 작가가 그 기획에 따라 창작한 저작물을 말한다.
2. "복제"는 대상 저작물을 인쇄·사진촬영·복사·녹음·녹화 그 밖의 방법으로 일시적 또는 영구적으로 유형물에 고정하거나 다시 제작하는 것을 말한다.
3. "공중"은 불특정 다수인(특정 다수인을 포함한다)을 말한다.
4. "공중송신"은 대상 저작물을 공중이 수신하거나 접근하게 할 목적으로 무선 또는 유선통신의 방법에 의하여 송신하거나 이용에 제공하는 것을 말한다.
5. "배포"는 대상 저작물 원본 또는 그 복제물을 공중에게 대가를 받거나 받지 아니하고 양도 또는 대여하는 것을 말한다.
6. "발행"은 대상 저작물을 공중의 수요를 충족시키기 위하여 복제·배포하는 것을 말한다.
7. "출판권"은 대상 저작물을 인쇄 그 밖에 이와 유사한 방법으로 문서 또는 도화로 발행하는 권리를 말한다.

전문에서는 목적물을 특정하였는데, 목적물은 작품명 등으로(가제라도) 분명히 특정하는 것이 좋다.

제1조 계약의 목적에서는 작가가 사업자의 기획, 의뢰 내용에 따라 만화를 창작하고, 저작권을 양도하는 내용임을 밝혔다. 다만, 굳이 '양도하기 위해'라는 내용을 넣어야 하는지는 다소 의문이다.

제2조의 정의 규정은 대부분 저작권법의 내용과 같고, 특별한 의미가 있는 것도 아니기 때문에, 정의 규정을 둘 필요성은 좀 낮은 편이다.

● 권리의 설정(양자의 권리)

제3조 (저작재산권의 양도)

① 작가는 대상 저작물에 대한 저작재산권 중 다음에 해당하는 권리를 발주자에게 양도한다. 다만, 위 저작물을 원저작물로 하는 2차적저작물을 작성하여 이용할 권리의 포함 여부는 별도로 정한다.

저작재산권의 종류	포함 여부(○ 또는 ×)	비고
복제권		
공연권		
공중송신권		
전시권		
배포권		
대여권		
2차적저작물작성권		

② 작가는 발주자에게 대상 저작물에 대한 저작재산권을 양도하는 절차에 협력하여야 한다.

③ 캐릭터에 대한 저작권은 이 계약의 대상에 포함되지 않는다.

제1항에서는 권리설정의 내용으로 저작권의 양도를 규정한다. 그렇다면 기획만화는 항상 저작권을 양도해야 하는가? 그렇지는 않다. 이용허락 또는 출판권설정의 형태로도 할 수 있다. 즉, 기획만화라고 해서 항상 저작권을 양도해야 하는 것은 아니다.

복제권, 공연권, 2차적저작물작성권 등으로 양도되는 권리를 세분화하여 최대한 작가의 권리를 보호하는 취지로 규정하였다.

제2항의 절차는 한국저작권위원회를 통한 저작권 양도 등록 절차를 말한다. 이때 양도 등록을 하기 위해서는 먼저 저작자가 저작권 등록을 한 후 양도 등록을 하게 된다.

제3항에서는 캐릭터에 대한 저작권은 이 계약의 대상에 포함되지 않는 것으로 하였다. 해당 규정을 둔 취지는 작품의 저작권이 양도되는 경우에도, 작가가 창작한 캐릭터의 저작권까지 양도되지는 않도록 하여 작가를 보호하려는 취지로 생각된다. 실제로 '구름빵' 사건에서는 2차적 저작물작성권이 양도되는 계약을 통해, 마치 캐릭터에 대한 저작권도 양도되는 듯한 결과가 되었다. 이에 대해서는 앞의 '공통조항' 부분에서 살펴보았다.

다만, 사업자 측에서 미리 만들어진 캐릭터를 제공하는 기획만화의 경우에는 어차피 캐릭터에 대한 저작권은 사업자 측에 있을 것 같다.

다른 사례를 살펴보자. 전형적인 저작권 양도 형식의 기획만화 계약 사례이다. 2차적저작물작성권도 양도 대상에 포함시켰다.

> **제0조(저작재산권의 양도)**
>
> ① '작가'는 위 저작물에 대한 저작재산권의 전부를 '사업자'에게 영구적으로 양도한다.
>
> ② 제1항에 표시된 저작재산권의 전부라 함은 복제권, 공연권, 방송권, 전송권, 전시권, 배포권, 2차적 저작물 작성권, 편집저작물의 작성권을 의미한다.
>
> ③ 제2항에 표시된 2차적 저작물 작성권이라 함은 번역, 편곡, 변형, 각색, 영상 제작, 게임, 캐릭터, 기타 창작물 등을 제작할 수 있는 권리를 의미한다.
>
> **제0조(저작재산권의 이전 등록)**
>
> '사업자'는 위 저작물에 대하여 저작재산권 이전 등록을 할 수 있으며, '작가'는 등록에 필요한 서류 등을 '사업자'에게 제공하는 등 지체없이 협력하여야 한다.

다른 사례를 살펴보자. 계약서를 쓴 경위 때문인지, 다소 복잡해 보인다.

> **제0조 (저작권의 귀속 또는 양도)**
>
> (1) 본건 저작물에 대한 저작권은 '사업자'가 보유하거나 '사업자'가 '작가'로부터 저작재산권을 양도받는다.
>
> (2) '작가'는 본건 저작물 및 캐릭터에 관한 '작가'의 저작권(2차적저작물작성권, 편집저작물작성권을 포함)을 '사업자'에게 양도한다. '사업자'의 요청시 '작가'는 본건 저작물에 대한 저작재산권을 양도하는 절차에 협력한다.
>
> (3) '작가'는 본건 저작물에 관하여 '사업자'의 권리 및 권한을 인정하고, '사업자'의 동의 없이 제3자에게 같거나 유사한 권리 또는 권한을 허락하지 아니 한다.
>
> (4) 본건 저작물의 제호, 캐릭터, 시나리오 등의 저작권, 상표 등 지적재산권 등록은 '사업자'만이 할 수 있고, '작가'는 그러한 행위를 하지 않는다.

다른 사례를 살펴보자.

> (0) 상기 도서에 따르는 일체의 권한은 영구히 '사업자'에게 귀속된다.

위 사례에서는 주의할 점이 하나 있다.

저작권법에서는 *"저작재산권의 전부를 양도하는 경우에 특약이 없는 때에는 제22조에 따른 2차적저작물을 작성하여 이용할 권리는 포함되지 아니한 것으로 추정한다. 다만, 프로그램의 경우 특약이 없는 한 2차적저작물작성권도 함께 양도된 것으로 추정한다."*라고 규정한다(제45조 제2항). 따라서 위 계약서의 경우는 2차적저작물작성권이 양도되지 않음에 유의할 필요가 있다.

다른 사례를 살펴보자. 이 사례 역시 2차적저작물작성권은 양도되지 않는 듯하다.

> **제0조 (계약의 목적)**
> ① 이 계약은 '작가'가 '사업자'가 기획, 의뢰한 내용에 따라 대상 저작물을 창작하고, 이 대상 저작물에 대한 저작재산권을 '사업자'에게 양도하기 위해 체결된다.
> ② '작가'는 대상 저작물에 대한 저작재산권을 '사업자'에게 양도하는 절차에 협력하여야 한다.
> ③ '작가'는 '사업자'에게 본 저작물을 디지털 파일(모든 형식의 변환을 포함하며, 이하 동일하다)로 제작하여 복제·전송할 수 있도록 허락하고, '사업자'는 이에 관하여 독점적이고 배타적인 권리를 갖는다.
> ④ '작가'는 '사업자'에게 본 저작물을 출판할 수 있는 권리를 허락하고 '사업자'는 그에 관하여 독점적이고 배타적인 권리를 갖는다.

● 원고의 인도와 연재 시기

> **제4조 (완전원고의 인도)**
> ① 작가는 최종 발주 후 ___까지 대상 저작물의 출판을 위하여 필요하고도 완전한 원고(이하 '완전원고'라고 한다)를 발주자에게 인도하여야 한다. 다만, 부득이한 사정이 있을 때에는 발주자의 서면동의를 얻어 인도 시한을 변경할 수 있다.
> ② 완전원고의 형태나 내용 등에 대한 발주자의 요구사항은 별지1과 같다.

작가는 정해진 기간까지 사업자에게 원고를 보내야 한다.

계약서에서는 작가가 보내야 하는 원고를 '완전원고'라고 하여 별지로 첨부하게 하였다. 이런 '별지'라는 이름이 붙은 문서는 계약서 뒤에 별도로 첨부한다.

● 보증

> **제5조 (저작물의 내용에 따른 책임)**
> ① 대상 저작물의 내용 중 작가가 소재, 내용 등을 모두 독립적으로 제작한 부분이 제3자의 저작권 등 법적 권리를 침해하여 발주자 또는 제3자에게 손해를 끼칠 경우에는 작가가 그에 관한 모든 책임을 진다.
> ② 대상 저작물의 내용 중 발주자가 작가에게 소재, 내용 등을 제공할 때, 대상 저작물의 제작에 관여한 부분이 제3자의 저작권 등 법적 권리를 침해할 경우에는 발주자가 그에 관한 모든 책임을 진다.

저작권의 보증에 관한 통상적인 규정이다. 작가는 자신이 공급한 저작물의 내용에 타인의 저작권 침해 등 문제가 없음을 보증해야 한다(제1항). 그러나 해당 내용이 사업자가 제공한 것일 때는 사업자가 책임을 진다(제2항). 제2항은 사업자가 일정 자료를 제공한 경우 작가를 보호하기 위한 규정으로, 보통 계약서에는 제2항과 같은 조항이 없는 경우도 많다.

저작인격권

> ### 제6조 (작가에 대한 존중)
> ① 발주자는 대상 저작물과 관련하여, 작가 자신 또는 제3자에 대하여 작화나 구성에 대한 평가 절하 등 작가의 명예를 실추시키는 행위를 하여서는 아니된다.
> ② 발주자는 대상 저작물에 "작가 ○○○"의 형식으로 창작자를 표시하여야 한다.

제1항은 당연한 규정이다.

제2항은 성명표시권의 내용이다. 기획만화에는 창작자가 표시되지 않는 경우가 많은데, 저작인격권의 불행사 또는 포기 조항이 없다면, 창작자를 표시해 줘야 함이 원칙이다.

수정요구

> ### 제7조 (발주자의 수정 요구)
> ① 발주자는 대상 저작물의 창작 과정에서, 이 계약 체결 당시의 기획 의도나 의뢰 범위를 벗어나지 않는 범위 내에서 작가에게 대상 저작물의 내용이나 작화 등을 __일까지 수정할 것을 요구할 수 있다. 그러나 작가가 서면으로 합의하지 않는 한, 발주자가 직접 대상 저작물을 수정할 수는 없다.
> ② 발주자가 수정을 요구할 때에는, 작가에게 수정을 요하는 내용을 가능한 명확하게 서면에 기재하여 교부하여야 한다. 발주자의 수정 요구 사항이 추상적이어서 그 내용을 확정하기 어려운 경우, 작가는 자신의 판단에 따라 발주자의 수정 요구 사항을 해석할 수 있으며, 발주자는 이에 대해 이의를 제기할 수 없다.
> ③ 제1항에도 불구하고, 발주자는 한번 수정을 요구한 부분에 대해, 작가의 서면 동의 없이 최초 수정 요구사항과 다른 내용으로 수정을 요구할 수 없다.
> ④ 작가는 시나리오 완성, 스케치 완성 등 작품 창작의 각 단계마다 발주자에게 그 시점까지 작가가 제작한 작품의 검수를 요구할 수 있다. 발주자는 작품을 검수하고 수정할 사항이 없을 경우 수정할 사항이 없다는 취지를 기재한 검수확인서를 __일까지 작가에게 작성, 교부하여야 한다.
> ⑤ 제1항에도 불구하고, 발주자는 검수확인서가 작성, 교부된 부분에 대해서는 작가의 서면 동의가 없는 한 수정을 요구할 수 없다.

본 계약서에서는 '수정요구'에 대한 상당히 자세한 조항을 두었다. 사업자에 의한 지나친 수정요구를 제한하고자 하는 취지로 생각된다.

제1항에서 사업자는 작가에게 일정 기한까지 수정요구를 할 수 있다고 규정했다. 제1~3항 조항 전체를 읽어보면 작품의 특정 부분에 대해서, 사업자의 특정한 내용의 수정요구는 1회에 한하여 할 수 있다는 취지로 보인다. 수정요구는 명확하고 구체적으로 써서 서면으로 요구해야 한다(제2항). 작가가 한번 수정을 했으면, 사업자는 다른 내용으로 수정을 요구할 수 없다(제3항).

작가는 시나리오, 스케치, 펜선 등 각 단계마다 사업자에게 검수를 요구할 수 있다(제4항). 사업자가 검수확인서를 제공하면 사업자는 다시 수정을 요구할 수 없다(제5항).

이 부분을 다소 탄력적으로 생각한다면 어떤 조항이 있을까? 수정요구의 횟수를 0회 정도로 제한하는 안도 좋을 것 같다. 또는 본 조항 이상의 수정을 요구할 경우 대가를 지불해야 한다는 내용도 검토해 볼 만하겠다. 예컨대 아래와 같다.

> (0) 본 저작물의 특정 부분에 대하여, '사업자'는 최대 0회에 한하여 수정을 요구할 수 있다.

> (0) '사업자'가 본 조에 정해진 이상의 수정요구를 하는 경우, '작가'와 '사업자'는 수정에 필요한 상당한 대가를 합의하여야 한다.

● 대가의 지급

> **제8조 (대금의 지급)**
> ① 발주자는 작가에게 이 계약에 따라 대상 저작물의 저작재산권을 양도받는 대가로 ___원을 작가가 지정하는 계좌에 금전을 이체하는 방식으로 지급하기로 한다.
> ② 제1항에 따른 대금 지급 방식은 다음과 같다.
>   계약 즉시 : _____원
>   20XX. XX.XX : _____원
>   원고의 최종양도일 : _____원

사업자는 작가의 창작의 대가로 정해진 대금을 지급한다.

본 계약서에서는 대가를 정해진 금액(정액. 즉, '매절' 방식)으로 하였으나, 저작권 양도의 경우에도 인세 방식(또는 선인세 계약금 및 인세 방식)으로 규정할 수 있음은 물론이고, 저작물이 예상 외로 성공하는 경우 등이 있을 수 있으므로 오히려 인세 방식이 바람직할 수 있다. 참고로 현재 저작권법 개정안의 '추가 보상 청구권'에 따르더라도 이런 식의 계약은 문제가 있다.

다른 사례를 살펴보자. 기획만화이지만 일시불+성과급의 방식으로 지급하도록 하였다.

> **제0조(저작재산권 양도료 지급)**
> ① '사업자'는 '작가'에게 제0조에 의하여 저작물의 저작재산권 전부를 영구적으로 양수하는 대가로 권당 0000만 원을 지급한다.
> ② '사업자'는 '작가'에게 성과급으로 판매되는 도서의 수량에 정가의 0%를 곱한 금액을 지급한다.

다른 사례를 살펴보자. 인센티브를 지급하되 기간을 제한하고, 인센티브를 지급하는 경우를 제한하였다.

제0조 (인센티브 지급)

① 본 저작물을 종이책 형태의 도서로 발간한 후 '사업자'는 '작가'에게 판매된 부수에 대해 도서 정가의 0%를 인센티브로 지급한다.

② '사업자'는 전항의 인센티브를 각 권의 출간일로부터 00년에 한하여 지급한다.

③ '사업자'가 '작가'에게 지급하는 인센티브는 종이책 형태의 도서로 국내에서 판매된 경우에만 해당되며, 그 외의 경우에 대해서는 인센티브를 지급하지 않는다.

아래 사례는 사업자가 저작권 양도를 받지만 여러 형태(인터넷 연재, 출판, 2차적저작물)의 경우 인센티브를 지급하되, 일정한 제한을 둔 사례이다.

제0조 (대금의 지급 및 유료 연재 수익배분)

① '사업자'는 '작가'에게 완전 원고의 저작권을 양도받는 대가로 편당 000원을 '작가'가 지정하는 계좌에 지급한다.

② 전항에 따른 대금은 납품 완료 익월에 합산하여 지급한다.

③ 저작물을 인터넷 연재 플랫폼에 제공하여 매출이 발생하는 경우, '사업자'는 플랫폼으로부터 받은 입금되는 매출을 기준으로 '작가'에게 아래와 같이 수익 분배한다. 단, 해당 비율의 정산액 합계가 제1항의 지급 총액을 초과했을 경우에 한하여 초과분부터 분배하며 지급한다.
   - '사업자'의 매출액(유통 수수료와 제반비용을 공제한다)을 기준으로 해당 금액의 00%를 '작가'에게 분배하여 지급한다.

④ 수익 분배는 작품 완결 후 0년까지 지급한다. 단, 작가의 차기 저작물 계약 지속 등을 조건으로 쌍방의 합의에 따라 해당 기간을 연장할 수 있다.

제0조 (출판 및 파생상품)

① 종이책 출간의 경우 판매 수익에 대한 인세로서 해당 출간물의 발행부수×판매가의 00%를 '작가'에게 지급한다.

② 본 기획만화를 기초로 한 캐릭터 상품이 발매될 경우 판매 수익에 대한 인세로서 해당 수익금의 00%를 최초 수익발생일 기준으로 0년간 '작가'에게 지급한다.

● 계약의 해제(해지)

제9조 (계약의 해제)

① 작가 또는 발주자가 이 계약에서 정한 사항을 위반하였을 경우 그 상대방은 __일 이상의 기간을 정하여 제대로 이행할 것을 요구할 수 있다.

② 제1항의 조치에도 불구하고 이를 이행하지 아니하는 경우, 그 상대방은 이 계약을 해제할 수 있다. 이때 계약을 위반한 당사자는 상대방에게 계약 위반으로 인한 손해를 배상하여야 한다.

③ 작가의 귀책사유에 의해 계약이 해제되었을 경우, 작가의 채무불이행에 따른 손해배상의무와는 별도로 작가와 발주자는 다음과 같은 의무를 부담한다.

> 작가: 지급받은 대금 및 대상 저작물 창작을 위해 발주자로부터 받은 자료의 원본 일체를 모두 발주자에게 반환하고, 자료의 복사본 및 디지털 데이터는 모두 파기한 후, 파기 사실을 확인하는 서면을 발주자에게 작성, 교부한다.

> 발주자: 작가로부터 받은 원고 등 자료의 원본 일체를 작가에게 반환하고, 자료의 복사본 및 디지털 데이터는 모두 파기한 후, 파기 사실을 확인하는 서면을 작가에게 작성, 교부한다.

④ 발주자의 귀책사유에 의해 계약이 해제되었을 경우, 발주자의 채무불이행에 따른 손해배상의무와는 별도로 작가와 발주자는 다음과 같은 의무를 부담한다.

> 작가: 대상 저작물 창작을 위해 발주자로부터 받은 자료의 원본 일체를 모두 발주자에게 반환하고, 자료의 복사본 및 디지털 데이터는 모두 파기한 후, 파기 사실을 확인하는 서면을 발주자에게 작성, 교부한다. 다만 발주자로부터 지급받은 대금은 반환하지 않는다.

> 발주자: 작가로부터 받은 원고 등 자료의 원본 일체를 작가에게 반환하고, 자료의 복사본 및 디지털 데이터는 모두 파기한 후, 파기 사실을 확인하는 서면을 작가에게 작성, 교부한다.

⑤ 작가가 발주사 소속 임직원에 의해 성희롱·성폭력 등 성범죄로 인한 피해를 입은 경우 작가는 해당 임직원을 관련 업무에서 배제 요청할 수 있으며, 발주사는 사실을 확인한 후 업무배제 및 기타 적절한 조치를 수행하여야 한다.

⑥ 작가 또는 발주사(소속 임직원을 포함한다)가 상대방에 대한 성희롱·성폭력 등 성범죄로 인하여 국가인권위원회의 결정이나 법원의 확정판결을 받은 경우, 상대방은 계약을 해지할 수 있으며 그로 인한 손해의 배상을 청구할 수 있다.

⑦ 발주사는 작가의 성범죄에 대한 국가인권위원회의 결정이나 법원의 확정판결이 있는 경우 작가와의 계약을 해지할 수 있으며 그로 인한 손해의 배상을 청구할 수 있다.

본 조에서는 '계약의 해제'에 대해 규정하지만, 본 계약에서의 작가의 의무도 상당한 기간 동안 계속적으로 이루어질 가능성이 있으므로 '해제 또는 해지'에 대해 규정함이 바람직할 것이다.

제1항, 제2항은 보통 들어가는 당연한 규정이다.

제3항, 제4항은 주로 계약종료시 양자의 의무에 대해 규정하는데, 다만 그때까지 이루어진 저작물의 저작권 귀속에 관한 규정이 없어서 문제가 생기기 쉽다. 지금 계약서에 따르면 작가 또는 사업자 누구의 귀책사유로 인한 해제의 경우에도 사업자는 인도받은 원고를 모두 작가에게 돌려줘야 하는 식으로 규정되어 있다. 작가의 귀책사유에 의해 종료된 경우(제3항)에는 그때까지의 작업의 저작권은 사업자에 귀속되고, 사업자 측 귀책사유에 의해 종료된 경우(제4항)에는 사업자는 그때까지 양도받은 부분의 저작권을 포기하도록 규정하는 방식도 검토해 볼 만하다.

제5~7항에 대해서는 '공통조항' 부분을 참조하기 바란다.

● 관리조항

이하의 내용은 관리조항(일반조항)이므로 문제가 되는 조항을 뺀 나머지는 앞에서의 설명으로 대신한다.

제10조 (재해, 사고)

천재지변, 그 밖의 불가항력의 재난으로 작가 또는 발주자가 손해를 입거나 계약 이행이 지체 또는 불가능하게 된 경우에는 서로의 책임을 면제하며, 후속조치를 쌍방이 서면으로 합의하여 결정한다.

제11조 (계약 내용의 변경)

이 계약은 작가와 발주자 쌍방의 합의에 의하여 변경할 수 있다. 이에 대한 합의는 서면으로 한다.

제12조 (계약의 해석 및 보완)

① 이 계약에 명시되어 있지 아니한 사항에 대하여는 작가와 발주자가 합의하여 정할 수 있고, 해석상 이견이 있을 경우에는 저작권법 등 관련법률 및 계약해석의 원칙에 따라 해결한다.

② 제1항의 합의를 포함하여, 이 계약에 따라 이루어지는 모든 합의는 서면으로 작성하고, 작가와 발주자가 이 서면에 모두 서명 또는 날인하여야 한다.

제13조 (관할 법원)

이 계약과 관련된 소송은 _____법원을 제1심 법원으로 한다.

제14조 (효력 발생)

본 계약은 계약체결일로부터 효력이 발생된다.

첨부서면

1. 별지 1 : 완전원고의 요구사항

이 계약을 증명하기 위하여 계약서 3통을 작성하여 작가, 발주자가 서명 날인한 다음 각 1통씩 보관하고, 나머지 1통은 저작재산권 이전 등록용으로 사용한다.

___년 _월 _일

"○○○(작가/양도인)"   "주식회사 ○○○(발주자/양수인)"

작 가 명 : _____(인) 이명(필명) : _____   상   호 :
생년월일 :   사업자번호 :
주   소 :   주   소 :
입금계좌 : ____은행 _____   대 표 이 사 : _____(인)

참고용 계약서 내려받기
(QR코드 스캔 ▼)

제7장
만화연재계약서

> 용조 작가는 B공공기관에서 매월 발간하는 홍보지에 만화를 연재해달라는 제안을 받았다.
> 매월 1회, 대가는 OO만 원을 주겠다고 한다. 용조 작가
> 가 만화계에 발을 처음 들여놓을 때만 해도 대부분 만화
> 잡지 연재가 가장 중요한 계약이었는데, 여러 가지 생각
> 이 든다.
>
> 용조 작가가 알기로는 만화연재계약서는 굳이 계약서
> 를 체결하지 않고도 많이 진행하는 것으로 알고 있는데,
> 어쨌거나 받은 만화연재계약서. 어떻게 봐야 할까?

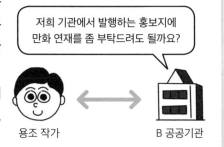

만화연재계약서는 어떤 것일까?

만화연재계약서는 만화를 주기적으로 매체(종이매체 또는 인터넷 매체)에 연재하면서 관련 사항을 정하는 계약서이다.

전형적인 만화 연재계약서는 예전에 만화잡지 계약서가 될 것이다. 다만, 이제는 이런 식으로 만화를 출판 형식으로 연재만 하는 계약은 매우 드문 것 같다.

사실 이런 만화연재계약서는 게재처가 인터넷 매체라면 웹툰연재계약서와 크게 다르지 않다. 다만, 본 계약서는 인터넷 웹툰을 주로 게재하는 플랫폼과는 다른, 일반적인 매체를 전제로 하였다.

만화연재계약서는 어떤 구조일까?

작가가 일정한 주기로 만화를 그려서 사업자에 주면 만화를 게재하고 대가를 받는 구조가 된다.

그럼 작가가 이 만화를 그린 다음, 차후 만화를 묶어서 책을 내는 것은 누가 할 수 있는 걸까? 작가일까, 사업자일까? 그 만화가 매우 인기가 있다면, 사업자는 이 만화를 책으로 만들거나 인터넷에 다른 형식으로 연재할 수도 있는 걸까?

대체로 이런 계약서는 (독점적) 이용허락 또는 배타적발행 또는 출판권설정계약의 형식이 될 것이다. 따라서 연재기간 중에는 사업자(사례에서는 B공공기관)만 독점적으로 이용할 수 있지만, B 공공기관도 원래 작가와 약속한 형태로만 이용이 가능할 것이고, 책이나 인터넷 연재 권리는 작가에게 있음이 원칙이다.

다음 계약서는 저자가 만든 샘플 계약서이다.

계약서를 조문별로 살펴보자

● 계약서 제목, 전문, 당사자

만화 연재 계약서

작가명:

제목(가제):

만화원고의 형식:

　작가 _____을/를 "작가"이라 하고 사업자인 _____을/를 "사업자"이라 하여 위 원고의 연재
와 관련하여 다음과 같이 계약을 체결한다.

● 목적

제1조 (목적)

　본 계약은 "작가"가 만화원고를 "사업자"에게 제공하고 "사업자"가 이를 "사업자"가 발간하는
잡지에 게재함에 있어 양자의 권리 의무와 관련된 필요한 사항을 정함을 목적으로 한다.

　간단하게 계약의 목적을 정한다.

● 양자의 권리

제2조 (권리의 설정)

　"작가"는 본 원고를 "사업자"가 매월 발간하는 _____(이하 "본건 도서"라고 한다)에 독점
적으로 게재하는 것을 허락하고, "사업자"는 본건 도서를 복제 및 배포할 수 있는 권리를 갖는다.

　양자의 권리를 설정하는 중요한 조항이다. 본 계약서에서는 독점적 이용허락의 내용으로 규정
하였다.

　아래 사례는 잡지 게재 외에 인터넷 게재(전송)까지 허락한다는 취지이다.

제0조 (원고의 2차적 사용)

　"사업자"가 본 원고가 게재된 상기 도서를 전자출판물 혹은 통신망을 통해 제공하는 경우 "작가"
는 이를 허락하여야 하며, "사업자"는 이에 대한 대가로 수익금의 00%를 원고료로 지불하며, 전
체 도서 원고 중 본 원고의 비율에 따라 원고료를 지불한다.

　다음 사례는 꽤 넓은 범위를 규정한 사례이다. 다만, 제4항의 '2차저작권'을 포함시키는 것은
문제가 있다(내용은 '공통조항' 부분 참고).

제0조 (저작물 사용 허락)

'작가'는 '사업자'가 '본 작품'을 아래와 같이 제작, 판매함에 있어 단독 사용을 허락한다.

(1) 연재권: '본 작품'을 '사업자'가 온·오프라인 연재로 편집, 제작, 게재, 판매 등을 할수 있는 권리

(2) 단행본출판권: '본 작품'을 '사업자'가 단행본으로 국내외에서 제작, 판매 등을 할 수 있는 권리

(3) 전자출판권: '본 작품'을 '사업자'가 유무선 인터넷 서비스 또는 모바일, E-book, 스킨, CD, pmp, DMB, IPTV, 스마트폰, 태블릿PC 등의 디지털기기를 통하여 전자출판에 적합하게 편집, 제작, 배포, 전송, 판매 등을 할 수 있는 권리.

(4) 2차 저작권: '본 작품'을 기반으로 제작되는 드라마, 영화, 연극, 애니메이션, 온라인 게임, 뮤지컬, 캐릭터 등을 부가적으로 제작 또는 판매할 수 있는 권리.

다른 사례를 살펴보자. 단행본 출판까지 가능하도록 하였다.

제0조 [단행본 발행에 따른 대가의 지급]

(1) '사업자'는 '작가'와 합의하여 본건 저작물의 연재된 부분을 종합하여 단행본으로 발행할 수 있다. '작가'는 '사업자'가 '작가'에게 단행본 발행 결정을 통보한 날로부터 00일 이내에 본건 저작물의 단행본 출판에 필요한 원고 및 기타 이에 상당하는 자료 일체를 '사업자'에게 인도하여야 한다.

(2) '사업자'는 본건 출판물 단행본 판매가의 00%를 인세로 '작가'에게 지급한다. 다만 납본, 증정, 신간 안내, 서평, 선전 기타 상당한 사유를 위하여 발행되는 단행본에 대하여는 당해 발행수량의 00%의 범위내에서 인세를 면제한다.

● 원고의 인도와 연재 시기

제3조 (원고 인도와 발행의 기일)

(1) "작가"는 상기 도서의 발행일정에 맞게 원고를 책임 있게 제작하여 쌍방이 합의한 매월 정해진 일자에 "사업자"에게 인도해야 한다.

(2) "사업자"는 원고 인도 후 __개월 이내에 출판을 완료한다.

(3) 불가피한 사정이 있을 때는 "작가"와 "사업자"가 합의하여 본 조의 기일을 변경할 수 있다.

● 대가의 지급

제4조 (원고료 지불 방법, 시기)

(1) "사업자"는 "작가"에게 원고료로 각 원고 1페이지당 _____원을 지급한다.

(2) "사업자"는 완전한 원고를 제공받은 후 한 달 이내에 원고료를 지급한다.

제3조와 제4조의 내용을 다룬 다른 사례를 살펴보자.

> **제4조 [잡지 게재에 따른 대가의 지급]**
> ① 갑은 을이 지정하는 기한내에 갑이 발행하는 잡지 게재에 부합하는 원고 및 기타 이에 상당하는 자료 일체를 을에게 인도하여야 한다.
> ② 을은 제1항 기재 인도일로부터 ＿＿＿일이내에 한 페이지당 금 ＿＿＿＿＿＿＿원의 비율로 계산한 원고료를 갑이 지정하는 은행계좌에 입금하여야 한다. 원고료 비율은 갑과 을의 합의에 의하여 변경될 수 있다.

● 서적 발행 관련 사항의 결정

> **제5조 (장정, 책값, 부수, 증정, 저자 구입)**
> (1) 본 원고가 게재된 도서를 출판·배포함에 있어서 체제, 장정, 책값, 발행부수, 중판(또는 중쇄)의 시기 및 선전·판매 방법 등은 "사업자"가 결정한다.
> (2) "사업자"는 초판 인쇄의 경우 (2)부를 "작가"에게 증정한다.
> (3) "작가"가 본 도서의 구입을 요청할 경우, "사업자"는 정가의 70%에 판매한다.

서적으로 나오는 경우 제반 사항은 사업자가 결정하도록 하였다.

● 다른 형태로 이용되는 경우

> **제6조 (단행본 출판 등)**
> (1) "작가"가 본 원고를 종이책, 전자출판물로 제작하고자 할 때, "사업자"는 이에 관해 우선적인 협상의 권리를 갖는다. "사업자"가 본 원고를 제3자를 통해 종이책, 전자출판물로 제작할 때, "작가"는 이 사실을 "사업자"에게 통보해야 한다.
> (2) "작가"와 "사업자"가 종이책, 전자출판물 제작에 동의하면 종이책, 전자출판물 제작을 위한 새로운 계약을 맺어야 한다.
> (3) "작가"가 본 원고의 종이책, 전자출판물 출간 계획에 대해 통보하였음에도 "사업자"가 정확한 입장을 밝히지 않으면 "작가"는 본 원고를 제 3자를 통해 종이책, 전자출판물로 제작할 수 있다.

연재된 원고를 서적, 전자출판으로 출판하려는 경우, 앞의 제2조에서 다소 넓게 범위를 정할 수도 있겠다. 하지만 본 계약에서는 일단 연재계약에서는 1회의 게재로 종결하도록 하였고, 서적, 전자출판하려는 경우 사업자에게 우선협상권을 주는 식으로 구성하였다.

● 2차적저작물작성권

> **제7조 (2차적 저작물 및 재사용 이용 등에 대한 허락)**
> (1) "사업자"는 이 계약에서 규정한 권리만을 가지며, 그 외 2차적저작물작성권 등 다른 저작재산권을 이용하기 위해서는 "작가"와 별도로 계약을 체결하여야 한다.

(2) "작가"가 계약기간 중 제3자로부터 저작물에 대한 출판, 2차적 저작물 제작, 캐릭터 이용 등의 제안을 받은 경우 "작가"는 "사업자"에게 통지하여 "사업자"의 본 계약상 권리가 침해되지 않도록 하여야 한다.

(3) 이 계약서에서 "사업자"에게 부여하지 않은 권리는 모두 "작가"에게 있다.

2차적사용에 대해서는 별도로 계약서를 작성하도록 하는 것이 공정거래위원회 결정이나 표준계약서와 부합하겠다. 해당 내용은 웹툰 연재계약서의 말미에 첨부한 '2차적저작물작성권 부여 계약서'를 참고하면 되겠다.

다른 사례를 살펴보자. 비교적 초기의 계약서인데, 오늘날 이런 형태는 바람직하지는 않은 듯하다.

제0조 [출판권 이외의 권리의 부여]
① '작가'는 '사업자'에게 본건 저작물에 관하여 상품화권, 온라인전송권 및 해외판권을 부여한다.
② 제1항 기재 각 권리의 존속기간은 본 계약의 존속기간과 동일하다. 다만 갑과 을의 별도의 협의에 의하는 경우에는 그러하지 아니하다.
③ 제1항 기재 각 권리부여에 따른 세부사항은 갑과 을의 별도의 합의에 의한다.

● 계약기간

제8조 (계약기간)
(1) 본 계약의 계약기간은 본 계약서 작성일로부터 ___년으로 한다.
(2) "작가"와 "사업자"가 위 계약기간이 종료되기 ___개월 전까지 본 계약을 연장된다는 합의를 하지 않으면 본 계약은 계약기간 만료로 종결된다.

● 관리조항

이하는 관리규정이다.

제9조 (보증)
(1) '작가'는 본건 저작물의 저작권자로서 적법한 권리를 보유하고 있으며, 본건 저작물이 타인의 저작권 기타 지적재산권, 명예, 프라이버시를 침해하지 않는 것을 포함하여 대한민국의 법령에 위배되지 않는 것을 보증한다.
(2) '작가'가 본조를 위반하여 제3자로부터 이의제기가 있거나 분쟁이 발생할 경우 이에 대한 모든 책임을 지고 '사업자'를 면책시켜야 한다.

제10조 (비밀유지)
각 당사자는 본 계약의 내용 및 이 계약과 관련하여 알게 된 상대방에 관한 일체의 사항을 제3자에게 공개하거나 누설하지 아니한다. 본조의 의무는 본 계약 종료 이후에도 효력을 가진다.

제11조 (계약의 해지 등)

(1) 각 당사자는 상대방이 본 계약을 위반한 경우 시정을 요구하고 14일 이내에 시정되지 않는 경우 계약을 해제 또는 해지할 수 있다.

(2) 본 계약을 위반한 자는 이로 인한 상대방의 일체의 손해를 배상하여야 한다.

제12조 (기타 사항)

(1) 각 당사자는 상대방의 사전 서면동의 없이 본 계약상의 지위 또는 권리의무를 제3자에게 양도하거나 이전할 수 없다.

(2) 본 계약은 서면 합의로만 수정이나 변경을 할 수 있다.

(3) 본 계약과 관련하여 분쟁이 발생한 경우 당사자의 상호 협의에 의한 해결을 모색하되, 분쟁에 관한 합의가 이루어지지 아니한 경우에는 민사소송법상 관할법원을 제1심 관할법원으로 하여 분쟁을 해결하기로 한다. 다만, 그 이전에 한국저작권위원회 조정을 거칠 수 있다.

_____년 ___월 ___일

"작가"   **"사업자"**

성   명 :   상   호 :

생년월일 :   사 업 자 번 호 :

주   소 :   주   소 :

기명날인 : _____(인)   대   표   자 : _____(인)

하마탱 작가의
실전 팁 2

최저 단가를 정하자

"이 가격 이하로는 절대 할 생각이 없다"라는 하한선은 사람마다 다르다. 민감한 것인 만큼 그 본심은 본인만이 안다. 그래서 작가는 계약 체결 전에 최저 단가에 대한 가 결론을 세워두고 있어야 한다. 세부 논의와 실무 협상은 그다음이다.

작가 입장에서 편성 가능한 예산이 1백만 원인 업체가 단행본 1권 제작을 의뢰한다면 과연 협상할 가치가 있을까? 업체 입장에서 웹툰 1컷 당 1천만 원을 제시하는 작가를 과연 설득할 가치가 있을까? 백해무익하다. 가던 길 가시라며 놓아줘야 한다. 아니면 서로의 귀한 시간과 체력만 낭비하게 될 것이다. 지나친 고가는 업계 평균 제작단가와 괴리가 심해서 현실성이 없다. 지나친 저가는 장기적으로 내가 속한 웹툰 생태계를 교란하고야 만다. 그 중간 어딘가에 작가가 받게 될 적정 고료가 있다. 내 마음속으로 들어가, 업 앤 다운 게임을 해봐야 한다.

시간당 최저 고료를 정하자

'시급' 혹은 '일당'을 기준으로 최저 고료를 정해 보자. 먼저 그 일을 하기 위해 대략 어느 정도의 시간이 소요될지 추정할 수 있어야 한다. 처음에는 어렵지만 차츰 경험이 쌓일수록 손쉽게 어림짐작해 볼 수 있을 것이다. 소요 시간을 유추한 다음에는 "이 이하로는 절대 작업하지 않겠다"라는 마지노선을 정한다. 이 시간당 최저 고료를 산정하는 것은 그나마 난도가 낮은 편이다. 국가에서 정해놓은 최저시급이 있기 때문이다. (일당으로 계산해도 좋다) 단, 유의할 점. 최저 고료는 최저 시급보다는 훨씬 높게 책정해야 한다. 작가는 보통 4대보험이나 기본급을 비롯해 각종 수당과 보너스, 사내 복지 혜택 등을 받지 못하기 때문이다.

그건 작가 사정 아니냐, 프리랜서의 특성상 당연한 거 아니냐고 묻는 경우도 많다. 아니다. 바꿔 말하면 업체 입장에서는 직원을 고용했을 때 제공해야 할 기본 의무가 없기 때문이다. 신규 인력을 충원하고 교육하지 않아도 된다. 준비된 전문 인력의 노동으로 필요한 프로젝트만 수행하기 때문에, 계약 성사 순간부터 기업은 이미 큰 비용을 절감하는 셈이다.

만약 제작하는데 10시간 정도가 소요되는 일러스트 1장을 의뢰받고, 스스로 책정한 시급을 3만 원이라면 적정 고료는 30만 원 이상이어야 한다. 이처럼 시간당 최저 고료는 특성상 장편 연재보다는 삽화나 일러스트, 짧은 만화 등 분량과 퀄리티를 가늠할 수 있는 작업의 경우에 유용하다.

세부 옵션을 설정해두자

가성비 좋은 저가 상품도, 고가의 사치품도 각자의 가치가 있다. 내 작품을 하나의 공산품으로 환산해 상상해 볼 필요도 있다. 그렇다면 정성과 정량, 퀄리티와 분량으로 치환할 수 있다. 스토리, 그림체, 스타일, 컬러링 방식, 편집과 디자인, 레이어 분류 방식, 원본 파일 제공 여부 등. 공정별로 다양한 작업 추가, 업그레이드가 가능하다. 이는 보상과 대우 수준에 맞춰 다운그레이드도 가능하다는 말이다. 오로지 작화에만 한정한 요소이며, 스스로 완벽주의 성향을 가지고 100% 풀 파워로 작업하겠다는 경우는 예외다.

완성된 원고의 사용 범위와 기한에 따라서도 달라질 수 있다. 예를 들어, 월간 잡지 2000부에 일회성으로 실릴 수도 있고, 10년간 TV광고, 전광판, 단행본에 실릴 수도 있다. 같은 1장의 일러스트를 제공했더라도 고료는 달라야 한다. 추천하진 않지만, 저작물의 사용권이 아니라 저작권을 양도한다면 당연히 고료는 기하급수적으로 높아진다.

명백한 오류 등 작가 책임이 아닌 적정 범위 이상의 작화 수정을 요구한다면, 교정비용을 설정할 수 있다. 수정 횟수나 수정 면적, 수정 기한에 따라 다를 것이다. 또 원고 납품 기한이 빠듯하다면 급행료로서 추가 고료를 설정할 수 있다. 이처럼 기본 옵션 외에 다양한 유상 옵션이 있다는 것만 명심해도 고료 협상력이 월등히 높아진다. 선택의 가짓수가 많다는 것은 협상과 고료 책정의 스펙트럼을 넓혀준다. 또한 협상 초기 실수나 착오로 낮은 고료에 합의했을 때, 고료 인상 등 재협상을 할 때도 옵션을 유용하게 사용할 수 있다.

작가가 "얼마나 받아야 할지" 쉽게 결정하지 못하는 것처럼, 업체도 "얼마나 줘야 할지" 쉽게 결정하지 못한다. 어려운 게 정상이다. '쉬운' 작가가 되지 않길 바란다. 상대가 상품 구매의 의사를 보인 이상, 본격적인 '돈' 얘기를 해야 한다. 이때 민망해서 돈 얘기를 제대로 못 하면 나중에 더 민망한 꼴을 보게 될지도 모른다.

제8장
웹툰(만화)제작계약서

씨앤웹 에이전시의 주대표는 웹소설로 한참 인기를 끌고 있는 '거짓말의 심리학'을 웹툰으로 만들려고 계획하고 있다. 이를 위해서 웹소설 작가와 이미 접촉해서 웹툰화할 수 있는 판권은 얻어 놓았다. 주대표 판단으로는 이를 콘티로 짜고, 펜선과 채색을 하고, 배경을 그리는 데 3~4명의 작가가 필요할 것 같다.

그런데 그럼 이 웹툰의 저작권은 누가 갖는 걸까? 작가? 씨앤웹 에이전시? 이런 계약서는 어떻게 써야 하지?

웹소설을 갖고 웹툰을 만들어 볼까?
그런데 작가와는 어떻게 계약해야 하지?

호흥 작가 　　　　　씨앤웹 에이전시

웹툰(만화) 제작 계약서란 어떤 것일까?

최근 웹소설로부터 나온 웹툰들이 많은 인기를 끌면서 히트를 치고 있다. 예전에 1인 또는 2인이 창작한 웹툰과 달리, 이런 웹툰은 대체로 사업자가 주도가 되어 원작을 확보하고 작가들을 섭외하여 콘티, 펜선, 칼라 등 업무를 분배하는 식으로 작품이 만들어진다.

또한 보통 사업자가 사업화할 권리를 갖고, 주도적으로 자유롭게 사업화를 할 수 있도록 하고 있다.

웹툰 제작 계약서는 이러한 형태로 사업자의 조직적 기획 하에 새롭게 웹툰을 제작하는 계약에 사용되는 계약이다(이렇게 만들어진 웹툰은 기획자의 의도에 따라 여러모로 활용이 되리라 생각한다).

역사가 짧지 않지만 매우 활용도가 높은 계약인데, 아직 어떠한 표준적 형태가 존재하지는 않는 것 같다. 따라서 본서에서도 여러 다양한 형태를 예상해서 계약서를 만들어보았다. 다소 번잡스럽지만, 여러 경우를 잘 조합해서 원하는 형태의 계약을 만들어야 할 것이다.

웹툰(만화) 제작 계약서는 어떤 구조일까?

이런 웹툰 제작은 사업자(기획사, 에이전시, 투자사 등)가 전체를 기획하여 제작을 하는 것이 보통이다. 작가들은 전체 웹툰 중 일부 역할을 분담한다.

신경을 써야 할 중요한 부분은 2가지이다.

우선 저작권이다. 이때 저작권은 제작계약에 참여한 개별 작가가 갖는 것이 맞을까, 아니면 제작사(에이전시)가 갖는 것이 맞을까?

기본적으로 웹툰 에이전시나 플랫폼에서는 기획회의 참여나 편집, 수정 요구 등의 방법으로 기획이나 제작 과정에 참여하지만 일반적으로 이 정도의 참여로는 공동저작물이나 업무상 저작물로 인정되기 힘들고, 사업자가 저작물의 창작적 표현 형식에 기여했다는 것을 입증해야 한다.[1] 즉, 사업자는 창작적 측면에서는 저작자가 되기 힘들다는 전제가 있다. 또한 사업자가 창작자로부터 저작권 양도를 받아 권리자가 된다는 것에 대한 뿌리 깊은 경계심 또는 거부감도 있을 수 있다고 생각한다.

한국만화가협회자료에서는 다음과 같이 설명하는데, 작가가 저작권을 가질 수도 있지만, 제작사가 저작권을 가질 수 있음을 전제로 하는 듯하다. "웹소설의 웹툰화는 대부분 기획사/제작사가 웹소설 원작자와 계약한 후 웹툰의 스토리와 콘티, 작화를 맡을 작가를 섭외한다. 기획사/제작사가 저작권을 소유하기 위해 스토리작가, 콘티작가, 배경작가, 채색작가, 그림작가 등으로 작업과정을 세분화하여 각 영역별로 작가를 섭외하기도 한다. 웹툰화의 스토리작가/그림작가로 참여하는 경우 저작권을 갖지 못한다면 그에 상응하는 대가를 받아야 한다."[2]

결국 이 문제는 어떻게 되어야 한다는 당위보다는 당사자 사이에 계약에 따라 결정할 문제로 보인다.

이러한 웹툰제작 계약의 구조와 관련하여 참고할 만한 사례가 저작권법의 '영상제작자' 관련 규정이다. 저작권법에서는 *""영상제작자"는 영상저작물의 제작에 있어 그 전체를 기획하고 책임을 지는 자를 말한다."*(제2조 14호)라고 규정한다. 즉, 영상 전체를 기획하고, 책임을 지는(경제적 책임의 주체가 되는) 자가 영상제작자이다. 웹툰제작의 경우라면 웹툰 전체를 기획하고, 그 제작비를 조달하고 손해와 이익을 누리는 경제적 주체가 되는 자를 말하겠다.

저작권법 제100조(영상저작물에 대한 권리) 제1항에서는 *"① 영상제작자와 영상저작물의 제작에 협력할 것을 약정한 자가 그 영상저작물에 대하여 저작권을 취득한 경우 특약이 없는 한 그 영상저작물의 이용을 위하여 필요한 권리는 영상제작자가 이를 양도받은 것으로 추정한다."*라고 규정한다. 즉, 영상제작에 협력할 것을 약정한 자가 저작권을 취득한 경우, 영상제작자가 저작권을 양도받은 것으로 추정하고 있다. 웹툰의 경우라면 웹툰 제작의 개별 부분을 맡은 작가(콘티, 펜선, 배경, 채색 등)가 저작권을 취득한 경우, 웹툰제작자가 그러한 개별 저작권을 양도받은 것으로 추정한다는 것이다.

저작권법 제101조(영상제작자의 권리) 제1항에서는 *"① 영상저작물의 제작에 협력할 것을 약정한 자로부터 영상제작자가 양도 받는 영상저작물의 이용을 위하여 필요한 권리는 영상저작물을 복제·배포·공개상영·방송·전송 그 밖의 방법으로 이용할 권리로 하며, 이를 양도하거나 질권의 목적으로 할 수 있다."*라고 규정하고 있다. 웹툰의 경우라면 웹툰제작자가 양도받는 권리는 웹툰을 복제, 배포, 전송 그 밖의 방법으로 이용할 권리로 한다는 것이다.

다만, 위 규정은 하나의 설명이 될 수 있으나, 웹툰의 경우도 꼭 위와 같은 구조여야 하는 것은 아니다.

개인적으로는 웹툰제작사가 처음부터 기획을 하고 모든 경제적 책임을 지는 경우가 아니라면, 즉, 웹툰 제작에 참여한 작가가 상당한 정도로 창작의 주도권을 가지거나 경제적 부담을 한 경우라면 작가에게도 저작권을 인정함이 타당할 것 같다.

아래에서는 저작권을 사업자가 양도받는 유형, 작가에게 저작권이 남아 있고 이용허락만 하는 유형, 저작권을 사업자와 작가가 공유하는 유형으로 나누어보았다.

다음으로 중요한 부분은 '사업화'이다.

영상제작자처럼 권리를 양도받는다면 당연히 사업자 주도 하에 자유로운 사업이 가능하다. 작가는 이에 대한 대가를 받는데, 일시불로 받는 경우도 있겠지만(매절 형식) 인세처럼 로열티를 받는 방식도 얼마든지 가능하다(오히려 이쪽이 합리적일 것 같다).

하지만, 작가가 권리를 갖거나 작가와 사업자가 공유한다면 당연히 사업화에도 어느 정도 제한이 따를 수밖에 없다. 그래서 대부분의 사업자는 적어도 사업권을 확보하는 취지의 계약을 하는 듯하다(작가의 동의 없는 자유로운 사업화가 가능하도록).

사업자가 주체로서 역할을 하고 강한 권리를 확보한다면 계약기간 제한 없이 사업화를 할 수 있는 경우가 보통이겠지만, 그렇지 않은 경우 사업자가 계약기간의 제한을 받아 차후 권리가 작가에게 돌아가는 경우도 생각할 수 있다.

다음 계약서는 저자가 만든 샘플 계약서이다.

계약서를 조문별로 살펴보자.

● 계약서 제목, 전문, 당사자

<h2 style="text-align:center;">웹툰(만화)제작계약서</h2>

아래에 이름을 기재한 사업자 _____(이하 "사업자"라 한다)와 작가 _____(이하 "작가"이라 한다)은 웹툰(만화) 제작에 관하여 다음과 같이 계약을 체결한다.

다 음

제1조 (계약의 목적)

본 계약은 "사업자"와 "작가"가 제2조에서 정한 웹툰(만화) 작품을 제작하는 것과 관련하여 "사업자"와 "작가"사이의 권리·의무 및 제반 사항을 규정할 목적으로 체결되었다.

우선 계약서 제목과 전문, 목적 조항이다.

● 계약대상물

제2조 (계약대상물)

본 계약에 의하여 제작하는 웹툰/만화 _____(이하 '본건 최종 작품"이라 한다)의 정보는 다음과 같다.

1. 작품명 :

2. 형태(화수, 분량) :

3. 원작(있는 경우) :

4. 기타 :

여기에는 최종적으로 만들 목적물인 작품명을 특정해서 써준다.

● 권리의 설정(양자의 권리 의무)

제3조 (저작물의 제작)

(1) "사업자"는 본건 최종 작품의 제작에서 "작가"의 역할을 제외한 모든 역할을 담당하여 본건 최종 작품 완성에 있어 전체를 기획하고 책임을 진다.

(2) "작가"는 본건 최종 작품 중 아래에서 체크한 부분(이하 "본건 저작물"이라 한다)을 창작하는 역할을 한다.

	내용	해당 여부
1	기획안 및 시놉시스 작성(문서 형식)	
2	시나리오 작성(문서 형식)	
3	콘티(그림 형식)	
4	넷생(그림 형식)	
5	펜선(그림 형식)	
6	채색(그림 형식)	
기타		

(3) "작가"는 다음 내용의 저작물을 "사업자"에게 인도한다.

　　제작기간 :

　　제작주기 :

　　형태 : 예) 웹툰 판형 기준(스크롤 원고), 1회당 60컷 이상

　　화수 : _____화(예정)

(4) "작가"는 "사업자"의 동의 없이 본 계약과 충돌하는 일체의 콘텐츠를 기획 또는 제작하거나 제3자의 기획 또는 제작에 참여해서는 아니된다.

(5) "사업자"와 "작가"는 초기 기획과 설정, 스토리 구성을 상호 협의하여 진행한다.

본 조항 또한 중요한 조항이다.

제1항에서는 사업자가 (영상제작자처럼) 전체를 기획하고 금전적인 부담과 수익의 주체가 되는 것으로 규정했다.

제2항에서는 작가가 참여하는 역할을 기재하는데, 해당 부분에 체크를 하도록 했다.

제3항에서는 작가가 실제로 만들어서 제공해야 하는 내용을 특정하도록 했다.

제4항에서는 작가가 본 계약서의 기획 또는 내용으로 다른 작품을 만들지 못하도록 일종의 경업금지의무를 규정했다.

제5항에서는 작가와 사업자가 내용을 잘 공유하도록 규정했다.

다른 사례를 살펴보자. 여기서는 상당히 강하게 사업자의 기획을 인정하고 작가가 이에 따르도록 했다.

> (0) '사업자'와 '작가'간에 본 계약에 따른 본건 만화의 방향 및 기타 관련사항에 대하여 의견이 불일치할 경우 최종 결정권은 '사업자'에게 있으며 '작가'는 '사업자'의 요구에 따라야 한다. 다만, '사업자'는 '작가'와 사전에 서면으로 합의한 작업 범위를 크게 벗어나는 분량이나 내용의 수정을 '작가'에게 요구할 수 없다.

다른 사례를 살펴보자. 구체적으로 각자의 역할을 규정한다.

> **제0조 ("작가"의 의무)**
> (1) "작가"는 본 계약의 목적을 달성하기 위해 다음 각호와 같은 내용의 업무를 수행한다.
> ① 그림 콘티의 제공
> ② 러프 스케치 및 펜선화의 제공
> (2) 전항의 결과물은 "작가"가 제공할 수 있는 최상의 품질로 제공함을 원칙으로 한다. 파일 형식은 "사업자"가 제공한 가이드에 맞추어 제공해야 한다.
> (3) 제1항의 결과물의 최종 제공 완료 이전에 수정이 필요하다고 "사업자" 또는 "작가"가 판단하면 "작가"는 "사업자"와 협의를 통해 수정한다.

업무 범위를 나누어 규정한 다른 사례를 살펴보자.

> **제0조 (각자의 업무범위)**
> 작가와 사업자는 본건 작품 중 다음 부분에 대한 업무를 담당한다.
> (1) '작가' - 쌍방이 본 계약에서 합의한 작화 등 창작 업무
> (2) '사업자' - '작가'의 창작 외 부분에 대한 창작(제작), 본건 작품의 유통 및 사업화

구체적으로 역할을 규정한 다른 사례를 살펴보자.

제0조 (용역의 범위)

(1) "작가"는 "사업자"가 지정한 내용에 따른 웹툰을 제작하고, 그 결과물을 계약 기간 내에 제출하여야 한다.

(2) "사업자"가 지정하는 제작 내용은 다음과 같다

    1) 펜화 뎃생 및 채색

    2) 화당 제작 컷수는 00컷으로 하며, 주당 1화를 제작한다.

    3) 필요한 경우 화당 컷수, 주 제작 화수를 상호 협의하여 조정한다.

● 작품의 제작 및 검수

제4조 (작품의 검수 등)

(1) "작가"는 "사업자"와 본 계약서 체결 이전에 사전 협의된 품질의 수준으로 본건 저작물을 제작한다.

(2) "작가"는 본건 저작물 창작시 주요 사항에 대해 사전에 "사업자"에게 내용을 공유하며, "사업자"의 의견을 본건 저작물에 반영하도록 한다.

(3) "사업자"는 "작가"의 작품에 대해 수정을 요구할 수 있으나 수정 요구는 ＿＿회를 초과할 수 없다.

(4) "작가"가 "사업자"에게 제출한 차수별 본건 저작물에 대하여 "사업자"가 승인(서면 또는 이메일의 방법에 의한다)하면 작품의 완성으로 본다.

(5) "작가"의 차수별 본건 저작물 제출 이후 10일 이내에 "사업자"의 수정요구가 없으면 승인한 것으로 본다.

다음은 검수 조항이다. 작가는 쌍방이 사전에 협의한 수준으로 작품을 제작해야 하고(제1항), 작가는 사진에 주요 사항을 사업자와 공유하여 이를 반영하도록 했다(제2항).

사업자는 작가에게 수정 요구를 할 수 있지만, 수정요구 횟수에 제한을 두었다. 사업자는 작가의 차수별 작품의 승인 여부를 결정해야 하고, 10일 이내에 승인을 하지 않으면 승인한 것으로 본다고 규정하였다.

같은 취지의 다른 사례를 살펴보자.

제0조 [목적물의 인도 등]

① '작가'는 '사업자'가 지정하는 주소(전자메일 포함)로 '사업자'가 지정하는 방식으로 '목적물'을 제작하여 인도하여야 한다.

② '작가'는 '목적물'의 인도시 '사업자'의 검수를 받아야 한다.

③ 검수는 '사업자' 또는 '사업자'가 지정한 자가 하며, '작가'는 검수 절차에 최대한 협력한다.

④ '사업자'는 '작가'로부터 '목적물'을 인도받은 날로부터 00일 이내에 검수를 완료하고 검수 기준 합격시 검수완료를 통보한다.

---

⑤ '사업자'가 '목적물'을 검수하는 과정에서 수정, 보완을 요구할 경우 '작가'는 즉시 자신의 비용과 책임으로 이를 이행하고 재검수를 받아야 한다. 단, 같은 부분에 대한 '사업자'의 수정, 보완 요구는 0회에 한한다.

간단하게 규정한 다른 사례를 살펴보자.

제0조 (인도와 검수)

(1) "작가"는 용역 개발의 결과물을 계약에 따른 정해진 일정대로 "사업자"에게 제출해야 한다. 결과물의 형태는 "사업자"가 요청한 제작 가이드에 따른다.

(2) "사업자"는 "작가"로부터 콘텐츠를 공급받은 후 "작가"에게 검수 결과를 통보하여야 한다. 다만, 0일 이내에 통보가 없는 경우에는 검수에 합격한 것으로 본다.

(3) 검수 판정은 이메일 또는 문자(카톡 포함)로 한다.

무난하게 규정한 다른 사례를 살펴보자.

제0조 (업무 등)

(1) "작가"의 업무 :

(가) "작가"는 0일의 기간을 주기로 전항의 업무를 마치고, 쌍방이 정한 방법으로 "사업자"에게 작업 결과물을 인도한다.

(3) "사업자"는 "작가"의 작업 결과물에 대해서 합리적인 범위 내에서 수정을 요구할 수 있다.

(4) "작가"와 "사업자"는 상호 협의하여 "작가"의 작업 범위 또는 관련 사항을 조정할수 있다.

다른 사례를 살펴보자. 수정 횟수와 비용을 비교적 상세하게 규정한 사례이다.

제0조 (저작물의 제공)

(1) 제작사의 '뎃생' 수정 요구는 0회로 한하고, 0회 수정 시부터는 제작사는 작가에게 수정비(페이지당 작가료의 00% 기준)를 지급한다.

(2) 제작사의 '펜선' 수정 요구는 0회에 한하고, 0회 수정 시부터는 제작사는 작가에게 수정비(페이지당 작가료의 00% 기준)를 지급한다.

(3) 제작사의 '컬러' 수정 요구는 0회에 한하고, 0회 수정 시부터는 제작사는 작가에게 수정비(페이지당 작가료의 00% 기준)를 지급한다.

품질 수준과 수정요구에 대해 규정한 다른 사례를 살펴보자.

제0조 (품질)

(1) "작가"가 납품하는 성과물은 상호 협의한 내용으로 "사업자"가 활용할 수 있을 경우로 한다.

(2) 성과물의 품질 문제로 "사업자"가 성과물을 사용할 수 없는 경우에는 "작가"에게 수정을 요구할 수 있다. 수정은 0회에 한하고, "사업자"측 사유로 추가 수정을 요구시 쌍방 협의하여 정한 추가 비용을 지급 후 진행한다.

● 대가의 지급

제5조 (제작비 지급 및 수익 배분)

(1) "사업자"는 "작가"에게 작품의 대가로 차수당 _____원을 지급한다. 이 금액은 추후 본건 최종 작품의 서비스 또는 사업화로 인하여 "작가"에게 분배할 제2항의 금액에서 공제하고 지급한다.

(2) "사업자"는 "작가"에게 본건 최종 작품으로 "사업자"가 취득하는 수익(전체 매출에서 본 계약 이행에 반드시 필요한 플랫폼 수수료, 결제 수수료, 대행 수수료, 제세공과금 등 제반 비용을 공제하고 "사업자"가 실제로 취득하는 금액을 말한다) 중 ___%를 지급한다.

대가의 지급 조항이다.

기본적으로 계약금(미니멈개런티)+수익 셰어의 방식으로 규정했다.

이를 일시불로 하는 것도 가능하긴 하다(매절 방식). 다만, '일시불에 의한 저작권 양도'는 지양하고자 하는 의견도 강하고 저작권법 개정안의 취지도 그러하며, 창작 인센티브를 준다는 점에서는 위 방식이 바람직할 것 같다. 물론 만족할 만한 일시불을 받는다면 권리 양도를 한다고 해도 불만은 없겠지만.

다른 사례를 살펴보자. 기본급+인센티브 형식이다.

제0조 (대가의 지급)

(1) 일시불 : 용역의 대가는 1화당 00만 원으로 한다.

(2) 인센티브: "사업자"는 본건 저작물의 전자출판 또는 인터넷 서비스로 "사업자"가 취득하는 매출의 00%를 "작가"에게 기지급한 전항의 대가를 우선 공제하고 "작가"에게 지급한다.

(3) "사업자"는 인센티브 지급시 내역이 기재된 정산서를 함께 송부한다.

다른 사례를 살펴보자.

제0조 (고료)

"작가"가 "사업자"에게 제0조에 따라 결과물의 저작권을 양도하는 대가로, "사업자"는 "작가"에게 "콘텐츠" 한 회당 일금 000원의 대가를 지급한다.

제0조 (수익분배)

(1) "사업자"는 매월 1일부터 말일까지 이용자가 "콘텐츠"에 지급한 매출 중 수수료 등을 공제하고

> "사업자"가 실제 취득한 매출을 계산하여 그 중 00%를 "작가"에게 지급한다.
>
> (2) 전항의 수익 분배를 위하여, "사업자"는 "작가"에게 "콘텐츠"로부터 발생한 월별 매출 및 결제로 인하여 발생한 금액의 정산서를 제공한다.

또 다른 사례를 살펴보자. 본 사례에서는 일정한 제작 대가와 그에 추가하여 사업화에 따른 수익분배를 하고 있다.

> **제0조 (콘텐츠 개발 대가 및 수익의 분배)**
>
> (1) "콘텐츠"의 개발대가는 일(1)페이지에 00만 원(원천세 포함)을 곱한 금액으로 한다.
>
> (2) "콘텐츠"의 사업화 권리를 활용하여 제3자로부터 "사업자"가 수령한 금원은 전항의 대가와 별개로 제0조에 따라 수익을 분배한다.
>
> (3) 본 계약에서 정하지 않은 수익배분에 대해선 "사업자"와 "작가"가 별도 합의서 작성을 통해 추가하는 것을 원칙으로 한다.
>
> (4) "사업자"는 "작가"에게 계약기간 동안 매월 1회 "수익"에 대한 정신자료를 제공하고, 수금 익월 말까지 현금 지급한다.
>
> (5) "작가"는 제공받은 정신자료에 대해 제공받은 날로부터 0일 이내에 이의제기를 할 수 있고, "회사"는 이의제기 받은 날로부터 0일 이내에 이에 대해 소명해야 한다.

● 권리의 귀속

여기서는 유형을 나누어 규정하였다.

1유형 - 권리 양도형

> **제6조 (권리의 귀속)**
>
> 본건 저작물 및 이에 등장하는 캐릭터에 대한 저작재산권(2차적저작물작성권 포함) 기타 제반 권리는 "사업자"에게 양도한 것으로 보아 "사업자"에게 영구히 귀속된다.

2유형 - 권리 유보형

> **제6조 (권리의 귀속)**
>
> (1) 본건 저작물 및 이에 등장하는 캐릭터에 대한 저작재산권은 "작가"에게 있다.
>
> (2) "작가"는 본 계약에 따라 "사업자"에게 본건 저작물의 이용을 허락한다.

3유형 - 권리 공유형

> **제6조 (권리의 귀속)**
>
> (1) 본건 저작물 및 이에 등장하는 캐릭터에 대한 저작재산권(2차적저작물작성권 포함) 기타 제반 권리는 "사업자"와 "작가"가 공동으로 보유한다.
>
> (2) "작가"는 본 계약에 따라 "사업자"에게 본건 저작물 중 "작가" 저작권 부분의 이용을 허락한다.

(3) "사업자"와 "작가"는 저작권법 제15조 제2항 및 저작권법 제48조 제4항에 따라 저작권을 대표하여 행사할 수 있는 자를 "사업자"로 정한다.

제6조는 권리의 귀속 부분인데, 매우 중요한 조항이다.

1유형은 사업자가 권리를 몽땅 갖는 유형이다. 저작권법의 영상사업자의 권리와 유사한 형식이다.

2유형은 작가가 저작권을 보유하고 사업자에게는 이용허락을 하여 이용권만 주는 경우이다. 작가의 권리가 가장 큰 유형이다.

3유형은 작가와 사업자가 권리를 공유하는 형태이다.

꼭 어떤 유형이 좋다고 할 수는 없고, 양자의 합의와 여러 가지 사정에 따라 가장 적절한 형태를 고르면 될 것이다.

매우 간단하게 규정한 사례를 살펴보자(1유형).

제0조 (권리의 귀속)
공급된 콘텐츠의 모든 권리(저작권, 2차적저작물작성권, 이용권 등)는 "사업자"가 "작가"에게 대금 지급을 완료한 시점에서 "사업자"에게 귀속된다.

다른 사례를 살펴보자. 역시 1유형이다.

제0조 (저작권 등)
본 작품은 "사업자"의 기획 하에 "사업자"가 총괄하여 제작하는 저작물로서, "작가"의 본건 결과물에 대한 저작권(2차적저작물작성권 및 캐릭터 등 구성요소 일체 포함)은 "사업자"에게 양도되어 "사업자"에게 귀속한다.

사업자가 모든 권리를 양도받는 다른 사례이다(1유형). 사업자 측에 상당히 강한 권리를 인정하고 있다(제2항 참조). 제3항과 같이 보통 권리의 귀속과 사업화는 한 조항에서 규정하는 경우도 많다.

제0조 (권리의 귀속 등)
(1) "작가"가 "사업자"에게 제공한 본건 콘텐츠 관련 모든 산출물(연출, 스토리, 아이디어, 주제, 텍스트, 제목, 작화 등)의 지적재산권(2차적저작물작성권 포함)과 기타 권리는 "사업자"에게 귀속된다.
(2) "사업자"는 단독으로 본건 콘텐츠를 사용한 2차적저작물, 속편, 스핀오프를 작성하고 본건 콘텐츠 및 이들을 사업화하는 등으로 활용할 수 있다.
(3) "사업자"는 기획 및 사업화 주체로서 본건 콘텐츠를 자유롭게 수정, 보완하거나, 본건 콘텐츠를 바탕으로 "작가" 또는 제3자와 본건 콘텐츠를 이용한 다른 콘텐츠를 개발할 수 있다.

역시 1유형의 다른 사례를 살펴보자.

> **제0조 [저작권 등]**
>
> (1) '작품'에 대한 저작재산권 전부, 2차적저작물작성권, 편집저작물을 작성하여 이용할 권리, '작품' 중 캐릭터에 대한 제반 권리는 '사업자'에게 귀속하고, '작가'는 이를 양도한다.
>
> (2) '작가'는 '사업자'에게 '목적물'이 제3자의 저작권, 초상권, 기타 어떠한 권리도 침해하지 않았음을 보증한다.

다른 사례를 살펴보자. 이는 기본적으로 작가에게 권리가 있는 2유형이다. 하지만 그 경우에도 사업자에게 사업화권을 강하게 인정하고 있다.

> **제0조 (권리의 귀속 등)**
>
> (1) "작품"에 관한 "사업권"은 "사업자"와 "작가"가 공동으로 보유하고, "사업권"을 제외한 "작품"에 관한 일체의 권리는 "작가"에게 유보된다.
>
> (2) "사업자"는 "사업권"을 단독으로 대표하여 행사하며, 전항에 따른 "작품"의 2차적저작물작성권을 독점적으로 대행 또는 대리한다.

다음 사례도 2유형인데, 다소 엉성해보인다.

> **제0조 (권리의 설정)**
>
> (1) 본 저작물의 저작권은 '작가'가 갖는다.
>
> (2) '작가'는 '사업자'에게 본 저작물에 대한 복제, 배포 및 전송에 관한 독점적이고도 배타적인 권리를 부여한다.
>
> (3) 본 저작물이 번역, 각색, 변형 등에 의하여 2차적 저작물로서 사용될 경우에는 그에 관한 이용허락 등 모든 권리는 '사업자'에게 있고, 이때의 계약조건 등은 '사업자'가 결정한다.

다음 사례도 2유형이다. 저작권은 작가가 갖지만, 사업화 권리는 영구히 독점적으로 사업자가 소지한다고 규정하였다.

> **제0조 (저작권 및 사업화 권리)**
>
> (1) 본 계약의 "콘텐츠"에 대한 저작권은 "작가"에게 귀속된다.
>
> (2) "작가"는 본 계약 체결 이후 "사업자"의 사전 서면동의 없이 스스로 또는 제3자와 협력하여 "콘텐츠"와 동일 또는 유사한 일체의 저작물을 기획, 제작하거나 제작에 참여해서는 안 된다.
>
> (3) "사업자"는 "콘텐츠"에 대한 사업화 권리를 영구적으로 독점 보유한다.

다음 사례는 작가와 사업자가 권리를 공유하는 3유형이다. 다만, 이때에도 사업화에 대해서는 사업자에게 강한 권리를 인정하고 있다.

제0조 (권리의 귀속 등)

(1) "작가"가 "사업자"에게 제공한 본건 콘텐츠 관련 모든 산출물의 지적재산권(2차적저작물작성권 포함)과 기타 권리는 "작가"와 "사업자"가 00:00의 지분으로 공유한다.

(2) "사업자"는 단독으로 본건 콘텐츠를 사용한 2차적저작물, 속편, 프리퀄, 시퀄, 스핀오프 등을 작성하거나 사업화하는 등으로 이를 이용할 수 있다.

(3) "사업자"는 기획 및 사업화 주체로서 본건 콘텐츠를 자유롭게 수정, 보완하거나, 본건 콘텐츠를 바탕으로 "작가" 또는 제3자와 본건 콘텐츠를 이용한 다른 콘텐츠를 개발할 수 있다.

(4) "작가"는 제2항, 제3항에 대해서 제1항의 지분에 따른 분배를 청구할 권리를 갖는다. 다만, "작가"는 이에 대해 저작권에 기한 금지청구권을 행사하지 아니한다.

● 2차적저작물작성권 행사 또는 사업화

1유형 - 모든 사업화 가능

제7조 (사업화)

(1) "사업자"는 본건 저작물을 국내/해외 연재, 출판, 배포 등 출판물(전자출판 또는 정보통신망에 의한 출판 포함)로 이용하거나 2차적저작물(영상화, 게임, 캐릭터, 상품, 공연 등)로 만들어 이용하는 권리(이하 "사업권" 또는 "사업화"라고 한다)를 단독으로 행사한다.

(2) "작가"는 본건 저작물의 이용(본건 저작물의 출판, 웹툰 서비스를 포함한 복제, 공중송신, 번역, 각색, 영상물 제작 등 2차적저작물작성 등) 또는 사업화에 관한 결정 및 계약 체결을 "사업자"에게 위임한다. "작가"는 "사업자"가 본건 저작물을 직접 또는 제3자를 통해 사업화할 수 있음에 동의한다.

(3) "사업자"는 "작가"에게 제1항 내지 제2항의 권리 행사를 통한 수익(전체 매출에서 수수료, 세금 등 이용 또는 사업화에 필수불가결한 제반 비용을 공제한 금액을 말한다)에 대하여 ___%를 지급한다. 다만, 이 금액이 "사업자"가 "작가"에게 지급한 제작비를 초과하기 전까지는 수익을 지급하지 아니한다.

(4) "사업자"는 선량한 관리자의 주의의무로 본 조의 역할을 수행하여 수익극대화에 최선을 다하고, 주요 계약 체결시에는 "작가"에게 해당 내용을 미리 알리고 "작가"의 동의를 얻어 진행한다.

2유형 - 웹툰 서비스와 출판만 사업화 가능

제7조 (사업화 및 수익의 배분)

(1) "사업자"는 본건 저작물을 국내/해외 연재, 출판, 배포 등 출판물(전송, 배타적발행 등 정보통신망 또는 전자출판에 의한 서비스를 포함한다)로 이용하는 권리(이하 "사업권"이라고 한다)를 갖고 이를 단독으로 행사한다.

(2) 본건 저작물을 제1항의 이외의 방법(영상화, 게임, 캐릭터, 상품, 공연 등 2차적 저작물로 작성하는 경우를 포함한다)으로 활용하는 경우에는 "사업자"와 "작가"는 별도로 계약을 맺어야 한다. 이때 "작가"는 "사업자"에게 우선협상권을 부여한다.

(3) "사업자"는 "작가"에게 제1항 내지 제2항의 권리 행사를 통한 수익(전체 매출에서 수수료, 세금 등 이용 또는 사업화에 필수불가결한 제반 비용을 공제한 금액을 말한다)에 대하여 ___%를 지급한다. 다만, 이 금액이 "사업자"가 "작가"에게 지급한 제작비를 초과하기 전까지는 수익을 지급하지 아니한다.

(4) "사업자"는 선량한 관리자의 주의의무로 본 조의 역할을 수행하여 수익극대화에 최선을 다하고, 주요 계약 체결시에는 "작가"에게 해당 내용을 미리 알리고 "작가"의 동의를 얻어 진행한다.

제7조는 사업화 규정이다. 기본적으로 이런 웹툰 제작 계약은 사업자의 강한 기획과 투자로 진행되는 경우가 보통이라서, 사업자에게 강한 사업화권을 인정하는 경우가 많다.

1유형은 사업자에게 모든 사업화 권리를 인정한 것이다. 작가에게는 수익분배권을 인정했다. 이런 경우에도 작가 입장에서는 4항처럼 사업자에게 '선량한 관리자의 주의의무'를 부과하고, 주요 사업화 계약 체결시에는 작가의 동의를 얻도록 하는 조항이 좋겠다. 사업자에게 보다 강한 권리를 인정하려면 다음과 같은 형식도 좋겠다: "…주요 계약 체결시에는 "작가"에게 해당 내용을 미리 알리고 "작가"와 협의를 거쳐 진행한다."

2유형은 사업자에게 주로 출판, 전송(배타적 발행)에 대해서만 사업화 권리를 인정한 것이다. 기타 유형의 사업화에는 우선협상권을 부여하도록 했다. 4항에 대해서는 위 설명과 같다.

다만, 위 계약서에서 자세히 규정하지 못한 부분이 하나 있다. 사업자가 제3자를 통해 사업화를 하는 경우와 사업자가 직접 사업화를 하는 경우는 구조와 수익 분배를 달리 생각해야 할 수 있다는 점이다. 예를 들어서 사업자가 제3자를 통해 출판을 하는 경우라면 제3자로부터 들어오는 수입을 그대로 나누면 되지만, 사업자가 직접 출판을 하는 경우라면 작가에게 분배하는 수입을 인세(예. 판매가의 10%)로 하는 것이 맞을 수도 있을 것이다. 이 부분까지 들어가면 계약서가 지나치게 복잡해질 수 있으므로 본서에서는 위 정도의 설명으로 그친다.

다른 사례를 살펴보자. 권리관계는 2유형이고, 사업화는 비교적 투박하지만 핵심적 내용은 들어가 있다.

(0) "사업자"와 "작가"는 공동으로 창작한 웹툰(만화)에 대한 권리를 공동으로 소유하되, 유통 및 출판권은 "사업자"가 국내외적으로 독점적이고 배타적인 권리를 갖는다.

사업자에게 사업화 권리를 인정한 다른 사례인데, 다만 계약기간 내에, 계약의 범위에서 이런 권리를 인정하였기 때문에 계약관계는 깔끔할 것이다.

(0) '사업자'는 '작가'가 제공한 본건 작품을 계약지역 내에서 계약기간 동안 '서비스' 및 '유통'을 할 수 있는 독점적인 권리를 가진다.

비교적 전형적인 다른 사례를 살펴보자.

> **제0조 (사업권의 설정)**
> "작가"는 "저작물"에 대한 디지털 판매 및 유통, 서적의 인쇄 출판, 그외의 2차적저작물에 대해 제3자에게 라이선스(license)할 수 있는 권한 또는 직접 사업화할 수 있는 권한을 "사업자"에게 독점적으로 부여한다.

다른 사례를 살펴보자. 사업화 영역을 나눠서 일부는 합의를 하고, 나머지는 우선협상권을 부여하는 식으로 한 점이 특이하다.

> **제0조 ('콘텐츠'의 사업화에 따른 권리와 책임)**
> (1) '작가'는 '사업자'에게 제0조에 기재한 항목 중 선택한 항목에 대하여 계약 체결일로부터 연재 종료 후 0년간 독점적으로 이용하도록 허락한다.
> (2) '작가'는 '사업자'에게 전항에서 선택되지 않거나 기재되어 있지 않은 권리에 대하여 '우선협상권'을 부여한다.

다른 사례를 살펴보자. 납품물에 대해서는 작가가 단독 권리를, 최종 결과물에 대해서는 작가, 사업자가 권리를 공유하면서 사업자가 사업화 주체로 역할을 하도록 했다. 작가에게도 상당한 권리를 인정하면서 사업자의 사업화도 보장하고 있다고 보인다.

> **제0조 (저작권 등)**
> (1) '사업자'에게 제공하는 '작품'에 대한 저작권은 '작가'에게 있고, '최종 작품'에 대한 저작권은 '사업자'와 '작가'에게 공동으로 귀속된다.
> (2) '사업자'는 '최종 작품'의 저작권 대표행사자 및 사업화 주체로서 '최종 작품'을 이용하여 2차적저작물 등을 개발하고 사업화할 수 있는 독점적이고 배타적인 권리를 가지고, '작가'는 이를 확인한다.
> (3) '작가'는 '최종 작품'의 사업화 또는 2차적저작물 개발시 원활한 이용 등 목적을 위해 '작품'의 내용, 형식, 제호가 변경될 수 있음을 양해한다.

다른 사례를 살펴보자. 사업자 측에 사업화권을 인정하고 있으나, 일부에 대해서는 작가에게 권리를 인정하고, 주요 계약은 작가의 동의를 받아야 하는 등 양자간 균형이 있는 입장이다.

> **제0조 (2차 저작권의 위임 및 수익 배분)**
> ① '작가'는 '본 작품'의 2차적저작권작성에 대한 권리를 계약일로부터 연재 종료 후 0년간 '사업자'에게 위임한다.
> ② '본 작품'에서 파생된 상품, 영화, 연극, 드라마, 애니메이션, 게임 등 2차적저작권에 관련된 수익의 배분은 '작가'와 '사업자'가 00:00의 비율로 나눈다.

③ '사업자'는 2차적저작권과 관련된 진행상황을 정리하여 사전에 '작가'에게 알려야 하며, 계약 체결을 진행하기 전에는 반드시 '작가'와 상호 합의해야 한다.

● 부수(관련) 저작물

제8조 (부수저작물의 창작)

(1) "사업자"는 "작가"와 함께 또는 제3자를 통하여 본건 저작물의 전편/후편, 속편, 후속시즌, 스핀오프, 리메이크를 제작할 수 있다.

(2) "사업사"와 "삭가"는 전항의 경우 별도의 계약을 체결한다.

본 조항은 부수(관련) 저작물에 관해서 규정했다. 전편/후편(프리퀄 등), 속편, 스핀오프, 리메이크는 다른 조항과 함께 규정하는 경우도 많지만, 단순히 '2차적저작물'이라고만 규정한다면 이에 포함되는지에 대한 반론이 있을 수 있다. 따라서 이렇게 별도 규정으로 정하는 것이 좋을 것 같다.

2차적저작물작성권이 사업자에게 양도된 것으로 계약서가 구성된 '구름빵' 사건에서도 이러한 쟁점이 문제가 되었는데, 결론적으로 말하면 사업자가 이러한 관련 저작물도 만들 수 있다는 취지로 결론이 났다. 이에 대해서는 본 책의 '공통조항' 부분에서 보았다.

아래 사례에서는 사업자가 속편, 스핀오프, 리메이크에 대해 우선협상권, 최종거절권을 가지는 것으로 했다.

(0) "사업자"는 본 계약에서 규정한 내용 외에 본건 작품의 속편 및 스핀오프, 리메이크에 관한 투자·제작을 할 수 있는 우선협상권과 최종거절권을 가진다. 그에 대한 결정이 이루어질 경우 그 조건은 별도의 문서 합의로 정한다.

다른 사례를 살펴보자. 사업자에게 상당히 강한 권리를 인정하고 있다. 다만, 계약 종료 사유를 묻지 않고 사업자에게 이런 권리를 인정하는 것은 다소 불공정해 보인다.

(1) '작가'가 본 저작물 이후의 추가 시즌을 저작하지 않게 된 경우 또는 '사업자'가 본 저작물의 추가 내용을 제작하려는 경우, '사업자'는 '작가'의 동의 없이 '사업자'의 재량으로 본 저작물을 기반으로 한 추가 시즌 및 추가 분량을 제작할 수 있다.

(2) 전항의 경우, '사업자'는 추가 시즌 및 추가 분량의 원고를 저작할 저작자 선정 등 추가 시즌 및 추가 분량의 제작에 필요한 일체의 행위를 할 수 있고, '작가'는 추가 제작되는 추가 시즌 및 추가 분량에 대하여 어떠한 권리도 행사하지 아니한다.

● 계약기간

제9조 (계약기간)

(1) 본 계약의 계약기간은 본건 저작물의 서비스(연재) 종료 후 0년으로 한다.

(2) "사업자"는 본 계약의 계약기간 동안 본건 저작물을 본 계약에 따라 이용할 수 있다.

(3) "사업자"와 "작가"는 계약 종료 30일전까지 합의하여 본 계약을 연장할 수 있다.

제9조 (계약기간)

(1) 본 계약의 계약기간은 기간 제한이 없는 것으로 한다.

(2) "작가"는 본 계약에 따라 "사업자"으로부터 수익 분배를 받는다.

본 조항은 계약기간 조항이다.

사업자의 강한 권리를 인정한다면 계약기간은 무제한으로, 작가는 수익분배를 받는 쪽이 맞겠다(2유형). 계약기간을 한정하면 작가에게 상당한 권한을 인정하게 된다(1유형).

아래 사례에서는 자세한 규정을 두고 있는데, 계약기간은 정해져 있지만, 기간 종료 시 작가와 사업자는 저작권을 공동으로 소유하고, 사업자가 사업권을 갖는 결론이 된다.

제0조 (계약기간)

(1) 본 계약의 기간은 연재 완료일로부터 0년으로 한다. 다만, 계약이 종료되어도 관련수익이 발생시 '사업자'는 본 계약에 따라 '작가'에게 수익을 분배해야 한다.

(2) "작가"와 "사업자"는 계약 만료 0개월 이전까지 계약 조건 변경 또는 계약 해지에 대해 상의하여 계약 기간을 연장하거나 계약을 해지한다. 다만 위 기간까지 해지 합의가 없을시 본 계약은 0년씩 자동 생신된다.

(3) 본 계약이 종료되었을 시, "작가"와 "사업자"는 본 저작물을 공동으로 소유하며, 본 저작물에 대한 유통 및 출판권은 "사업자"가 독점적이고 배타적으로 가진다.

다른 사례를 살펴보자. 계약의 다른 조건은 효력을 잃더라도, 수익분배를 받을 권리는 영구히 한다는 취지이다.

제0조 (계약기간)

(1) 본 계약의 계약기간은 본 계약체결일로부터 0년으로 한다. '작가'와 '사업자'는 계약기간 종료일 0개월 전까지 합의하여 계약의 연장 또는 종결을 결정한다.

(2) 전항에 따른 계약기간 종료에도 불구하고, "콘텐츠"에 대한 수익배분 권리기간은 "콘텐츠"의 저작권 소멸시까지로 한다.

아래 사례는 작가가 중간에 저작을 중단한 경우인데, 해당 부분의 대가를 지급한다는 것이어서 무난해 보인다.

> (0) '작가'가 제0조에 따른 저작 의무를 달성한 후 '사업자'의 동의 하에 본 저작물의 저작을 중단한 경우, '사업자'는 '작가'가 본 계약의 이행을 완료한 것으로 보고 '작가'에게 본 계약에서 정한 바에 따라 수익을 배분한다. 단, '사업자'가 '작가'에게 수익 배분하는 범위는 '작가'가 창작하여 '사업자'에게 제공한 완성 원고의 회차로 한정한다.

● 저작인격권

제10조 (저작인격권 등)

(1) "사업자"는 본건 저작물에 "작가"의 성명을 표시하여야 한다. 다만, 그 구체적인 방법은 "사업자"가 "작가"와 협의하여 정하고, 협의에 따라 이를 생략할 수도 있다.

(2) "작가"는 본건 저작물의 2차적저작물 개발 또는 사업화시 원활한 사업화 등 목적을 위해 내용, 형식, 제호가 수정, 변경될 수 있음을 양해한다.

(3) "사업자"의 귀책사유가 아닌 사유로 본 계약이 종결되거나 "작가"가 본건 저작물의 추가 저작을 포기할 경우, "사업자"는 제3자와 본건 저작물의 창작 계약을 체결할 수 있고, "작가"의 본건 저작물을 이용하여 새로운 저작물을 창작할 수 있으며, 이 부분에 대해서 "사업자"는 "작가"에 대한 수익 분배 의무가 없다.

제10조는 저작인격권 규정이다.

제1항은 성명표시권 조항이다.

제2항은 동일성유지권 조항인데, 본 계약의 특성상 사업화에 따라서 동일성유지권이 일부 제한될 수 있을 것이다.

제3항은 사업자 귀책 사유가 아닌 사유로 계약이 종결되거나 작가가 자발적으로 추가 저작을 포기할 경우 사업자가 제3자를 시켜서 작품의 추가 제작을 할 수도 있다는 것이다.

다른 사례를 살펴보자. 본 계약서의 성격상 제2항과 같은 내용이 보통인 듯하다.

제0조 (저작인격권 등)

(1) "사업자"는 본건 작품을 포함하여 "작가"가 참여한 작업 혹은 작업물에 "작가"가 요구하는 실명 혹은 필명을 사용하여야 한다.

(2) 본건 작품의 성격 및 원활한 사업화를 위하여, "사업자"는 "작가"의 본건 작품 내용을 "사업자"의 판단에 따라 수정, 변형하거나 편집하여 적절하게 이용할 수 있다.

(3) "사업자"는 본건 작품을 홍보, 유통함에 있어 "작가"의 명예를 훼손하여서는 아니 된다.

● 관리조항

이하의 내용은 관리조항(일반조항)이므로 문제가 되는 조항을 뺀 나머지는 앞에서의 설명으로 대신한다.

제11조 (정산 등)

(1) "사업자"는 본 계약에 따른 매출을 현실로 수령한 날이 속한 달로부터 익익월 말일까지 매월 "작가"에게 수익을 지급한다. 이때 "사업자"는 "작가"에게 수익 분배의 계산 내역이 적힌 정산서를 지급한다.

(2) "사업자"는 본건 저작물의 사업화에 관한 장부 및 자료를 별도로 유지한다.

(3) "작가"가 본건 저작물의 전체 매출, 수익, 분배 등에 관한 자료에 대하여 열람 또는 확인을 요청할 경우 "사업자"는 지체 없이 이를 제공하여야 한다.

제12조 (보증)

(1) '작가'는 본건 저작물의 저작권자로서 적법한 권리를 보유하고 있으며, 본건 저작물이 타인의 저작권 기타 지적재산권, 명예, 프라이버시를 침해하지 않는 것을 포함하여 대한민국의 법령에 위배되지 않는 것을 보증한다.

(2) '작가'가 본조를 위반하여 제3자로부터 이의제기가 있거나 분쟁이 발생할 경우 이에 대한 모든 책임을 지고 '사업자'를 면책시켜야 한다.

제13조 (비밀유지)

각 당사자는 본 계약의 내용 및 이 계약과 관련하여 알게 된 상대방에 관한 일체의 사항을 제3자에게 공개하거나 누설하지 아니한다. 본조의 의무는 본 계약 종료 이후에도 효력을 가진다.

제14조 (계약의 해지 등)

(1) 각 당사자는 상대방이 본 계약을 위반한 경우 시정을 요구하고 14일 이내에 시정되지 않는 경우 계약을 해제 또는 해지할 수 있다.

(2) 본 계약을 위반한 자는 이로 인한 상대방의 일체의 손해를 배상하여야 한다.

제15조 (기타 사항)

(1) 각 당사자는 상대방의 사전 서면동의 없이 본 계약상의 지위 또는 권리의무를 제3자에게 양도하거나 이전할 수 없다.

(2) 본 계약은 서면 합의로만 수정이나 변경을 할 수 있다.

(3) 본 계약과 관련하여 분쟁이 발생한 경우 당사자의 상호 협의에 의한 해결을 모색하되, 분쟁에 관한 합의가 이루어지지 아니한 경우에는 민사소송법상 관할법원을 제1심 관할법원으로 하여 분쟁을 해결하기로 한다. 다만, 그 이전에 한국저작권위원회 조정을 거칠 수 있다.

"사업자"와 "작가"는 위 사실을 증명하기 위해 계약서를 2부 작성하여 날인 후, 각 1부씩 보관한다.

_____년 ___월 ___일

"작가"　　　　　　　　　　　　　**"사업자"**

성　　　명 :　　　　　　　　　　　상　　　　　호 :

생년월일 :　　　　　　　　　　　사 업 자 번 호 :

주　　　소 :　　　　　　　　　　　주　　　　　소 :

기명날인 : _____(인)　　　대　　표　　자 : _____(인)

기타 추가로 생각해 볼 조항

이하에서는 기타 계약서에 추가를 고려해 볼 만한 조항을 살펴본다.

사업 전반에 대한 사업자의 강한 권한을 인정한 사례를 살펴보자. 사업자가 작품의 개발 중단을 결정하면 금전은 작가에게 모두 귀속하되 작가의 작업 결과물은 사업자에게 권리가 귀속되는 것으로 했다.

제0조 (작품 진행에 관한 결정권 등)

(1) 본 작품의 제작 여부, 예산의 확정, 변경, 집행, 참여인력의 결정, 작품의 유통 등을 포함한 본 작품의 제반 의사결정 권한은 '사업자'에게 있다.

(2) '사업자'는 본 작품에 대한 기획 개발 중단을 결정할 수 있다. '사업자'가 기획개발을 중단하기로 결정한 경우 즉시 작가에게 그 사실을 통지하여야 하며 '작가'가 사업자의 통지를 수령한 날에 본 계약은 종료된다.

(3) 전항의 사유로 본 계약이 종료된 경우 '작가'는 계약 종료일까지 지급받은 금원을 반환할 의무가 없고, '작가'가 '사업자'에게 제공한 모든 용역(아이디어, 제안, 주제, 플롯, 스토리, 캐릭터 등 포함)의 결과물은 '사업자'에게 귀속된다.

아래 사례에서는 작가 측 귀책사유로 계약이 해지되는 경우 작가는 받은 대가의 일정 비율을 반환하도록 했다.

"작가"의 귀책사유 혹은 개인사정으로 계약이 해지되거나 작가가 변경되는 경우 "작가"는 "사업자"로부터 기지급받은 회당 제작금액의 00%을 해지일로부터 00일 이내에 "사업자"에게 반환한다.

1   윤영환·임애리·김성주·신하나, "웹툰 작가에게 변호사 친구가 생겼다", 바다출판사(2020), 101면.

2   사단법인 한국만화가협회, "만화·웹툰 공정계약 가이드", 사단법인 한국만화가협회(2019), 27면.

참고용 계약서 내려받기
(QR코드 스캔 ▼)

제9장
매니지먼트위임계약서

모롱 작가는 연재하는 것도 쉽지 않은데 가끔씩 모롱 작가의 만화, 웹툰을 쓰고 싶다는 곳에서 연락이 와서, 자신의 만화, 웹툰을 혼자 관리하기는 힘들 것 같아 이전부터 알던 '씨앤웹 에이전시'의 주 대표님을 만나 에이전시가 어떤 일을 하는지 이야기를 들어보았다.

이런저런 이야기를 즐겁게 한 다음 매니지먼트 계약서도 이메일로 받았다. 자, 한번 계약서를 살펴볼까?

제가 에이전시가 좀 필요한데요. 혹시 어떻게 계약을 하면 될까요?

모롱 작가 ◀▶ 씨앤웹 에이전시

매니지먼트 위임 계약서란 어떤 것일까?

본 계약은 작가(위임인)가 자신의 저작물의 저작권 권리 행사를 위임하고, 사업자(수임인. 에이전시)가 이를 위임받아 처리하는 내용의 계약서이다.

"저작권대리중개업"은 저작재산권자, 배타적발행권자, 출판권자, 저작인접권자 또는 데이터베이스제작자의 권리를 가진 자를 위하여 그 권리의 이용에 관한 대리 또는 중개행위를 하는 업을 말하는데(제2조 제27호), 이 계약에서 사업자는 작가의 저작물 대리중개업을 하는 것이다.

이러한 매니지먼트 업무를 하는 곳은 에이전시 또는 매니지먼트사라고 한다. 한국만화가협회 자료에서는 다음과 같이 분류를 하고 있다.[1] 다만, 오늘날 엄밀한 구분이 이루어지지는 않는 상태에서 용어가 혼용되는 것 같다.

에이전시	협의	작가의 작품을 유통하는 업체
	2019년 현재	사내 스튜디오를 설립, 작품의 기획 및 제작에 관여하거나 작품의 IP사업을 위해 창작자에게 직접 투자하기도 함
매니지먼트사	작가의 작품 활동과 그 밖의 부가가치를 낼 수 있도록 활동을 지원/ 관리하는 업체 (전속계약, 작가 활동 지원 등)	

웹툰 관련 산업이 커지면서 에이전시의 역할이 커지고 있어 본 계약 역시 중요한 계약서이고, 사실 웹툰 초기에는 바로 이 에이전시 계약이 문제가 많았다.

최악의 에이전시 계약의 경우는, 수년 계약기간의 매니지먼트 위임계약을 체결하면서 (대가도 없이) 저작권을 양도받는 경우까지 있었다. 황당한 일이지만, 실제로 있었던 사례이다.

매니지먼트 위임 계약서는 어떤 구조일까?

에이전시는 작가의 작품에 대한 권한을 위임받아서, 제3자와 작품의 이용에 관한 계약을 체결한다. 에이전시의 계약상 의무는 '선량한 관리자의 주의의무'라는 민법상 위임 계약의 의무를 내용으로 한다. 에이전시는 활동 과정을 작가와 공유하여야 하고, 제3자와 협상이 진행될 때에는 제3자의 제안 내용 및 협상의 진행과정을 통지하여야 하며, 제3자와 계약을 체결할 때에는 작가의 동의를 얻어야 한다.

독점적 계약이므로, 작가는 본 계약 체결 이후 해당 위임 범위에서는 제3자에게 저작물을 이용하게 하거나 기타 계약 등을 하여서는 아니 된다. 즉, 작가 본인이 또는 다른 사람을 통한 저작권 행사를 할 수 없고, 모두 에이전시를 통해서 권리 행사를 해야 한다.

에이전시의 활동에 따라 생기는 대가에 대해 에이전시는 일정한 수수료를 받는다.

계약서를 조문별로 살펴보자

문화체육관광부가 배포하는 표준계약서에 수록된 '매니지먼트 위임 계약서(저작재산권 위임 계약서)'는 아래와 같다.

● 계약서 제목, 전문, 당사자

매니지먼트 위임 계약서

저작권자 ＿＿＿(이하 '저작권자'라고 한다)와(과) 수임인 ＿＿＿(이하 '수임인'이라고 한다)는(은) 아래의 저작물에 대하여 다음과 같이 저작재산권 위임 및 수임 계약을 체결한다.

저작물의 표시
제호(가제) :

이 계약에서도 '특정 작품'에 대한 위임을 내용으로 하고, 목적물이 특정되지 않는 것은 작가 입장에서 바람직하지 않다.

그런데 원래 매니지먼트 위임계약서는 특정 작품이라기보다는 어느 작가의 매니지먼트를 수행하는 것이 일반적인 것 같다(가수나 배우의 전속계약을 보라).

그래서 표준계약서의 이러한 형식이 적절한지는 다소 의문이 있지만, '작가의 모든 작품'에 대한 위임계약을 체결하는 경우에는 '포괄적 대리'가 되지 않도록 유의해야 한다.[2]

'포괄적 대리'는 저작권법상 '신탁'으로 보는데(제2조 제26호), 신탁업을 하려면 정부의 허가를 얻어야 하고, 무허가로 신탁관리업을 하면 형사처벌도 받을 수 있다.

● 목적

제1조 (이 계약의 목적)

이 계약은 저작권자가 대상 저작물에 대한 저작재산권 중 이 계약에서 정하는 권리의 행사를 수임인에게 약정한 기간 동안 위임하기 위해 체결된다.

계약의 목적 및 개요를 규정한다.

● 정의

제2조 (정의)

1. "대상 저작물"은 위에 표시한, 이 계약의 목적이 되는 저작물을 말한다.
2. "복제권"은 대상 저작물을 인쇄·사진촬영·복사·녹음·녹화 그 밖의 방법으로 일시적 또는 영구적으로 유형물에 고정하거나 다시 제작할 권리를 말한다.
3. "공연권"은 대상 저작물을 상연·연주·가창·구연·낭독·상영·재생 그 밖의 방법으로 공중에게 공개(동일인의 점유에 속하는 연결된 장소 안에서 이루어지는 송신(전송을 제외한다)을 포함한다)할 권리를 말한다.
4. "공중송신권"은 대상 저작물을 공중이 수신하거나 접근하게 할 목적으로 무선 또는 유선통신의 방법에 의하여 송신하거나 이용에 제공할 권리를 말한다.
5. "전시권"은 대상 저작물의 원본이나 그 복제물을 전시할 권리를 말한다.
6. "배포권"은 대상 저작물의 복제물을 공중에게 대가를 받거나 받지 아니하고 양도 또는 대여할 권리를 말한다.
7. "대여권"은 판매할 목적으로 만들어진, 대상 저작물이 수록된 매체 또는 디지털 데이터를 영리를 목적으로 대여할 권리를 말한다.
8. "2차적 저작물 작성권"은 대상 원저작물을 번역, 편곡, 변형, 각색, 영상제작 그 밖의 방법으로 작성한 창작물 등을 제작할 수 있는 모든 권리를 말한다.
9. "공중"은 불특정 다수인(특정 다수인을 포함한다)을 말한다.
10. "전송(傳送)"은 공중송신 중 공중의 구성원이 개별적으로 선택한 시간과 장소에서 접근할 수 있도록 저작물 등을 이용에 제공하는 것을 말하며, 그에 따라 이루어지는 송신을 포함한다.
11. "방송"은 공중송신 중 공중이 동시에 수신하게 할 목적으로 음·영상 또는 음과 영상 등을 송신하는 것을 말한다.

본 계약서에서도 정의 규정을 두고 있는데, 대부분 저작권법의 내용을 반복한 것이라 꼭 필요한지는 다소 의문이다.

● 권리의 설정(양자의 권리)

제3조 (위임의 범위)

저작권자는 대상 저작물에 관하여 다음에 해당하는 권리의 행사를 수임인에게 이 계약의 기간 동안 위임한다.

저작재산권의 종류	포함 여부(○ 또는 ×)	기간
복제권		
공연권		
공중송신권		
전시권		
배포권		
대여권		
2차적저작물작성권		

본 조에서는 위임의 범위를 정하도록 했다.

매니지먼트 계약에서는 상당히 넓게 위임 범위를 정하는 것이 보통인데 여기서는 개별 권리별로 위임의 포함 여부와 기간을 정하도록 하였는바, 작가를 보호하기 위한 취지의 규정으로 생각된다.

다만, 위와 같이 저작권의 권리(복제권, 공연권⋯)를 중심으로 구분하는 것보다는, 위임하는 사업 분야(영상, 게임, 출판⋯)를 중심으로 규정하는 것이 알기 쉽고 현실에 부합하지 않을까 싶다.

아래 사례도 참고해 볼 만하다. 사업자 측에 비교적 강한 권한을 인정하고 있다.

제0조 매니지먼트 권한

① '작가'는 '사업자'에게 본 저작물의 모든 수익 창출 사업과 관련된 제0조의 업무에 대해 독점적이고 배타적으로 매니지먼트 업무를 영위할 수 있는 권한을 부여하고, '사업자'는 '작가'로부터 부여받은 매니지먼트 권한을 적법하게 보유하고 행사한다.

② '사업자'가 매니지먼트 권한을 행사하는 지역적 범위는 대한민국을 포함한 전 세계로 한다.

③ '작가'는 본 계약기간 동안 사업자의 사전 승인 없이 스스로 또는 제3자를 통하여 본 저작물의 유통, 수익 창출 행위 또는 제1항의 작가의 매니지먼트 업무를 영위할 수 없다.

아래 사례에서는 다소 뭉뚱그려서 규정하고 있다.

(0) "작가"는 "사업자"가 발행한 작품 "000"(이하 "본 작품"이라 함)의 드라마 판권 판매 및 캐릭터, 기타 제반 부가사업에 대한 대행 업무를 "사업자"에게 독점적으로 일임한다.

다른 사례를 살펴보자. 여기서는 항목별로 분류를 하고 있다.

> "작가"와 "사업자"가 합의하는 매니지먼트 권한은 아래와 같다.
> (1) 출판할 수 있는 권리, 전자책 등 디지털파일로 제작하여 유통할 수 있는 권리, 오디오북을 제작하여 유통할 수 있는 권리, 플랫폼·게시판에서의 전송권·복제권 등에 관한 대리중개권
> (2) 애니메이션, 드라마, 영화 등 영상물을 제작하여 유통할 수 있는 권리, 게임을 제작하여 유통할 수 있는 권리, 만화를 제작하여 유통할 수 있는 권리, 물품을 제작하여 유통할 수 있는 권리 등의 2차적저작물작성에 관한 대리중개권
> (3) 제1 내지 2항을 위하여 작품을 다른 언어로 번역할 수 있는 권리에 관한 대리중개권
> (4) 당사자간 별도 합의를 통해 정한 기타 권한

● 권리 의무의 설정

제4조 (저작권자와 수임인의 의무)

① 저작권자는 대상 저작물의 저작재산권 위임 이후, 그 제호 및 내용과 동일 또는 유사한 저작물을 제3자에게 이용하게 하거나 기타 설정계약 등을 하여서는 아니 된다.

② 저작권자와 수임인이 합의한 대상 저작물의 저작재산권 이용 계획은 이 계약서 별지 1과 같다. 수임인은 이 별지에 기재된 이용 계획을 준수할 계약상 의무가 있다.

③ 수임인은 이 계약의 내용에 따라 선량한 관리자의 주의로서 위임사무를 처리하여야 한다.

④ 수임인은 저작권자에게 이 계약에 따라 행사되는 대상 저작물의 저작재산권 행사 과정을 항상 공유하여야 하며, 제3자와 협상이 진행될 때에는 제3자의 제안 내용 및 협상의 진행 과정을 저작권자에게 통지하여야 한다.

⑤ 수임인이 대상 저작물에 대해 제3자와 계약을 체결할 때에는 반드시 저작권자의 사전 서면 동의를 얻어야 한다.

⑥ 수임인은 저작권자의 사전 서면 동의 없이 수임인 또는 수임인의 직원 이외의 제3자로 하여금 수임인을 갈음하여 이 계약에 따른 사무를 처리하게 하지 못한다.

⑦ 수임인이 이 계약에 따른 사무를 처리하면서 저작권자를 위하여 자기의 명의로 권리를 취득한 경우, 이를 저작권자에게 이전하여야 한다.

이 조항은 매우 중요한 조항이다.

제1항에서는 작가가 사업자에게 독점적인 권리를 주었다. 따라서 작가는 본 계약 체결 이후 해당 위임 범위에서는 제3자에게 저작물을 이용하게 하거나 기타 계약 등을 하여서는 아니 된다(제4조 제1항). 즉, 모두 에이전시를 통해서 권리 행사를 해야 함이 핵심이다.

제2항은 사업자가 저작권 이용계획을 첨부하도록 하였다. 실제로 이런 계획까지 첨부한 계약서는 드문 것 같지만, 작가 입장에서는 바람직한 조항이다.

제3항에서 사업자는 '선량한 관리자의 주의의무'를 다하도록 했다. 이는 '의무자의 직업, 그

자가 속하는 사회적·경제적인 지위 등에서 일반적으로 요구되는 정도의 주의를 다하는 의무'를 말한다. 즉, 그런 직업에서 일반적으로 요구되는 주의를 해야 하는 의무를 말한다. (한편, '자신 재산과 동일한 주의의무'는 이것보다 약한 의무이다.) 매니지먼트 계약서에는 이 조항을 꼭 넣도록 함이 좋겠다.

제4항도 중요하다. 사업자는 저작재산권을 어떻게 행사하는지 공유해야 하고, 제3자와 협상이 진행될 때는 그 내용을 통지하도록 하였다.

제5항도 사업자가 저작물에 관한 계약을 할 때 '동의'를 얻도록 한, 매우 중요한 조항이다. 이런 조항이 없으면 사업자가 자신 마음대로 계약 상대방을 고르고 마음대로 계약을 체결해도, 즉 사업자가 횡포를 부려도 작가가 제어하기 힘들다. 또한 실제 그런 사례도 많이 있다.

제6항은 사업자(에이전시)가 직접 사무를 처리해야지 다른 사람에게 맡겨서는 안 된다는 것이다. 같은 취지로 제14조에서는 '수임인은 저작권자로부터 수임한 저작재산권의 범위 내에서 이 계약의 잔여기간 내의 기간 동안 제3자에게 그 전부 또는 일부를 다시 위임할 수 있다. 그러나 사전에 저작권자의 서면 동의를 받아야 한다.'라고 규정하고 있다. 작가는 사업자의 능력과 신뢰를 보고 내 작품 관리를 맡겼는데 이를 함부로 제3자에게 돌린다면 계약을 한 취지에 크게 반하게 된다.

제7항에서는 사업자가 사무를 처리하면서 권리를 취득한 경우 자신이 권리자가 되어서는 안 되고, 작가에게 권리를 이전하도록 하였다.

여기서 핵심적 부분은 사업자가 에이전시 역할을 함에 있어서 제3자와 계약 체결시 작가의 동의를 받아야 하는지 여부이다.

아래 사례는 어떨까? 뒤에서 자세히 보겠지만(III장 참조) '협의'만을 받도록 한다면 '동의', '합의'는 필요가 없다. 따라서 작가 입장에서는 이 부분을 '합의'로 고치도록 한다.

제0조 (의무와 권한)

(2) '사업자'는 '작가'와의 협의 없이 전항의 계약을 하여서는 아니 된다.

아래 사례에서도 사업자의 권리의무가 다소 간략하게, 뭉뚱그려서 규정되어 있는 듯하다. 이 경우도 '상의하여 최선을 다하는' 정도라면, 작가의 동의까지는 필요 없다고 보인다.

제0조 (권리와 의무)

(1) "사업자"는 "작가"의 에이전시로 적극적인 마케팅과 부가사업화에 대한 권리와 의무를 성실히 이행한다.

(2) "작가"는 "사업자"가 에이전시 업무를 잘 수행할 수 있도록 부가사업 진행시 "사업자"와 상의하여 최선을 다한다.

(3) "사업자"가 본 저작물을 가공하여 발생한 부가사업의 매출액은 "사업자"와 "작가"가 00:00으로 배분한다.

아래 사례도 사업자가 단독으로 결정할 수 있고, 작가의 동의까지 받을 필요는 없다고 보인다.

> **제0조 ("사업자"의 권한과 의무)**
> (1) "사업자"는 본 계약에 따라 제0조에 기재한 이용사업에 관한 권한과 의무를 가진다.
> (2) "사업자"는 "작가"를 대리하여 본건 이용사업에 관한 계약의 조건과 이행방법 등을 협의 및 조정하여 관련 계약을 체결할 권한을 가진다.

아래 사례도 마찬가지이다.

> "사업지"는 전항에 따라 "작가"에 관한 "에이전시 활동"을 하고, 그와 관련된 일체의 업무을 수행할 수 있는 권한을 가진다. 이러한 권한에는 "작가"를 대리하여 관련 계약을 체결, 변경, 취소, 해지 등을 할 수 있는 권한이 포함되며, "사업자"는 계약의 내용 및 조건, 계약상대방, 이행방법 등 계약의 주요내용을 결정하고, 계약상대방과 교섭할 수 있으며, 이를 위해 필요한 제반 행위를 할 수 있다.

아래 사례에서도 작가의 동의는 필요 없을 듯하다.

> "사업자"는 라이선싱 계약에 앞서 계약의 주요사항을 "작가"에게 통보하고, 협의하여 결정하며, "작가"는 특별한 사정이 없는 한 "사업자"의 결정을 존중한다.

반면 작가의 동의를 얻도록 한 사례들을 보자.
아래 사례에서는 작가의 동의를 얻도록 명확히 규정했다.

> "사업자"는 해당 작품의 2차 저작물 사업화에 계약을 체결할 때에는 반드시 "작가"의 사전 서면 동의(e메일 포함)를 얻고 계약서를 교부한다.

아래 사례도 마찬가지다.

> (0) "사업자"는 제1항에 따라 에이전시 활동을 수행할 수 있는 권한을 가진다. "사업자"는 "작가"를 대리하거나 "사업자"의 명의로 관련 계약을 체결, 변경, 취소, 해지 등을 할 수 있다. "사업자"는 계약의 내용 및 조건, 계약 상대방, 이행방법 등 계약의 주요내용을 "작가"와 사전 합의하여 결정하고, 계약상대방과 교섭할 수 있으며, 이를 위해 필요한 제반 행위를 할 수 있다.

아래 사례도 작가의 동의를 얻도록 했다.

> (0) '사업자'는 2차 저작물 사업을 진행하면서, 진행 사항을 '작가'에게 보고하고, 최종적인 계약을 할 때에는 '작가'의 동의를 반드시 얻어야 하며 수익은 '작가'와 '사업자가 각각 0:0로 배분한다.

참고로, 가수, 연기인의 표준전속계약서에서는 약간 다르게 규정한다. 즉, 항상 동의를 얻어야 한다고 규정하지 않았고, '급박한 사정이 없는 한 사전에 설명을 하고', '명시적 의사표시에 반하는 계약을 체결하지 않고', '계약기간 이후에도 효력을 미치는 계약을 체결하는 경우에는 동의를 얻도록' 하였다.

따라서 본 만화 분야 표준계약서가 보다 권리자를 보호하는 취지이다.

> **제5조 (갑의 매니지먼트 권한 및 의무 등)**
> ① 갑은 이 계약에 따라 을에 대하여 다음 각 호의 매니지먼트 권한 및 의무를 가진다.
>   2. 제4조 제1항의 연예활동을 위한 계약의 교섭 및 체결
> ② 갑은 을을 대리하여 제3자와 을의 연예활동에 관한 계약의 조건과 이행방법 등을 협의 및 조정하여 계약을 체결할 권한을 가지는데, 그 대리권을 행사함에 있어 갑은 을의 신체적, 정신적 준비상황을 반드시 고려하고, 급박한 사정이 없는 한 미리 을에게 계약의 내용 및 일정 등을 사전에 설명하며, 또 을의 명시적인 의사표명에 반하는 계약을 체결할 수 없다.
> ③ 갑은 을의 연예활동과 관련하여 계약기간 이후에도 효력을 미치는 계약을 교섭·체결하기 위해서는 을의 동의를 얻는다.

아래 사례에서는 사업자(에이전시)와 무관하게 작가가 독립적으로 활동하여 발생하는 계약에 대해서 에이전시 역할을 인정하지 않고 있는바, 작가에게 다소 유리하겠다.

> (0) "작가"와 "사업자"의 에이전트 계약(이하 "본 계약"이라 한다) 체결 시점 이전에 "사업자"와 무관하게 "작가"가 독자적으로 진행한 계약이나 업무, 그리고 본 계약 체결 시점 이후에 "사업자"의 에이전트 활동과는 무관하게 "작가"의 독자적인 활동에 의해 발생하는 계약과 업무에 대해서는 "사업자"는 개입하지 않기로 한다.

● 계약기간

> **제6조 (위임의 종료시점)**
> ① 이 계약에 따른 위임은 _____에 종료된다.
> ② 저작권자와 수임인은 부득이한 사유가 발생하지 않는 한 상대방이 이 계약에 따라 부담하는 채무를 불이행하는 경우, 또는 이 계약에서 규정한 계약해지사유가 발생하는 경우 이외에는 이 계약 기간이 종료되기 전에 계약을 해지할 수 없다.

계약의 계약기간을 정하고 있다.

다만, 민법상 위임은 각 당사자가 언제든지 해지할 수 있고, 다만 부득이한 사유 없이 상대방이 불리한 시기에 계약을 해지한 경우 그 손해를 배상하도록 한 데 반하여(민법 제689조 제1항, 제2항), 본 계약에서는 계약기간이 종료되기 전에는 해지를 할 수 없다고 규정하였다(제2항).

● 권리의 유지

제7조 (저작재산권의 권리변동에 대한 책임)

① 저작권자는 이 계약 이전에 대상 저작물에 대한 저작재산권에 대해 제3자에게 질권을 설정하였거나, 저작재산권의 일부 또는 전부를 위임, 양도하였거나 이용허락을 한 사실이 없어야 한다. 이로 인해 수임인에게 발생한 손해는 저작권자가 배상한다.

② 이 계약의 기간 만료에 따른 종료, 해지 또는 취소 등으로 위임이 종료되었음에도 수임인의 귀책사유로 저작권자에게 완전한 권리가 환원되지 못할 경우, 이로 인하여 저작권자에게 발생한 손해는 수임인이 배상한다.

제1항은 작가가 계약 체결 시점에 적법하게 권리를 보유하고 있는 권리자여야 한다는 것이다. 제2항은 계약이 종료된 경우 사업자가 저작권자에게 권리가 완전하게 환원되도록 해야 한다는 것이다. 제3자와 계약 등이 있는 경우 깔끔하게 정리를 해야 할 것이다.

● 자료의 인도

제8조 (대상 저작물에 대한 정보의 인도)

① 저작권자는 ___년 _월 _일까지, 수임인이 위임 사무를 처리하는 데 필요한 별지 2에 규정된 정보를 수임인에게 제공하여야 한다.

② 제1항의 인도 시기는 당사자간 서면 합의에 따라 조정할 수 있다.

작가는 사업자에게 위임의 대상이 되는 저작물의 자료를 제공해야 한다는 것이다. 전자파일을 메일로 제공하면 될 것 같다.

● 보증

제9조 (저작물의 내용에 따른 책임)

대상 저작물의 내용이 저작권 등 제3자의 권리를 침해하여 수임인 또는 제3자에 대하여 손해를 끼친 경우에는 저작권자가 그 책임을 진다.

권리의 보증 규정이다. 작가의 위임 작품에 문제가 있을 경우 사업자에게도 문제가 생길 수밖에 없으니 작가가 해당 내용에 문제가 없음을 책임져야 한다는 것이다.

● 저작인격권

제10조 (저작인격권의 존중)

① 수임인은 대상 저작물 저작권자의 저작인격권을 존중하여야 한다.

② 수임인은 제3자에 의한 저작권자의 저작인격권 침해를 방지하고, 발생한 저작인격권 침해에 대해 적극적으로 대응하여야 한다.

③ 수임인이 저작권자가 제공한 원고 등 대상 저작물을 임의로 수정하였을 경우, 수임인은 이로 인하여 발생한 저작권자의 저작인격권 침해를 배상하여야 한다.

저작인격권 관련 규정이다.

제1항은 사업자가 작가의 저작인격권, 즉 공표권, 성명표시권, 동일성유지권을 지켜야 한다는 것이다.

제2항은 제3자가 저작인격권을 침해한 경우 사업자가 대응해야 한다는 의무를 규정하고 있다. 예를 들어서 사업자와 계약을 체결한 라이센시가 이름을 표시하지 않은 경우에 사업자가 시정하도록 해야 할 것이다. 예컨대 사업자가 라이센시와 계약을 하면서 작가의 이름을 표시하지 않도록 했다면 이는 명백한 위 규정 위반이다.

제3항은 동일성유지권에 대한 규정이다. 물론 사업자가 작품을 임의로 수정을 하면 동일성유지권 침해가 될 수 있다. 다만, 저작권법에는 본질적인 내용의 변경이 아니라면, **"저작물의 성질이나 그 이용의 목적 및 형태 등에 비추어 부득이하다고 인정되는 범위 안에서의 변경"**은 허락하고 있는데(제13조 제2항), 본 조항은 그런 예외도 인정하지 않는 취지로 보여 다소 의문이다.

● 비용의 부담

제11조 (비용의 부담)

이 계약에 따라 위임된 대상 저작물의 이용에 필요한 모든 비용은 수임인이 부담한다.

이 부분은 앞의 '공통조항' 부분에서 살펴보았지만, 다시 한번 살펴본다.

이 조항은 비용 공제에 관한 조항으로서, 제12조의 대가와 연결해서 생각해 봐야 한다. '비용을 공제하고 분배를 하기로' 했다면, 공제되는 비용의 범위가 문제 된다. 비용으로 모든 것을 공제해버리면 어떻게 될까? 사업자의 사무실 임대료도 비용, 직원의 월급도 비용이라는 식이 되면 분배해야 할 수익은 하나도 남지 않을 것이다. 그래서 엔터테인먼트 계약에서는 이렇게 공제해야 할 비용이 어디까지인가 하는 문제가 항상 남고, 논란의 소지가 있다.

반면, 본 계약서와 같이 '모든 비용을 사업자가 부담하기로' 했다면 이런 비용 공제 문제는 발생하지 않을 수 있으니, 이런 식으로 규정하는 것도 좋은 대안이다. 결국 분배 비율을 적절히 조정하면 정리될 수 있는 문제이기 때문이다.

예를 들어서 아래 사례를 보자. 어디까지가 비용에 포함되는지가 문제될 수 있다.

(0) "제작비"란 "본건 작품"의 제작 및 사업화와 관련하여 소요되는 일체의 비용으로, "작가" 및 "사업자"가 지출하는 숙식비, 취재비, 보험료, 인건비, 저작권료, 교정비, 광고, 마케팅, 판매에 따른 비용, 침해대응비용, 세금, 수수료, 기타 비용 등을 포함한다.
(0) "수익"은 전체 "매출"에서 "제작비"를 공제한 금액을 말한다.

> (0) "사업자"는 "본건 작품"의 에이전시 활동으로 인하여 발생한 "매출"에서 "제작비"를 공제한
> "수익"을 아래 수익분배 비율에 따라 "작가"에게 분배한다.
> (0) 전항에 따른 수익분배금은 "매출"이 "비용"을 초과해서 "수익"이 최초로 발생한 날로부터 시
> 작하여 매월 정산하여 지급한다.
> (0) "사업자"는 "작가"에게 수익분배금 지급시 정산내역서를 함께 제공한다.

● 대가의 지급

제12조 (저작재산권 행사 위임의 대가)

① 수임인은 이 계약에 따른 계약금으로 _____원을 계약 후 __일 이내에 저작권자의 지정계
좌로 입금한다.

② 본 계약에서 약정한 저작재산권 사업화에 따른 수익 분배는 별지 2 약정 항목의 세부 합의(대
가 지불 규모와 방식 등)에 따른다.

③ 저작권자는 수임인에게 매출액 산정에 대한 자료 일체를 요청할 수 있으며, 수임인은 저작권
자가 요구하는 모든 자료를 저작권자에게 교부하여야 한다.

제1항에서는 사업자가 계약시 계약금을 지급하도록 규정했다.

계약금은 보통 차후 작가에게 지급할 금전에서 우선 공제되는 방식으로 규정한다. 즉 일종의
선금인 셈이다. 쌍방 간 계약금을 지급하지 않아도 문제는 없지만, 계약금을 없는 것으로 하면,
독점적인 계약을 한 사업자가 계약기간 동안 아무런 활동을 하지 않아도 사업자 입장에서는 불
이익이 없으므로 적극적 활동을 하지 않을 우려가 있다. 반면 작가는 독점적 계약을 했으므로,
스스로 또는 다른 제3자를 통한 사업을 할 수 없다. 따라서 작가 입장에서는 최소한의 담보장치
로라도 계약금을 받는 편이 좋다.

수익 분배 내지 수수료에 대해서 살펴보면, 제2항에서는 사업화에 따른 수익 분배는 별지로
규정하도록 하였다. 보통은 에이전시의 활동에 따른 매출액(또는 매출액에서 일정 비용을 공제
한 수익액)을 작가와 에이전시가 일정 비율로 분배하도록(5:5, 6:4, 7:3 등) 규정한다. 표준계약
서는 대금 지급 관련 내용을 별지로 규정하도록 했으나, 지나치게 간략한 느낌이고, 본문에서
좀 더 자세한 규정을 두면 좋겠다(앞의 '공통조항' 부분 참고).

제3항 관련, 뒤늦게 정산 관련 분쟁이 생길 수도 있으므로 해당 자료를 계약 종료 후에도 일정
기간 보관하도록 규정함이 좋겠다(앞의 '공통조항' 부분 참고).

다른 사례를 살펴보자. 앞에서 언급한 것의 반대 측면으로, 사업자가 아주 믿을만한 곳이라면
계약금을 받지 않아도 무방할 수 있다.

제0조 (수익의 배분)

(1) '작가'가 '사업자'에게 부여한 라이선싱 권리의 대가로 '사업자'는 총수입 로열티를 별지에 따라 '작가'에게 지불한다.

(2) '사업자'는 '작가'에게 본 계약의 최소 개런티(계약금)는 별도로 지급하지 아니한다.

(3) '사업자'는 라이선싱 계약에 의해 수입이 발생할 때마다 관련근거(산출내역 등)와 함께 별지의 규정에 따라 수입의 일정 비율을 '작가'의 계좌로 송금한다.

(4) '사업자'는 '작가'에게 매분기 단위로 정산보고서를 제출한다.

● 결과물의 무상 지급

제13조 (결과물의 무상 지급 등)

수임인은, 수임인이 대상 저작물에 대한 저작재산권을 행사함으로써 얻어진 결과물을 저작권자에게 무상으로 지급하여야 한다. 이때 무상으로 지급할 수량은 저작권자와 수임인 사이에 별도의 서면합의에 의한다.

위 조항의 의미(저작재산권을 행사함으로써 얻어진 결과물을 지급)는 다소 애매한 점이 있다. 그러나 대체로 라이선싱 계약의 유형적 결과물, 예를 들어서 사업자가 사업화를 해서 굿즈가 나온 경우, 사업자는 굿즈의 일정 개수를 작가에게 무상으로 줘야 한다는 취지로 보인다. '무상으로 지급할 수량'을 위해 별도 합의까지 하는 것보다는 '3점', '5점' 정도로 본문에 표시를 해도 좋겠다.

● 권리의무의 양도

제14조 (제3자에 대한 저작재산권의 위임 등)

수임인은 저작권자로부터 수임한 저작재산권의 범위 내에서, 이 계약의 잔여기간 내의 기간 동안 제3자에게 그 전부 또는 일부를 다시 위임할 수 있다. 그러나 사전에 저작권자의 서면 동의를 받아야 한다.

사업자는 작가의 동의를 받은 후에야 제3자에게 매니지먼트 업무를 위임할 수 있다는 것이다. 다시 말하지만, 작가는 사업자를 보고 계약을 한 것인데, 사업자가 이 업무를 엉뚱한 제3자에게 넘기는 일이 생겨서는 안 되기 때문이다.

한편, 예전에 만화 출판 관련 사례를 보면 사업자가 중간에 관계회사를 하나 세운 다음, 모든 활동은 그 관계회사에서 처리하여 수익은 그쪽에서 모두 올린 뒤 자신이 관계회사로부터 받는 얼마 안 되는 대가만을 작가에게 분배한 사례가 있었는데, 본 조항은 그런 문제도 막는 역할을 할 수 있겠다.

● 원고의 반환

> **제15조 (원고의 반환)**
>
> ① 위임 기간의 종료, 해제, 해지, 취소 등으로 이 계약에 따른 위임이 종료되는 경우, 수임인은 저작권자에게 육필원고나 원화 등의 실물원고를 모두 반환하여야 한다.
>
> ② 위임 기간의 종료, 해제, 해지, 취소 등으로 이 계약에 따른 위임이 종료되는 경우, 수임인은 자신이 보관하고 있는 원고의 복사본 및 전자적 형태의 데이터들을 모두를 파기하고, 이를 파기하였다는 서면 확인서를 만들어 저작권자에게 교부하여야 한다.
>
> ③ 수임인의 고의 또는 과실로 원고가 훼손 또는 분실이 되었거나, 또는 수임인이 제2항에 따른 파기 의무를 이행하지 않았을 경우, 수임인은 저작권자에게 이에 따른 민·형사상의 책임을 진다.
>
> ④ 저작권자가 제1항 및 제2항의 의무를 이행하지 않아 저작권자에게 발생한 손해액을 산정하기 어려울 때에는, 이 계약에 따른 위임이 종료되는 시점을 기준으로 _____원으로 본다.

원고는 작가에게 돌려줘야 함이 당연하다. 사업자가 해당 원고(원화)를 갖고 있다가 훼손시키거나 분실하면 사업자는 해당 책임을 져야 한다(앞에서 살펴본 '만화 십팔사략' 사건 참조).

또한 위임계약이 끝나면, 사업자는 더 이상 관련 자료를 갖고 있을 이유가 없으므로 이를 모두 파기하고 파기했다는 증명을 작가에게 주도록 했다.

● 계약의 해제(해지)

> **제17조 (계약의 해지)**
>
> ① 저작권자 또는 수임인이 이 계약에서 정한 사항을 위반하였을 경우 그 상대방은 __일(개월) 이상의 기간을 정하여 제대로 이행할 것을 요구할 수 있다.
>
> ② 저작권자는, 수임인이 더 이상 대상 저작권의 위임사무를 처리할 의사가 없음을 저작권자에게 서면으로 통지하거나, 파산 등 법정 위임종료 사유가 발생하였을 경우, 즉시 이 계약의 해지를 수임인에게 서면으로 통고할 수 있다. 다만 수임인이 저작권자에게 대상 저작권의 위임사무를 처리할 의사가 없음을 저작권자에게 서면으로 통지한 경우에는, 저작권자가 이 계약의 해지를 수임인에게 서면으로 다시 통고하는 시점까지는 수임인은 이 계약에 따른 위임사무를 처리할 의무를 부담한다.
>
> ③ 이 계약이 해지되면, 저작권자와 수임인은 다음과 같은 책임을 부담한다.
>
>   1. 저작권자와 수임인은, 이 계약에 따라 해지 시점까지 발생한, 상대방에 대한 채권채무를 즉시 정산하고, 이를 즉시 지급한다.
>
>   2. 수임인은 저작권자에게 대상 저작물에 대한 자료를 모두 반환하고, 대상 저작물의 복사본 및 관련된 디지털 데이터를 모두 파기한 후, 파기사실을 확인하는 각서를 작성하여 저작권자에게 교부한다.

3. 수임인이 한국저작권위원회에 이 계약에 따른 저작재산권 위임사실을 등록하였을 경우, 해지 즉시 위임사실 등록을 말소하고 이에 대한 서면 증빙을 발급받아 저작권자에게 교부한다

4. 이상의 책임과는 별개로, 계약의 해지에 책임이 있는 자는 상대방에게 해지로 인해 발생한 손해를 모두 배상하여야 한다.

④ 저작권자가 수임인 소속 임직원에 의해 성희롱·성폭력 등 성범죄로 인한 피해를 입은 경우 저작권자는 해당 임직원을 관련 업무에서 배제 요청할 수 있으며, 수임인은 사실을 확인한 후 업무배제 및 기타 적절한 조치를 수행하여야 한다.

⑤ 저작권자 또는 수임인(소속 임직원을 포함한다)이 상대방에 대한 성희롱·성폭력 등 성범죄로 인하여 국가인권위원회의 결정이나 법원의 확정판결을 받은 경우, 상대방은 계약을 해지할 수 있으며 그로 인한 손해의 배상을 청구할 수 있다.

⑥ 수임인은 저작권자의 성범죄에 대한 국가인권위원회의 결정이나 법원의 확정판결이 있는 경우 저작권자와의 계약을 해지할 수 있으며 그로 인한 손해의 배상을 청구할 수 있다.

제1항은 별 문제없는 조항이다. 즉, 상대방이 계약 위반을 하면, 우선 시정을 요구하고, 그래도 시정하지 않으면 해지를 할 수 있다는 취지이다. 다만 규정상 다소 애매하게 기재되어 있는데, "저작권자 또는 수임인이 이 계약에서 정한 사항을 위반하였을 경우 그 상대방은 ____일(개월) 이상의 기간을 정하여 제대로 이행할 것을 요구할 수 있고, 위반자가 이를 시정하지 않는 경우 이 계약을 해지할 수 있다."라고 명확하게 규정하는 것이 좋겠다.

제2항도 잘 살펴보면 납득이 되는 내용이다. 사업자가 더 이상 계약을 이행할 의사가 없거나, 도저히 이행할 형편이 안 된다면 통지를 해서 계약을 끝낼 수 있다는 것이다. 다만, 사업자는 긴급한 사무는 처리해야 한다.

제3항은 해지가 된 경우 권리 처리를 어떻게 할 것인지에 관한 조항이다. 해지가 되면 쌍방은 그때까지의 채권채무를 정산하고, 사업자는 관련 자료를 모두 반납하고, 저작권 위임 사실 등록을 말소해야 한다. 계약을 위반하여 해지가 되도록 한 자는 이에 따른 손해를 배상해야 한다.

제4항 내지 제6항은 앞의 '공통조항'의 설명을 참조하면 된다.

● **관리조항**

이하의 내용은 관리조항(일반조항)이므로 문제가 되는 조항을 뺀 나머지는 앞에서의 설명으로 대신한다. 제17조는 앞에서 살펴보았다.

제16조 (계약 내용의 변경)

이 계약은 저작권자와 수임인 쌍방의 합의에 의하여 변경할 수 있다. 이에 대한 합의는 서면으로 한다.

제18조 (계약의 해석 및 보완)

① 이 계약에 명시되어 있지 아니한 사항에 대하여는 저작권자와 수임인이 서면으로 합의하여 정할 수 있다. 해석상 이견이 있을 경우에는 저작권법 등 관련법률 및 계약해석의 원칙에 따라 해결한다.

② 제1항의 합의를 포함하여, 이 계약에 따라 이루어지는 모든 합의는 서면으로 작성하고, 저작권자와 수임인이 이 서면에 모두 서명 또는 날인하여야 한다.

제19조 (저작권 침해의 공동대응)

저작권자와 수임인은 대상 저작물에 대한 저작권 침해 행위를 공동으로 대응하여야 하며, 이를 위해 필요한 경우 상대방에게 자료를 제공하는 등 적극적으로 협조할 의무가 있다.

제20조 (관할 법원)

이 계약과 관련된 소송은 _____법원을 제1심 법원으로 한다.

제21조 (효력 발생)

본 계약은 계약체결일로부터 효력이 발생된다.

첨부서면

1. 별지 1 : 저작재산권 이용계획
2. 별지 2 : 대상 저작물에 대한 정보

이 계약을 증명하기 위하여 계약서 2통을 작성하여 저작권자, 수임인이 서명 날인한 다음 각 1통씩 보관한다.

_____년 ___월 ___일

"저작권자"   "수임인"

작 가 명 :_____(인) 이명(필명) : _____   상   호 :

생년월일 :   사업자번호 :

주   소 :   주   소 :

입금계좌 :____은행 _____   대 표 이 사 :_____(인)

기타 추가로 생각해 볼 조항

이하에서는 기타 계약서에 추가를 고려해 볼 만한 조항을 살펴본다.

에이전시의 직접 사업화

에이전시의 기본적인 역할은 대리 또는 중개이다. 그런데 에이전시가 제3자를 통해서가 아니라 직접 사업화를 진행하는 것은 어떨까? 가능은 하다고 보이나, 제3자에 대한 라이선싱 등 업무와는 내용이 다르므로, 보충 조항이 필요할 것 같다.

사례를 살펴보자.

> (0) '사업자'는 본건 작품에 관하여 독점적으로 작품 및 관련 콘텐츠를 제작, 유통, 판매하는 등으로 직접 사업화하거나 제3자에게 이를 허락할 권리를 가진다. 이는 본건 작품 및 관련 콘텐츠로 수익사업을 할 수 있는 모든 사업을 포함하며, 지역적 범위는 대한민국을 포함한 전 세계로 한다.

다른 사례를 살펴보자.

> (0) '작가'는 '본건 저작물'을 원작으로 영화, 드라마 등 영상물과 게임, 캐릭터, 해외 저작권 수출, 콘텐츠 2차 판매 등 2차 저작물 제작에 관련된 모든 사업의 권리를 '사업자'에게 위탁한다. '사업자'는 이 권리로 저작권 판매 및 외부와의 공동 제작, 직접 제작 등을 할 수 있다.

사업자가 사업화를 하는 경우 분배비율까지 정한 다른 사례를 살펴보자.

> (0) '사업자'가 라이선싱 대상업체로 출판, 제조, 광고, 프로모션 등의 문화콘텐츠 사업을 직접 수행할 경우에는 '사업자'가 대상 제품을 판매하는 가격의 00%를 '작가'의 로열티로 지불한다.

다만, 원칙적으로 매니지먼트 계약서는 사업자가 직접 사업화를 할 권리를 부여받는 계약은 아니므로, 이에 대해서는 별도의 계약을 체결하는 것도 좋겠다. 아래 사례와 같다.

> (0) 본 계약에 따라 "사업자"가 직접 "본건 작품"에 기반하여 "2차적저작물"을 만드는 경우, "사업자"가 만든 "2차적저작물"로 인한 수익의 배분 비율 기타 세부 사항에 대해서는 양 당사자가 별도로 합의하여 계약을 체결하기로 한다.

사업자에의 저작권 귀속

매니지먼트(에이전시) 계약에서 저작권의 귀속에 대해 규정하는 계약들이 있다.

원칙적으로는 이 계약에서 사업자는 대리중개업자 역할을 하는 데 그쳐야 한다. 에이전시 계약을 빌미로 저작권을 양도받아서 에이전시가 저작권을 갖게 되는 것은 부당하다. 또한 에이전시가 '기획' 역할만 했는데 저작권을 인정한다는 조항도 부당하다. 대법원 입장에 따르면 이 경우 에이전시는 저작권자가 아니기 때문이다.

아래 사례의 조항은 원칙론적 규정이지만, 나쁘지 않다.

> (0) 이 계약은 '작가'가 만화작가로서 활동하면서 창작한 창작물에 대한 저작권, 저작인접권 기타 지적재산권의 귀속에 영향을 미치지 아니한다.

아래와 같은 사례는 매우 부당한 계약이다.

> **제0조 (저작권/판권)**
> "사업자"와 "작가"가 계약한 작품의 저작권(이하 "본 저작권"이라 한다)은 "사업자"가 영구히 갖는 것으로 하며, 본 저작권에는 저작물의 2차적 저작물 및 편집 저작물의 작성 및 이용에 대한 권리를 포함한다.

아래 사례 정도는 크게 문제되지 않을 것 같다.

> **제0조 ("본건 작품"의 저작권 등)**
> (1) "본건 작품"에 대한 저작인격권 및 저작재산권은 "작가"가 보유한다.
> (2) 제호, 구성, 작품의 디자인, 타이틀 등 기획 및 편집 과정에서 "사업자"가 창작한 부분에 대해서는 "사업자"에게 권리가 있다.

아래 사례의 제2항, 제3항에서 단지 기획을 한 사업자에게 저작권을 인정하는 것은 문제가 있다(다만 해당 조항을 작가가 사업자에게 저작권을 양도하는 것이라고 선해할 여지는 있을 것이다).

> **제0조 (저작권)**
> (1) 본 계약의 목적이 된 "작가"의 창작활동에 의한 저작물의 권리는 모두 "작가"에게 귀속되며 "사업자"는 "작가"의 저작권을 관리, 보호할 의무가 있다.
> (2) 저작물의 기획이 "사업자"로부터 시작되어 "작가"가 작업을 한 것이라면 저작권은 "사업자"에게 귀속된다.
> (3) "작가"와 "사업자"의 공동기획에 의하여 "작가"가 작업을 하였다면 그 만화에 대한 권리는 "작가"와 "사업자"가 공동으로 소유한다.

다음 사례는 조금 문제가 있다고 보인다.

매니지먼트 사업자가 작가와의 계약을 통해 작가의 작품을 개발해서 만든 것은 일종의 2차적 저작물인데, 이를 사업자 이름으로 출원하고 스스로 이용하거나 이용허락하며, 계약기간이 끝난 후에도 작가가 대가를 지급하고 이전을 받아야 한다는 것은 매니지먼트 사업자로서의 역할을 넘어선 것으로 보인다.

> **제0조 (지식재산권 등)**
>
> (1) "사업자"는 "대상작품", "2차적 저작물"의 제목, 부제, 캐릭터를 포함하여 "대상작품"과 관련된 일체의 것을 사용하여 상표나 디자인 기타 유사한 지식재산권(이하 "본건 지식재산권")을 개발하고, "사업자"의 이름으로 이를 출원 또는 등록할 수 있다.
>
> (2) "사업자"는 "본건 지식재산권"을 "사업자"의 "에이전시 활동"과 관련하여 이용하거나 제3자에게 이용허락할 수 있는 권리를 갖는다. 관련된 수익분배 비율은 당사자들간 별도 합의로 정한다.
>
> (3) "작가"는 본 계약이 종료되는 경우 "사업자"의 기여에 대한 정당한 대가를 지급하고 "본건 지식재산권"의 이전을 요구할 수 있다. 지급할 대가는 당사자들의 별도 합의로 정한다.

● 상표(지적재산권)의 출원 및 등록

매니지먼트 계약 기간 중 해당 작가, 작품, 캐릭터 등으로 상표 등 지적재산권을 출원, 등록이 필요한 경우가 있다.

뒤에서 살펴볼 상품화권 계약서에서는 다음과 같이 규정하는데, 상당히 작가 측(갑) 입장의 규정이라고 하겠다.

> **제10조 (상표 및 디자인 등록)**
>
> ① 을은 갑의 서면에 의한 동의 없이 캐릭터 또는 이 계약에 기해 제조하는 지정상품에 대하여 상표 또는 디자인 등록을 위한 출원을 하거나 캐릭터를 상표, 서비스마크 또는 그 밖의 표지나 표시로 사용해서는 안 된다.
>
> ② 을은 캐릭터 또는 이 계약에 기해 제조하는 지정상품에 대하여 상표 또는 디자인 등록을 받고자 하는 경우 갑과 협의할 수 있다. 갑은 적절하다고 판단되는 경우 상표 또는 디자인 등록의 출원비용은 을에게 부담시키되 그 명의는 갑으로 하여 등록을 하고 이 계약의 존속기간 중 을에게 무상으로 그 상표 또는 디자인의 사용을 허락할 수 있다.

대중예술인(가수, 연기인) 표준전속계약서 조항도 살펴보자. 앞의 계약서보다는 사업자 측 입장이 고려되었다.

> **제8조 (상표권 등)**
>
> '기획업자'는 계약기간 중 본명, 예명, 애칭을 포함하여 '가수'의 모든 성명, 사진, 초상, 필적, 기타 '가수'의 동일성(identity)을 나타내는 일체의 것을 사용하여 상표 및 디자인을 개발할 수 있으며, 이를 '기획업자'의 업무 또는 '가수'의 대중문화예술용역에 이용(제3자에 대한 라이선스 포함)하기 위해 '기획업자'의 이름으로 상표등록 또는 디자인등록을 할 수 있다. 다만 계약기간이 종료된 이후에 '기획업자'는 전단에 따라 등록한 상표권 및 디자인권을 '가수'에게 이전하여야 하며, '기획업자'가 상표 및 디자인 개발에 상당한 비용을 투자하는 등 특별한 기여를 한 경우에는 '가수'에게 정당한 대가를 요구할 수 있다.

다른 사례를 살펴보자. 다만, 이렇게만 규정하는 것은 계약기간 이후의 처리에 대한 규정이 없기에 다소 부족한 느낌이다.

> "사업자"는 "본건 작품"의 사업화 주체로서 "본건 작품"의 제목, 부제, 캐릭터를 포함하여 "본건 작품"과 관련된 일체의 것을 사용하여 상표나 디자인 기타 유사한 지적재산권을 개발하고, "사업자"의 "사업화"와 관련하여 이용허락(제3자에 대한 라이선스 포함)할 수 있는 권리를 갖는다.

다른 사례를 살펴보자. 큰 문제가 없어 보이지만, 역시 계약기간이 끝난 이후가 다소 애매하다.

> **제0조 (상표권 등 지식재산권)**
> ① '사업자'는 본건 작품의 제목, 부제, 캐릭터를 포함한 작품과 관련된 일체의 요소를 사용하여 상표나 디자인 기타 유사한 지식재산권을 개발하고, 국내 또는 국외에서 이를 등록하거나 매니지먼트 업무와 관련하여 이용할 수 있다.
> ② '사업자'는 전항의 지식재산권의 등록에 대하여 사전에 '작가'와 합의하여야 하며, '사업자'와 '작가'를 공동권리자로 하여 등록한다.
> ③ '사업자'와 '작가'는 본조에 따라 등록한 권리를 각자 사용하는 부분에 대해서는 상대방에게 대가를 요구하지 아니한다.

다른 사례를 살펴보자. 별 문제가 없어 보인다.

> **제0조 (상표 및 디자인 등록)**
> (1) '사업자'는 '사업자'의 비용으로 라이선싱 사업에 필요하리라 예상되는 '저작권' 및 '상표권'을 '작가'의 명의로 본 계약과 함께 등록할 의무를 가진다.
> (2) '사업자'는 '라이센서'가 본 저작물 또는 본 계약에 근거하여 제조하는 지정상품에 대하여 상표 또는 디자인 등록을 출원하거나 본 저작물의 상표, 서비스마크 및 기타 표지로서 사용하지 않도록 관리하여야 한다.

미주_9장

1   사단법인 한국만화가협회, "만화·웹툰 공정계약 가이드", 사단법인 한국만화가협회(2019), 17~19면.

2   대법원 2019. 7. 24. 선고 2015도1885 판결.

3   원 표준계약서에는 '가름'이라고 되어 있는데, 잘못된 표기로 보인다.

제10장
공동저작계약서

참고용 계약서 내려받기
(QR코드 스캔▼)

용조 작가는 차기작을 만들기 위해 스토리를 구하던 중, 아는 사람으로부터 소개받은 동디 작가를 만났다. 동디 작가가 썼던 글을 본 용조 작가는 꽤 만족스러운 마음. 의기투합하여 작품을 잘 만들어보기로 했는데, 잉? 동디 작가가 계약서를 내민다. 계약서까지 쓰자고? 어떤 계약서인지 한번 살펴볼까?

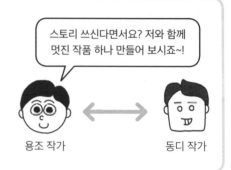

스토리 쓰신다면서요? 저와 함께 멋진 작품 하나 만들어 보시죠~!

용조 작가   동디 작가

공동 저작 계약서란 어떤 것일까?

본 계약은 2인 이상이 공동으로 창작한 저작물로서 각자가 이바지한 부분을 분리할 수 없는, '공동저작물'을 위한 공동 저작 계약서이다.

웹툰에서 글과 그림의 관계는 어떻게 될까? 기존에 글 원작이 있었고, 이 글에 기반해 그림을 그려 만화가 완성된다면 완성된 만화는 글의 2차적저작물이 된다. 한편, 글 작가와 그림 작가가 공동으로 창작할 의사를 갖고 만화를 완성한다면 이 만화는 공동저작물이 된다.

공동 저작 계약서는 어떤 구조일까?

공동저작물이 성립되면, 해당 저작물의 저작인격권, 저작재산권은 전원의 합의에 의하여 행사함이 원칙이다(제15조 제1항, 제47조 제1항). 따라서 한쪽이라도 반대하면 원칙적으로 저작권 행사가 불가능하다. 웹툰이 완성되어도 한쪽에서라도 저작물 이용을 반대한다면 어느 한쪽도 이용을 할 수 없게 되는 것이다.

저작권 행사시 공동저작자 양자의 의사가 일치하지 않는 경우, 즉 합의가 이루어지지 않는 경우에 관하여, 각 저작자는 신의에 반하여 합의의 성립을 방해할 수 없다(제15조 제1항, 제47조 제1항). 즉, 별다른 이유도 없으면서 심술을 부려 합의를 못하겠다고 해서는 안 된다는 것이다. 신의에 반하여 이용을 거부하는 경우, 법원은 '신의에 반하는 출판, 발매, 배포 금지 청구는 받아들일 수 없다.'고 판시한다.[1]

그렇다면 공동저작권자 동의 없이 저작권을 행사하면 어떻게 되는가? 결론부터 말하면 민사책임은 지지만, 형사책임은 지지 않는다. 즉, 법원은 위 규정은 공동저작물에 관한 저작재산권을 행사하는 방법을 정하고 있을 뿐이므로, 공동저작자가 다른 공동저작자와의 합의 없이 공동

저작물을 이용한다고 하더라도 그것은 '저작재산권의 행사방법을 위반한 행위'가 되는 것일 뿐 다른 공동저작자의 공동저작물에 관한 저작재산권을 침해하는 행위까지는 된다고 볼 수 없다고 한다.[2]

본 계약서에서는 아주 원칙적인 입장만을 규정하고 있다(제5조, 제7조).

계약서를 조문별로 살펴보자

문화체육관광부가 배포하는 '공동 저작 계약서' 표준계약서는 아래와 같다.

● 계약서 제목, 전문, 당사자

공동 저작 계약서

_____(이하 '갑'이라고 한다)와(과) _____(이하 '을'이라고 한다)는(은) 아래의 저작물에 대하여 다음과 같이 공동 저작 계약을 체결한다.

대상 저작물의 표시
제호(가제) :

계약서의 제목과 목적이 되는 대상물을 정의한 서문 부분이다.

원 계약에서는 당사자 표시를 'A', 'B'라고 했으나 우리 계약서의 관례와 잘 맞지 않는 점이 있어 '갑', '을'로 표기하였다.

● 목적

제1조 (계약의 목적)
① 이 계약은 '갑'과 '을'이 위에 표시된 대상 저작물을 공동저작하고, 그 저작권을 공동소유하기 위하여 체결되는 것이다.
② 이 계약은 완성된 대상 저작물에 대한 저작권 행사 및 수익 공유 방법에 대한 계약은 아니므로, 이 부분은 별도의 계약을 체결하여야 한다.

제1항은 계약의 개요를 규정한 것이다.

제2항의 취지는 이해가 가지만, 이렇게 계약을 체결하고 또 별도의 계약을 체결하라는 것은 다소 번거롭고 불편해보인다. '별지'로 추가하는 정도로도 무방하다고 생각한다. 저작권 행사 및 수익 공유 방법에 관하여 별다른 약정이 없는 경우 수익 배분은 지분 비율에 따라 이루어질 것이다(제5조 제4항).

● 정의

제2조 (정의)

1. "대상 저작물"은 위에 표시한, 이 계약의 목적이 되는 공동저작물을 말한다.
2. "공동저작물"은 2인 이상이 공동으로 창작한 저작물로서 각자의 이바지한 부분을 분리하여 이용할 수 없는 것을 말한다.
3. "완전원고"란, 이를 바탕으로 상대방이 자신의 업무 부분에 대한 창작업무를 진행할 수 있을 수준으로 완성된 원고를 말한다.
4. "공중"은 불특정 다수인(특정 다수인을 포함한다)을 밀한나.
5. "공중송신"은 대상 저작물을 공중이 수신하거나 접근하게 할 목적으로 무선 또는 유선통신의 방법에 의하여 송신하거나 이용에 제공하는 것을 말한다.
6. "전송(傳送)"은 공중송신 중 공중의 구성원이 개별적으로 선택한 시간과 장소에서 접근할 수 있도록 저작물 등을 이용에 제공하는 것을 말하며, 그에 따라 이루어지는 송신을 포함한다.
7. "복제"는 대상 저작물을 인쇄·사진촬영·복사·녹음·녹화 그 밖의 방법으로 일시적 또는 영구적으로 유형물에 고정하거나 다시 제작하는 것을 말한다.
8. "배포"는 대상 저작물 원본 또는 그 복제물을 공중에게 대가를 받거나 받지 아니하고 양도 또는 대여하는 것을 말한다.
9. "발행"은 대상 저작물을 공중의 수요를 충족시키기 위하여 복제·배포하는 것을 말한다.
10. "2차적 저작물"은 대상 저작물을 번역·편곡·변형·각색·영상제작 그 밖의 방법으로 작성한 창작물을 말한다.

크게 문제될 것 없는 정의 조항으로서, 대체로 저작권법의 내용이다.

● 양자의 권리의무

제3조 ('갑', '을'의 업무범위)

① '갑'과 '을'은 대상 저작물 중 다음 부분에 대한 업무를 담당한다.
    1. 대상 저작물의 작화 등 시각적 부분에 대한 창작 업무 : '갑'
    2. 대상 저작물의 스토리, 소재 등 내용 부분에 대한 창작 업무 : '을'
② '갑'과 '을'은 상대방의 작업 영역에 대해 조언을 할 수 있으나, 상대방이 창작한 부분을 임의로 변경하거나, 상대방이 자신의 의견에 따르도록 강요할 수 없다.
③ '갑'과 '을'의 서면 합의에 의하지 아니하고는 임의로 계약의 의무를 제3자에게 위임할 수 없다.

제1항 관련, 업무의 담당 방식은 여러 가지 형태가 있을 수 있는데 실제 계약 체결 시에는 업무분담 형태를 실제 역할에 맞게 기재하면 된다. 대체로 '글'과 '그림'으로 역할이 나누어 질 것 같다.
제2항은 당연한 내용으로 생각된다.
제3항은 당연하지만 중요한 조항이다. 이런 종류의 계약에서는 당사자의 개인적인 능력이 중요하므로, 그러한 역할을 제3자에게 임의로 넘길 수 없다는 것이다.

● 원고의 인도

제4조 (완전원고의 인도)

① '갑'과 '을'은 공동창작 일정에 맞추어 자신이 담당한 분야의 완전원고를 상대방에게 인도하여야 한다. 다만, 부득이한 사정이 있을 때에는 당사자간에 협의하여 그 기일을 변경할 수 있다.

② 제1항의 경우, 이 계약의 당사자 중 일방은 상대방에게 기일변경 사실과 기일변경 사유를 서면으로 기재하고, 이 계약의 당사자 모두가 서명할 것을 요구할 수 있다. 상대방은 이 요구에 응하여야 한다.

③ '갑', '을'은 공동창작이 이 계약의 당사자들 모두가 긴밀히 협력하여야 하는 과정임을 인식하고, 대상 저작물의 창작을 위해 상대방에게 적극 협조할 의무를 부담한다.

제1항은 당연히 해야 할 계약상 주된 의무이다.

제2항 관련, 협의해서 기일을 바꾸면 그것을 서면으로 작성해서 상대방에게도 서명을 요구해야 한다는 것이다. 그런데 상대방이 서명에 응해야 하는 의무가 있는지, 현실적으로도 강제 가능한 방법인지 다소 의문이다.

제3항도 당연한 협조 의무를 규정하고 있다.

● 저작물의 이용

제5조 (저작물의 이용)

① 대상 저작물은 공동저작물이며, 그 저작권은 '갑'이 ___%, '을'이 ___%의 지분으로 소유한다.

② 한국저작권위원회에 대상 저작물에 관한 저작권법상 저작권 등록을 할 경우, 반드시 '갑', '을'이 공동으로 하여야 하며, '갑', '을' 모두를 공동저작권자로 등록하여야 하고, 지분 비율을 반드시 명시하여야 한다.

③ 대상 저작물에 대한 계약을 체결할 때에는, '갑', '을' 모두가 해당 계약에 당사자로 참여하여야 한다.

④ 대상 저작물에 대한 저작권 행사 및 이에 따른 수익 배분은, '갑', '을'이 해당 사안에 대하여 별도의 서면 계약을 하지 않는 한 저작권 소유 지분 비율에 따라 이루어진다.

제1항에서는 각 공유자의 지분을 기재하도록 했다(제5조 제1항). 만약 지분이 명확하지 않은 경우, 저작권법에서는 지분을 균등한 것으로 추정한다(제48조 제2항).

제2항도 등록을 함께 해야 한다는 것으로 당연한 내용이다.

제3항 관련, 관련 계약을 할 때는 공동으로 해야 하므로 양자 모두 당사자로 참가해야 할것이지만, 대표자를 정해서 계약을 할 수도 있고(제48조 제4항, 제15조 제2항), 대리를 하는 것도 가능하다. 다만, 본 계약에서는 계약 체결시는 전원이 참가하도록(제5조 제3항), 저작인격권은 대표자를 정하여 행사하도록 했는데(제7조 제3항), 이렇게 차이를 둔 이유는 다소 의문이다.

제4항도 저작권법 규정과 같은 내용이다(제48조 제2항).

● 보증

> **제6조 (저작물의 내용에 따른 책임)**
> ① 대상 저작물이 제3자의 저작권 등 법적 권리를 침해하여 '갑', '을', 또는 제3자에게 손해가 발생했을 경우에는 귀책사유가 있는 일방이 그에 관한 모든 책임을 진다.
> ② '갑', '을' 중 일방이 제1항에 따른 자신의 책임부분 이상을 배상하였을 때에는 상대방에게 이에 따른 구상을 청구할 수 있다.

각 작가가 스스로 창작한 부분의 저작권 책임을 지도록 한 것으로, 당연한 규정이다.

제2항은 예컨대 스토리 작가가 잘못을 하여 그림 작가가 피해지에게 배상을 한 경우, 그림 작가는 스토리 작가에게 '내가 책임 없이 배상을 했으니, 나에게 그 부분을 지급하라.'고 청구할 수 있다는 것이다. 이를 '구상'이라고 한다.

● 저작인격권

> **제7조 (저작인격권의 존중과 행사)**
> ① '갑', '을'은 상대방의 저작인격권을 존중하여야 한다.
> ② 대상 저작물의 제호, 내용 및 형식 등을 바꾸고자 할 때는 반드시 상호간의 서면 합의에 의하여야 한다.
> ③ 대상 저작물에 대한 저작인격권은 _____이 대표하여 행사한다.

제1항은 너무나 당연한 내용이다.

제2항은 동일성유지권 관련 내용으로, 역시 당연한 내용이다.

제3항에서는 저작재산권과 달리 대표자를 정하도록 했다(저작권법에서는 양자 모두 대표자를 정할 수 있도록 했다). 이 부분도 전원 합의에 의해 저작인격권을 행사하도록 할 경우에는 이 조항을 다음과 같이 수정한다.

> 대상 저작물에 대한 저작인격권은 대상 저작물에 대한 저작자 모두의 서면 합의에 의해 행사한다. 이 경우 각 저작자는 신의에 반하여 합의의 성립을 방해할 수 없다.

● 저작권의 표시

> **제8조 (저작권의 표시 등)**
> '갑', '을'은 대상 저작물을 발행, 전송함에 있어 '갑', '을' 모두를 공동저작권자로 표시하여야 한다.

저작인격권 중 성명표시권을 규정하는 당연한 조항이다.

● 권리의무의 양도

> ### 제9조 (저작권의 양도, 상속 등)
> ① '갑', '을'이 자신의 저작권 지분을 양도하거나 질권을 설정하기 위해서는 상대방의 사전 서면 동의를 받아야 한다.
> ② '갑', '을'이 사망하는 때에는, 사망자의 저작권 지분은 사망자의 상속인에게 상속된다. 다만 상속인이 없는 경우에는 상대방 또는 상대방의 상속인 등 다른 저작자에게 귀속된다.
> ③ '갑', '을'이 자신의 저작권 지분을 포기할 수 있다. 이때 포기한 저작권은 상대방 또는 상대방의 상속인 등 다른 저작자에게 귀속된다.

대체로 저작권법의 내용이다(제48조).

제1항은 자신의 지분을 양도하거나 질권을 설정할 때도 상대방의 동의를 받아야 한다는 것으로, 저작권법과 같은 내용이다(제48조 제1항).

제2항에서 각자가 사망할 경우, 각자의 상속인에게 상속되는 것은 당연한 내용이다.

제2항 단서, 제3항 관련, 저작권법에서도 *저작권자가 자신의 지분을 포기하거나 상속인 없이 사망한 경우에 다른 저작재산권자에게 지분의 비율에 따라 배분된다*고 규정한다(제48조 제3항).

● 2차적저작물작성권

> ### 제10조 (2차적 저작물의 창작)
> ① 대상 저작물이 번역, 각색, 변형 등에 의하여 2차적 저작물로서 연극, 영화, 방송 등에 사용될 경우, 그에 관한 이용허락 등 모든 권리행사는 '갑'과 '을'의 별도 서면 계약에 따른다.
> ② 이 계약의 목적물인 대상 저작물의 내용 중 일부가 제3자에 의하여 재사용되는 경우, 그에 관한 이용허락 등 모든 권리 행사는 '갑'과 '을'의 별도 서면 계약에 따른다.

공동저작물이 2차적 저작물로 이용할 때, 재사용되는 경우, 이는 '이용'이므로 당연히 모두의 합의가 있어야 한다. 그 내용을 확실하게 하기 위해 별도 서면 계약까지 체결하도록 한 듯하다.

● 원고의 반환

> ### 제11조 (원고의 반환)
> ① 대상 저작물의 완전원고가 육필원고나 원화 등의 실물원고이고, 이를 대상 저작물을 훼손하지 않고 분리할 수 있을 경우, 상대방이 반환을 요구하는 때에는 이를 상대방에게 반환하여야 한다. 다만, 완전원고가 전자적 형태로 전송되었을 경우에는 상대방은 이를 파기할 것을 요구할 수 있다.
> ② 제1항에 따라 실물원고 반환 시, 일방의 잘못으로 원고가 훼손 또는 분실이 된 경우, 그 사유 제공자는 민·형사상의 책임을 진다.

원고는 반환해야 하는데, 공동저작자 쌍방에 요구하고 있다. 원고를 분실한 경우 이에 대한 책임을 져야 할 것이다. 다만, 형사적 책임은 '고의'만 성립하기 때문에, 과실로 훼손 또는 분실된 경우에는 형사적 책임은 지지 않는다.

● 관리조항

이하의 내용은 관리조항(일반조항)이므로 문제가 되는 조항을 뺀 나머지는 앞에서의 설명으로 대신한다.

제12조 (계약 내용의 변경)

이 계약은 '갑'과 '을' 쌍방의 합의에 의하여 변경할 수 있다. 이에 대한 합의는 서면으로 한다.

제13조 (계약의 해지)

① '갑' 또는 '을' 중 일방이 이 계약에서 정한 사항을 위반하였을 경우 그 상대방은 ___일(개월) 이상의 기간을 정하여 제대로 이행할 것을 요구할 수 있다.

② '갑' 또는 '을'은 다음 각 호의 사유가 발생한 경우에는 이 계약의 해지를 상대방에게 서면으로 통고할 수 있다.

    1. 상대방이 제1항에 따른 이행을 요구받았음에도 불구하고 이에 응하지 않은 경우

    2. '갑' 또는 '을'이(당사자가 법인일 경우 그 임직원을 포함한다.) 상대방에 대한 성희롱·성폭력 등 성범죄로 인하여 국가인권위원회의 결정이나 법원의 확정판결을 받은 경우

    3. 파산 등 계약목적의 달성이 사실상 곤란하다고 인정할 수 있는 객관적 사유가 발생한 경우

③ 이 계약이 해지되면, 귀책사유가 있는 자는 상대방에 대하여 다음과 같은 책임을 부담한다.

    1. 이 계약에 따라 해지 시점까지 발생한, 상대방에 대한 채권채무를 즉시 정산하고, 이를 즉시 지급한다.

    2. 계약의 해지로 인해 발생한 손해를 모두 배상하여야 한다.

    3. 이 계약에 따른 대상 저작물에 대한 저작권 등 지식재산권의 귀속 및 행사는 계약 당사자 간 별도 합의가 없는 경우 「저작권법」등 관련 법률의 정함을 따르기로 한다.

제14조 (재해, 사고)

천재지변, 그 밖의 불가항력의 재난으로 '갑' 또는 '을'이 손해를 입거나 계약 이행이 지체 또는 불가능하게 된 경우에는 서로의 책임을 면제하며, 후속조치를 쌍방이 서면으로 합의하여 결정한다.

제15조 (개인정보의 취급)

'갑'과 '을'은 대상 저작물의 공동창작 과정에서 알게 된 상대방의 개인정보를 유의하여 취급하여야 하며, 사전 동의 없이 이를 누설하거나 다른 사람이 이용하도록 제공하여서는 아니 된다

제16조 (계약의 해석 및 보완)

① 이 계약에 명시되어 있지 아니한 사항에 대하여는 '갑'과 '을'이 서면으로 합의하여 정할 수 있고, 해석상 이견이 있을 경우에는 저작권법 등 관련법률 및 계약해석의 원칙에 따라 해결한다.

② 제1항의 합의를 포함하여, 이 계약에 따라 이루어지는 모든 합의는 서면으로 작성하고, '갑'과 '을'이 이 서면에 모두 서명 또는 날인하여야 한다.

제17조 (저작권 침해의 공동대응)

① '갑'과 '을'은 대상 저작물에 대한 저작권 침해 행위를 공동으로 대응하여야 하며, 이를 위해 필요한 경우 상대방에게 자료를 제공하는 등 적극적으로 협조할 의무가 있다.

② '갑', '을'은 상대방의 동의 없이 저작권을 침해한 자 또는 침해할 우려가 있는 자에게 저작권법 제123조에 따른 침해의 정지를 청구할 수 있으며, 자신의 지분에 관하여 저작권법 제125조에 따른 손해배상청구를 할 수 있다.

제18조 (관할 법원)

이 계약과 관련된 소송은 _____법원을 제1심 법원으로 한다.

제19조 (효력 발생)

본 계약은 계약체결일로부터 효력이 발생된다.

이 계약을 증명하기 위하여 계약서 2통을 작성하여 '갑', 을이 각 서명 날인한 다음 각 1통씩 보관한다.

___년 _월 _일

"갑"
작 가 명 : _____(인) 이명(필명) : _____
생년월일 :
주   소 :
입금계좌 : ____은행 _____

"을"
상   호 :
사업자번호 :
주   소 :
대 표 이 사 : _____(인)

또는 **"갑"** 3
상   호 :
사업자번호 :
주   소 :
대 표 이 사 :
입 금 계 좌   ____은행 _____

미주_10장

1 서울지방법원 1995. 4. 28. 선고 94가합50354 판결.

2 대법원 2014. 12. 11. 선고 2012도16066 판결.

3 공동창작자가 자연인이 아니라 기획사, 출판사인 경우의 예이다.

제11장
어시스턴트계약서

참고용 계약서 내려받기
(QR코드 스캔▼)

용조 작가는 새로운 작품을 진행하면서 어시스턴트를 구하기로 했다. 예전에는 어시스턴트가 한 작업실에서 기거하면서 매일 보는 선생-제자 관계가 굳이 계약서를 쓸 필요성도 느끼지 못했다. 그러나 시대가 변해서 이제는 어시스턴트라고 해도 각자의 집에서 온라인으로 작업을 주고받고, 실상은 외주 작업과 별로 다를 바가 없어서 뭔가 계약서를 써야 하지 않냐는 생각이 드는데… 어시스턴트 계약서, 어떻게 써야 할까?

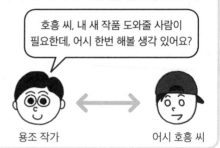

> 호흥 씨, 내 새 작품 도와줄 사람이 필요한데, 어시 한번 해볼 생각 있어요?

용조 작가 　　　　　 어시 호흥 씨

어시스턴트는 무엇이고 어떤 역할을 하는가?

어시스턴트(줄여서 '어시'라고도 한다)는 작가의 창작활동을 돕는 일을 한다. 즉, 창작을 혼자 하기 힘든 작가를 돕는 역할을 하는 것이다.

2019 웹툰 어시스턴트 실태조사에 따르면, 어시스턴트 주 수행 역할은 '채색(밑색)'이 79.0%로 가장 높고, 이어서 '채색(그림자)' 53.7%, '배경' 30.1%, '펜터치' 25.6%, '보정' 20.1% 등의 순이라고 한다.

2019 웹툰 어시스턴트 실태조사에 따르면, 가장 최근 어시스턴트 활동을 기준으로 '계약서를 작성한 경우'는 22.3%에 불과하며, 계약서를 작성하지 않은 경우(77.7%)가 대다수로 나타났다. 계약서를 작성한 웹툰 어시스턴트의 53.6% 수준이 '계약 내용에 대한 협의 정도'에 비동의함(그렇지 않다: 21.7% + 보통: 31.9%). 최근 계약 시 계약서를 작성하지 않은 웹툰 어시스턴트의 45.8% 수준이 '계약 내용의 이해 정도 및 명확성'에 비동의함(그렇지 않다: 12.5% + 보통: 33.3%). 웹툰 어시스턴트가 계약(계약서 작성, 구두계약 포함) 관련하여 불공정한 경험을 겪은 응답자는 50.8%라고 한다. 계약과 관련된 갈등 요소가 만만치 않은 것이다.

어시스턴트 계약서의 핵심은 작가와 어시스턴트(특히 사용종속 관계가 아닌, 독립적으로 일하는 어시스턴트)가 '업무상저작물' 관계인지 여부이다. 이 점은 상당히 중요한데, 실제로 다른 분야지만 판례로 문제화된 바도 있다.

하급심이 위탁저작물에 업무상저작물 규정을 적용하여 위탁자를 저작자라고 판시하자, 대법원은 *"이 사건에 있어서와 같이 상업성이 강한 응용미술작품의 경우에도 당사자 사이의 계약에 의하여 실제로 제작하지 아니한 자를 저작자로 할 수는 없다고 할 것이다. 단체명의저작물의 저작권에 관한 저작권법 제9조를 해석함에 있어서도 위 규정이 예외규정인 만큼 이를 제한적으로 해석하*

여야 하고 확대 내지 유추해석하여 저작물의 제작에 관한 도급계약에까지 적용할 수는 없다."라고 판시하였다.[2]

어시스턴트가 만든 작품의 저작권은?

작가-어시스턴트 계약 관계 당사자의 의사는 어시스턴트의 작업 결과물에 대해 작가가 온전히 저작권 등 권리를 행사하는 것이라고 생각하고, 이하에서는 그런 전제에서 쓴다.

어시스턴트와 계약의 핵심적 쟁점은 '어시스턴트가 만든(창작한) 결과물의 저작권은 어떻게 되는가?'라는 점이다.

일단, 단순하게 창작을 보조하는 사람, 예를 들어 저작자의 조수와 같이 저작물을 작성할 때 저작자의 지휘, 감독 하에 그의 손발이 되어 작업에 종사한 자는 저작자의 창작활동을 돕는 사람에 불과해 저작자가 될 수 없다.[3] 예를 들어 어시스턴트가 작가의 지시에 따라 기계적으로 밑색만 칠하는 경우는 아예 저작권이 발생하지 않는다.

다음으로, 어시스턴트가 창작 보조 이상의 업무를 하는 경우가 있겠다. 이때는 '업무상 저작물'에 해당하느냐에 따라서 효과가 달라진다. 결론부터 말하면 '업무상저작물'은 법상 당연히 저작권이 작가에게 귀속하지만, '업무상저작물'이 아닌 경우에는 어시스턴트에게 권리가 발생하고, 작가가 권리를 행사하려면 권리를 양도받아야 한다.

아래에서는 두 경우를 나누어서 설명한다.

'업무상저작물'은 어떤 경우에 성립하는가?

작가가 어시스턴트와 함께 어떤 웹툰을 만드는 경우를 생각해 보자.

저작권법에서는 아래와 같이 규정한다.

제2조(정의) "1. "업무상저작물"은 법인·단체 그 밖의 사용자(이하 "법인등"이라 한다)의 기획하에 법인등의 업무에 종사하는 자가 업무상 작성하는 저작물을 말한다.", 제9조(업무상저작물의 저작자) "법인등의 명의로 공표되는 업무상저작물의 저작자는 계약 또는 근무규칙 등에 다른 정함이 없는 때에는 그 법인등이 된다. 다만, 컴퓨터프로그램저작물(이하 "프로그램"이라 한다)의 경우 공표될 것을 요하지 아니한다."

위 규정의 요건은 (1) 법인 등의 사용자가 저작물의 작성을 기획할 것, (2) 저작물이 법인 등의 업무에 종사하는 자에 의하여 작성될 것(사용관계), (3) 업무상 작성하는 저작물일 것, (4) 저작물이 법인 등 사용자의 명의로 공표될 것, (5) 계약 또는 근무규칙 등에 다른 정함이 없을 것이 된다.

위 요건 중 '사용관계'가 문제되는데, 판단 기준은 '실질적 사용종속 관계'에 해당하는지 여부이다. 대법원은 *"근로기준법상의 근로자에 해당하는지 여부는 계약의 형식이 고용계약인지 도급계약인지보다 그 실질에 있어 근로자가 사업 또는 사업장에 임금을 목적으로 종속적인 관계에서 사용*

자에게 근로를 제공하였는지 여부에 따라 판단하여야" 한다는 원칙을 갖고 있다.[4] 그러면서 '종속적 관계' 여부는 아래의 여러 조건을 종합하여 판단한다고 한다. 다만, 기본급이나 고정급이 정하여졌는지, 근로소득세를 원천징수하였는지, 사회보장제도에 관하여 근로자로 인정받는지 등의 사정은 사용자가 경제적으로 우월한 지위를 이용하여 임의로 정할 여지가 크기 때문에, 그러한 점들이 인정되지 않아도 근로관계에 해당할 수도 있다고 한다.

- 업무 내용을 사용자가 정하고 취업규칙 또는 복무(인사)규정 등의 적용을 받으며 업무 수행 과정에서 사용자가 상당한 지휘·감독을 하는지
- 사용자가 근무시간과 근무장소를 지정하고 근로자가 이에 구속을 받는지
- 노무제공자가 스스로 비품·원자재나 작업도구 등을 소유하거나 제3자를 고용하여 업무를 대행케 하는 등 독립하여 자신의 계산으로 사업을 영위할 수 있는지
- 노무 제공을 통한 이윤의 창출과 손실의 초래 등 위험을 스스로 안고 있는지
- 보수의 성격이 근로 자체의 대상적 성격인지
- 기본급이나 고정급이 정하여졌는지
- 근로소득세의 원천징수 여부 등 보수에 관한 사항
- 근로 제공 관계의 계속성과 사용자에 대한 전속성의 유무와 그 정도
- 사회보장제도에 관한 법령에서 근로자로서 지위를 인정받는지

업무상저작물이 인정된다면 대체로 고용주인 작가에게 좋은 결과가 된다. 저작권이 원시적으로 작가에게 귀속되기 때문이다. 어시스턴트에게는 저작인격권인 동일성유지권, 성명표시권도 인정되지 않는다.

반면, 업무상저작물이 인정되면 고용주인 작가에게 불리한 면도 있다. 근로기준법상 제한, 즉 근로계약서 작성 및 교부, 유급휴일 및 휴가, 근로시간의 제한 등 노동법상 보호를 해줘야 한다 (다만 5명 미만의 고정적 어시를 사용한다면, 연차휴가, 근로시간 제한, 해고의 제한, 초과근무에 따른 할증임금 제외 등 일부 규정만 적용됨). 또한 경우에 따라서는 어시스턴트에게 4대 보험을 가입해야 하는 부담을 안게 된다.

업무상저작물의 규정의 적용을 받기 위해서 반드시 근로계약서를 작성해야 하는 것은 아니고, '실질적 사용종속 관계'만 있으면 족하다. 그러나 계약서가 있으면 불명확성을 줄여주므로 여러모로 좋다.

'업무상저작물'이 아닌 경우라면?

어시스턴트가 배경, 채색, 톤 작업 등 특정 업무를 ① 외주계약 형태로 받아 ② 자기 집에서 ③ 자신의 장비를 사용하여 ④ 정해진 기일 내에 자율적으로 완성하여 만화가에게 회신하는 경우를 보자. 이때는 '실질적 사용종속 관계'로 보기 힘든 측면이 있어서, 업무상저작물로 인정되지 않을 수 있다. 이때는 양자는 일종의 프리랜서 관계, 외주 계약 관계가 될 것이다. 실체가 이러한 관계라면, '근로계약서'를 써도 업무상저작물이 되지 않는다.

이 관계에서는 저작권이 어시스턴트에게 발생한다. 이런 상황에서 작가가 계약서를 쓰지 않으면 어떻게 될까? 저작권은 작가에게 저절로 넘어가지는 않고, 특별한 사정이 없는 한 저작권이 양도된다고 보기도 힘들 것이다. 다만, 어시스턴트가 작가에게만 해당 결과물을 이용할 수 있게 제공한다는 '독점적 이용허락' 관계로 볼 여지는 있다.

이때 작가가 저작권을 양도받아 자유롭게 행사하기 위해서는 저작권 양도 계약을 체결해야 하므로, 계약서의 필요성이 있다.

어시스턴트 계약서는 어떻게 작성할까?

본서에서는 근로관계를 전제로 한 어시스턴트 계약서와, 근로관계를 전제로 하지 않는 프리랜서 계약서 2종으로 작성을 하겠다.

어시스턴트 계약서(1) - 근로계약 계약서를 조문별로 살펴보자

근로계약서는 근로자가 근로를 제공하고, 사용자는 이에 대해 대가를 지불하는 계약이다. 근로계약서는 업무상저작물의 요건인 '사용종속 관계'를 확인하는 의미가 있다.

다만, 본 계약서에서 노동법에 관한 너무 깊은 내용은 다루기 힘드니 필요하면 각 조항의 내용 관련 서적을 참고하면 좋겠다.

● 계약서 제목, 전문, 당사자

어시스턴트 계약서

아래에 기재한 작가(이하 "갑"이라 한다)와 갑의 웹툰/ 만화 창작을 돕는 업무를 하는 어시스턴트(이하 "을"이라 한다)는 다음과 같이 계약을 체결한다.

● 계약의 목적

제1조 (계약의 목적)
본 계약은 "갑"이 만화/ 웹툰 창작에 있어 업무를 돕는 어시스턴트인 "을"과 작업과 쌍방의 권리의무에 관한 사항을 규율함을 목적으로 한다.

● 계약기간

제2조 (계약기간)
본 계약의 계약기간은 _____년 __월 __일부터로 한다.

계약직 등이 아니라면 근로계약기간을 정하지 않아도 무방하다. 계약직의 경우라면 "본 계약의 계약기간은 _____년 __월 __일부터로 O년으로 한다."라고 규정하면 된다. 다만, 근로기준법에 따라 일단 근로계약이 되면 정당한 이유 없이 해고할 수 없음에 유의해야 한다(근로기준법 제23조).

● 근무장소

> **제3조 (근무장소)**
> "을"의 근무 장소는 "갑"의 _____ 소재 사업장으로 한다.

어시스턴트가 근무하는 장소를 기재한다.

● 업무내용

> **제4조 (업무내용)**
> "을"의 업무는 "갑"의 웹툰/만화 창작 업무 보조로 한다. "갑"은 경영상의 필요시 "을"의 업무내용과 근무 장소를 변경할 수 있다.

업무 내용에 대해 예컨대 '밑색 채색', '콘티 초안 작성' 등 좀 더 자세한 내용을 기재해도 된다.

● 근로시간

> **제5조 (근로시간)**
> "을"의 근로시간은 1일 8시간(09:00~18:00, 휴게시간 12:00~13:00), 주 40시간을 원칙으로 한다.

다만, 근로시간은 꼭 1일 8시간, 주 40시간이 아니어도 가능하므로 당사자 합의에 따라 조정이 가능하다.

● 휴일 및 휴가

> **제6조 (휴일 및 휴가)**
> (1) "을"의 주휴일은 유급으로 일요일로 정한다.
> (2) "갑"은 "을"에게 '근로기준법'에 따른 연차유급휴가를 부여한다.

1항의 주휴일이 꼭 일요일이어야 하는 것은 아니고, 일주일 중 고정된 하루면 된다. 2항의 연차유급휴가는 작가를 제외한 5인 이상의 어시스턴트(근로자)가 있어야 적용된다.

● 임금

> **제7조 (임금)**
> (1) "을"의 월급여액은 기본급 _____원 및 식대 _____원으로 한다.
> (2) 임금은 당해 월 말일을 마감일로 계산하여 매월 말일 "을"의 은행계좌를 통하여 지급한다.

• 수습기간

제8조 (수습기간)

(1) "을"의 수습기간은 ____개월로 한다.

(2) "갑"은 수습기간 동안 "을"의 업무태도, 성실성, 업적 등의 평가를 통해 정식채용 여부를 결정할 수 있다.

• 권리의 귀속 등

제9조 (권리의 귀속 등)

(1) "을"이 업무를 하며 발생한 저작권은 저작권법상 업무상저작물 규정에 의하여 "갑"에 귀속된다.

(2) 을은 업무를 하면서 타인의 저작권 등 권리침해를 해서는 아니된다.

(3) "갑"은 "을"이 업무를 하여 나온 결과물에 "을"의 이름을 표시해줄 수 있다. 다만 이러한 성명표시는 본조에 따른 권리의 귀속에 영향을 미치지 아니한다.

보통의 근로계약서와 다른 부분이다.

어시스턴드가 업무를 하며 발생한 저작권은 저작권법상 업무상저작물 규정에 의하여 사용자에게 귀속된다(제1조). 어시스턴트는 타인의 저작권을 침해해서는 아니된다(제2조). 작가는 작품에 어시스턴트의 이름을 써줄 수 있지만, 이것이 권리 귀속에 영향을 주지는 않는다(제3조).

• 관리 규정

제10조 (비밀유지)

"을"은 업무를 수행하는 과정에서 습득한 "갑"의 창작물 등 모든 자료를 외부에 공개하거나 누설하지 않는다.

제11조 (기타사항)

이 계약서에 명기되지 아니한 사항은 노동관계법령 및 관례에 따르기로 한다.

____년 _월 _일

"작가(갑)"

성   명 :

생 년 월 일
(사업자번호) :

주   소 :

기 명 날 인 : _____ (인)

"어시스턴트(을)"

성   명 :

생 년 월 일 :

주   소 :

기 명 날 인 : _____ (인)

어시스턴트 계약서(2) - 프리랜서 계약 계약서를 조문별로 살펴보자

본 계약서는 근로계약 관계가 아닌 독립적 관계에서 프리랜서로서 작업을 납품하는 관계의 어시스턴트 계약이다.

● 계약서 제목, 전문, 당사자

> ### 어시스턴트 계약서
>
> 아래에 기재한 작가(이하 "갑"이라 한다)와 갑의 웹툰/ 만화 창작을 돕는 업무를 하는 어시스턴트(이하 "을"이라 한다)는 다음과 같이 계약을 체결한다.

우선 표제와 전문 부분은 간단히 기재한다.

● 목적

> ### 제1조 (계약의 목적)
> 본 계약은 "갑"이 만화/ 웹툰 창작에 있어 업무를 돕는 어시스턴트인 "을"과 작업과 쌍방의 권리의무에 관한 사항을 규율함을 목적으로 한다.

계약의 목적을 간단히 기재한다.

● 계약기간

> ### 제2조 (계약기간)
> (1) 본 계약의 계약기간은 본 계약서 작성일로부터 ___년으로 한다.
> (2) "갑" 또는 "을"이 위 계약기간이 종료되기 _개월 전까지 본 계약을 종료한다는 의사표시를 하지 않으면 본 계약은 같은 조건으로 ___년간 연장된다. 이후에도 같다.

● 업무내용

> ### 제3조 (업무내용)
> "을"의 업무는 "갑"의 웹툰/만화 창작 업무 보조로 한다. "갑"은 경영상의 필요시 "을"의 업무 내용을 변경할 수 있다.

어시스턴트의 업무에 대해서 예컨대 '밑색 채색', '콘티 초안 작성' 등 좀 더 자세한 내용을 기재해도 된다.

● 대가의 지급

> **제4조 (대가의 지급)**
> (1) "갑"은 "을"에게 어시스턴트 업무에 따른 대가로 _____당 _____원 또는 추후 양자 사이에 합의된 금액을 지급한다.
> (2) 전항과 별도로, "갑"은 재량으로 여러 가지 요소를 고려하여 추가적인 인센티브를 지급할 수 있다.

적절하게 업무에 대해 대가를 정하면 된다. 자유롭게 여러 형식으로 정할 수 있을 것이다.

● 결과물의 인도

> **제5조 (결과물의 인도)**
> (1) "갑"은 "을"에게 업무를 지시하면서 결과물의 인도 기한을 고지한다.
> (2) "을"은 차질없이 "갑"이 지정한 기일 안에 결과물을 "갑"에게 인도한다. 만일 인도기일이 늦어질 부득이한 사정이 있으면 미리 "갑"에게 통지하고 인도일을 협의한다.

창작물의 인도 기한을 정한다.

● 양자의 권리

> **제6조 (권리의 귀속)**
> (1) "을"이 어시스턴트 업무를 하며 인도한 저작물의 저작권 등 권리(2차적저작물작성권 포함)는 "갑"에게 양도된다.
> (2) "을"은 어시스턴트 업무를 하면서 타인의 저작권 등 권리침해를 해서는 아니된다.

앞에서 말한 권리관계의 귀속 관계를 정리하여 규정하였다.

● 저작인격권

> **제7조 (성명표시 등)**
> (1) "갑"은 "을"이 어시스턴트 업무를 하여 최종 만들어진 창작물에 적절한 방법으로 "을"의 이름을 표시한다. 다만 이러한 성명표시는 본 계약서에 따른 권리의 귀속에 영향을 미치지 아니한다.
> (2) "갑"은 "을"이 인도한 결과물을 자유롭게 변경, 이용하거나 이용하지 않을 수 있다.

어시스턴트라고 해도 성명은 표시해 주는 것이 좋겠다(제1항). 작가는 납품받은 결과물을 자유롭게 변경하여 이용할 수 있도록 했는데, 업무상저작물이 아닌 관계에서는 저작권 양도가 되어도 어시스턴트에게 동일성유지권이 있기 때문에 둔 규정이다(제2항).

● 관리조항

이하의 내용은 관리조항(일반조항)이므로 문제가 되는 조항을 뺀 나머지는 앞에서의 설명으로 대신한다.

제8조 (비밀유지)

각 당사자는 본 계약의 내용 및 이 계약과 관련하여 알게 된 상대방에 관한 일체의 사항을 제3자에게 공개하거나 누설하지 아니한다. 본조의 의무는 본 계약 종료 이후에도 효력을 가진다.

제9조 (계약의 해지 등)

(1) 각 당사자는 상대방이 본 계약을 위반한 경우 시정을 요구하고 14일 이내에 시정되지 않는 경우 계약을 해제 또는 해지할 수 있다.

(2) 본 계약을 위반한 자는 이로 인한 상대방의 일체의 손해를 배상하여야 한다.

제10조 (기타 사항)

(1) 각 당사자는 상대방의 사전 서면동의 없이 본 계약상의 지위 또는 권리의무를 제3자에게 양도하거나 이전할 수 없다.

(2) 본 계약은 서면 합의로만 수정이나 변경을 할 수 있다.

(3) 본 계약과 관련하여 분쟁이 발생한 경우 당사자의 상호 협의에 의한 해결을 모색하되, 분쟁에 관한 합의가 이루어지지 아니한 경우에는 민사소송법상 관할법원을 제1심 관할법원으로 하여 분쟁을 해결하기로 한다. 다만, 그 이전에 한국저작권위원회 조정을 거칠 수 있다.

_____년 ___월 ___일

"작가(갑)"   "어시스턴트(을)"

성   명 :   성   명 :

생 년 월 일 :   생 년 월 일 :

주   소 :   주   소 :

기 명 날 인 : _____(인)   기 명 날 인 : _____(인)

미주_11장

1   (주)글로벌리서치, "2019 웹툰 어시스턴트 실태조사", 콘텐츠진흥원(2019), 요약문.

2   대법원 1992. 12. 24. 선고 92다31309 판결.

3   박성호, "저작권법", 제2판, 박영사(2017), 202면.

4   대법원 2009. 10. 29. 선고 2009다51417 판결 등.

제12장
영상화계약서

참고용 계약서 내려받기
(QR코드 스캔▼)

> 용조 작가는 몇 년 전 완성한 '대통령 만들기'라는 작품의 판권을 구입하겠다는 영화사 사람과 미팅을 한다. 요즘 만화와 웹툰을 갖고 영화와 드라마 만드는 것이 하도 트렌드라 그런지 좀 지난 그 만화까지 영상화 제안이 왔다.
>
> 물론, 연재 당시에는 나름 30~40대들에게 인기 있던 만화이지만… 판권료로 상당한 금액까지 제시받고, 계약서도 전달받았다. 자, 이 계약서에서는 뭘 주로 봐야 하지?

작가님! 작가님 작품 영화화 판권을 사고 싶어요. 잘 검토해 주세요~!

용조 작가 ←→ 영화사

영상화계약서(판권계약서)란 어떤 것일까?

웹툰을 소재로 한 드라마, 영화가 점점 더 많아져서, 웹툰이 드라마나 영화의 중요한 소재 제공처가 되었다. 웹툰 작가는 원저작자로서 2차적저작물작성권이 있는데, 웹툰으로 영상을 만들면 영상은 2차적저작물이 되므로 원저작자의 2차적저작물작성권에 기한 허락을 받아야 한다. 영상화계약서는 이때 필요한 관련 사항을 규정하기 위한 계약서이다.

보통 이런 계약서를 '판권계약서'라고도 한다. '판권'은 법상 근거가 있는 용어는 아니고 일본어에서 유래한 말로 생각되는데, '영상물로 이용할 수 있는 권리' 정도의 의미이다. 역시 영상화계약서로 생각하면 된다. 다만, '판권'은 중국에서는 '저작권'의 의미로 사용되고 있다는 점에 유의하자.

웹툰을 애니메이션으로 만드는 경우도 역시 마찬가지로 영상화계약서를 체결한다. 다만, 내용은 조금 달라진다.

영상화계약서는 어떤 구조일까?

판권계약서를 체결하면 사업자는 웹툰을 영상화할 수 있는 권리와 영상물을 자유롭게 이용할 수 있는 권리를 얻게 된다. 작가는 영상물과 무관하게 원작에 대한 권리를 보유한다.

실무상 흔히 문제가 생기는 점을 보면, A라는 웹툰이 있고, 이를 영상화한 B라는 영상물이 있다고 하자. 관련 사업을 하고 싶은(또는 관련 상품을 팔고 싶은) 사람은 작가에게 허락을 얻고 계약을 해야 하는가, 아니면 영상물 제작자(사업자)에게 허락을 얻고 계약을 해야 하는가? 해당 사업 내용이 영상물을 이용한 것이라면 원칙적으로 영상물 제작자의 허락과 웹툰 작가의 허락을 모두 얻어야 할 것인데, 현실적으로는 여러 형태로 말썽이 되는 경우가 많다. 하나의 기준은 사용하는 영상(이미지)이 웹툰에 나오는 것인지, 영상에 나오는 것인지를 기준으로 하는 것인데, 그래도 분쟁의 소지가 있다고 생각한다.

관련해서 웹툰 작가는 이 점에 대해서도 계약서에 잘 반영이 되었는지 확인해야 한다.

해당 사업 내용이 영상물을 전혀 이용하지 않고 웹툰만 이용한 것이라면 웹툰 작가의 허락만을 얻으면 족하다.

계약서를 조문별로 살펴보자

관련 계약서로 표준계약서인 '표준 영화화 권리 이용허락 계약서'가 있지만, 만화(웹툰)의 영상화와 꼭 맞아떨어지는 계약서는 아닌 듯하다. 이에 저자가 계약서를 만들어보았다.

● 계약서 제목, 전문, 당사자

영상화 허락 계약서

아래에 성명을 기재한 사업자 _____(이하 '사업자'라 함)과 작가 _____(이하 '작가'라 함)는 다음과 같이 영상화 허락 계약을 체결한다.

다 음

제1조 (목적)

본 계약은 '사업자'가 '작가'의 웹툰/만화를 원작으로 하는 영화/드라마를 제작하는 권리를 수여받는데 있어서 발생하는 계약 당사자간의 권리와 의무를 명확히 하고 상호 협조 하에 본건 저작물의 영화화를 성실히 수행하는 데 그 목적이 있다.

우선 제목과 전문, 목적 부분이다.

● 계약의 목적물

제2조 (계약 대상물 및 보증)

본 계약에 의하여 영화로 제작될 웹툰/만화 _____(이하 '본건 저작물'이라 함)의 정보는 다음과 같다.

1. 제목:
2. 저작자:
3. 연재처:
4. 기타(내용 및 형식 등):

제2조는 영상화하는 저작물, 즉 웹툰의 표시이다. 가급적 정확히 특정해서 표시해 주는 것이 좋겠다.

● 권리의 설정(양자의 권리)

제3조 (권리수여의 내용 및 범위)

(1) '작가'는 '사업자'에게 본 계약에 따라 본건 저작물을 아래의 영상물(이하 '본건 영상물')로 1회 제작하여 이용할 수 있는 권리를 독점적으로 이용허락한다.

> 종류 : 드라마
> 형식 : 60분물
> 편수 : 16부작

(2) '사업자'는 한국어에 한하여 본건 영상물을 작성할 수 있다.

(3) '사업자'는 대한민국을 포함한 전 세계에서 형태를 불문하고 뉴미디어를 포함한 모든 형태의 매체(지상파·케이블·위성방송, 숙박시설, 기·선내, IPTV, 인터넷, 모바일 등 장래에 개발될 매체를 포함한 모든 매체)를 이용하여 본건 영상물을 공중송신(방송, 전송, 디지털음성 송신 등), 복제, 배포, 판매, 전시, 대여, 공연, 상영하거나 클립자료로 이용할 권리를 갖는다. '사업자'는 또한 본건 영상물의 OST 음반의 제작 및 배포, 해외수출, 도서의 출판(원작 웹툰/만화의 배타적발행, 전송 및 출판권을 제외한다), 연극, 뮤지컬, 머천다이징 등 2차적저작물작성 등으로 이용할 수 있다.

(4) '사업자'는 본건 영상물의 전편/후편, 속편, 리메이크, 스핀오프, 후속 시즌 영상물에 대해서는 '작가'와 별도 합의하여 계약을 체결해야 한다.

제3자가 작품을 어떤 형태로 영상화하는지 써준다.

제1항의 종류, 형식, 편수에서는 영상물을 특정해준다. 제1항에서는 '독점적 이용허락'을 하였으므로, 다른 제3자에게는 영상화를 허락할 수 없다.

제2항에서는 한국어 영상물로 특정을 하였다. 외국어 영상물로 제작을 하려면 별도 계약을 해야 할 것이다.

제3항은 통상적인 규정이다. 보통 사업자에게 영상물을 이용한 상당히 넓은 2차적저작물작성권이 인정되어 있음에 유의해야 한다.

제4항은 영상물의 전편, 후편, 속편, 리메이크 등에 대해서는 별도 계약을 체결해야 한다고 규정했다.

아래는 독점적 이용허락임을 더 명확히 한 사례이다.

> (0) '작가'는 본 계약 이후 본 계약과 충돌할 수 있는 내용의 계약을 제3자와 체결하지 아니한다.

같은 취지의 다른 사례이다(표준 영화화 권리 이용허락 계약서 제4조 제7항).

> (0) '작가'는 영화화기간 동안 '제작사' 이외의 제3자에게 "본건 시나리오"에 대한 영화화 및 배급·판매·이용 권리를 양도하거나 이용허락을 하여서는 아니되고, 영화화기간 동안 "본건 영화"가 제작되는 경우에도 같다.

다른 사례를 살펴보자. 더욱 자세히 영상화의 내용을 규정했다.

> **제0조 (작가의 의무)**
> (1) '작가'는 '사업자'에 대하여 본건 원작의 독점적 영화화를 국내, 한국어에 한하여 허락한다.
> (2) '작가'는 계약기간 중 본선 원작의 영화화를 국내의 제3자에게 허락하여서는 아니 된다. 단, '작가'는 '사업자'에게 통지 후 국외 또는 외국어 영화화를 진행할 수 있다. 이 경우 '작가'는 '사업자'의 본건 영화의 국내 개봉 우선권리를 보증한다.

2차적사업화 관련, 작가에게 상당히 유리한 내용의 다른 사례이다(표준 영화화 권리 이용허락 계약서 제7조 제3항).

> **제7조(권리의 귀속 등)**
> (3) '제작사'는 "본건 영화"의 2차 저작물 권리를 행사하기 위해서는 '작가'와 협의를 거쳐 '작가'에게 별도의 대가를 지불하여야 한다. 대가의 정도나 지급방식은 '제작사'와 '작가'가 서면 합의하여 정한다.

● 대가의 지급

> **제4조 (원작사용료 및 인센티브의 지급)**
> (1) '사업자'는 본건 저작물을 사용한 영상화의 대가로 원작사용료 일금 _____원(_____)을 본 계약 체결일로부터 7일 이내에 원천징수세액을 공제한 후, '작가'의 계좌로 지급한다.
>   1) 은행:
>   2) 계좌번호:
>   3) 예금주:
> (2) '작가'는 전항의 원작사용료와 별개로 '본건 영상물'의 국내 및 해외 극장상영 및 기타 사업에 의하여 발생한 매출 중 '본건 영상물'의 투자자 지분과 수익금, 제작비, 홍보비, 배급비 등을 공제하고 순수익이 발생할 경우, '본건 영상물'의 제작사로 지급되는 순수익(이하 '제작사 수익'이라 함)의 ___%를 인센티브로 지급받는다.
> (3) '작가'는 전항의 인센티브 지급시 수익금에 대한 명세 등의 정산자료를 요청할 수 있다.
> (4) '사업자'는 인센티브 산정 관련 회계자료를 별도로 유지, 보관한다.
> (5) '작가'는 언제든지 전항 자료의 열람권과 자료요청권을 가지고, '사업자'는 이에 즉시 응해야 한다.

제4조는 대가와 인센티브 조항이다. 이 부분은 정말로 여러 형태로 규정이 가능한데 특히 인센티브가 그러하다. 위 사례는 비교적 간단한 최소한의 형식이다.

다른 사례를 살펴보자. '순이익'이 나오는 점에 유의해야 하는데, 정산 결과 추가 대가가 지급되는 경우 작가 입장에서는 대가를 확인할 수 있는 근거를 마련해야 한다(제4항).

> **제0조 (사업자의 의무)**
> (2) 인센티브: 본건 원작을 원저작물로 하여 제작된 영상물의 극장 상영, 비디오 출시(DVD 출시 포함), TV 방영 및 방영권 판매(공중파 TV 및 유료, 무료를 불문한 케이블 TV, 위성방송의 방영) 및 해외 수출 등 본건 영화로 인해 발생한 매출액에서 제작비, 홍보비, 배급비 등 본건 영화의 유통 및 판매에 객관적으로 반드시 필요한 비용을 공제한 후 순이익이 발생할 경우, '사업자'는 '작가'에게 순이익 중 0%를 인센티브로 지급한다.
> (3) '사업자'가 '작가'에게 지급할 인센티브는 본건 영화 순이익 전부를 기초로 한다. '사업자'는 순이익 발생일로부터 15일 이내에 인센티브를 지급한다.
> (4) '사업자'는 인센티브 산정 관련 회계자료를 별도로 보관한다. '작가'는 언제든지 해당 자료의 열람권과 자료요청권을 가지고, '사업자'는 이에 즉시 응해야 한다.

관람객 수에 따른 인센티브가 지급되는 다른 사례이다.

> (0) "사업자"는 본 원작의 사용에 대한 인센티브로써 영화 개봉 후 전국관객 000만 돌파시 "작가"에게 현금으로 금 0000만 원을 추가 지급한다.

역시 관람객 수에 따른 인센티브가 지급되는 다른 사례이다.

> (0) "사업자"는 본건 영화와 관련하여 영화 상영 후 극장관객수 ____만 명을 초과하는 시점부터 관객 1인당 ____원씩을 인센티브로 "작가"에게 지급한다.

손익분기점을 넘었을 때 인센티브를 지급하는 다른 사례 2개를 본다.

> (0) 본 계약을 체결함에 있어 "작가"가 제공하는 저작물의 영화화 개봉 후 극장관객 손익분기점<BEP>를 상회하는 경우, 계약금과 별도로 "제작사"의 수익의 0%를 "작가"에게 인센티브로 지급한다.

> (0) '본건 원작'의 영화 개봉 후 극장매출이 손익분기점을 초과할 경우, '사업자'는 초과 관객수당 00원씩의 인센티브를 법령에 따라 원천 징수되어야 할 세금을 공제한 후 '작가'에게 지급한다.

'표준 영화화 권리 이용허락 계약서'에 인센티브에 관한 상당히 정교하고 복잡한 규정을 두고 있다. 보기만 해도 머리가 어질어질할 수도 있지만, 요지는 순이익, 즉 총수익에서 총비용(총제작비+기타 비용)을 차감한 금액을 어떻게 정할지에 대해서 긴 설명을 하고 있다. 복잡하긴 하지만, 어찌 보면 예측 가능성과 안전성은 가장 높을 수도 있다. 더군다나 표준계약서니까!

제6조 (영화화 권리 이용허락의 대가 지급)

(1) '제작사'는 본 계약 체결일로부터 [10]일 이내에 "본건 시나리오"의 영화화 권리 이용허락의 대가로 금 [   ]원을 법령에 따라 원천 징수되어야 할 세금을 공제한 후 '작가'에게 지급한다.

(2) "본건 영화"의 순이익이 발생한 경우 '제작사'는 제작사 몫 수익지분율의 (   )%를 '작가'에게 지급한다. 단, '작가'에게 지급되는 본문의 수익지분율을 0%로 정하거나 공란으로 두어서는 아니된다.

(3) '제작사'는 메인투자사로부터 받은 "본건 영화"의 국내 극장 개봉 이후, "본건 영화"의 총수익, 순이익 발생 여부 및 그 구체적인 내역을 확인할 수 있는 정산 서류를 '작가' 또는 '작가'가 지정하는 제3자에게 아래와 같은 정산기준일에 따라 제공해야 하며, 제(2)항에 약정한 수익지분율에 따라 계산한 금액을 '제작사'와 '작가' 간의 정산기준일이 속한 달의 익월 말일까지 '작가'에게 지급해야 한다. 또한 '제작사'는 사실상·법률상의 폐업, 해산 기타 이에 준하는 사유로 본 항의 의무를 이행하지 못하는 경우를 대비하여 메인투자사로 하여금 '작가'에게 본 항과 동일한 의무를 부담하도록 하여야 한다.

(별첨)

순이익의 정의

1. 비용관련 용어

가. 총제작비

아래 각 목의 순제작비, P&A비용을 합한 금액을 말한다.

(1) 순제작비 : 배우 출연료, 스태프 인건비, 장비사용료, 촬영진행비, 보험료, 필름비, 현상료, 제작사 경상비 등 "본건 영화"의 기획 및 제작과 관련하여 직접적으로 소요되는 비용의 총계(부가가치세 포함)를 말한다.

(2) P&A(Print & Advertising)비용 : "본건 영화"에 대한 "마케팅비"와 "배급비"를 합한 금액을 의미한다.

　　1) 마케팅비 : 영화관 개봉을 위해 광고 및 홍보하는데 발생하는 비용을 말한다.

　　2) 배급비 : "본건 영화"의 영화관 개봉 및 배급, 판권판매를 위하여 발생하는 비용으로 프린트 제작비용, 입회비, 배급진행 경비, 발송비, 영화관 디지털 배급을 위한 비용 등을 포함한다.

나. 총비용

본 항의 총제작비에 아래 각 목의 배급수수료, 관리수수료, 해외수출 판매비용, 금융비용, 인센티브, 기타 비용을 합한 금액을 말한다.

(1) 배급수수료 : 영화관배급수수료, 해외수출 배급수수료, 부가판권 등과 관련된 대행수수료(이하 "기타 배급수수료"라 한다)와 같이 "본건 영화"의 배급·판매·수출 등 수익 창출을 "투자사"가 직접 또는 대행사를 통해 수행함에 따라 그 대가로 발생하는 수수료를 의미한다.

(2) 관리수수료 : "본건 영화"의 총제작비 투자/조달, 제작 관리, 수익 정산 및 분배와 관련한 업무에 대한 용역수수료를 의미한다.

(3) 해외수출 판매비용 : "본건 영화"의 해외수출을 위하여 발생하는 모든 비용으로 선재제작비, 번역료, 프린트비, 자막 작업비, 홍보물 제작비 및 해외 광고·홍보비, 마켓·영화제 참가 등 진행성 경비를 포함한다.

(4) 금융비용 : "본건 영화"의 투자지분율에 영향을 미치지 않고, 모든 부분 투자자(제3조 제4항 바호에서 규정됨)와 제작사가 상호 합의하여 제3자로부터 조달한 차입금(채무금액)에서 발생되는 이자를 말한다.

(5) 인센티브 : 배우, 감독, 스태프 등에게 "본건 영화"가 일정 이상 흥행할 경우 지급하기로 사전에 약속한 상여금을 말한다.

(6) 기타 비용 : "본건 영화"와 관련하여 지출하는 송금수수료, 회계감사수수료, 법률자문비용, 문화산업전문회사 관련 비용 등을 말한다.

2. 수익관련 용어

가. 총수익

아래 각 목의 영화관상영 수익, 부가판권 수익, 기타 부가판권 수익, 해외수출 수익, 협찬금 수익 등 "본건 영화"의 매출로 산출된 모든 매출액을 합한 금액을 말한다. 단, 음반 및 음원 수익, 2차 저작물 수익은 권리자와 별도로 합의된 경우에 한하여 포함된다.

(1) 영화관상영 수익 : "본건 영화"의 국내 영화관 상영으로 발생한 영화관 입장권 총매출액에서 부가가치세, 영화발전기금, 영화관 몫의 수익분배금을 공제한 이후의 수익으로 영화관에서 발행한 부금계산서의 금액으로 한다.

(2) 부가판권 수익 : 국내에서 부가판권을 이용하여 발생한 수익으로 매출발생 과정에서 발행한 세금계산서의 공급가액으로 한다.

(3) 기타 부가판권 수익 : 국내에서 기타 부가판권을 이용하여 발생한 매출액을 말한다.

(4) 해외수출 수익 : 해외수출권을 이용하여 발생한 매출액을 말한다.

(5) 협찬금 수익 : "본건 영화"의 제작 및 배급 등의 과정에서 제3자가 광고목적이나 지원목적으로 "투자사"나 "제작사"에게 지불하는 협찬금 또는 지원금, PPL(Product Placement) 대금 등으로 그 명칭을 불문한다.

(6) 2차 저작물 수익 : 2차 저작물 권리를 이용하여 발생한 저작권료, 로열티 등 매출액을 말한다.

(7) 음원 및 음반 수익 : 국내에서 음반 및 음원을 이용하여 발생한 수익으로 매출발생 과정에서 세금계산서의 공급가액으로 한다.

나. 순이익

총수익에서 총비용(총제작비+기타 비용)을 차감한 금액을 말한다.

● 권리의 귀속

제5조 (지식재산권의 귀속)

(1) '사업자'는 본건 영상물로부터 발생 및 파생 가능한 직접적, 간접적인 모든 지적재산권의 유일하고, 독점적인 권리자가 된다.

(2) 본 계약은 본건 저작물에 대한 '작가'의 권리에 영향을 미치지 아니한다.

제5조는 지식재산권의 귀속 조항이다.

기본적으로 원저작물(웹툰)은 원작자에게 저작권이 귀속하고 영상저작물(영화, 드라마)은 영상저작자에게 저작권이 귀속한다. 하지만 사업자에게 영상저작물을 (본 계약을 벗어나서) 마음대로 이용할 수 있다는 것은 아닌데, 영상물은 기본적으로 원작의 2차적저작물 관계이기 때문이다.

아래는 작가에게 유리한 사례이다.

제0조 (권리의 귀속)

(0) '사업자'의 본건 영화에 대한 권리는 '작가'의 본건 원작에 대한 권리에 영향을 미치지 아니한다. 본건 영화 외에 '사업자'가 본건 원작의 캐릭터 사용, 게임 개발, 상품화, 속편, 리메이크, 스핀오프 등을 하고자 하는 경우는 '작가'와 별도 계약을 체결한다. 본 계약서에서 명시적으로 허락되지 않은 모든 권리는 '작가'에게 유보된다.

● 광고와 홍보

제6조 (광고와 홍보)

'사업자'는 본건 영상물의 홍보 및 마케팅을 책임지며, 이를 위하여 i) 무상으로 본건 저작물의 일부를 이용하여 예고편, 기타 광고자료를 작성할 수 있고, ii) '작가'에게 자료제공 또는 인터뷰 등을 요청할 수 있으며, '작가'는 이에 적극 협조하여야 한다. 다만 '작가'의 초상 또는 실명을 이용하고자 하는 경우 '작가'의 동의를 얻어야 한다.

제6조는 광고와 홍보 조항이다. 사업자가 영상물을 제작하면서 웹툰의 일부를 이용할 수 있고, 작가에게 인터뷰 등을 요청할 수 있다는 조항이다. 다만, 작가의 초상과 실명을 이용하고자 하는 경우는 작가의 동의를 얻도록 했다.

● 저작인격권

제7조 (저작인격권 등)

(1) '사업자'는 완성된 본건 영상물의 크레딧(Credit)에 다음과 같이 원작 정보를 표시하여야 한다. 크레딧의 크기, 위치, 표시 방법은 상호간의 협의와 관례에 따른다

  1) 원작 :

  2) 원작자 :

(2) '사업자'는 영상화 과정 중 본건 저작물의 제목, 스토리, 캐릭터 등을 스스로의 판단으로 적절히 변형, 각색할 수 있다.

(3) '사업자'는 본건 저작물의 영상화에 있어서 '작가'의 명예·인격을 손상시키지 않도록 한다.

제7조는 저작인격권인 성명표시권, 동일성유지권 조항이다. 대부분의 계약서는 제2항처럼 영상제작사(사업자)가 원작의 내용을 어느 정도 변경할 수 있다는 식으로 규정한다('공통조항' 참고).

아래 사례에서는 작가의 의사를 가급적 존중하도록 했다.

(0) '사업자'는 '본건 원작'를 영화화함에 있어서 가능한 한 '작가'의 의사를 존중하기로 한다.

작가에게 유리한 다른 사례이다.

(0) '사업자'는 본건 영화에서 '작가'의 명예나 성망을 해치는 본질적 내용의 변경을 할 수 없고, 그러한 우려가 있는 경우 '작가'의 사전 서면 허락을 받아야 한다.

● 계약기간

제8조 (계약기간)

(1) 본 계약은 체결일로부터 효력이 발생하며, 본건 영상물의 제작을 위한 계약기간은 체결일로부터 4년으로 한다. '사업자'가 계약기간 내에 본건 영상물의 제작을 완료하지 못하는 경우, '사업자'는 지급한 금원의 반환청구권을 포함한 본 계약과 관련된 모든 권리를 상실하고, '작가'는 '사업자'로부터 수령한 일체의 금원을 돌려줄 의무가 없다.

(2) 전항과 같이 계약기간 내에 본건 영상물의 제작이 완료되지 못한 경우, '사업자'는 계약기간 만료 1개월 전까지 '작가'에게 서면으로 계약기간의 연장을 요청할 수 있으며, '작가'의 승인을 얻어 1년간 1회에 한하여 계약을 연장할 수 있다.

(3) '사업자'는 본 계약에 의하여 완성된 본건 영상물을 계약기간에 구애받지 않고 복제, 배포, 판매, 전시, 대여, 공연, 상영 등으로 이용할 수 있다.

제8조는 계약기간 조항이다.

제1항 관련, 영상화 계약에서는 계약기간이 다른 계약과 상당히 다른 의미를 가지는데, 계약

기간 내에 영상물이 만들어지지 않으면 계약금을 몰취한다는 구조이다. 출판계약에서도 어느 정도 기간 내 출판을 해야 한다는 규정은 있지만, 계약금 몰취까지는 규정하지 않는다. 기본적으로 이는 이런 영상화계약서에서는 영상화가 되어야 인센티브가 발생한다는 취지인 듯하다.

제2항에서는 작가의 동의를 얻어서 1년간 1회에 한하여 계약을 연장할 수 있도록 했다.

제3항에서는 이렇게 만들어진 영상물은 기간 제한 없이 이용할 수 있다는 취지이다. 통상 영상화계약으로 만들어진 영상물은 이렇게 제한 없이 이용하도록 한다(반면, 게임 등에서는 계약기간을 정하는 경우도 많다).

다른 사례를 살펴본다. '촬영의 개시'로 보다 명확하게 특정된 점은 바람직하다. 제2항에서 사업자가 계약의 연장을 신청할 수 있으되 작가가 연장 여부를 판단할 수 있도록 하였다.

> **제0조 (계약 기간)**
> (1) 본 계약은 계약 체결일로부터 효력을 발생하여 0년간 유효하며, '사업자'는 0년 이내에 '본 원작'의 영화촬영을 개시해야 한다. 계약기간이 만료하기 전에 '본 원작'의 영화가 촬영을 개시하지 못할 경우, '사업자'의 '본 원작'에 대한 영화화권리는 소멸되는 것으로 한다.
> (2) '사업자'는 제1항의 기간이 만료하기 0개월 이전에 0년 계약의 연장을 '작가'에게 신청할 수 있다. 단, 계약의 연장은 '작가'의 판단에 따른다.

'영상화' 시점을 특정한 다른 2개의 사례를 살펴본다.

> (0) "사업자"가 본 계약기간 내에 영상화 작업에 구체적으로 착수하지 아니하는 경우, "사업자"는 본 계약에 기한 권리를 상실하고, "작가"는 "사업자"로부터 수령한 일체의 금전을 돌려줄 의무가 없다.

> (0) 여기서 '영상화'라 함은 최소한 본건 영화의 영화화를 위한 투자배급사와 메인투자계약체결을 의미하며, 상당한 시간 내에 해당 계약에 따라 영화화가 진행되어야 한다.

사업자 측에서 추가 대가나 동의 없이 계약을 연장할 수 있는 다른 사례이다.

> (0) 본 계약은 체결일로부터 효력이 발생하며, '본건 영화'의 제작을 위한 계약기간은 체결일로부터 0년으로 한다. 단 계약기간 내에 '본건 영화'의 제작이 완료되지 못한 경우 동일한 조건 하에 0년간 계약을 연장할 수 있다. 다만, 이 경우, '작가'는 별도의 추가 금액을 요구하지 않는다.

비교적 중립적으로 기재한 다른 사례를 살펴보자.

> (0) '제작사'는 전항의 기간이 만료되기 0개월 이전에 적절한 기간을 정하여 '작가'에게 기간 연장을 요청할 수 있다. 이 경우, 연장되는 기간이나 기간 연장의 대가는 '제작사'와 '작가'가 별도로 서면 합의하여 정한다.

다른 사례를 살펴보자. 다만, '협의할 수 있다'는 규정은 실제 분쟁이 발생 시 명확한 해결책이 될 수 없고, 또 다른 분쟁으로 이어질 수 있다.

제0조 (계약기간)

(1) 이 계약은 계약 체결일로부터 효력을 발생하여 0년간 유효하다.

(3) '사업자'의 부득이한 사정(편성시기 등)으로 인하여 약정기한 이내에 드라마를 개발/제작/방영치 못할 경우, 만료일 0개월 이전에 이를 '작가'에게 서면 통보하여야 하고, '사업자'와 '작가'는 계약기간의 연장 등에 대해 협의한다.

● 비밀유지

제11조 (비밀유지의무)

(1) '사업자'와 '작가'는 본 계약으로 알게 된 상대방의 모든 정보에 대해 기밀을 유지하여야 하고, 이를 제3자에게 누설하거나 공개할 수 없다.

(2) '사업자'와 '작가'는 홍보 목적으로 본 계약의 체결 사실을 외부에 공개할 수 있다.

(3) '작가'는 '사업자'의 서면동의 없이 본건 영상물 및 그 제작과 관련된 정보 또는 기밀을 제3자에게 누설하거나 공개할 수 없다.

본 계약의 비밀유지규정은 다소 특이하다. 영상의 마케팅을 위해서 계약 체결 사실을 알릴 필요가 있다는 점을 고려하였고(제2항), 다만, 영상물의 결말 등이 공개되면 곤란하므로 특별히 해당 규정을 두었다(제3항).

● 관리조항

이하의 내용은 관리조항(일반조항)이므로 문제가 되는 조항을 뺀 나머지는 앞에서의 설명으로 대신한다.

제9조 (보증)

(1) '작가'는 본건 저작물의 저작권자로서 적법한 권리를 보유하고 있으며, 본건 저작물이 타인의 저작권 기타 지적재산권, 명예, 프라이버시를 침해하지 않는 것을 포함하여 대한민국의 법령에 위배되지 않는 것을 보증한다.

(2) '작가'는 본 계약에 따라 '사업자'에게 권리를 수여함에 있어서 '작가' 외의 제3의 이해관계인은 존재하지 않음을 보증한다.

(3) '작가'는 본조를 위반하여 제3자로부터 이와 관련하여 이의제기가 있거나 분쟁이 발생할 경우 민형사상 모든 책임을 지고 '사업자'를 면책시켜야 한다.

제10조 (양도금지)

'사업자'와 '작가'는 상대방의 서면에 의한 사전동의 없이 본 계약상의 어떠한 권리와 의무도 제

3자에게 양도하거나 처분할 수 없다.

제12조 (계약의 해지 등)

(1) 각 당사자는 상대방이 본 계약을 위반한 경우 시정을 요구하고 14일 이내에 시정되지 않는 경우 계약을 해제 또는 해지할 수 있다.

(2) 본 계약을 위반한 자는 이로 인한 상대방의 일체의 손해를 배상하여야 한다.

제13조 (불가항력)

전쟁, 천재지변 등 각 당사자의 합리적인 지배를 넘어서는 사건이 발생하거나 법령 또는 정부의 규제로 인하여 본 계약상 의무가 불이행되는 경우, 그 범위를 한도로 상대방에게 그 책임을 지지 않는다.

제14조 (기타 사항)

(1) 각 당사자는 상대방의 사전 서면동의 없이 본 계약상의 지위 또는 권리의무를 제3자에게 양도하거나 이전할 수 없다.

(2) 본 계약은 서면 합의로만 수정이나 변경을 할 수 있다.

(3) 본 계약과 관련하여 분쟁이 발생한 경우 당사자의 상호 협의에 의한 해결을 모색하되, 분쟁에 관한 합의가 이루어지지 아니한 경우에는 민사소송법상 관할법원을 제1심 관할법원으로 하여 분쟁을 해결하기로 한다. 다만, 그 이전에 한국저작권위원회 조정을 거칠 수 있다.

'사업자'와 '작가'는 위 사실을 증명하기 위해 계약서를 2통 작성하여 기명날인 후, 각각 1통씩 보관한다.

_____년 ___월 ___일

"사업자"

상   호 :

사 업 자 번 호 :

주   소 :

대 표 자 : _____(인)

"작가"

성   명 :

생 년 월 일 :

주   소 :

기 명 날 인 : _____(인)

기타 추가로 생각해 볼 조항

이하에서는 기타 계약서에 추가를 고려해 볼 만한 조항을 살펴본다.

영상화의 주요 일정을 작가에게 통보한다는 내용의 다른 사례이다.

> (0) '사업자'는 본 계약에 따라 성실히 영화화 작업을 수행해야 하며, 본건 영화의 투자, 제작일정, 캐스팅확정, 배급사 확정, 크랭크인 일정, 상영일정 등 주요 사항을 '작가'에게 사전 통지해야 한다.

다른 사례를 살펴보자. 영상물이 나오면 원작의 매출이 따라 오르는 것이 보통이라서, 영상을 활용해서 마케팅을 하고 싶은 작가의 입장에서는 유용한 규정일 수 있다.

> (0) "작가"는 "원작품"의 홍보를 위해 서적의 표지, 홍보용 포스터와 띠지에 "사업자"가 제작한 TV 드라마의 제호를 사용할 수 있다.

다른 사례를 살펴보자. 영상물로 수상 시 그로 인한 혜택은 사업자가 누린다는 규정이다.

> (0) "사업자"는 본 영상물을 국내외 콘테스트 등에 출품할 수 있으며, 수상자로 선정된 경우 "사업자" 또는 "사업자"가 지정하는 자가 수상한다.

아래의 규정은 작가에게 유리하다.

> (0) 본 계약에 의해 "사업자"에게 명시적으로 허락된 권리 외의 모든 권리는 "작가"에게 유보된다.

외주작업 협상 노하우

비즈니스적인 사고방식과 입장은 예술가에겐 낯설기 마련이다. 그러다 보니 협상 과정에서 업계 전반에 대한 오해나 갈등이 쌓이기도 한다. 다만 특정 집단에 대한 막연한 편견이나 과도한 불신을 유지하는 건 바람직하지 않다. 세상엔 별의별 업체들이 많기 때문에 적당한 경계심은 필요하지만, 작가들 중에도 별의별 사람이 다 있음은 마찬가지다. 작가주의는 좋지만 작가중심주의는 지양해야 한다. 건실한 업체들은 작가를 믿고 투자하며 리스크를 감수한다. 창작자, 산업계, 교육계, 관공서, 애독자 등 다양한 분야와 직종의 사람들이 저마다의 역할을 하며 웹툰 생태계를 꾸려 나간다. 즉 업체는 선도 아니고 악도 아닌, 같은 생태계 속 다른 분야의 전문가이자 파트너로 생각하는 것이 좋다. 협상의 기본 마음가짐이다.

아래 내용은 필자가 생각해 본 여러 외주작업 협상 노하우이다.

• 수많은 원고 의뢰나 외주 문의가 있다면, 그중 8할은 간 보기일 것이며 썩 맘에 들지 않는 제안일 것이다. 협상하는 데 에너지를 소모 않는 방법 중 하나는 평소 작업단가에 비해 월등히 고가를 제시하는 것이다. 이건 일종의 블러핑으로, 스케줄이 꽉 차 있을 때나 노동의욕이 낮을 때 쓰는 게 좋다. 만약 업체에서 수락한다면 감사히 여기고, 최선을 다해 작업하면 된다.

• 협상력은 본인을 콕 집어 지명 의뢰를 했는지에 따라 달라진다. 수의계약과 공개입찰의 차이랄까? 비슷한 여러 작가에게 문의를 한 경우라면, 가장 낮은 단가를 제시한 작가에게 의뢰를 할 것이다. 하지만 본인을 지목했다는 건, 독보적인 개성이나 스타일을 원한다는 것이므로 전자에 비해 협상의 우위를 점하게 된다. 원고료를 올려봄직하다.

• A 작가와 B 작가가 서로를 위해 대리 협상을 하는 스와핑 기법도 활용할 만하다. 이는 오랫동안 함께 한 동료나 스튜디오를 꾸린 경우에 유용하다. A에게 온 의뢰는 B가, B에게 온 의뢰는 A가 대응하는 것이다. 누구나 자기 자신과 관련한 돈 얘기를 직접적으로 하는 것이 머쓱할 때가 있다. 하지만 내가 이 작가의 매니저라고 생각하고 협상에 응한다면 훨씬 담대하게 대처할 수 있다. 팀의 힘이다.

• 믿을 만하고 협상에 능한 매니지먼트사나 에이전시에 위임하는 것도 대안이다. 작가가 직접 업체 관계자를 대하는 것보다는, 사업자 대 사업자로 비즈니스를 진행하는 것이 여러모로 일 처리가 매끄러울 때가 많다. 대신 업체 실적과 기여도에 따라서 수익의 일부를 수수료를 제하거나 지분을 나눠야 한다.

웹툰제작 견적서를 작성하자

원고의 사용 범위와 기한, 분량과 퀄리티 등을 고려해 제작비를 책정한 견적서를 작성하는 것도 좋은 방법이다. 견적서는 프로젝트를 진행할 때의 경비와 예상 비용을 산출하고, 그 계산 내역을 기록한 문서다. 사업자는 의뢰한 견적서의 가격을 검토해 예산을 편성하고, 서로 합의가 되면 정식 계약을 체결하는 것이다.

실제로 견적서의 효과는 제법 크다. 명확한 의사 전달과 그 합리적 근거가 되어주기 때문이다. 세부 공정별로 항목을 세분화하는 것을 추천하는 이유도 그것이다. 문서가 가지는 권위 때문에 구두 협상에 비해 훨씬 큰 힘이 실린다. 원고료 신규 책정은 물론이고, 이미 진행 중인 프로젝트의 고료 인상, 재조정을 하고자 할 때 쓰면 된다. 또 평소 미팅이나 유선 통화를 꺼리는 작가들이 꽤 많다. 필자의 경우에도 비대면 소통에도 익숙해져서, 본격적인 실무 협상이 아닌 초기에는 서류를 활용해 협상을 하는 편이다. 여기저기 간만 보는 업체를 빨리 거르는 노하우이기도 하다.

다음 쪽에 만화가를 위한 웹툰 제작 견적서를 첨부한다. 본 견적서는 실제 업체와 주고받는 양식으로 사용 중이며 작가들을 대상으로 공개 중이다. 웹툰인사이트(2017), 우리 시대 웹툰작가들의 생존기(박인찬 저, 2017), 한국콘텐츠진흥원 브로슈어(2018) 등에 소개된 바 있다. 아래 링크에서도 원본 서식 파일을 다운로드 받을 수 있다.

• 하마탱 작가 블로그: https://blog.naver.com/sisacartoon/220900585021

< > 웹툰 제작 견적서

작성자 : 하마탱

작성일 : 2021.12.21

OOO 브랜드 웹툰 제작 (총 24화, 1화 50컷 내외) OOO 담당자 귀하	공급자	작가명 (필명)	홍길동 (동기롱)
		소속, 대행사	동그라미디어
		주소	십상시 깡다구 스스로 10-5
		전화번호	000-1234-5678
		이메일	@

아래와 같이 견적합니다. (유효기간: 발행일로부터 15일)

품명			회별 단가	월 4회	시즌 24회
기획 프리프로덕션		총괄 기획, 비즈니스 계획, PM	200,000	800,000	4,800,000
		원안, 콘셉트, 아이디어, 포맷			
		IP, 캐릭터 로열티			
		캐릭터 개발 (설정, 디자인)			
스토리		시놉시스, 트리트먼트	500,000	2,000,000	12,000,000
		시나리오			
		각색(원천스토리->맞춤스토리)			
연출		글 콘티 (상황묘사, 대사)			
		그림 콘티 (만화 작화 영역)			
작화	데생	밑그림 스케치, 데생	1,200,000	4,800,000	28,800,000
	펜터치	라이닝 (극화체, 캐릭터체)			
	배경	배경 (스케치업, 3D)			
		특수효과 (텍스처, 질감)			
	채색	컬러링 1 (기본 밑색)			
		컬러링 2 (음영, 색조, 톤)			
	텍스트	말풍선, 대사, 식자			
		손글씨, 효과어			
		검수, 교정, 번역			
후반작업	보정	리터치, 후보정	100,000	400,000	2,400,000
	편집	편집, 디자인, 레이아웃			
		칸, 칸새 리사이징, 연출 변환			
		매체 최적화(출판, 웹, 모바일)			
	기타	타이틀, 로고, 캘리그래피			
		표지, 썸네일, 스냅 이미지			
기타 제작비		장비, 프로그램, 소프트웨어	0	0	0
		폰트, 소스 구매, 사용료			
포스트 프로덕션		에이전시(매니지먼트) 수수료: 계약, 미팅, 수출, 행정지원	0	0	0
		배급, 유통, 홍보, 마케팅 등	0	0	0
합계 (공급가액 + 세액 등 추후 재견적)			2,000,000	8,000,000	48,000,000
특이 사항		* 사용조건, 원고수정비용, 2차저작물, R/S 등 세부 사항은 추후 협의			
		* 기타 참조자료(프로필, 샘플, 시안, 기대효과, 산출근거) 등은 별도 첨부			

제13장
상품화계약서

참고용 계약서 내려받기
(QR코드 스캔▼)

> 모롱 작가는 예전에 연재하던 만화와 캐릭터를 문구로 만들고 싶다는 A 문구회사의 연락을 받았다. A 문구회사는 팬시, 문구 용품을 좋아하던 모롱 작가도 잘 알던 회사라 그런지 꼭 한번 잘 진행해 보고 싶은 생각이 든다.
>
> 이렇게 상품화를 한다면 대가는 얼마나 받아야 하지? 나도 상품을 공짜로 받을 수 있을까?(^^) 상품을 잔뜩 만들어놓았는데 계약기간이 끝나면 어쩌지? 이런저런 여러 가지 생각이 드는데… 과연 상품화계약서는 어떤 내용을 주로 봐야 할까?

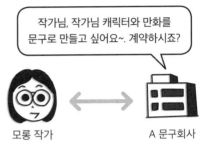

> 작가님, 작가님 캐릭터와 만화를 문구로 만들고 싶어요~. 계약하시죠?

모롱 작가   A 문구회사

상품화 계약서란 어떤 것일까?

작가 입장에서 자신의 웹툰, 만화가 멋진 상품으로 나온다는 것은 참으로 뿌듯하고 자랑스러운 일일 것이다. 웹툰 작가는 자신의 웹툰과 캐릭터, 스토리에 대한 2차적저작물작성권을 갖는다. 이에 기반해서 상품화가 이루어진다면 사업자는 작가로부터 허락을 받아야 한다. 이때 작성하는 것이 상품화 계약서이다. 디즈니 같은 큰 라이센서의 경우는 라이센시가 지켜야 할 사항이 잔뜩 기재된 수 십 페이지에 걸친 아주 복잡한 계약서를 제시하기도 한다.

작가가 직접 사업화를 하는 사람하고 계약을 하건, 작가가 에이전시(매니지먼트사)를 통해서 하건 성격은 다르지 않다. 캐릭터의 상품화를 하는 것의 법적 성질은 '이용허락'이다. 즉, 저작권 양도는 아니다.

상품화 계약서는 어떤 구조일까?

작가라이센서. licensor는 기간을 정하여 사업자라이센시. licensee에게 작가의 저작물을 이용해서 계약의 대상이 된 상품을 상품화하는 권리를 부여한다.

대가(이용료)는 일시불로 하는 경우도 있고, 상품의 가격(도매가격, 출고가격 등 여러 가지가 가능할 것이다)에 수량을 곱하여 로열티 방식으로 정하는 경우도 있다. 대가는 천차만별이다. 시장에서 고객흡인력이 있는 웹툰/캐릭터라면 높은 대가를, 그렇지 않은 경우는 상당히 낮은 대가를 정할 수도 있다.

사업자는 해당 계약에 따라 상품을 만들어 판매할 수 있다.

계약서를 조문별로 살펴보자

아래에서 살펴볼 계약서는 캐릭터의 상품화 이용허락에 관한 계약서로서, 한국저작권위원회가 만들어 공개한 계약서이다.

참고로 한국저작권위원회 계약서는 '캐릭터의 상품화 관련 표준계약서를 A형, B형, C형의 3가지 유형으로 발표하였는데, A형은 애니메이션 등에 등장하는 가공의 캐릭터를 대상으로 하고, B형은 애니메이션 등에 등장하지 않는 독자적으로 창작된 캐릭터를 대상으로 하며, C형은 간소형으로, 러닝로열티가 아닌 일시불의 선금을 지급하고 제한 없이 캐릭터를 상품화하는 계약서이다. 본 책에서 소개하는 것은 A형이다.

이하에서는 계약서를 조문별로 살펴본다.

● 계약서 제목, 전문, 당사자

캐릭터의 상품화 이용허락에 관한 표준계약서

이 계약의 목적물인 캐릭터가 등장하는 저작물의 저작권자인 ○○○(이하 '갑'이라 한다)와 당해 캐릭터를 상품화에 이용하고자 하는 ○○○(이하 '을'이라 한다)는 아래와 같이 캐릭터의 상품화 이용허락계약을 체결한다.

계약서의 제목과 전문 부분이다. 목적 조항 내용이 들어 있다.

● 정의

제1조 (용어의 정의)

이 계약에서 사용하는 용어는 각 다음과 같은 의미를 갖는다.

① 이 계약의 목적물인 캐릭터라 함은 갑이 저작권을 가지는 저작물에 등장하는 가공적인 인물 또는 동물 등의 형상과 그 명칭 등을 의미한다.

② 갑이 을에게 허락하는 캐릭터의 상품화라 함은 이 계약에서 지정하는 상품(이하 '지정상품'이라 한다)이나 서비스(이하 '지정서비스'라 한다)와 관련하여 지정상품을 제조·판매하거나 지정서비스를 판매촉진 하기 위하여 캐릭터를 복제 또는 그 밖의 방법에 의하여 이용하는 것을 말한다.

③ 지정상품이나 지정서비스라 함은 갑이 캐릭터의 상품화를 허락하는 목적을 위하여 설정한 상품류 구분 또는 서비스업류 구분에 따라 당사자가 합의한 종류의 상품이나 서비스를 말한다.

제1조는 계약에 나타나는 용어의 정의이다. '캐릭터'와 '캐릭터의 상품화', '지정상품', '지정서비스'에 대해서 설명한다. 참고로 지정상품, 지정서비스, 상품류, 서비스업류 등 용어는 상표법에서 사용하는 용어이다.

권리의 설정(양자의 권리)

> **제2조 (캐릭터 상품화의 이용허락)**
> ① 갑은 을에게 이 계약 기간 중 캐릭터를 지정상품(또는 지정서비스)에 상품화하는 독점적 권리를 허락한다.
> ② 제1항의 캐릭터와 지정상품(또는 지정서비스)에 관하여 상세한 것은 이 계약의 별지기재 문서에서 허락한 바에 따른다.
> ③ 갑은 을에게 허락한 지정상품(또는 지정서비스)과 직접적인 경쟁관계가 없는 상품(또는 서비스)에 대하여 제3자에게 캐릭터를 상품화하는 것을 허락할 권리를 가진다.
> ④ 을은 갑으로부터 서면에 의한 사전 동의를 얻지 않고서 제1항의 독점적 권리를 제3자에게 양도하거나 재허락 또는 제3자를 위한 담보로 제공해서는 안 된다.

계약의 핵심적 내용이다.

작가는 사업자에게 독점적으로 해당 지정상품의 상품화권리를 허락한다(제1항). 캐릭터의 상품화는 '이용허락'의 방법으로 할 것이고, 이런 계약을 하면서 저작권 양도를 하는 경우는 없을 것 같다.

꼭 독점적으로 허락해야 하는 것은 아니고 여럿에게 같은 권리를 허락하는 비독점적 계약을 맺고 싶으면 "비독점적 권리를 허락한다."라고 규정하면 된다. 그러나 우리나라같이 비교적 시장이 좁은 국가에서는 대부분 독점이 아닐까?

독점적인 권리임을 보다 명확히 하고 싶으면 아래와 같은 표현을 덧붙일 수 있다.

"갑은 을에게 이용을 허락한 캐릭터와 동일 또는 유사한 캐릭터를 본 계약과 같은 내용으로 스스로 이용하거나 제3자에게 이용하게 하여서는 안 된다."

'지정상품(지정서비스)'이라는 것은 상표법상 용어이지만, 내용까지 상표법의 상품류 구분에 따를 필요는 없고, 양 당사자가 이해할 수 있고 객관적으로 구분할 수 있도록 기재하면 된다.

제2항의 지정상품, 지정서비스가 매우 자세할 수 있는데 이때는 별지(별도 용지)로 첨부하는 것이 보통이다.

작가는 본 계약에서 상품화를 허락한 상품과 직접적 경쟁관계가 없는 상품에 대해 제3자에게 상품화를 허락할 수 있다(제3항). 경쟁관계가 아닌 상품에는 재차 상품화를 허락할 수 있다는 것이다. 예를 들어서 작가가 A사업자에게 학용품의 상품화 허락을 했으면, B사업자에게는 의류의 상품화 허락을 할 수 있다는 것이다.

제4항은 사업자가 이러한 상품화 권리를 제3자에게 임의로 양도, 재허락 등을 할 수 없고, 작가의 동의를 받아야 한다는 것이다.

다른 사례를 살펴보자. 허락하는 상품이 많지 않다면 계약서 본문에서 명시적으로 정해도 무방하다.

> **제0조 (상품의 범위)**
>
> (1) '작가'는 아래에 기재한 상품(이하 '본 상품'이라 함)에 대하여 '사업자'의 독점적 상품화 권리를 인정한다.
>
>   상품: 티셔츠, 시계, 폰케이스

비독점적인 경우라면 똑같은 권한을 다른 제3자에게도 허락할 수 있다. 비독점적인 권리 설정의 사례는 아래와 같다.

> **제0조 [저작물의 제공 및 사용]**
>
> (1) '사업자'는 '작가'가 제공하는 '저작물'에 대하여 본 계약에서 정한 기간 및 범위에 한해 사용 권리를 비독점적으로 부여받는다.

● 계약지역

> **제3조 (지역)**
>
> ① 갑이 을에게 허락하는 캐릭터를 상품화하는 독점적 권리의 행사지역은 대한민국의 영역 내로 한정한다.
>
> ② 을은 지정상품을 직접적 또는 간접적으로 캐릭터가 등장하는 저작물에 대해 갑이 저작권을 가지고 있거나 이것을 관리하는 다른 국가에 수출해서는 안 된다.

제1항에서는 상품화가 가능한 영역을 대한민국으로 한정하였다. 지역을 넓게 하려면 적절히 바꾸면 된다.

제2항에서는 사업자가 작가가 저작권을 갖고 있는 다른 국가에 수출을 하려면 작가 허락을 받아야 한다고 규정한다. 대한민국 국민은 베른협약 등을 통해서 문명화된 대부분의 국가에서 저작권을 갖고 있기 때문에, 대부분의 경우 사업자는 수출을 할 때 작가의 동의를 얻어야 할 것이다.

수출 시 동의를 얻도록 한 다른 사례를 하나 살펴보자.

> **제0조 [지역]**
>
> "작가"가 "사업자"에게 부여한 캐릭터 사용에 관한 권리를 갖는 지역은 대한민국으로 한다. "사업자"가 캐릭터 상품을 수출하고자 할 때는 "갑"으로부터 사전에 서면 승인을 받은 후 진행한다.

● 계약기간

> **제4조 (계약기간)**
>
> ① 이 계약의 존속기간은 계약 체결일로부터 __년으로 한다.

② 갑 또는 을이 계약 만료일 ____일 전까지 상대방에 대하여 갱신거절의 통지를 하거나 계약조건을 변경하지 않으면 갱신하지 않는다는 취지의 통지를 하지 않은 한 이 계약의 존속기간은 ____년 간 자동으로 연장된다.

본 조는 계약기간 조항이다.

제1항의 계약체결일을 '최초 상품 출시일'로 변경할 수도 있다.

제2항은 '자동 연장' 조항으로 되어 있는데, 작가 입장에서는 '자동 종료' 조항이 더 나을 수 있다. 이때는 다음과 같이 규정한다.

> (0) '작가' 또는 '사업자'가 계약 만료일 ____일 전까지 계약의 연장을 합의하지 않으면, 본 계약의 존속기간은 계약기간 만료로 종료된다.

대가의 지급

제5조 (이용허락의 대가)

① 을은 갑에게 캐릭터 상품화의 이용허락의 대가로서 최초 년도에는 이 계약의 체결과 동시에, 이후 각 년도에 대해서는 각 전 년도의 말일까지 아래 방식에 따라 산정하는 연간 이용료를 갑이 지정하는 방식으로 지급하여야 한다. 연간허락 제조수량이라 함은 최저책임 제조수량을 의미한다.

지정상품의 ____가격 × ____퍼센트 × 연간허락 제조수량 ____ = ____

② 을이 제1항에서 규정한 연간허락 제조수량을 초과하는 수량의 지정상품을 제조하고자 하는 경우에는 그 취지를 갑에게 제출하여 승인을 얻고 갑의 승인과 동시에 제1항에서 정한 가격 및 퍼센트에 추가 제조수량을 곱하여 산정한 추가 이용료를 갑에게 지급하여 추가 제조를 할 수 있다.

③ 을이 제1항의 연간 이용료 산정의 기준이 되는 지정상품의 가격을 변경하는 경우에는 갑이 지정하는 서식에 따라 그 취지를 갑에게 제출하여 갑의 승인을 받아야 한다. 지정상품의 가격 변경이 가격의 인상에 해당하는 경우 을은 갑의 승인과 동시에 이용료의 차액을 지급하여야 한다.

④ 을이 지정상품 외에 경품 그 밖의 일정한 판매촉진자료에 캐릭터를 이용하고자 하는 경우 갑의 허락을 받아야 하고 그 이용료로서 갑의 허락과 동시에 일정 금액을 일괄하여 갑에게 지급하여야 한다. 이 경우 을은 사전에 당해 판매촉진자료의 견본을 갑에게 제출하여 승인을 받아야 한다.

⑤ 을이 이 조항에 기해 갑에게 지급한 이용료는 이 계약에 별 다른 규정이 없는 한 어떠한 이유에 의해서도 반환을 청구할 수 없다.

본 계약은 이용허락의 대가를 규정하는데, 작가에게 유리하게, 사업자에게 엄격하게 되어 있는 편이다.

　제1항 관련, 본 계약에서 이용료는 지정상품의 특정가격('소비자가격', '출고가격' 등 적당하게 규정하면 될 것이다)에 '최저책임 제조수량'(연간허락 제조수량)을 두어 최소한 그 정도의 이용료를 보장하고 있다.

　제2항에서는 사업자가 추가적 상품 제작을 하려면 작가에게 추가 이용료를 먼저 지급하도록 하였다. 즉, 로열티를 항상 선금 지급하도록 하고 있다.

　제3항에서는 지정상품의 가격 변경은 작가의 승인을 받아야 한다고 했다. 다만, 지정상품의 가격 결정과 변경은 사업자에게 맡기는 사례도 많다.

　제4항에서는 광고, 프로모션 시 저작물 사용에도 별도 허락을 받고 이용료도 지급하도록 했다. 다만, 다른 사례에서는 어느 정도의 광고, 프로모션용 사용은 무상으로 하는 경우도 많다.

　제5항은 굉장히 엄격해 보이지만, 잘 생각해 보면 별로 부당하지 않은 당연한 내용이기도 하다.

　다른 사례들을 살펴보자. 이용료는 러닝로열티 방식이 아닌 일시불의 방식으로도 가능하고, 크지 않은 규모의 계약 또는 계산하기 힘든 경우에는 그쪽이 나을 수도 있다. 일시불 조항의 사례는 다음과 같다.

제0조 [이용허락의 대가]

(1) '사업자'는 '작가'에게 저작물 상품화의 이용허락의 대가로서 최초 년도에는 이 계약의 체결과 동시에, 이후 각 년도에 대해서는 각 전년도의 말일까지 금 _____원을 일시금으로 선지급한다.

(2) '사업자'가 이 조항에 기해 '작가'에게 지급한 이용료는 이 계약에 다른 규정이 없는 한 반환을 청구할 수 없다.

　저작권위원회 계약서는 작가의 권리를 우선한 탓인지 계산이 다소 복잡한 측면이 있다. 보통 쓰는 형식은 로열티를 정하되, 일정한 선금(계약금)을 지급하는 방식인데, 예컨대 아래와 같다.

제0조 [이용허락의 대가]

(1) '사업자'는 본건 상품화의 이용허락의 대가로서 지정상품 판매가의 ___%를 '작가'에게 지급한다.

(2) '사업자'는 '작가'에게 선금으로 금 _____원을 본 계약 체결과 동시에 지급한다. 선금은 제1항에 따라 '사업자'가 '작가'에게 지급해야 할 대가를 우선 지급하는 것으로, 대가가 선금에 미치지 아니하더라도 반환하지 아니한다.

(3) '사업자'는 매 분기말에 해당하는 달의 말일까지 해당 기간 동안의 지정상품의 제조수량, 판매가 및 이용료를 표시한 정산보고서를 '작가'에게 송부하고, 송부한 날 다음날 말일까지 이용료를 갑에게 지급한다.

　다음 사례는 판매 수량을 기준으로 하는 경우이다.

제0조 [수수료]

(1) '사업자'는 '작가'에게 '콘텐츠'의 상품을 판매하는 경우 판매상품의 월 판매수량에 단위제품당 판매가를 곱한 금액의 ___%에 해당하는 금액을 판매 월의 익월 말일 현금으로 지불하기로 한다.

(2) 제1항의 '단위 제품당 판매가'는 사전에 '작가'와 '사업자'가 합의를 통해 정한다. 단, '상품'의 재고 소진, 판매 촉진 등을 위해 '단위 제품당 판매가'는 상호 합의를 통해 할인될 수 있다.

유통경로에 따라서 라이선스료를 달리하는 사례를 살펴보자.

1. 라이선스료는 '사업자'의 '캐릭터' 상품 판매 매출액의 0%로 하되 매출액 기준은 아래와 같다.

　(1) '사업자'가 직접 운영하는 매장 및 온라인몰 : 소비자가 기준

　(2) '사업자'가 직접 운영 외 입점 및 대행하는 오프라인 매장, 온라인몰 : 납품가 기준

　(3) '사업자'가 직접 및 대행 판매하는 기업간 거래 : 납품가 기준

● 정산 등

제6조 (계산보고, 장부열람 및 증지첩부)

① 을은 갑이 요구한 때로부터 ___일 이내에 갑이 지정하는 형식에 따라 당해 년도 지정상품의 제조·판매수량 및 금액을 기재한 계산보고서를 작성하여 갑에게 제출하여야 한다.

② 을은 갑이 이 계약에 기해 제조·판매하는 지정상품의 수량을 확인하기 위하여 을의 상품화사업에 관한 회계장부의 열람을 요구한 경우 이에 협조하여야 한다.

③ 을은 이 계약의 종료 후 ___년 이상 계산보고서와 회계장부를 보관하여야 한다.

④ 을은 갑으로부터 서면에 의한 면제를 받지 않는 한 이 계약에 기해 제조·판매하는 지정상품에 갑이 작성하여 교부한 증지를 갑이 지정하는 방법으로 첩부하여야 한다. 단 을은 갑이 요구할 경우 증지 작성의 비용을 부담하여야 한다.

⑤ 을은 갑이 교부한 증지를 지정상품에 첩부하는 이외의 목적으로 사용할 수 없고 또한 이를 제3자에게 양도하거나 대여해서는 안 된다.

사업자가 사업 진행되는 내용을 불투명하게 하면 작가는 정당한 대가를 받지 못하게 되므로 작가가 정확한 이용료를 받고 있는지 확인할 수 있어야 한다.

위 조항에 따르면, 작가가 요청 시 사업자는 당해 연도의 지정상품의 제조수량, 판매수량, 금액을 기재한 계산보고서를 작성, 제출해야 한다(제1항). 또한 사업자는 계약기간 중은 물론, 계약기간 후에도 계산보고서와 회계장부를 보관하고, 열람을 요구하는 경우 협조해야 한다(제2, 3항). 사업자는 수량 확인을 위한 증지를 첩부해야 한다(제4항).

다른 사례를 살펴보자. 이 사례처럼, 작가의 별도 요구가 없어도 계산보고서 제출 의무를 부과하는 편이 좋겠고, 가장 간단명료한 것은 정산금 지급과 함께 정산서 제공을 하도록 하는 것이다. 이와 별도로 장부나 자료에 대해서는 별도 확인이 가능하도록 하면 좋겠다.

제0조 (정산)

(1) 로열티의 정산은 매월 말일을 기준으로 정산한다.

(2) '사업자'는 마감월 익월 말일까지 '작가'가 지정한 계좌로 로열티를 송금한다. 이때 '사업자'는 전월의 상품 제조 수량, 상품 출고분(판매 수량), 개별 상품의 판매가, 총 판매가가 기재된 '정산서'를 함께 제출한다.

(3) '사용자'는 본 상품의 제조, 판매, 금액을 기재한 장부(파일)를 별도로 유지해야 하며, '권리자'가 요청하는 경우 이를 즉시 '권리자'가 열람하게 하거나 '권리자'에게 제출해야 한다. '사용자'는 해당 장부를 계약 종료 후 0년간 보관하여야 한다.

복잡하지만 상당히 잘 규정된 다른 사례를 살펴보자. 누가 언제 무엇을 해야 하는지가 잘 규정되어 있다.

제0조 (라이선스료 지급)

① '사업자'는 '작가'에게 '저작물'를 사용한 대가로 매출액의 ____%를 라이선스료로 지급한다.

② '사업자'는 매월 '사업자'가 판매한 판매처에서 정산 확정된 상품에 한해 익월 00일까지 '작가'에게 매출 자료를 제출한다. 위 자료에는 판매 품목, 판매 채널, 소비자가, 판매수량, 판매액, 프로모션 내역 등 내역을 명시하여야 한다.

③ 해당 매출 정산에 대해 의견이 없을 경우 '작가'는 0일 이내에 세금계산서를 발행한다.

④ '사업자'는 '작가'의 세금계산서 발행일로부터 0일 이내에 '작가'가 지정하는 계좌로 라이선스료를 전액 지급한다.

⑤ '작가'는 관련 제출서류의 신빙성과 적정성을 검토하기 위해 '사업자'에게 본 계약 관련 서류의 제출 또는 열람을 요청할 수 있으며 '사업자'는 정당한 사유가 없는 한 이에 응하여야 한다

● 품질관리 및 유통

제7조 (품질관리 및 유통 등)

① 을은 갑이 제공하거나 을이 제작하여 갑의 승인을 받은 캐릭터의 복제물인 원화(原畵)에 기초하여 지정상품을 제조하여야 한다. 갑 또는 을이 캐릭터의 복제물인 원화를 제작하는 비용은 을이 부담한다.

② 을은 이 계약에 기해 제조하는 지정상품의 견본을 라벨, 포장, 용기 등과 함께 갑에게 제출하여 그 감수 및 승인을 받은 후 지정상품의 제조 및 판매를 하여야 한다.

③ 을은 지정상품의 제조·판매와 관련하여 안전 및 위생 등에 관한 제반 법령과 업계의 기준을 준수하여야 한다.

④ 을은 제2항에서 규정한 승인을 받은 후 제조한 지정상품의 완성품 ___점을 판매 개시 전에 무상으로 갑에게 제출하여야 한다.

⑤ 을이 이용하는 캐릭터의 복제물인 원화의 소유권은 갑에게 귀속하며, 을은 원화를 이용한 후 즉시 갑에게 인도하여야 한다.

⑥ 지정상품을 선전 광고하는 경우 을은 그 광고의 원고(原稿)를 사전에 갑에게 제출하여 승인을 받아야 한다.

⑦ 을은 지정상품을 이 계약의 별지기재 문서에서 허락한 가격에 따라 정상적인 유통경로를 통해 정상적인 방법으로 판매하여야 한다.

본 조는 품질관리 및 유통에 관한 조항이다. 다른 사례를 보면 가끔 몇몇 조항이 누락되기도 한다.

제1항은 작가의 원 저작물에 충실하도록 상품을 만들도록 한 것이다. 원 저작물 제작이 필요하다면 그 비용은 사업자가 부담하도록 했다.

제2항은 상품 판매 전에 원작자인 작가의 승인을 받도록 한 것이다. 상품화계약서에서는 이 조항이 누락된 경우도 많은데, 작가 입장에서는 중요한 조항이라고 생각한다.

제3항은 사업자가 적법하게 상품을 제작, 판매해야 한다는 것이다.

제4항은 사업자가 작가에게 무상으로 만들어진 상품의 일정 수량을 주도록 하였다.

제5항에서는 원 저작물의 소유권은 작가에게 있고, 이용이 끝난 후 반환하도록 하였는바, 출판에서 '원고 보관의무'와 유사하다. 전자파일의 경우 다음과 같이 규정할 수 있다. "을이 인도받은 원화가 컴퓨터 파일인 경우, 계약이 끝난 후 이를 파기하고, 갑이 요청하는 경우 '파기확인서'를 교부한다."

제6항에서는 선전 광고물도 승인을 받도록 하였는바, 작가 입장에서 필요한 규정이다.

제7항에서는 사업자가 만들어진 상품을 적법하게 유통하여 판매하도록 했다.

제7항과 비슷한 취지의 다른 사례를 하나 살펴보자.

(O) 라이센시는 본 계약과 관련된 그의 모든 활동을 관련 법률에 따라 행하며, 그러한 모든 활동은 적법하게 행하여 질 것임을 진술, 보증한다.

● 저작권의 표시

제8조 (저작권 표시(및/또는 상표 표시))

을은 이 계약에 기해 제조·판매하는 지정상품에 갑이 지정하는 방법에 따라 저작권 표시(및/또는 상표 표시)를 하여야 한다. 저작권 표시(및/또는 상표 표시)는 다음과 같이 한다.

저작권 : © 갑의 명칭(즉, 저작권자 이름) 당해 저작권의 최초발행년도
상 표 : ® 갑의 명칭(즉, 상표권자 이름)

사업자는 상품에 저작권 표시를 붙이도록 하였는데, 성명표시권 내용이기도 하다. 통상 들어가는 조항이지만 중요한 조항인데, 이 조항도 가끔 누락되는 경우를 본다.

● 상품의 제조 및 판매

제9조 (지정상품의 제조 및 판매)

을은 갑으로부터 별도의 허락이 없는 한 이 계약 체결일로부터 3월 이내에 지정상품을 제조하여야 한다.

계약상 계약기간이 정해져 있으므로 사업자는 상품을 빨리 만들지 않으면 손해를 본다. 하지만 로열티 방식의 계약에서 상품이 만들어지지 않으면 작가도 로열티 수입을 올릴 수 없으므로 손해를 입게 된다. 그리하여 이처럼 제조를 강제하는 조항이 필요하다.

출판계약에서, 배타적발행권 계약에서도 이런 규정을 두곤 한다(제58조 제1항, 제63조의2 참조).

● 상표(지적재산권)의 등록

제10조 (상표 및 디자인 등록)

① 을은 갑의 서면에 의한 동의 없이 캐릭터 또는 이 계약에 기해 제조하는 지정상품에 대하여 상표 또는 디자인 등록을 위한 출원을 하거나 캐릭터를 상표, 서비스마크 또는 그 밖의 표지나 표시로 사용해서는 안 된다.

② 을은 캐릭터 또는 이 계약에 기해 제조하는 지정상품에 대하여 상표 또는 디자인 등록을 받고자 하는 경우 갑과 협의할 수 있다. 갑은 적절하다고 판단되는 경우 상표 또는 디자인 등록의 출원비용은 을에게 부담시키되 그 명의는 갑으로 하여 등록을 하고 이 계약의 존속기간 중 을에게 무상으로 그 상표 또는 디자인의 사용을 허락할 수 있다.

사업자는 작가의 허락 없이 저작권, 상표, 서비스 등록을 할 수 없고, 등록 시는 사업자의 비용으로, 작가의 명의로 하도록 했고, 다만 저작권자는 무상의 사용권을 주도록 했다. 상당히 작가 측 입장의 규정이다.

저작권을 상표 또는 디자인 형태로 이용하는 다른 사례를 살펴보자. 이 계약에서는 작가(라이센서)측에 상표, 디자인 등록 의무를 규정하는데, 작가 입장에서는 다소 부담스러운 조항일 수 있다.

제0조 (전용사용권 설정 등록)

① '작가'는 본 계약 체결과 동시에 '캐릭터'의 상표권 및 디자인권, 특허권 등의 등록이 완료되었다는 자료를 '사업자'에게 제공하고, '사업자'의 요청이 있을 시 본 계약상 허락범위와 관련된 별도의 전용 사용권/실시권 설정 계약 및 전용사용권/실시권의 설정 등록 절차를 이행하여야 한다.

② '작가'는 전항의 절차에 필요한 서류 제공 등에 협조하여야 한다.

• 보증

제11조 (제3자에 의한 권리침해 등)

① 을은 이 계약의 목적물인 캐릭터를 갑의 허락 없이 이용하여 저작권을 침해하거나 그 밖의 방법으로 이 계약에 기한 상품화사업에 대하여 부정경쟁행위를 하는 자를 발견한 경우 즉시 이를 갑에게 통지하여야 한다. 을은 이와 관련하여 갑이 취하는 적절한 조치에 따라야 하고 갑에게 필요한 협력을 하여야 한다.

② 갑은 을로부터 제1항의 통지를 받은 후 당해 제3자의 행위에 대하여 적절한 조치를 취하도록 최선의 노력을 기울여야 한다.

본 조에 따르면 권리침해에 대한 조치를 해야 할 종국적 의무가 작가 또는 사업자 누구에게 있는지 다소 애매하나, 상호 협력해서 조치를 해야 한다는 정도로 규정되어 있다.

다른 사례를 보면 대체로 이 문제는 사업자 또는 작가 중 조치가 가능한 사람이 조치를 하고, 조치를 하면서 들어간 비용을 공제하고 남는 수익이 있으면 분배하는 식으로 진행하는 듯하다.

다른 사례를 살펴보자.

제0조 (권리 침해 등)

(1) '작가'는 본 저작물의 권리관계에 변동이 생겨 저작권을 상실한 경우 '사업자'에게 즉시 유선과 서면으로 통지하여 법적 문제가 발생하지 않도록 해야 한다.

(2) '작가'와 '사업자'는 본 계약에 규정된 '작가'와 '사업자'의 권리 등이 제3자에 의해 침해되었을 경우 협력하여 이를 배제하는 조치를 취한다.

(3) 본 상품에 관하여 본 저작물 자체에 근거하지 않는 제3자에 대한 권리침해나 손해가 발생할 경우 '작가'는 어떠한 책임도 부담하지 않는다.

• 제3자에 대한 권리침해

제12조 (을에 의한 제3자의 권리침해 등)

① 을은 이 계약에 기해 제조·판매하는 지정상품에 대하여 제3자로부터 저작권 침해, 상표 침해, 부정경쟁, 부정행위 및 그 밖의 이유에 의하여 금지나 손해배상, 그 밖의 청구를 받은 때에는 즉시 이를 갑에게 통지하고 갑과 협의하거나 갑의 지시에 따라 이에 대한 조치를 취하여야 한다.

② 제1항에서 규정한 제3자의 을에 대한 청구가 을이 제조·판매한 상품의 제조상의 결함에 기한 경우와 같이 캐릭터 자체에 기하지 아니한 때에는 을은 자신의 책임으로 그 청구를 처리하여야 한다. 갑은 그와 같은 제3자의 청구에 대해서는 을에게 어떠한 의무도 부담하지 아니한다. 또한 갑은 을이 제조·판매한 상품에 대하여 제3자로부터 그와 같은 청구를 받아 이에 대하여 책임을 부담하여야 하는 때에는 을에게 구상권을 갖는다.

③ 제1항에서 규정한 제3자의 을에 대한 청구가 캐릭터 자체에 기한 경우에는 갑은 을의 협력을 얻어 자신의 책임 및 비용부담에 의하여 그 청구를 처리하고, 이 계약에 기한 을의 상품화사업에 지장을 주지 않도록 하여야 한다.

지적재산권의 보증 조항이다.

계약의 목적인 저작물에 문제가 있는 경우에는 작가가 책임져야 한다(제3항). 그 외의 하자는 사업자가 책임을 지도록 했다(제2항).

제3자가 저작권 침해를 알리는 통지는 사업자가 받을 가능성이 크다. 이때는 사업자는 작가에게 해당 사실을 통지하고 대처해야 한다(제1항).

● 계약기간 이후의 이용

제14조 (계약종료의 효과)

① 을은 이 계약의 기간만료시 갑에게 이 계약에 기해 제조한 지정상품의 재고수량을 서면으로 보고해야 하고 그 보고를 완료한 경우에만 기간만료 후 ____일 간 재고수량에 대한 판매를 계속할 수 있다.

② 을은 제1항의 재고처리기간이 경과한 때 또는 을의 계약위반으로 이 계약이 해제된 때 이 계약에 기하여 제조한 지정상품의 재고품을 가지고 있는 경우 그 수량을 서면에 의하여 갑에게 통지하고 그 처분에 대하여 갑의 지시를 받아야 한다.

③ 을은 이 조에서 규정한 판매를 하는 경우 지정상품을 감액한 가격으로 판매하거나 다른 상품의 판매촉진을 목적으로 판매하는 등 이 계약 제7조 (7)항에서 규정한 이외의 방법으로 판매해서는 안 된다.

본 조항은 재고품 처리를 어떻게 할 것인지에 관한 조항이다. 계약기간이 끝나면 제품을 만들어 팔 수 없다는 것은 분명하다. 하지만 이 부분을 분명히 하지 않으면, 계약기간 중 제품을 잔뜩 만들어놓고(특히 계약에 임박해서), 계약기간이 끝난 후 2년이고 3년이고 계속해서 제품을 팔아댈 여지가 있다.

그리하여 보통은 계약서에서 2단계로 처리를 규정한다. 1단계는 재고 처리를 할 수 있는 기간인데, 물론 대가는 지급해야 한다. 2단계는 재고를 처리할 수도 없는 기간이다. 즉 작가가 요구하면 폐기를 해야 할 수도 있다(제1, 2항). 사업자는 계약기간 후 처분을 하는 경우에도 캐릭터의 가치를 손상시킬 수 있는 염가 판매(떨이 처분) 등을 해서는 안 된다(3항).

판매기간이 연장되는 경우 계약에 따라 수수료를 지급한다는 점을 명시하면 좋겠다. 다른 사례를 살펴보자.

제0조 [계약기간 및 연장]

⑴ 본 계약이 유효한 기간 및 사용권리가 "사업자"에게 부여되는 기간은 …로부터 0년간으로 한다.

(2) 상품의 재고 소진을 위해 "사업자"는 계약기간 종료일로부터 O개월간 계약기간 중 생산된 상품의 재고를 판매 및 유통할 수 있으며, 이에 대한 수수료는 본 계약 제0조에 명시된 방법으로 "작가"에게 지급한다.

아래 사례에서는 계약기간 중 최대한 재고를 줄이도록 할 의무를 부과했는데, 좋은 규정으로 생각한다.

(0) "사업자"는 계약연장을 협의할 경우 상품의 완제품, 반제품, 부자재 등의 재고 관리를 통해 최대한 제품 재고가 없도록 최선을 다한다. 본 계약이 연장되지 않을 경우 "권리자"는 계약 만료 시 일정기간의 제품 판매 유예 기간을 "사업자"에게 부여한다. 해당 기간 만료 후 "사업자"는 제품의 완제품, 반제품, 부자재 재고를 모두 부담해야 한다.

다른 사례를 살펴보자.

제0조 (계약의 계약기간)
(0) '사업자'는 전항의 기간 이후에는 본 상품을 제조할 수 없다. '사업자'는 이미 제조한 본 상품의 재고상품에 대해서는 '작가'가 해당 수량을 확인함을 조건으로, 전항의 기간 종료 후 ____일간에 한해서 이를 판매할 수 있다. '사업자'는 이에 대해 로열티를 지급해야 한다.
(0) '사업자'가 '작가'에게 로열티를 선지급하고 '작가'가 동의한 경우, '사업자'는 본 계약의 계약기간 또는 제0항의 기간 이후에도 해당 상품을 판매할 수 있다.

● **관리조항**

이하의 내용은 관리조항(일반조항)이므로 문제가 되는 조항을 뺀 나머지는 앞에서의 설명으로 대신한다. 다만, 제14조(계약종료의 효과)는 앞에서 살펴보았다.

제13조 (계약의 해제)
① 어느 일방 당사자가 이 계약에 위반하거나 이 계약에 따른 의무의 이행을 지체한 때에는, 상대방은 그 당사자에게 위반 또는 이행지체를 통고하여야 한다. 그 당사자가 이 통고를 받은 후 30일 이내에 위반 또는 이행지체를 치유하지 않은 때에는 상대방은 이 계약을 해제할 수 있다.
② 을이 지급불능의 상태에 있고, 파산, 화의 또는 회사정리를 신청하거나 그 밖의 사유에 의하여 이 계약에 기한 상품화사업을 계속할 수 없게 되는 때에는 갑은 이 계약을 해제할 수 있다.

제15조 (분쟁의 해결)
이 계약으로부터 또는 이와 관련하여 또는 그 위반에 대해 당사자 간에 발생하는 모든 분쟁이나 의견의 차이에 대하여는 ____ 관할법원에 소를 제기하여 해결하도록 한다.

이 계약의 입증을 위하여 당사자는 계약서 2통을 작성하고 각 당사자가 각 1통씩 보관한다.

_____년 ___월 ___일

갑 :

을 :

[계약의 별지기재 문서]

1. 이용허락 하는 캐릭디 :
2. 이용허락 하는 지정상품(또는 이용허락 하는 지정서비스)

　　가. 명칭 :

　　나. 재질 및 종류 :

　　다. 사이즈 :

　　라. 소매가격 및 도매가격 :

　　마. 제조수량 :

　　바. 이용료 :

기타 추가로 생각해 볼 조항

이하에서는 기타 계약서에 추가를 고려해 볼 만한 조항을 살펴본다.

● 작가의 권리 유지 조항

작가(권리자)가 계약기간 동안 권리를 계속 유효하게 유지해야 한다는 조항인데, 사업자 입장에서는 상당히 필요한 조항이다. 권리자가 저작물에 대한 권리를 양도하면 문제가 생길 수 있기 때문이다.

> (0) "작가"는 계약기간 동안 캐릭터를 "사업자"의 사전 서면 동의 없이 판매 및 양도, 질권 등의 담보권 설정 등 권리의 처분이나 제한을 할 수 없다.

● 계약의 범위 조항

아래 사례의 조항은 사업자의 권리범위를 분명히 한정하는 조항으로, 작가에게 바람직하다.

> (0) 본 계약에 따라 '사업자'가 '작가'의 '콘텐츠'의 이용권한을 얻었다고 하여 제공받은 '콘텐츠'에 대한 저작권을 포함한 지적재산권을 취득하는 것은 아니며 본 계약에 규정된 범위에서의 이용권만을 부여받는다.

마찬가지로 작가에게 유리한 사례이다.

> (0) 권리의 유보. 본 계약상 '사업자'에게 명백하게 허여되지 아니한 모든 권리는 모두 명백히
> '작가'에게 유보된다.

제14장
저작권양도계약서

참고용 계약서 내려받기
(QR코드 스캔▼)

모롱 작가는 씨앤웹 에이전시를 통해 이모티콘 제작사로부터 자신이 예전에 만들어놓은 일러스트 중 몇 개를 이모티콘용으로 넘겨달라는 제안을 받았다. 대가도 괜찮고, 그 일러스트는 더 이상 쓸 일이 없을 것 같아서 적당히 계약서를 쓰고 넘겨줄까 하는데, 이모티콘 제작사는 '저작권양도계약서'라는 것을 보내왔다.

자, 그럼 어디 한번 살펴볼까?

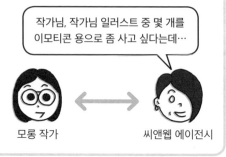

작가님, 작가님 일러스트 중 몇 개를 이모티콘 용으로 좀 사고 싶다는데…

모롱 작가   씨앤웹 에이전시

저작권양도계약서란 어떤 것일까?

저작권양도계약서는 말 그대로 저작권이라는 권리를 양도하는(넘겨주는) 계약서이다. 양도하는 측에서는 저작권을 넘겨주는 대신 상당한 대가를 받는다. 양수하는 측에서는 일정한 대가를 지불하고 저작권을 양도받아 저작권자로서 활용을 할 수 있다.

웹툰의 경우를 생각해 보자. 웹툰의 경우는 원래 형태는 연재, 즉, 저작권은 작가에게 남아있는 상태로 사업자에게 서비스를 허락하는 이용허락 또는 배타적발행권 계약이 될 것 같지만, 사업자가 저작권을 양도받을 수도 있다. 예전의 야만스러운 계약(?)의 경우 사업자, 에이전시 또는 출판사 등이 작가로부터 저작권을 넘겨 받아 아예 작가는 저작권을 빼앗기는 경우가 상당히 많았다.

그렇다면 웹툰이나 만화 관련 저작권 양도는 어떤 경우에 이루어질까? 예를 들어서 특정한 작품을 발주하여 대가를 많이 준다면 양도를 하는 것도 가능할 것이다(브랜드 웹툰 같은 경우). 또한 상업적 용도로 사용할 특정 캐릭터나 캐리커쳐, 일러스트레이션 같은 경우도 저작권 양도가 이루어질 수 있을 것이다.

저작권 양도는 영구히 양도함이 보통일 것이다. 기간(예컨대 O년)을 정해서 양도할 수도 있다. 또한 **저작권 양도는 일부만을 양도할 수도 있다**(제45조 제1항). 저작재산권의 지분적 권리(복제권, 공연권, 공중송신권 등)를 분할하여 양도하거나, 지역이나 장소를 한정해서, 저작물을 분할하여 양도하는 것도 가능하다.

기간을 정하여 저작권을 양도하는 경우 '이용허락'과 별다른 차이가 없지 않은가? 실제로 효과 면에서 별 차이가 없다. 해당 기간 동안 저작권 양수인이 권리자로서 저작권을 행사하고, 기간이 끝나면 저작권이 양도인(원 저작권자)에게 돌아가게 된다. 다만, 양수인이 저작권자로서의 저작권을 행사할 수 있는지의 차이가 있는데, 저작권 양도가 되면 양수인이 저작권자로서 권리행사가 가능하다. 이용허락의 경우 사업자는 여전히 이용허락을 받은 사람의 하나일 뿐이므로, 스스로 권리행사를 하지 못하고, 원권리자(저작권자)를 통해서 권리를 행사해야 한다.

중요한 체크사항으로 2차적저작물양도를 포함시킬 것인지의 문제가 있다. 즉, 저작권법에서는 *저작재산권의 전부를 양도하는 경우에도, 특약이 없다면, 2차적저작물작성권은 포함되지 않는 것으로 추정한다*(제45조 제2항). 2차적저작물작성권은 경제적인 가치가 매우 크기 때문에 원권리자를 보호한다는 취지이다. 따라서 2차적저작물작성권도 양도받기 위해서는 반드시 2차적저작물작성권을 양도받는다는 내용을 따로 포함시켜야 한다.

저작권양도계약서는 어떤 구조일까?

저작권을 양도함에 따라 저작권은 양수인에게 넘어가, 이제 양도인은 저작권이 없고, 양수인만이 저작권을 갖게 된다. 다만 저작권법상 저작인격권은 창작자 일신에 전속한 것이기 때문에 양도되는 것은 저작재산권뿐이다. 즉, 양도를 하면 이제는 원 저작자라고 해도 저작권자의 허락 없이 저작물을 이용할 수 없고, 이용 시에는 오히려 저작권 침해가 될 수 있다.

양도 대가의 지급은 일시불로 함이 보통일 것이고, 그렇다고 해도 법적인 문제는 없다(다만, 프랑스 등 일부 국가에서는 저작권자를 보호하기 위해 일시불에 의한 저작권 양도를 제한하고 있다). 일시불 외에 로열티 방식으로 하거나 일시불(계약금)과 로열티를 병행하는 방법도 가능하다.

저작권 양도는 등록하지 않아도 유효하다. 그렇지만 *제3자에게 대항하려면 등록을 해야 한다*(제54조 자1항). 흔히 문제가 되는 것이 저작권의 이중양도의 경우이다. 즉, 양도인이 동일한 저작물을 A와 B에게 이중으로 양도한 경우, A가 양도사실을 등록하지 않았는데 B가 등록을 하면 A는 자기가 우선 양도받았으니 B는 무권리자로부터 양도받은 것이라고 주장할 수 없고, B의 양도가 유효한 것이 된다.

계약서를 조문별로 살펴보자

표준 저작권양도계약서는 아래와 같다.
다음 계약서는 '저작재산권 전부에 대한 양도 계약서'이고, '저작재산권 일부에 대한 계약서'는 사소한 부분이 다를 뿐이다.

● 계약서 제목, 전문, 당사자

저작재산권 전부에 대한 양도 계약서

　저작자 및 저작권 양도인 _____(이하 "양도인"이라 한다)과 저작권 양수인_____(이하 "양수인"이라 한다)은 아래 저작물 _____에 관한 저작재산권(이하 "저작재산권"이라 한다)과 관련하여 다음과 같이 계약을 체결한다.

다　음

계약서의 제목과 낭사자 표시이다.

● 목적

제1조 (계약의 목적)
　본 계약은 저작재산권 이전과 관련하여 양도인과 양수인 사이의 권리관계를 명확히 하는 것을 목적으로 한다.

계약의 개요이다. 저작권 양도에 관련된 사항을 정하는 계약서임을 밝힌다.

● 계약의 목적물

제2조 (계약의 대상)
　본 계약의 대상이 되는 권리는 아래의 저작물(이하 "대상저작물")에 대한 저작재산권으로 한다.

제목(제호) :

저작자 :

종별 : ☐ 어문저작물,　　☐ 음악저작물,　　☐ 연극저작물,　　☐ 미술저작물,

　　　☐ 건축저작물,　　☐ 사진저작물,　　☐ 영상저작물,　　☐ 도형저작물,

　　　☐ 컴퓨터프로그램저작물,　　　☐ 기타(　　　　　　　　　　　　　　)

권리 : 저작재산권 전부

　　　☐ 복제권, 공연권, 공중송신권(방송권, 전송권, 디지털음성송신권), 전시권, 배포권, 대여권

위 조항에서는 양도의 대상이 되는 대상을 특정했다.

　'종별'은 상당히 자세하게 쓰고 있긴 하지만, 우리 법상 저작물의 종류에 따라 달리 규율하고 있진 않기 때문에 별로 중요하지는 않다.

　본 계약서는 '저작재산권 전부에 대한 양도 계약서'이기 때문에 복제권, 공연권, 공중송신권, 전시권, 배포권, 대여권 모두가 포함되어 있다. 다만, 2차적저작물작성권의 포함 여부는 다음 조에서 따로 정하도록 했다.

● 계약의 범위

제3조 (저작재산권 양도범위)

① 본 계약에 의한 저작재산권 양도 범위는 제2조에서 정한 복제권 등 저작재산권 일체를 의미한다.

② 제1항에도 불구하고, 저작재산권 중 2차적저작물작성권은 양도되지 않은 것으로 본다. 다만, 2차적저작물작성권을 양도할 경우 양도인과 양수인은 제14조에 따라 별도로 정한다.

*2차적저작물은 '원저작물을 번역·편곡·변형·각색·영상제작 그 밖의 방법으로 작성한 창작물'*을 말한다(제5조 제1항). 웹툰의 경우 웹툰을 갖고 만든 영화, 드라마가 전형적으로 2차적저작물에 해당한다.

제2항은 저작권법의 내용이고(제45조 제2항), 취지는 작가를 보호하기 위함이라고 설명한다. 따라서 단순히 계약서에 '일체의 저작재산권을 양도한다.'라는 문구로는 2차적저작물작성권까지 양도되는 것으로 보기에 부족할 것이다.[1] 2차적저작물작성권까지 포함해서 양도받으려면 1항에서 '저작재산권 일체(2차적저작물작성권 포함)'라고 기재하면 된다.

● 계약기간

제4조 (양도 기간)

대상저작물에 대한 권리 양도 기간은 _____년 __월 __일부터 _____년 __월 __일 까지로 한다.

양도기간은 영구히 양도되는 것으로 해도 되고, 오히려 그쪽이 보통일 것으로 생각된다(물론 양도인에게는 바람직하지 않지만). 이 경우 계약서는 아래와 같이 고치면 된다. 어쨌거나 본 계약서에서는 양도기간을 일정한 것으로 정하도록 했다.

제4조 (양도 기간)

대상저작물에 대한 권리 양도는 영구한 것으로 한다.

● 양자의 권리의무

제5조 (양도인의 의무)

① 양도인은 양수인에게 제3조에 의한 대상저작물의 저작재산권을 양도한다.

② 양도인은 양수인에게 _____년 __월 __일까지 저작재산권 이전에 필요한 일체의 서류를 제공한다. 만일, 대상저작물이 한국저작권위원회에 등록되어 있지 않은 경우, 양수인이 요청하면 양도인은 대상저작물의 저작재산권을 등록한 후 위 의무를 이행한다.

③ 양도인은 대상 저작물의 저작재산권 양도 이후, 대상저작물의 제호 및 내용의 전부 또는 일부와 동일한 저작물을 제3자에게 양도하거나, 질권을 설정, 대상저작물의 이용허락을 위한 설정계약 등을 하여서는 아니 된다.

제5조 제1항은 이 계약서의 핵심적 내용, 즉 저작권 양도의 내용이다.

제2항은 양도인이 협조를 해야 할 의무를 규정한다. 저작권 양도는 당사자 사이에 합의만 해도 가능하지만, 대외적으로 양도의 효과를 주장하려면 양도 등록을 해야 한다. 그런데 양도등록을 하려면 저작권 등록이 선행되어야 한다. 따라서 저작권이 등록되어 있지 않은 경우 우선 등록을 한 후 이전등록을 하도록 한 것이다.

제3항 관련, 양도인이 저작권을 양도한 경우, 양도인은 더 이상 저작권이 없으므로 제3자에게 저작권을 양도하거나 이용허락할 수 없음이 원칙이지만 그럼에도 불구하고 양도인이 그런 행위를 할 우려가 있으므로 주의적으로 규정한 것이다.[2]

저작권 양수인은 양도인이 양도를 한 후 대상저작물의 선부 혹은 일부가 동일하거나 유사한 저작물의 창작을 금지하는 것을 희망할 수 있다. 이러한 계약은 예술가의 창작의 자유와 충돌하기 때문에 유효성이 문제 될 수 있으나, 양수인이 충분한 경제적 보상을 하는 경우에는 그러한 계약도 유효하다고 인정될 수 있다.[3]

• 대가의 지급

제6조 (양수인의 의무)

① 양도비용은 다음 중 적합한 방식으로 상호 합의하여 결정할 수 있다.

지급방식	□ 정액	□ 일시금 □ 분할	_____ 원
		□ 정기지급	(예 : 월) _____ 원
	□ 정률	□ 매출액 □ 매출이익	_____ %
	□ 기타		
지급시기	□ 일시금	_____ 년 ___ 월 ___ 일	
	□ 분할	- 1차: - 2차: - 3차:	
	□ 정기지급	□ 월: □ 분기: □ 년:	
	□ 기타		

② 양수인은 저작자의 저작인격권을 침해하지 아니한다. 다만, 대상저작물의 본질적인 내용을 변경하지 않는 범위 내에서의 사소한 수정 및 편집은 가능하다.

대가 지급을 어떻게 해야 할 것인지이다. 계약서에서 양수의 대가는 정액으로 하거나 정률로 하도록 했다(제6조). 일부는 계약금(정액)으로 선지급하고, 정률로 지급하도록 해도 무방하다.

지급방식으로 일시불로 줄 것인지, 분할로 줄 것인지, 정기적으로 지급할 것인지. 지급시기도 일시불로 줄 것인지, 분할로 줄 것인지(보통 계약금, 중도금, 잔금 식으로 주는 경우가 많다), 정기적으로 줄 것인지(월, 분기, 년), 기타 다른 방식으로 줄 것인지 등을 쓰면 된다.

양도를 하면서도 매출액이나 매출액의 몇 %에 해당하는 식으로 지급한다는 것은 상당한 의미가 있는데, 보통 캐릭터의 상품화 시에는 이렇게 비례적으로 대가를 지급하는 경우가 많다.

제2항은 2차적저작물작성과 동일성유지권에 관한 통설적 입장과 법원의 판례를 고려한 규정으로, 2차적저작물작성권을 양도한 경우 양도인은 통상적으로 예상되는 범위의 저작물 변경에 대해서는 동일성유지권 주장을 하지 않는다고 양해했다고 해석된다.[4]

● 보증

제7조 (확인 및 보증)

양도인은 양수인에게 다음 각 호의 사항을 확인하고 보증한다.

1. 대상저작물의 저작권양도계약을 체결하는데 필요한 권리 및 권한을 적법하게 보유하고 있다는 것
2. 대상 저작물의 내용이 제3자의 저작권, 인격권, 상표권을 비롯한 일체의 사적 권리를 침해하지 아니한다는 것
3. 본 계약을 체결하기 전 대상저작물의 제호 및 내용의 전부 또는 일부와 동일 또는 유사한 저작물을 제3자에게 양도하거나, 질권을 설정했다는 사실이 없다는 것
4. 대상저작물의 이용허락을 위한 설정계약의 유무

양도인이 양수인에게 확실히 이용허락할 권리를 보장하기 위한 보증 조항이다. 양도인(작가)이 저작물에 대해 유효한 저작권을 갖고 있고, 사업자가 계약상 제한 없이 이용할 수 있음을 보증한다는 것이다.

● 관리조항

이하의 내용은 관리조항(일반조항)이므로 문제가 되는 조항을 뺀 나머지는 앞에서의 설명으로 대신한다.

다만 제14조 (기타 부속합의) 제2항에서는 "② 제1항에 따른 부속 합의는 본 계약의 내용과 배치되거나 위반하지 않는 범위 내에서 유효하다."라고 규정하는데, 보통 특칙은 원계약서보다 앞서는 효력을 갖는 것으로 작성하므로 다소 의아하다. 그럴 경우 '부속 합의는 본 계약서보다 효력이 우선한다.' '부속합의와 다른 경우 부속합의에 따른다'라고 규정한다.

제8조 (계약내용의 변경)

본 계약 내용 중 일부를 변경할 필요가 있는 경우에는 양도인과 양수인의 서면합의에 의하여 변경할 수 있으며, 그 서면합의에서 달리 정함이 없는 한, 변경된 사항은 그 다음날부터 효력을 가진다.

제9조 (계약의 해제)

① 당사자는 천재지변 또는 기타 불가항력으로 계약을 유지할 수 없는 경우에 본 계약을 해제할 수 있다.

② 당사자는 상대방이 정당한 이유 없이 본 계약을 위반하는 경우에 상당한 기간을 정하여 상대방에게 그 시정을 촉구하고, 상대방이 그 기간이 지나도록 이행하지 아니하는 경우에는 계약을 해제할 수 있다. 다만, 상대방이 명백한 시정 거부의사를 표시하였거나 위반 사항의 성격상 시정이 불가능하다는 것이 명백히 인정되는 경우에는 위와 같은 촉구 없이 계약을 해제할 수 있다.

③ 본 계약에 대한 해제권의 행사는 상대방에 대한 손해배상청구권 행사에 영향을 미치지 아니한다.

제10조 (손해배상)

당사자가 정당한 이유 없이 본 계약을 위반하는 경우, 그로 인하여 상대방에게 발생한 모든 손해를 배상할 책임이 있다. 다만, 제9조 1항의 사유로 본 계약을 이행하지 못한 경우에는 손해배상책임을 면한다.

제11조 (비용의 부담)

계약 체결에 따른 비용은 당사자가 동등하게 부담한다.

제12조 (분쟁해결)

① 본 계약에서 발생하는 모든 분쟁은 양도인과 양수인이 상호 원만한 합의에 이르도록 노력하여야 하며, 분쟁이 원만히 해결되지 않는 경우에는 소제기에 앞서 한국저작권위원회에 조정을 신청할 수 있다.

② 제1항에 따라 해결되지 아니할 때에는 대한민국의 민사소송법 등에 따른 관할법원에서의 소송에 의해 해결토록 한다.

제13조 (비밀유지)

양 당사자는 본 계약의 체결 및 이행과정에서 알게 된 상대방에 관한 정보, 본 계약의 내용 및 대상저작물의 내용을, 상대방의 서면에 의한 승낙 없이 제3자에게 공개하여서는 아니 된다.

제14조 (기타 부속합의)

① 양도인과 양수인은 본 계약의 내용을 보충하거나, 이 계약에서 정하지 아니한 사항을 규정하기 위하여 부속합의서를 작성할 수 있다.

② 제1항에 따른 부속 합의는 본 계약의 내용과 배치되거나 위반하지 않는 범위 내에서 유효하다.

제15조 (계약의 해석 및 보완)

본 계약서에서 명시되어 있지 아니하거나 해석상 이견이 있을 경우에는 저작권법, 민법 등을 준용하고 사회 통념과 조리에 맞게 해결한다.

제16조 (계약 효력 발생일)

본 계약의 효력은 계약 체결일로부터 발생한다.

_____년 ___월 ___일

"양도인"   **"양수인"**

성   명 : _____(인)   성   명 : _____(인)

주민등록번호 :   주민등록번호 :

주   소 :   주   소 :

미주_14장

1 문화체육관광부, "알기쉬운 저작권계약"(2014), 54면.

2 문화체육관광부, "알기쉬운 저작권계약"(2014), 57면.

3 문화체육관광부, "알기쉬운 저작권계약"(2014), 57면.

4 문화체육관광부, "알기쉬운 저작권계약"(2014), 59면.

제15장
외주계약서

참고용 계약서 내려받기
(QR코드 스캔 ▼)

> C 회사는 남성적인 홍보용 캐릭터가 필요하다면서, 용조 작가에게 500만 원을 주고 캐릭터를 그려달라고 한다. C 회사는 이렇게 용조 작가가 만든 저작물을 계속해서 회사의 대표 캐릭터로 사용하겠다고 한다. 이런 걸 보통 '외주'라고 한다면서 C회사가 보내온 외주계약서를 받은 용조 작가. 자 그럼 외주계약서를 한번 살펴볼까?

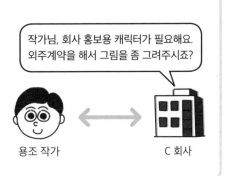

작가님, 회사 홍보용 캐릭터가 필요해요. 외주계약을 해서 그림을 좀 그려주시죠?

용조 작가   C 회사

외주계약서란 어떤 것일까?

외주계약서는 사업자가 특정한 목적으로 작가에게 외주 업무를 발주하고, 작가로부터 저작물을 인도받아 사용하기 위한 계약이다. 특정한 캐릭터, 특정한 목적의 만화(홍보만화 등 목적이 있는 만화), 또는 창작작품의 일부(콘티, 선화, 칼라 등)를 발주주는 경우가 이에 해당한다.

사업자가 주체가 되어 웹툰을 제작하면서 여러 개별 작가에게 작품의 일부를 발주해 저작물을 완성하는 '웹툰제작계약'도 취지 측면에서 외주계약서와 비슷할 수 있다.

외주계약서는 어떤 구조일까?

저작권 양도가 전형적으로 활용될 수 있는 것이 외주계약서이다. 즉, C 회사가 용조 작가에게 500만 원에 캐릭터 개발을 의뢰하고, 개발된 캐릭터의 저작권을 양도받아서 C 회사 캐릭터로 사용하는 경우이다.

다만, 이 경우 '이용허락'으로 계약을 하는 것도 가능하다. 예를 들어서 용조 작가의 기존의 유명한 로봇 캐릭터를 C 회사의 회사 홍보 만화에만 쓰기로 하고 외주계약서를 쓸 수도 있다(이때는 저작권 양도 계약이 오히려 좀 이례적으로 보인다).

깔끔하게 계약을 하고 대가를 주고 저작물을 넘겨받아서 사업자가 100% 활용하기 위해서는 저작권 양도 계약이 더 나은 형식 같다.

계약서를 조문별로 살펴보자

이하의 계약서는 저작권 양도 형식, 일시불 지급 형식으로 작성하였다.

● **계약서 제목, 전문, 당사자**

외주계약서

_____(이하 '작가'라 한다)와 _____(이하 '사업자'라 한다)은 아래와 같이 저작물 개발에 관한 외주 계약을 체결한다.

제1조 (목적)

본 계약은 '작가'가 제2조의 저작물(이하 '본건 저작물'이라 한다)을 개발, '사업자'에게 제공하고 '사업자'는 그에 대한 대가를 지급함에 있어 필요한 사항을 정함을 목석으로 한다.

계약서 초반부에 흔히 들어가는 제목, 전문, 목적 조항이다.

● **계약의 목적물**

제2조 (계약의 목적인 저작물)

'작가'가 개발하여 '사업자'에게 권리를 양도하는 본건 저작물은 아래 저작물을 말한다.

제복(제호):

종류:

내용:

외주를 주는 목적물을 특정하는 항목이다. '제목'에는 가칭을 써도 무방하다. '종류'는 미술저작물로 하는 경우가 많을 듯하다. '내용'에는 외주 업무의 내용을 간단히 기재한다.

● **양자의 권리의무**

제3조 (저작물의 작성 및 송부)

(1) '작가'는 저작물을 저작한 다음, ___년 __월 __일까지 '사업자'에게 전자메일, 컴퓨터 파일 전달 등의 방법으로 송부한다.

(2) '사업자'와 '작가'는 전항의 기간 변경이 필요한 경우 상호 합의 하에 일정을 변경할 수 있다.

본 조항에서는 외주 목적물을 어떻게 제작, 납품할 것인지를 정한다.

다른 사례를 살펴보자. 납품의 구체적인 내용을 정한다.

제0조 (용역물의 납품 등)

(1) '작가'는 본건 용역물을 아래와 같은 일정에 따라 인도한다.

　　- 1편 납품 - ___년 __월 __일 (이하 생략)

(2) '사업자'와 '작가'는 납품기간의 변경이 필요한 경우 상호 합의하에 일정을 변경할 수 있다.

(3) '사업자'는 본건 용역물의 납품 전에 제작을 중단해야 하는 사유가 발생한 경우, 중단 시점 이전까지 완성된 용역물에 대한 용역 비용 전액 및 향후 납품해야 할 용역물에 대한 용역 비용 중 ＿＿%를 지급한다.

(4) '사업자'는 인도받은 용역 결과물에 대해 수정이 필요하다고 판단하는 경우 ＿＿차례 무상으로 수정을 요구할 수 있다. 그 이후는 상호 합의하여 수정 대가를 정한다.

다른 사례를 살펴보자. 아래와 같이 구체적으로 제작의 내용을 정해도 좋다.

제0조 (작품 제작 및 제공)

(1) "작품"의 전체 제작 분량은 전 00회 이상으로 한다.

(2) "작가"는 "작품"을 제작함에 있어 "사업자"의 검수를 거쳐야 하며, 검수 방법은 상호 협의하여 정한다.

(3) "사업자"와 "작가"는 "작품"의 제공 시기 및 방법, 형식 등을 상호 협의하여 정한다.

캐릭터 및 애니메이션을 제작, 납품하는 다른 사례를 살펴보자.

제0조 (계약의 내용)

(1) "작가"는 캐릭터 디자인, 애니메이션 작화, 시나리오 및 연출 등에 수반하는 용역 전반적인 사항을 제공해야 한다.

(2) "작가"는 캐릭터 디자인 및 애니메이션 시나리오의 진행 상황이나 초안을 "사업자"와 사전에 협의하고 "사업자"의 요청 사항을 충분히 반영한다.

● 대가의 지급

제4조 (저작물의 개발대가)

(1) '사업자'는 본건 저작물에 대하여 저작물 1개당 ＿＿＿＿＿원을 '작가'에게 지급한다.

(2) '사업자'는 개발대가를 본건 저작물의 완성본을 인도받은 날로부터 ＿＿일 이내에 지급한다.

대가는 당연히 들어가야 할 것이다. 다만, 개발대가는 반드시 일시불로 할 필요는 없고, 매출액의 일정 % 등 비율로 정해도 무방하다.

● 인센티브의 지급

인센티브의 지급에 대해서도 아래와 같이 추가적으로 정할 수 있다.

제5조 (인센티브의 지급)

'사업자'는 본건 저작물이 인도된 후 0년 이후에도 계속해서 상당한 매출을 발생시키는 경우,

'사업자'의 수익의 일정 부분을 '작가'에게 인센티브로 지급할 수 있다. 다만 액수 및 지급 여부는 '사업자'가 재량으로 결정한다.

• 권리의 귀속

제6조 (권리의 양도 등)

(1) 본건 저작물의 저작인격권 외의 일체의 권리(지적재산권, 2차적 저작물 또는 편집저작물을 작성, 응용할 권리 포함)는 저작물의 인도 및 제3조의 개발대가의 지급과 동시에 영구히 '사업자'에게 양도된다.

(2) '작가'는 '사업자'가 필요한 시기에 임의로 저작물을 공표할 것을 허락한다.

(3) '사업자'는 공표 또는 이용 과정에서 저작물의 용도, 사업상 필요성 등 제반 사정을 고려하여 '작가'의 이름 표기를 생략할 수 있다.

(4) '사업자'가 저작권 등록 등에 필요하여 요청하는 경우 '작가'는 적극 협력해야 한다.

권리 귀속 부분 또한 중요한 부분이다. 이런 종류의 외주계약서를 보면 이 부분이 누락된 계약서를 종종 볼 수 있다. 계약으로 넘겨받는 것이 무엇인지, 대가가 얼마인지에 대해서만 집중한 탓이다.

이렇게 권리 귀속 부분이 누락된 경우, 대법원은 '저작권 양도' 계약이 아닌 '이용허락' 계약으로 보고 있음에 유의해야 한다. 사업자 측에서는 자칫 낭패를 볼 수 있는 부분이다.

앞의 예에서 C 회사에서 홍보용 캐릭터가 필요해서 용조작가에게 500만 원을 주고 캐릭터를 넘겨받았는데, 권리 귀속 조항이 없으면? C 회사는 이용허락만 받은 것으로 볼 수 있다. 이용허락 계약에서 기간의 정함이 없으면, 용조 작가는 10년(채권의 소멸시효 기간)이 지나면 저작권이 다시 본인에게 돌아오는 것이라고 주장할 여지가 있다.

다만, 앞에서도 말했지만 외주계약서라고 항상 저작권 양도를 해야 하는 것은 아니다. 단순 이용허락 또는 독점적 이용허락의 방법으로 정할 수도 있다.

다른 사례를 살펴보자. 이렇게 간단히 규정해도 저작권을 양도한다는 뜻은 통할 수 있다.

제0조 (권리와 의무)

(1) 이 계약에 의하여 본 용역의 결과물의 권리는 "사업자"에게 귀속된다.

다른 사례를 살펴보자. 비슷한 취지인데, 도서에 대해 이렇게 규정하는 것은 다소 엉성해 보인다.

제0조 (권리의 귀속)

(1) 상기 도서에 따르는 일체의 권한은 영구히 '사업자'에게 귀속된다.

이용허락에 관한 다른 사례를 살펴보자. 이렇게 외주물의 사용범위를 정하면 된다.

> **제0조 (본건 용역물의 사용 등)**
>
> (1) '사업자'는 본 계약기간 내에 본건 용역물을 스스로 또는 광고주인 '○○○'로 하여금 본건 제품의 페이스북, 인스타, 블로그, 카페 등 인터넷 상에서 사용할 수 있다.
>
> (2) '사업자' 또는 '○○○'가 제1항에서 정한 용도 이외의 용도에 본건 용역물을 사용하고자 하거나, 본 계약기간이 지난 뒤에 본건 용역물을 사용하고자 하는 경우에는 '사업자'는 '작가'에게 대가 등에 대해 사전 합의하고 사용한다.

● 저작인격권

제7조 (저작물의 수정·변경)

(1) '사업자'는 본건 저작물을 사업자'의 주관적 판단으로 수정, 변경, 편집할 수 있다.

(2) '사업자'는 권리를 양도받은 후 본건 저작물에 대해서 저작권자로서 저작권법에서 정한 모든 권리(복제, 전송, 2차적저작물작성, 편집저작물작성 등)를 분야와 목적의 제한 없이 자유롭게 이용하거나 사업화하는 등 행사할 수 있다.

이러한 외주계약서에서는 권리가 사업자에게 넘어가서 사업자가 자유롭게 활용할 수 있어야 하므로, 저작인격권은 상당히 제한되는 것으로 규정함이 보통이다.

● 관리조항

이하는 관리규정이다. 보증 조항은 반드시 들어가야 하지만, 아래와 같이 간단히 정할 수도 있다.

제8조 (보증)

(1) '작가'는 본건 저작물의 저작권자로서 적법한 권리를 보유하고 있으며, 본건 저작물이 타인의 저작권 기타 지적재산권, 명예, 프라이버시를 침해하지 않는 것을 포함하여 대한민국의 법령에 위배되지 않는 것을 보증한다.

(2) '작가'가 본조를 위반하여 제3자로부터 이의제기가 있거나 분쟁이 발생할 경우 이에 대한 모든 책임을 지고 '사업자'를 면책시켜야 한다.

제9조 (비밀유지)

각 당사자는 본 계약의 내용 및 이 계약과 관련하여 알게 된 상대방에 관한 일체의 사항을 제3자에게 공개하거나 누설하지 아니한다. 본조의 의무는 본 계약 종료 이후에도 효력을 가진다.

제10조 (계약의 해지 등)

(1) 각 당사자는 상대방이 본 계약을 위반한 경우 시정을 요구하고 14일 이내에 시정되지 않는 경우 계약을 해제 또는 해지할 수 있다.

(2) 본 계약을 위반한 자는 이로 인한 상대방의 일체의 손해를 배상하여야 한다.

제11조 (기타 사항)

(1) 각 당사자는 상대방의 사전 서면동의 없이 본 계약상의 지위 또는 권리의무를 제3자에게 양도하거나 이전할 수 없다.

(2) 본 계약은 서면 합의로만 수정이나 변경을 할 수 있다.

(3) 본 계약과 관련하여 분쟁이 발생한 경우 당사자의 상호 협의에 의한 해결을 모색하되, 분쟁에 관한 합의가 이루어지지 아니한 경우에는 민사소송법상 관할법원을 제1심 관할법원으로 하여 분쟁을 해결하기로 한다. 다만, 그 이전에 한국저작권위원회 조정을 거칠 수 있다.

'작가'와 '사업자'는 위 사실을 증명하기 위해 계약서를 2통 작성하여 기명날인 후, 각각 1통씩 보관한다.

_____년 ___월 ___일

"작가"

성　　　명 :

생년월일 :

주　　　소 :

기명날인 : _____(인)

"사업자"

상　　　호 :

사 업 자 번 호 :

주　　　소 :

대　표　자 : _____(인)

미주_15장

1 대법원 1996. 7. 30. 선고 95다29130 판결.

제16장
저작권이용허락계약서

참고용 계약서 내려받기
(QR코드 스캔▼)

모롱 작가의 이모는 모롱 작가에게 '내 카페에서 냅킨, 간판, 커피잔에 쓸 고양이 도안을 그려주면, 100만 원을 주겠다.'고 부탁을 하였다. 모롱 작가는 원래 자신을 이뻐하던 이모와의 관계도 있고 해서 승낙을 하고 도안을 그려주기로 했다.

그런데 이모가 이런 것도 계약서를 써야 하지 않겠냐면서 모롱 작가에게 계약서를 한번 알아보라고 한다. 음.. 이런 경우는 어떤 계약서를 써야 하지?

> 얘, 내 카페에서 쓸 고양이 도안을 좀 그려줄래? 용돈 두둑이 줄게~!

모롱 작가 ↔ 이모

저작권 이용허락 계약서란 어떤 것일까?

저작권 이용허락계약서는 저작권자가 갖고 있는 저작권을 계약상대방이 이용을 할 수 있도록 허락하는 계약서이다. 저작권자 이용허락자. Licensor가 상대방 이용자. Licensee에 대해서 저작권자의 저작물 이용을 허락하는 내용의 계약이다.

만화, 웹툰의 경우는 만화가 또는 웹툰작가가 이용허락자가 되어, 이용자에게 이용을 허락하는 계약이다. 이때 모롱 작가와 이모는 어떤 관계가 될까? 모롱 작가는 이용허락자가 되어 이모에게 고양이 도안을 이용하도록 허락해 준 관계가 된다.

다른 예를 들어보자. 모롱 작가가 200페이지 분량의 만화와 일러스트가 섞인 '나의 파랑색 하루하루'라는 책을 열심히 써서 푸르릉 출판사에서 3년간 출판을 하기로 한다고 하자. 이때 출판권 설정 등록을 하지는 않고 그냥 독점 출판을 하기로 했다면 이때에도 역시 이용허락 계약 관계가 된다(다만 이런 경우는 보통 이용허락 계약서가 아닌 출판계약 형식으로 계약을 할 것이다).

이렇게 이용허락 계약서는 단건으로 저작물 이용을 허락하는 경우나, 출판, 여러 종류의 인쇄물, 상품, 인터넷 등에 저작물의 이용허락을 하는 경우 폭넓게 사용될 수 있다.

이용허락은 독점적 이용허락과 비독점적 이용허락이 있다. 독점적 이용허락을 하면 저작자는 더 이상 제3자에게 동일한 이용허락을 할 수 없다. 비독점적 이용허락이라면 제3자에게 동일한 이용허락을 할 수 있다.

이용자가 제3자에게 권리를 행사 가능한 형태로는 출판권과 배타적발행권의 경우가 있다. 푸르릉 출판사는 모롱 작가와 출판권 설정계약을 하고, 출판권 등록을 하는 경우 제3자(무단출판자)에게 권리 행사가 가능하다.

저작권 이용허락 계약서는 어떤 구조일까?

이용허락을 하면 이용자(이모님, 푸르릉 출판사)는 정해진 조건과 기한 내에서 저작권을 이용할 수 있고(수익을 올리는 사업 등), 저작권자(모롱 작가)는 계약에 따라 이용자로부터 대가를 얻는다.

계약기간을 무한대로 할 수도 있지만, 이 경우에도 저작권은 원 저작권자(모롱 작가)에게 남아있다. 이용자(이모님, 푸르릉 출판사)는 계약에서 정해진 조건과 기한 내에서만 저작물을 이용할 수 있을 뿐이다. 푸르릉 출판사는 3년의 기간 내에서 서적 출판의 방법으로만 저작물을 이용할 수 있다.

계약기간이 정해진 계약에서 기간이 끝나면 저작권은 다시 온전히 저작권자(모롱 작가)에게 돌아온다. 따라서 계약에서 정해진 기간이 끝나면 더 이상 이용자(이모님, 푸르릉 출판사)는 저작물을 이용할 수 없고, 저작권자(모롱 작가)는 다시 제한 없는 저작물의 이용 또는 이용허락을 할 수 있다.

이용허락은 원칙적으로 채권적 권리이다. 따라서, 이용자(사례에서 이모님)는 제3자(고양이 도안을 표절한 사람)에 대해서 권리를 행사할 수 없다. 이모님은 모롱 작가에게 부탁을 해서, 모롱 작가가 단속을 하도록 해야 한다.

다만, 판례와 학설에 따르면, 독점적 이용허락의 경우 제3자에 대한 손해배상청구권과 금지청구권이 인정된다. 비독점적 이용허락의 경우 제3자에게는 어떠한 권리도 없고, 단지 저작권자에게 손해배상청구권 등 권리를 갖는다.

이용허락을 받은 사람(이모님, 푸르릉 출판사)은 제3자에게 다시 이용을 허락할 수 없다. 즉, **허락에 의하여 저작물을 이용할 수 있는 권리는 저작재산권자(모롱 작가)의 동의 없이 제3자에게 양도할 수 없다**(제46조 제3항).

계약서를 조문별로 살펴보자

문화체육관광부에서 2018. 8. 7. 발표한 저작재산권의 독점적 이용허락 계약서는 아래와 같다. '저작재산권 비독점적 이용허락 계약서'는 사소한 부분이 다를 뿐이므로, 차이점은 내용 중에서 설명한다.

● 계약서 제목, 전문, 당사자

저작재산권 독점적 이용허락 계약서

저작자 및 저작권 이용허락자 _____(이하 "권리자"라 함)와 저작권 이용자_____(이하

"이용자"라 함)는 아래 저작물 _____에 관한 저작재산권 이용허락과 관련하여 다음과 같이 계약을 체결한다.

다 음

계약서 제목과 당사자 표시이다. 다만, '저작자 및 저작권 이용허락자'보다는 '저작권자 및 저작권 이용허락자'가 정확할 듯하다. 저작자 아닌 저작권자도 이용허락을 할 수 있기 때문이다.

아래 칸에서 '저작자 및 저작권 이용허락자' 란에는 모롱 작가를, '저작권 이용자'란에는 이모 님 또는 '푸르릉 출판사'를 기재하면 되겠다.

● 목적

제1조 (계약의 목적)

본 계약은 저작재산권 이용허락과 관련하여 권리자와 이용자 사이의 권리관계를 명확히 하는 것을 목적으로 한다.

계약의 목적이 저작재산권 이용허락과 관련된 사항을 규정한다는 것임을 밝혔다.

● 계약의 목적물

제2조 (계약의 대상)

본 계약의 이용허락 대상이 되는 권리는 아래의 저작물(이하 "대상저작물")에 대한 저작재산권 중 당사자가 합의한 권리로 한다.

제목(제호) :

저작자 :

종별 : □ 어문저작물,　□ 음악저작물,　□ 연극저작물,　□ 미술저작물,

　　　□ 건축저작물,　□ 사진저작물,　□ 영상저작물,　□ 도형저작물,

　　　□ 컴퓨터프로그램저작물,　□ 기타(　　　　　　　　　　　　)

권리 : □ 복제권,　□ 공연권,　□ 공중송신권(□ 방송권, □ 전송권, □ 디지털음성송신권),

　　　□ 전시권,　□ 배포권,　□ 대여권,　□ 2차저작물작성권

계약의 대상(목적물)을 분명히 했다. 저작물의 별로 '종별'은 중요하지 않은데, 계약 대상을 특정하는 정도의 의미가 있겠다.

그리고 이용허락의 대상이 되는 권리가 어떤 것인지 분명히 표시한다. 모든 칸에 표시를 해도 무방하다. 다만, 너무 권리를 지나치게 넓게 이용허락하는 것이 꺼려진다면 '2차적저작물작성권'에는 체크를 하지 않으면 된다.

• 계약기간

제3조 (이용허락 기간)

대상저작물의 이용허락 기간은 _____년 ___월 ___일부터 _____년 ___월 ___일까지로 한다. 다만, 이용자가 권리자에게 제5조 제2항에 따른 이용료를 이용허락기간의 시작점인 _____년 ___월 ___일 이후에 지급한 경우, 대상저작물의 이용허락 기간은 이용료를 지급한 일자의 다음 날부터 계산한다.

본 조에서는 이용허락 기간을 정했다. 이용허락 기간을 무한대로 할 수도 있다(예를 들어서 예에서 모롱 작가가 이모님에게 해당 카페에서 언제까지고 사용해도 좋다는 식으로 허락하는 경우). 다만, 이런 계약 사례에서는 드문 경우일 것이다(민법상 채권의 소멸시효기간은 10년이고, 저작권법상 출판권의 기간은 3년이다).

단서는 계약과 동시에 이용료를 지급한 경우 계약기간이 시작하지만, 이용료 지급을 뒤늦게 하는 경우, 지불한 다음 기간 계산이 시작된다는 의미이다.

• 이용허락의 내용

제4조 (권리자의 의무)

① 권리자는 이용자에게 대상저작물에 대하여 제2조에서 규정한 범위내에서 독점적으로 이용하는 것을 허락한다.

② 권리자는 이용자에게 _____년 ___월 ___일까지 대상저작물의 이용을 위해 필요한 상당한 자료를 인도하여야 한다. 만일, 대상저작물이 한국저작권위원회에 등록되어 있지 않은 경우, 이용자가 요청하면 권리자는 대상저작물의 저작재산권을 등록한 후 위 의무를 이행한다.

계약에서 가장 중요한 부분이다.

제1항의 내용은 작가가 사업자에게 독점적 이용을 허락하고, 다른 사람에게 이러한 이용을 허락해서는 안 된다는 것이다.

제2항은 작가가 사업자에게 저작물 이용에 상당한 자료를 넘겨줘야 한다는 것이다(예를 들어서 저작물 컴퓨터 파일 등). 제2항의 단서 관련, 저작권 발생에는 아무런 방식도 필요 없으므로, 저작물을 반드시 등록해야 하는 것은 아니지만, 계약의 대상을 확실하게 정하는 의미가 있겠다.

비독점적 이용허락 계약의 경우는 아래와 같다(지적재산권 비독점 이용허락 계약서(표준계약서) 참조).

제4조 (권리자의 의무)

(1) 권리자는 이용자에게 대상저작물에 관하여 본 계약서 제2조에 따른 저작재산권을 이용할 권리를 제3조의 기간 동안 비독점적으로 허락한다.

(2) 권리자는 이용자에게 _____년 ___월 ___일까지 대상저작물의 이용을 위해 필요한 상당한 자료를 인도하여야 한다. 다만, 대상저작물이 한국저작권위원회에 등록되어 있지 않은 경우 이용자가 요청하면 이용허락자는 대상저작물의 저작재산권을 등록한 후 위 의무를 이행한다.

● 이용허락 대가의 지급

제5조 (이용자의 권리 및 의무)

① 이용료는 저작물의 이용형태에 따라 다음 중 적합한 방식으로 상호 협의하여 결정할 수 있다.

지급방식	□ 정액	□ 일시금 □ 분할	_____ 원
		□ 정기지급	(예 : 월) _____ 원
	□ 정률	□ 매출액 □ 매출이익	_____ %
	□ 기타		
시급시기	□ 일시금	_____년 ___월 ___일	
	□ 분할	- 1차: - 2차: - 3차:	
	□ 정기지급	□ 월: □ 분기: □ 년:	
	□ 기타		

② 이용자는 권리자에게 _____년 ___월 ___일까지 이용료 _____원을 지급한다. 지급방법에 관하여 당사자는 합의에 의하여 일시금으로 혹은 분할하여 지급하는 방법을 선택할 수 있다.

③ 이용자는 관례적으로 저작자 및 저작재산권자의 성명 등 표시를 허용하는 대상저작물을 이용하는 경우, 그 저작자 및 저작재산권자의 성명 등을 표시하여야 한다.

④ 이용자는 대상저작물의 이용함에 있어서 저작인격권을 침해하지 아니한다. 다만, 대상저작물의 본질적인 내용을 변경하지 않는 범위 내에서 권리자에게 그 사실을 사전에 고지한 후 사소한 수정 및 편집을 할 수 있다.

이용허락의 대가 지급을 정하는 조항이다.

우선 제1항의 표를 보자. 표준계약서에서는 '지급방식'을 정해진 액수(정액), 정해진 비율(정률)로 나누었다. 예를 들어서 사례의 모롱 작가가 이모님에게 카페에서 고양이를 쓰도록 한 경우는 '100만 원'이라는 정액으로 정했다. 사례의 모롱 작가가 푸르롱 출판사에서 책을 낼 경우는 아마 '도서 정가의 10%'라는 정률 방식으로 정할 가능성이 높을 것이다. 캐릭터의 상품화 계약에서도 이렇게 매출액의 몇 %로 계약하는 경우가 많다.

'지급시기'도 일시불로 줄 것인지, 분할로 줄 것인지(계약금, 중도금, 잔금 식으로 주는 경우가 많다), 정기적으로 줄 것인지(월, 분기, 년), 기타 다른 방식으로 줄 것인지 정하도록 했다.

제2항은 사실상 제1항의 표와 같은 내용이라서, 제1항에서 자세한 내용을 정했으면 '위와 같다'라고 써도 될 것 같다.

제3항은 성명표시권 내용이다. 오히려 해당 조항의 내용은 '관례적으로 성명을 표시하지 않는 저작물'을 이용할 경우 성명 표시를 생략해도 좋다는 취지로 규정하였다.

제4항은 저작인격권(공표권, 성명표시권, 동일성유지권)을 지킨다는 내용이다. 단서는 동일성유지권의 내용인데 '사소한 수정 및 편집'은 사업자가 작가의 동의를 얻지 않고도 가능하고, 다만 통지를 하도록 했다.

● 보증

제6조 (확인 및 보증)

① 권리자는 이용자에게 다음 각 호의 사항을 확인하고 보증한다.

　1. 대상저작물의 저작권이용허락을 체결하는데 필요한 권리 및 권한을 적법하게 보유하고 있다는 것

　2. 대상저작물의 내용이 제3자의 저작권, 상표권, 인격권을 비롯한 일체의 권리를 침해하지 아니한다는 것

　3. 본 계약을 체결하기 전 대상저작물은 제3자에게 저작재산권이 양도되거나, 이용허락되었거나, 질권이 설정되는 등 이용자의 독점적 이용권을 제한하는 어떠한 부담도 존재하지 아니한다는 것

　4. 본 계약에 따른 이용허락 기간 동안 제3자에게 대상저작물에 대한 저작재산권의 양도, 이용허락, 질권의 설정 등 이용자의 독점적 이용권을 침해하는 어떠한 행위도 하지 아니한다는 것

② 이용자는 권리자에게 다음 각호의 사항을 확인하고 보증한다.

　1. 대상저작물 이용허락권을 권리자의 동의 없이 제3자에게 양도하거나 재이용을 허락하지 아니하는 것

　2. 대상저작물을 제3자의 명예권을 비롯한 인격적 권리를 침해하는 방식으로 이용하지 아니할 것

본 확인 및 보증 조항은 작가가 사업자에게, 사업자가 작가에게 보증을 하고 약속하는 내용을 규정한다.

제1항은 작가의 보증 조항이다. 작가는 이용허락계약을 체결함에 있어 필요한 권리를 보유하고 있다는 것(1호), 저작물의 내용이 제3자의 권리를 침해하지 않는다는 것(2호), 사업자가 계약의 대상인 저작물을 유효하게 이용허락할 수 있다는 것(3호), 작가는 계약기간 동안 앞으로 계약의 효력을 해치는 일을 하지 않겠다는(4호) 약속 및 보증을 하고 있다.

제2항은 사업자의 보증 조항이다. 사업자는 작가의 허락 없이 이용허락권을 제3자에게 양도하거나 재이용을 허락하지 않겠다는 것(1호. 다만, 이는 규정하지 않아도 당연한 의무이다), 저작물을 위법하지 않게 이용하겠다는(2호) 약속 및 보증을 한다.

● 관리조항

이하의 내용은 관리조항(일반조항)이다. 따라서 '공통조항'의 설명으로 대신한다.

제7조 (계약내용의 변경)

본 계약 내용 중 일부를 변경할 필요가 있는 경우에는 권리자와 이용자의 서면합의에 의하여 변경할 수 있으며, 그 시면합의에서 달리 정함이 없는 한, 변경된 사항은 그 다음날부터 효력을 가진다.

제8조 (계약의 해지)

① 당사자는 천재지변 또는 기타 불가항력으로 계약을 유지할 수 없는 경우에 본 계약을 해지할 수 있다.

② 당사자는 상대방이 정당한 이유 없이 본 계약을 위반하는 경우에 상당한 기간을 정하여 상대방에게 그 시정을 최고하고, 상대방이 그 기간이 지나도록 이행하지 아니하는 경우에는 계약을 해지할 수 있다. 다만, 상내방이 냉백한 시정 거부의사를 표시하였거나 위반 사항의 성격상 시정이 불가능하다는 것이 명백히 인정되는 경우에는 위와 같은 최고 없이 계약을 해지할 수 있다.

③ 본 계약에 대한 해지권의 행사는 상대방에 대한 손해배상청구권 행사에 영향을 미치지 아니한다.

제9조 (손해배상)

당사자가 정당한 이유 없이 본 계약을 위반하는 경우, 그로 인하여 상대방에게 발생한 모든 손해를 배상할 책임이 있다. 다만, 제8조 제1항의 사유로 본 계약을 이행하지 못한 경우에는 손해배상책임을 면한다.

제10조 (비용의 부담)

계약 체결에 따른 비용은 당사자가 동등하게 부담한다.

제11조 (분쟁해결)

① 본 계약에서 발생하는 모든 분쟁은 권리자와 이용자가 상호 원만한 합의에 이르도록 노력하여야 하며, 분쟁이 원만히 해결되지 않는 경우에는 소제기에 앞서 한국저작권위원회에 조정을 신청할 수 있다.

② 제1항에 따라 해결되지 아니할 때에는 대한민국의 민사소송법 등에 따른 관할법원에서의 소송에 의해 해결토록 한다.

제12조 (비밀유지)

　양 당사자는 본 계약의 체결 및 이행과정에서 알게 된 상대방에 관한 정보, 본 계약의 내용 및 대상저작물의 내용을, 상대방의 서면에 의한 승낙 없이 제3자에게 공개하여서는 아니 된다.

제13조 (기타부속합의)

① 권리자와 이용자는 본 계약의 내용을 보충하거나, 이 계약에서 정하지 아니한 사항을 규정하기 위하여 부속합의서를 작성할 수 있다.

② 제1항에 따른 부속 합의는 본 계약의 내용과 배치되거나 위반하지 않는 범위 내에서 유효하다.

제14조 (계약의 해석 및 보완)

　본 계약서에서 명시되어 있지 아니하거나 해석상 이견이 있을 경우에는 저작권법, 민법 등을 준용하고 사회 통념과 조리에 맞게 해결한다.

제15조 (계약 효력 발생일)

　본 계약의 효력은 계약 체결일로부터 발생한다.

_____년 ___월 ___일

"권리자"　　　　　　　　　　　**"이용자"**

성　　　　명 : _____(인)　　　성　　　　명 : _____(인)

주민등록번호 :　　　　　　　　　　주민등록번호 :

주　　　소 :　　　　　　　　　　　주　　　소 :

제17장
아이디어제공계약서

참고용 계약서 내려받기
(QR코드 스캔▼)

모롱 작가는 어느날! 너무나 참신한 기획안인 '내 인생 디자인'이라는 웹툰 아이디어를 생각해내고, 씨앤웹 에이전시에 이 새 작품을 함께 해 보자고 제안하려고 한다. 모롱 작가가 그림을 그리거나 아니면 스토리를 제공하고, 에이전시에서 새로운 작가를 붙이는 식으로…

그런데 잠깐! 예전에 들어보니 이렇게 아이디어를 전해줬다가 사업자 측에서 아이디어만 빼먹었다는 얘기를 들은 바가 있다. 그렇다면 어떻게? 무슨 계약서라도 써야 할까?

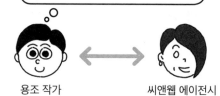

새로운 웹툰 아이디어를 에이전시에 제안해보고 싶은데… 빼앗기면 어떡하지?

용조 작가   씨앤웹 에이전시

아이디어 제공 계약서란 어떤 것일까?

저작권법은 표현만을 보호하기 때문에 아이디어는 보호받지 못하지만(아이디어-표현 이분법), 우리 부정경쟁방지법, 민법에서도 제한적으로 아이디어를 보호하고 있다.

웹툰 작가가 기획안, 저작물을 상대방에게 제공할 때, 아이디어만을 침해당한 경우 이를 보호받기 힘들 수 있다. 아래 계약서는 이처럼 기획안이나 일부 저작물을 상대방에게 제출한 경우 보호를 꾀할 수 있는 계약서이다.

참고로 저작물을 상대방에게 제공하기 전에 저작권 등록을 하고 제공을 하면, 상대방의 부정한 사용에 대해서 차후 아이디어 침해를 이유로 이의를 제기할 증거를 남길 수 있을 것이므로, 저작권 등록을 강하게 추천한다. 또한 아이디어 또는 자료를 제공할 때는 가급적 증거가 남는 이메일로 제공하도록 하자.

참고로 현 부정경쟁방지법은 **"사업제안, 입찰, 공모 등 거래교섭 또는 거래과정에서 경제적 가치를 가지는 타인의 기술적 또는 영업상의 아이디어가 포함된 정보를 그 제공목적에 위반하여 자신 또는 제3자의 영업상 이익을 위하여 부정하게 사용하거나 타인에게 제공하여 사용하게 하는 행위. 다만, 아이디어를 제공받은 자가 제공받을 당시 이미 그 아이디어를 알고 있었거나 그 아이디어가 동종 업계에서 널리 알려진 경우에는 그러하지 아니하다."**를 부정행위로 규정하여 (부정경쟁방지법 제2조 제1호 차목), 이 부분 이슈는 상당 정도 해결되었다.

아이디어 제공 계약서는 어떤 구조일까?

본 계약서를 체결한 후, 작가는 사업자에게 제출물의 개발을 검토하기 위한 목적으로 자신의 제출물을 제출하며, 사업자 역시 해당 목적으로만 제출물을 이용해야 하고, 제출물의 내용을 비밀로 유지해야 한다.

사업자가 제출물의 내용을 검토하고 이를 개발하기로 결정한 경우 작가와 본 계약을 체결하는 등으로 후속 절차를 진행하며, 개발하지 않기로 결정한 경우 제출물을 반환하고, 파기해야 한다.

계약서를 조문별로 살펴보자

● 계약서 제목, 전문, 당사자

> ### 아이디어 제공 계약서
>
> _____(이하 '작가')와/과 _____(이하 '사업자')은/는 다음과 같이 아이디어제공계약을 체결한다.
>
> 다 음

제목과 당사자를 특정하는 부분이다.

● 목적

> ### 제1조 (목적)
> 본 계약은 '작가'의 제출물을 '사업자'가 검토하여 이를 개발하기 위한 본 계약을 체결할지 여부를 결정하기 위하여 '작가'가 제출물을 '사업자'에게 제출하고 이를 '사업자'가 검토함에 필요한 제반 사항을 규정함을 목적으로 한다.

본 계약의 목적이 작품 개발 검토를 위한 아이디어 제공임을 규정한다.

● 계약의 목적물

> ### 제2조 (제출물의 내용)
> '작가'가 작성하여 '사업자'에게 제출하는 제출물(이하 '본건 제출물')의 내용은 아래와 같다.
>
> 제목:
> 개요:
> 분량:

제공하는 목적물을 특정한다. 향후 분쟁이 생긴다면 목적물 특정이 중요해질 수 있어서 신경을 써야 할 부분이다.

● **작가의 권리 의무**

> **제3조 ('작가'의 권리와 의무)**
> (1) '작가'는 '사업자'가 본건 제출물을 개발할지 여부를 결정하기 위하여 검토 목적으로 본건 제출물을 '사업자'에게 제출한다.
> (2) '작가'는 자신이 본건 제출물의 완전한 권리자이고, 본건 제출물을 '사업자'에게 제출할 권한이 있음을 보증한다.

1항은 작가는 사업자에게 작품을 제출하지만, 이는 개발을 할 것인지 검토 목적에 한한다는 내용이다.

2항은 작가가 완전한 권리자이고, 해당 작품을 제출할 권한이 있다는 내용이다. 예를 들어 타인의 작품을 내는 등 문제가 있는 작품이 아니라는 것이다.

● **사업자의 권리 의무**

> **제4조 ('사업자'의 권리와 의무)**
> (1) '사업자'는 본건 제출물을 개발할지 여부를 결정하기 위한 검토 목적으로만 이용한다.
> (2) '사업자'는 본건 제출물의 내용을 비밀로 유지한다.
> (3) '사업자'는 본건 제출물의 개발 업무를 수행하는 임직원에 한하여 본건 제출물을 검토하도록 할 수 있고, 이때 임직원 등 각자에게 비밀유지의무를 준수하도록 해야 하며, '작가'가 요구하는 경우 비밀유지계약을 체결하여야 한다.

1항에서는 제공의 목적은 저작물 개발의 검토를 위한 목적에 한정된다는 것이다. 다른 용도로 사용한다면 이는 계약위반이 된다.

2항은 사업자는 객관적으로 높은 수준으로 제공받은 제출물을 비밀로 잘 유지해야 한다는 내용이다.

3항은 사업자의 관련자들이 검토하는 경우, 그 사람들도 비밀유지의무를 진다는 것이다. 즉, 사업자 회사뿐 아니라 회사의 임직원들도 그러한 의무를 진다는 것이다.

● **면책**

> **제5조 (면책)**
> 본건 제출물에는 다음 정보가 포함되지 않는다.
> (1) 본건 제출물과 무관하게 일반적으로 공지된 정보, 지식, 아이디어, 저작물(이하 '정보 등')

(2) 본건 제출물 이전에 '사업자'가 알고 있던 정보 등

(3) '사업자'의 고의 또는 과실에 의하지 않고 공지의 사실로 된 정보 등

(4) '사업자'가 적법하게 제3자로부터 제공받은 정보 등

(5) '사업자'가 본건 제출물과 관계 없이 독자적으로 개발하거나 알게 된 정보 등

본 조에서는 비밀유지의무에서 제외하는 범위를 규정한다. 즉, 수령자 입장에서 나중에 문제가 생길 수 있는 범위를 제외하는 것이다.

너무 무한정하게 비밀유지의무를 부과하면, 예를 들어 똑같은 내용을 제3자로부터 제공받아 검토하고 있었던 것도 계약위반 공격을 받게 되어, 오히려 사업자 입장에서는 이러한 제공을 꺼리게 되는 문제가 있기 때문이다.

● 검토 결과 통지

제6조 (본건 제출물의 검토 결과 통지 등)

(1) '사업자'는 본건 제출물을 수령한 후 ___이내에 후속개발 여부를 결정하고 '작가'에게 통지해야 한다.

(2) '사업자'가 후속개발을 하기로 결정한 경우 '작가'와 '사업자'은 본건 제출물에 관한 별도 본 계약을 체결하는 합의를 진행한다.

(3) '사업자'가 후속개발을 하지 않기로 결정한 경우 '사업자'는 본건 제출물을 '작가'에게 전부 반환하고, '사업자'가 보관 중인 본건 제출물을 완전히 파기하였음을 입증하는 서류를 '작가'에게 제출한다.

1항은 사업자가 해당 제출물을 받은 후 일정 기간 내에 개발 여부를 결정하고 통지해야 한다는 것이다.

2항 관련, 개발을 하기로 한 경우라면 별도로 본 계약을 체결한다. 즉, 이 계약은 사전적이거나 임시적인 계약에 불과하다.

3항에서는 사업자가 후속 개발을 하지 않으려면 제출물을 모두 반환하고, 갖고 있는 파일 등을 모두 파기해야 한다는 것을 규정한다.

● 관리조항

이하의 내용은 관리조항(일반조항)이므로 문제가 되는 조항을 뺀 나머지는 앞에서의 설명으로 대신한다.

제7조 (계약의 해지 등)

(1) 각 당사자는 상대방이 본 계약을 위반한 경우 시정을 요구하고 14일 이내에 시정되지 않는 경우 계약을 해제 또는 해지할 수 있다.

(2) 본건 제출물 이전에 '사업자'가 알고 있던 정보 등

제8조 (기타 사항)

(1) 각 당사자는 상대방의 사전 서면동의 없이 본 계약상의 지위 또는 권리의무를 제3자에게 양도하거나 이전할 수 없다.

(2) 본 계약은 서면 합의로만 수정이나 변경을 할 수 있다.

(3) 본 계약과 관련하여 분쟁이 발생한 경우 당사자의 상호 협의에 의한 해결을 모색하되, 분쟁에 관한 합의가 이루어지지 아니한 경우에는 민사소송법상 관할법원을 제1심 관할법원으로 하여 분쟁을 해결하기로 한다. 다만, 그 이전에 한국저작권위원회 조정을 거칠 수 있다.

'작가'와 '사업자'는 본 계약의 성립을 증명하기 위하여 본 계약서 2부를 작성하여 각각 서명(또는 기명날인)한 후 각자 1부씩 보관한다.

_____년 ___월 ___일

"작가"

성　　　명 :

생년월일 :

주　　　소 :

기명날인 :_____(인)

"사업자"

상　　　　호 :

사 업 자 번 호 :

주　　　　소 :

대　표　자 :_____(인)

제18장
실존인물묘사동의서

참고용 계약서 내려받기
(QR코드 스캔▼)

용조 작가는 새로운 만화를 구상하면서 1960~70년대에 불우한 삶을 살았던 미술가인 K의 일생을 그리기로 하였다. K선생은 이미 돌아가셨지만, 여기저기 자료들은 조금씩 남아 있어서 열심히 찾아보았고, 지금 그의 부인께서는 살아계신다고 해서 직접 가서 뵙고 얘기를 듣기도 했다.

책으로 따지면 몇 권이 될 분량이기도 해서, 이번 만화는 좀 신중히 진행하고 싶은데, 들리는 말로는 안전하게 창작을 하고 싶으면 유족으로부터 동의서를 받는 것이 좋다고 한다. 이런 동의서는 어떻게 받아야 하는 걸까?

사모님, K선생님의 일생을 만화로 한번 그려보고 싶습니다. 허락해 주실래요?

용조 작가　　　　K선생 부인

실존인물묘사동의서란 어떤 것일까?

웹툰에서 실존인물을 묘사하는 경우, 당사자 또는 유족(사망한 경우)의 허락 없이 실존인물을 웹툰의 대상으로 사용해도 될까?

헌법상 **모든 국민은 예술의 자유를 가지고**(제22조 제1항), **저작자와 예술가의 권리는 법률로써 보호한다**(제22조 제2항). **모든 국민은 언론·출판의 자유를 가지지만, 언론출판은 타인의 명예나 권리를 침해해서는 아니되고, 침해시 피해자는 피해의 배상을 청구할 수 있다**(제21조 제1항, 제4항).

결론적으로, 일정한 조건 하에서는 동의 또는 허락 없이 실존인물을 창작물의 모델로 쓸 수 있지만, 반면으로는 권리 침해의 문제도 상존하고 있으므로, 가급적 당사자나 유족의 동의를 받는 것이 법적으로도 안전하고도 바람직하다.[1]

실존인물 묘사, 어떤 문제가 생길 수 있을까?

문제되는 경우를 하나씩 살펴보자.

● 명예훼손

우선, 웹툰을 그려서 특정인의 명예훼손이 될 수 있을까?

'실미도' 사건에서 법원은 아래와 같이 판시하고 있다.[2]

"실제 인물이나 사건을 모델로 한 영화가 허위의 사실을 적시하여 개인의 명예를 훼손하는 행위를

한 경우에도 그것이 공공의 이해에 관한 사항으로서 그 목적이 공공의 이익을 위한 것일 때에는 행위자가 적시된 사실을 진실이라고 믿었고 또 그렇게 믿을 만한 상당한 이유가 있으면 그 행위자에게 불법행위책임을 물을 수 없다."

"상당한 이유가 있는지 여부를 판단함에 있어서는 적시된 사실의 내용, 진실이라고 믿게 된 근거나 자료의 확실성, 표현 방법, 피해자의 피해 정도 등 여러 사정을 종합하여 판단하여야 하고, 특히 적시된 사실이 역사적 사실인 경우 시간이 경과함에 따라 점차 망인이나 그 유족의 명예보다는 역사적 사실에 대한 탐구 또는 표현의 자유가 보호되어야 하며 또 진실 여부를 확인할 수 있는 객관적 자료의 한계로 인하여 진실 여부를 확인하는 작업이 용이하지 아니한 점 등도 고려되어야 한다."

"상업영화의 경우에는 역사적 사실을 토대로 하더라도 영화제작진이 상업적 흥행이나 관객의 감동 고양을 위하여 역사적 사실을 다소간 각색하는 것은 의도적인 악의의 표출에 이르지 않는 한 상업영화의 본질적 영역으로 용인될 수 있으며, 또한 상업영화를 접하는 일반 관객으로서도 영화의 모든 내용이 실제 사실과 일치하지는 않는다는 전제에서 이러한 역사적 사실과 극적 허구 사이의 긴장관계를 인식·유지하면서 영화를 관람할 것인 점도 그 판단에 참작할 필요가 있다."

이러한 내용은 명예훼손에 관한 일반 법리를 바탕으로, 추가적으로 상업영화의 경우 역사적 사실을 어느 정도 각색하는 것까지 허용한다는 취지로 보이는데, 웹툰의 경우도 이에 준하여 생각하면 된다.

요컨대 성실하게 관련 자료를 조사하여 웹툰이 사실에 기반하도록 하고, 어느 정도 각색을 하더라도 악의적으로 각색하는 정도가 아니면 용납될 수 있다는 취지로 보인다.

● 초상권 또는 퍼블리시티권 침해

광고에서 유명인을 쓰는 경우 유명인에게 모델료를 지불하는 것은 초상권 또는 퍼블리시티권 이용에 대한 대가를 지급하는 것이다. 그렇다면 생존 인물을 웹툰화하면 퍼블리시티권 또는 초상권 침해가 될 수 있을까?

'메이저리그와 정복자 박찬호' 사건에서 법원은 "무릇 공적관심의 대상이 되는 저명한 인물 즉 공적인물(公的人物)에 대한 서술, 평가는 자유스러워야 하고, 그것은 헌법이 보장하고 있는 언론, 출판 및 표현의 자유의 내용이기도 하다. …그런데, 이 사건 서적의 표지 구성 형식과 내용, 그와 관련하여 게재된 신청인의 성명과 사진이나 이 사건 서적의 배포를 위한 광고내용을 정사하여 보아도 … 신청인이 유명야구선수로서 그 성명과 초상을 재산권으로 이용할 수 있는 권리 즉 이른바 퍼블리시티권을 침해하는 것으로 볼 수 있을 정도로 신청인의 성명과 초상 그 자체가 독립적·영리적으로 이용되었다고 보여지지 아니(한다)"라고 판시하였다.[3]

다만, 해당 판례에서는 책에 수록된 '브로마이드' 사진에 대해서는 상업적으로 이용될 수도 있고, 초상권이나 퍼블리시티권 침해가 된다고 판시하였다.

이 판례에 따르면 공적 인물에 대한 웹툰 창작 역시 언론, 출판 및 표현의 자유에 의하여 상당한 범위에서 가능할 것으로 보인다.

● 프라이버시권 침해

웹툰을 그리는 것이 특정인의 프라이버시권 침해가 될 수 있을까?

프라이버시권은 '자신의 사생활의 비밀에 관한 사항을 함부로 타인에게 공개당하지 아니할 법적 이익'[4] 또는 '자신의 사생활을 함부로 공개당하지 아니하고 사생활의 평온과 비밀을 요구할 수 있는 권리'[5]를 말한다.

'소설 이휘소' 사건에서 법원은 *"이휘소는 뛰어난 물리학자로서 우리나라 국민들에게 많은 귀감이 될 수 있는 사람으로서 공적 인물이 되었다고 할 것인데, 이러한 경우 이휘소와 유족들은 그들의 생활상이 공표되는 것을 어느 정도 수인(受忍)하여야 할 것이므로, 이휘소나 유족들의 인격권 또는 프라이버시가 침해되었다고 볼 수도 없다."*라고 판시하였다.[6]

또한 '메이저리그와 정복자 박찬호' 사건에서 법원은 *"공적인물의 프라이버시권은 일반인보다 제한된다 할 것이고, 그 경우 그러한 인물에 대한 공표내용이 흥미위주로 그 인물의 사생활적인 비윤리, 비도덕적인 부분 등을 드러내는 등 공공의 정당한 관심사를 초과한다고 보여지지 않는 한 프라이버시의 침해를 내세워 이를 저지할 수는 없다."*라고 판시하기도 하였다.[7]

따라서 공적인 인물을 웹툰으로 그리는 경우, 당사자의 프라이버시권 침해 주장은 어느 정도 제한될 것으로 보인다.

● 저작권 침해

다만, 위 내용과 별도로 저작권 침해는 주의해야 한다. 즉, 생존인물이 직접 쓰거나 그를 그린 책의 내용을 허락 없이 이용하는 경우, '공표된 저작물의 이용' 등 저작권 제한 사유에 해당하지 않으면, 저작권 침해가 될 여지가 있다.

실제로 만화에서 유명인의 '파리-다카르 랠리' 완주 수기의 내용 일부를 허락 없이 이용한 것이 문제 된 사안에서, 법원은 성명권 침해, 초상권 침해, 퍼블리시티권 침해는 대체로 위와 같은 이유로 부정했으나, 어느 정도의 저작권 침해 책임은 인정된다고 판시하였다.[8]

실존인물 묘사 동의서는 어떤 구조일까?

작가는 상대방(동의자)에게 창작물의 내용과 창작의 범위를 확인하고, 동의자의 확인과 동의에 대한 대가를 지급한다.

작가는 이 동의를 얻음으로써 당사자의 명예나 사생활을 중대하고 위법하게 침해하지 않는 한 책임을 지지 않는다. 즉, 이 계약을 체결함으로써 작가는 본인 또는 유족들이 사후에 문제 삼는 것을 피할 수 있다.

계약서를 조문별로 살펴보자

● 계약서 제목, 전문, 당사자

생애묘사에 관한 동의서

_____(이하 '갑')과 _____(이하 '을')은 _____(이하 '본건 본인')의 생애 묘사와 관련하여 다음과 같이 계약을 체결한다.

다 음

계약서의 제목과 당사자를 적절히 특정한다.

'본건 본인'란에는 묘사의 대상이 되는 인물을 특정한다. '갑'과 '본건 본인'이 같은 경우도 있는데, 이때는 '본건 본인' 칸에 그냥 본인 이름을 쓰거나 '갑'이라고 써도 되겠다.

● 목적

제1조 (목적)

본 계약은 '을'이 본건 본인의 생애를 묘사하는 만화 또는 웹툰 형식의 창작물(이하 '본건 창작물')을 창작함에 있어 필요한 사항을 정함을 목적으로 한다.

계약의 주된 목적이다. 묘사의 대상이 되는 본인 또는 관계자가 작가가 본인의 생애를 묘사하는 창작물을 창작함을 허락한다는 내용이다.

● 확인과 동의

제2조 ('갑'의 확인과 동의)

본건 본인의 본인, 친인척, 지인, 동료, 주변인물의 범주에 속하는 사람인 '갑'은 다음 사항을 확인한다.

(1) '갑'은 본건 창작물이 본건 본인의 생애를 묘사하는 작품임을 알고 있다.

(2) '갑'은 본건 창작물이 창작되면서 본건 본인의 이름, 초상, 글 또는 발언, 경력 또는 생애가 묘사되거나 인용될 수 있다는 것을 알고 있고, 이러한 묘사에 동의한다.

(3) '갑'은 전항의 묘사가 사실에 기반한 것이지만, 창작물의 성격상 다소 사실관계가 변경되거나 창작적으로 추가될 수 있음을 알고 있으며, 이에 동의한다.

본 조항은 묘사의 대상이 되는 본인 또는 관계자가 작가가 창작하려는 작품이 자신의 생애를 묘사하는 작품임을 인정하고, 그러한 작품화에 동의한다는 내용이다(제1, 2항).

제3항은 작품화를 할 때 어느 정도 실제 사실관계가 변경될 수 있다는 점을 확인하는 내용이다.

● 작가의 권리와 의무

제3조 ('을'의 권리와 의무)

(1) '을'은 본 계약의 대가로 금 _____원을 _____까지 '갑'이 지정하는 방법으로 지급한다.

(2) '을'은 본건 창작물의 창작자 또는 권리자로서, 본건 창작물을 제한 없이 자유롭게 이용할 수 있다.

(3) '을'은 본건 창작물 창작시 본건 본인에 대한 중대하고 위법한 명예훼손 또는 사생활 침해를 하지 아니한다.

제1항은 대가 지급 규정이다.

제2항은 작가의 자유로운 이용에 관한 규정이다.

제3항은 이런 작품을 창작함에는 어느 정도의 사생활 침해 또는 명예훼손 위험성이 있는바, 중대하고 위법한 정도의 침해가 아니라면 문제 삼지 않는다는 취지이다.

● 면책

제4조 (면책)

(1) '갑'은 본 계약 위반을 제외하고, 본건 창작물에 관하여 '갑' 또는 본건 본인의 명예훼손, 프라이버시권, 퍼블리시티권, 저작권, 기타 권리 침해를 주장하는 청구를 포기하고 이의를 제기하지 아니한다.

(2) '갑'은 본건 창작물에 관하여 손해배상을 청구하는 것 외에 창작물 또는 2차적저작물의 제작, 전송, 배포, 서비스, 상영, 방송을 중단시키기 위한 금지청구를 하지 아니한다.

상대방은 만들어진 작품에 대해서 명예훼손, 프라이버시, 퍼블리시티권, 저작권 침해의 주장을 하지 않겠다는 것이다(제1항).

만들어진 작품 관련, 가장 문제가 되는 상황은 창작물을 서비스하지 못하게 되는 경우이므로, 제2항에서는 손해배상 청구 외에 금지청구권을 포기하도록 하였다.

● 관리조항

이하의 내용은 관리조항(일반조항)이므로 앞에서의 설명으로 대신한다.

제5조 (비밀유지)

각 당사자는 본 계약의 내용 및 이 계약과 관련하여 알게 된 상대방에 관한 일체의 사항을 제 3자에게 공개하거나 누설하지 아니한다. 본조의 의무는 본 계약 종료 이후에도 효력을 가진다.

제6조 (계약의 해지 등)

(1) 각 당사자는 상대방이 본 계약을 위반한 경우 시정을 요구하고 14일 이내에 시정되지 않는 경우 계약을 해제 또는 해지할 수 있다.

(2) 본 계약을 위반한 자는 이로 인한 상대방의 일체의 손해를 배상하여야 한다.

제7조 (기타 사항)

(1) 각 당사자는 상대방의 사전 서면동의 없이 본 계약상의 지위 또는 권리의무를 제3자에게 양도하거나 이전할 수 없다.

(2) 본 계약은 서면 합의로만 수정이나 변경을 할 수 있다.

(3) 본 계약과 관련하여 분쟁이 발생한 경우 당사자의 상호 협의에 의한 해결을 모색하되, 분쟁에 관한 합의가 이루어지지 아니한 경우에는 민사소송법상 관할법원을 제1심 관할법원으로 하여 분쟁을 해결하기로 한다.

_____년 ___월 ___일

"갑"

성   명 :

생년월일 :

주   소 :

기명날인 : _____(인)

"사업자"

성   명 :

생년월일 :

주   소 :

기명날인 : _____(인)

1 조광희·안지혜·조준형, "영화인을 위한 법률가이드", 시각과 언어(2003), 39면 참조.

2 대법원 2010. 7. 15. 선고 2007다3483 판결.

3 서울고등법원 1998. 9. 29. 선고 98라35 결정.

4 대법원 1998. 9. 4. 선고 96다11327 판결.

5 서울중앙지방법원 2007. 1. 24. 선고 2006가합24129 판결.

6 서울지방법원 1995. 6.23. 선고 94카합9230 결정.

7 서울고등법원 1998. 9.29. 선고 98라35 결정.

8 서울지방법원 1996. 9. 6. 선고 95가합72771 판결.

제19장
공모전 계약/약관

참고용 계약서 내려받기
(QR코드 스캔▼)

대형플랫폼인 '웹툰툰'에서는 '유니버스 최고 웹툰 공모전'이라는 공모전을 진행하려고 하고, 노PD가 담당자를 맡았다. 그런데, 노피디가 만들어본 공모전 초안에 대해서 회사 내에서 이런 식으로 공모전을 진행했다가는 작가들로부터 욕을 먹고 보이콧을 당할 수 있다는 이야기를 듣는다. 노PD는 공모전 약관을 어떻게 준비해야 할까?

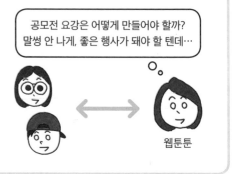

공모전 요강은 어떻게 만들어야 할까? 말썽 안 나게, 좋은 행사가 돼야 할 텐데…

웹툰툰

공모전 계약/약관이란 어떤 것일까?

웹툰 작가를 개발하기 위한 공모전이 점점 다양해지고 많아지고 있다.

공모전 공고는 공모에서 정한 내용에 따라 공모자 중 우수한 자를 선발하여 대가(상)를 제공하는 것을 말한다. 공모전을 통해서 주최 측은 일정한 목적을 달성하거나(예컨대 일정한 디자인, 설계, 광고 등 확보), 아니면 일반적으로 홍보 등 마케팅 용도로 사용된다.

공모전은 민법상 현상광고, 그 중에서도 우수현상광고(민법 제678조)에 해당한다. 민법에서는 간단히 다음 내용만 정하고 있다.

- 우수현상광고는 광고에 응모기간을 정해야 한다(동조 제1항).
- 우수의 판정은 광고자 또는 광고 중에 정한 자가 한다(동조 제2항).
- 광고 중에 다른 의사가 있거나 성질상 판정의 표준이 정하여져 있는 경우가 아니라면 우수한 자가 없다는 판정은 할 수 없다(동조 제3항).

그러나 현실적으로는 넓고 다양한 형태의 공모전이 시행되고 있다.

공모전 계약/약관은 어떤 구조일까?

보통 생각하는 공모전은, 우수한 작품이 수상을 하면 해당 작품을 공모전에서 예정한 범위 내에서 한정적으로 사용 가능하도록 하고, 수상작에 시상을 하는 정도일 것이다.

공모전과 관련해서 지식재산권 관련 문제가 생길 수 있는데, 전형적으로 다음의 2가지이다.

- 공모전에서 당선이 된 경우에 지식재산권을 양도받는 경우
- 공모전에서 낙선이 된 공모작에 대해서도 일정한 효과를 규정하는 경우

전자의 전형적인 경우는 '당선작의 저작권이 주최자 측에 귀속된다.'는 것이다. 후자의 경우 전형적인 내용은 '낙선이 된 공모작의 아이디어를 주최자 측에서 대가 없이 이용할 수 있다.'는 것이다. 전자와 후자가 결합된 경우가 '낙선이 된 공모작을 포함, 모든 공모작의 저작권 등 지식재산권이 주최 측에 귀속된다.'는 내용일 것이다.

그러나 공모전을 통해 저작권을 양도받는 계약은, 공모전 자체가 명백히 저작권을 양도받는 목적이고, 이에 상응하는 대가가 지급되지 않는 한 문제가 있다고 생각된다. 게다가 공모전을 통해서 당선되지 않았는데도(즉 대가도 받지 않았는데) 단지 응모만 하였다는 이유로 저작권을 양도받는다거나, 응모한 내용을 자유롭게 이용할 수 있다던가 하는 내용은 부당하다고 생각된다.

판례상 일찍이 이러한 내용이 문제 된 경우가 '이상문학상 수상작품집' 사건이었다.[1]

해당 사건의 주최 측은 매년 가장 뛰어난 문학작품을 선정, 시상하여 작가 '이상'의 업적을 기리고 한국 문학의 발전에 기여한다는 취지로 '이상문학상'을 제정하고, 기성작가와 신인작가를 불문하고 1년간 문예지 등에 발표된 신작 중에서 작품성을 위주로 선정하여 상금과 상을 시상하였고, '이상문학상 수상작품집'을 발간하여 판매하였다.

일부 작품에 대해서는 주최 측의 요강에 '대상 수상 작품의 출판 저작권은 피고 회사에 귀속된다. 우수작상 및 기수상작가 우수작상은 당해 연도 작품집에 한하여 피고 회사가 저작권을 갖는다.'라는 취지가 기재되어 있었다.

이 사건에서 대법원은 *피고 회사가 작가들에게 상금을 지급하고 묵시적 허락을 받아 각 수상작을 서적에 수록하여 출판했지만 정식 계약서가 작성되지 않았고, 작가들에게 지급한 상금이 표창의 의미만 있는 것이 아니라 출판의 대가의 의미도 있는 듯하지만 명확하지 않으며, 상금이 저작재산권의 양도로 볼 수 있을 정도로 고액이라고 보기 어려운 점 등을 이유로 작가들의 묵시적 출판허락은 저작권의 전부 또는 일부의 양도라거나 출판권 설정계약이라고 볼 수 없고, 단순한 저작물이용허락*이라고 보았다.

공모전은 공정거래위원회에서도 몇 번 문제 된 바 있다.

공정거래위원회는 2009. 5. 건축설계경기 지침에서 '입상작의 저작권 및 사용권 등 법적 소유권은 주최자에 귀속한다.'는 조항을 무효라고 보고 수정 또는 삭제하도록 조치하였다.[2]

공정거래위원회는 위 조항을 '*입상작에 대한 저작권은 저작권법에 따라 별도 협의한다. 다만, 당해 건축설계경기와 관련한 전시, 홍보 등은 별도 협의 없이 할 수 있다.*' 또는 '*1) 우리 공사는 당선작에 대하여 건축설계용역 계약 체결시 1회에 한하여 저작권 사용권한을 소유한다. 2) 우리 공사는 당선작을 포함한 입상작에 대하여 저작자와 별도의 협의 없이 작품을 전시 및 홍보책자출판에 활용할 수 있다. 3) 기타 개별사안에 대하여는 저작권법 등에 따라 저작권자와 별도 협의한다.*'라고 수정하도록 했다고 밝혔다.

공정거래위원회는 또한 2014. 8. 15개 공공기관, 민간기업에서 진행한 공모전 약관이 약관규제법에 위반된다고 판단, 불공정 약관 조항을 시정하도록 하였다.[3]

"응모 작품에 관한 모든 권리는 주최기관에 귀속됨.", "수상 작품에 관한 저작권 및 모든 지식재산권은 주최 기관에 귀속됨"이라는 공모전 약관에 대해서는, 공정거래위원회는 이러한 공모전 약관은 공모전 주최 사업자가 응모 작품의 지식재산권을 대가 지급없이 양수한다는 내용이므로 응모자에게 부당하고, 수상 작품에 지급되는 상금·상품 등의 혜택도 원칙적으로 수상 작품의 권리에 대한 대가를 미리 정한 것으로 보기는 어렵다고 보았다.

"선정된 아이디어는 주최 기관에서 활용할 수 있으며, 이와 관련하여 사용 권한을 양도한 것으로 간주함"이라는 약관에 대해서는, 이는 공모전 주최 사업자가 수상작을 사용 범위 제한 없이 무상으로 사용할 수 있다는 내용이므로 수상자에게 부당하고, 다만 대가를 지급하지 않더라도 수상작의 사용 범위가 구체적으로 정해져있고, 사용 범위가 공모전 개최 목적이나 일반적인 거래 관행 등에 비추어 적절(예: 공모전 홍보, 입상작 전시 등)하다면 불공정하지 않다고 밝혔다.

계약서를 조문별로 살펴보자

문화체육관광부, 한국저작권위원회는 2019년 '창작물 공모전 가이드라인'을 발표하였는바, 해당 내용은 아래와 같다.[4]

해당 가이드라인을 보면 응모작의 저작권은 응모자에게 있고, 주최 측은 일정 기간에 한하여 이용할 권한만을 보유하도록 했다. 주최 측이 저작권을 양수하거나 공모전 이상의 목적을 위해 이용을 해야 할 경우에는 별도 계약을 체결하도록 하였다.

● 행사의 개요

○○○ ○○○ ○○○을 위한 '○○○ 공모전'

■ 기 간 : ○○○. ○○. ○○ ~ ○○○○. ○○. ○○
■ 응시대상 : ○○○ ○○○ ○○○
■ 주최/주관 : ○○○○○○○○/○○○○○○○○
■ 유의사항/기타 :

해당 내용은 행사의 개요를 정하는 내용이다.

유의사항/기타에는 특유한 유의사항을 적으면 된다.

● 공모전의 취지

> 1. 응모된 작품에 대한 저작권은 응모자에게 있으며, ○○○은 수상작에 한하여 _____년 동안
> _____할 수 있다. (예 : 1년 동안 복제·배포할 수 있다.)

이 조항이 핵심인데, 결국 응모된 작품(또는 수상한 작품)의 저작권은 원작자에게 남아 있고, 주최 측으로 양도되는 것이 아니라는 점이다.

지금까지 문제가 된 것은 '당선'된 작품의 '저작권이 양도'되는 경우였고, 심지어 '응모'만 해도 저작권이 양도된다는 경우가 있었다. 위 가이드라인에서는 '수상작'에 한하여, 기간을 정해서, 목적을 한정해서 '이용'만 할 수 있도록 하였다.

다른 사례를 살펴보자. 이런 형태는 위 '창작물 공모전 가이드라인'의 1항, 2항에 비추어볼 때 그런대로 수긍할 만한 형태로 보인다. 다만, 위 가이드라인에서 추천하는 이상적인 형태는, 수상작은 수상을 기념하기 위한 단기간의 연재에 그치도록 하고, 통상의 이용허락 계약과 같은 형태로 이용하기 위해서는 별도 계약을 체결하라는 취지로 보인다.

> **제0조 (전자출판권의 설정)**
> (1) "작가"는 "사업자"에게 "작품"을 전자적 형태로 복제, 전송할 수 있는 독점적이고 배타적 발행권을 설정한다.
> (2) 본 계약의 전자출판권은 계약체결일로부터 유효하며, 계약체결일로부터 0년이 지난 시점에 종료된다.
> (3) "사업자"와 "작가"는 본 계약 종료 전에 상호 합의를 거쳐 "전자출판권"의 존속기간을 연장할 수 있다.
>
> **제0조 (작품 연재)**
> (1) "사업자"는 "작가"가 수상에 동의함과 동시에 "작가"의 연재에 대한 우선권을 가진다.
> (2) "작가"는 "사업자"와 협의하여 수상 발표일 이후 0개월 이내에 연재를 시작해야 한다.
> (3) 연재작품은 00화 이상 혹은 연재기간 00개월 이상으로 하며, "사업자"와 "작가"는 상호 합의하여 연재시기 및 연재 기간을 변경할 수 있다.

● 추가적인 계약

> 2. 향후, ○○○은 필요한 경우 응모작에 대한 저작재산권 중 일부를 양수하거나 이용허락을 받을 수 있으며, 이 경우에는 저작자와 별도로 협의하여 정한다.

앞에서 보았지만 가이드라인에서는 수상작도 한정적인 범위에서 이용만 할 수 있는 것으로 하였다. 그렇다면 주최 측이 그 이상의 저작권 양도나 이용허락을 받을 때는 작가와 별도로 계약을 해야 한다는 것이다.

여기서 '협의'라는 용어를 쓰긴 했지만, 이것은 양수나 이용허락의 조건을 협의해서 정한다는 취지이지, 협의만 거치면 양수인이 되거나 이용을 할 수 있다는 것은 아니다.

다른 사례를 살펴보자. 다소 오래전의 공모전에 따른 계약서이긴 하지만, 이런 식으로 저작권을 양도받는 공모전은 지양해야 하겠다.

> **제0조 (저작재산권의 양도)**
> '작가'는 위 저작물에 대한 저작재산권 전부와 위 저작물을 원저작물로 하는 2차적 저작물 또는 위 저작물을 구성 부분으로 하는 편집 저작물을 작성하여 이용할 권리 전부를 '사업자'에게 양도한다.
>
> **제0조(저작재산권 양도대가 등)**
> '작가'는 '○○○상' 응모시 동의한 응모 및 당선조건에 따라 지급받거나 지급받기로 한 대가 이외에 추가적인 대가없이 '사업자'에게 전조에 의하여 위 저작물의 저작재산권 전부를 양도한다.

● 동일성유지권

> 3. ○○○은 동 건 저작물을 변형하거나 이용할 경우 응모자와 별도로 협의하여 정한다.

이는 동일성유지권을 규정한 것이다.

원칙대로라면 주최 측에서 수상작을 이용할 때 원형 그대로 이용해야 할 것이고, 또한 그런 경우가 보통일 것이다. 다만 부득이한 사정이 있을 경우 원작의 동일성을 해치지 않는 범위에서 변형이나 이용이 가능할 것이다(제13조 제1, 2호 참조).

● 분쟁의 해결

> 4. 분쟁이 발생할 경우 한국저작권위원회에 조정을 신청하여 해결할 수 있으며, 양 당사자는 원활한 분쟁 해결을 위해 상호 노력한다.

소송에서는 아무래도 비용과 시간이 많이 든다. 그 이전에 저작권위원회에서 조정을 한번 받자는 것이다. 물론 조정은 당사자가 임의로 합의를 해야 성립되는 것이고, 그렇지 않으면 소송 절차로 넘어가게 된다(관련 내용은 '공통조항' 부분 참고).

● 주최 측의 주의의무

> 5. ○○○은 수상작 외에 제출된 응모작에 대한 유출방지 등 주의의무를 다한다.

주최 측은 수상작과 응모작에 대해서 유출방지 등 관리를 잘 해야 한다는 것이다.

● 응모자의 주의의무

> 6. 응모자는 응모작이 제3자의 저작권을 침해하지 않도록 주의의무를 다하여야 한다.

당연한 내용이다. 응모작이 제3자의 저작권을 침해하는 경우 수상을 취소하는 경우도 있는데, 이것도 부당하다고 할 수 없다.

● 주최 측의 반환 등 의무

> 7. ○○○은 입상하지 않은 응모작을 공모전 종료일로부터 3개월 이내에 모두 폐기한다. 다만, 응모자가 반환을 요구하면 00일 이내에 반환하며, 반환을 위한 비용은 반환을 요구한 응모자가 부담한다.

주최 측은 수상에 실패한 작품을 반환하거나 폐기해야 한다는 것으로, 역시 당연한 내용이다.

1 대법원 2004. 8. 16. 선고 2002다47792 판결.

2 공정거래위원회, "건축설계 입상작의 저작권은 설계자에게 있다. 건축설계경기지침상 입상작들의 저작권은 발주기관에 귀속된다는 약관조항 무효", 공정거래위원회 뉴스(2009. 5. 28.).

3 공정거래위원회, "공공기관 및 민간기업의 아이디어 공모전 약관 시정 건" 공정거래위원회 뉴스. 공정위소식. 보도/해명(2014. 8. 7.).

4 문화체육관광부·한국저작권위원회, "창작물 공모전 가이드라인"(2015), 7면.

하마탱 작가의
실전 팁 4

서류는 하나의 언어다. 네모난 양식에 맞춰 빼곡히 들어찬 글씨들은 어렵고 딱딱한 경우가 대부분이다. 실생활에서 쓰는 말은 애매모호하고 감정적이며, 맥락과 쓰임새가 가변적이다. 서류의 용어는 법적, 사회적 합의, 사실관계 확인을 거친 명확한 정보만을 담고 있다. 그래서 서류를 꺼리는 필자는 그냥 제2 외국어 정도로 여기고 있다.

사실 서류 작성이나 발급 절차를 즐기는 작가는 거의 없다. 만족스럽게 직장 생활을 한 경험이 있다면 모를까 작가 입장에서는 창의적이거나 생산적인 업무도 아니거니와 낯설고 어려우며, 결정적으로 귀찮기 때문이다.

그럼에도 불구하고 서류가 가지는 사회적 중요성을 부정할 순 없을 것이다. 아무 문제가 없는 일상생활 중에는 소중함을 모른다. 하지만 막상 문제가 발생하거나 책임소재를 따져야 할 때 새삼 그 소중한 가치를 깨닫게 되는 것이 바로 서류다. 이력서, 지원서, 기획서, 보고서, 사유서 등 다른 이름을 가진 서류는 저마다의 목적과 가치를 가진 채 기록되고 증빙되며 행정을 구성한다.

서류 작성 - 메모 팁

살다 보면 각종 지원사업, 입주, 입사, 임용, 공모, 심사, 신청을 위해 서류를 작성할 일이 많다. 효율적이고 신속한 작성을 위한 메모 팁을 소개한다. 딱 한 번만 아래 사항을 공들여 작성하고 정리해두면 서류 작성이 한결 간편해질 것이다.

1. 프로필: 용도, 제출처에 맞게 기본 탬플릿 유형 만들어두기.

2. 작품, 강의, 직책, 자격, 수상, 출간, 전시 이력 등 정리해두기.

3. 이력은 항목, 유형, 연도별(시삭, 종료 연월일)로 구체적으로 기록해두기.

4. 반복해서 작성할 일이 많은 인적사항을 기록해두기. (주소 등)

5. 작품별로 로그라인, 시놉시스, 소개 글을 정리해둔다.

6. 작품별 샘플 이미지(표지, 캐릭터 시트, 핵심 장면)를 편집, 저장해둔다.

7. 프로필 이미지, 캐리커처, 증명사진 이미지를 저장해둔다.

8. 개인정보 이미지파일을 안전하게 보관해둔다. (도장, 싸인, 신분증, 통장 사본)

9. 행정 서류 발급 링크를 즐겨찾기 해둔다. (정부24, 각종 공단, 홈택스 등)

10. 학위증명서, 성적증명서 등 발급 학교 링크도 즐겨찾기 해둔다.

11. 자격증 번호, 발급기관, 취득 연월일을 기록하고, 스캔본도 저장해둔다.

12. 모든 이력은 시작과 종료 연월일을 기록해둔다. (캡처, 사진, 팸플릿 등 저장)

13. 프리랜서의 경우 위촉증명서, 해촉증명서 등을 받아둔다. (보험료 조정시 필요)

14. 이 모든 걸 편하고 안전한 경로로 잘 저장해둔다.

웹툰, 만화 주요계약
(영문계약서)

서장
영문계약서

씨앤웹 에이전시의 주대표는 남미의 어느 나라의 X회사로부터 한국의 '웹툰'을 자국에서 서비스하고 싶다는 연락을 받았다. 실은 이미 해적판으로 대단한 인기를 끌고 있다며, 몇몇 작가의 작품을 직접 얘기한다. 와~! 이제 한국 웹툰이 정말 세계적으로 경쟁력이 있구나. 그런데 외국과 계약이라고? 한국 계약도 어려운데 이걸 어떻게 해야 하지?

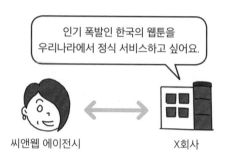

인기 폭발인 한국의 웹툰을 우리나라에서 정식 서비스하고 싶어요.

씨앤웹 에이전시 ←→ X회사

웹툰 해외배포를 위한 영문계약서 개요

최근 우리 작가들의 웹툰이나 웹소설과 같이 주로 웹상에서 서비스되는 다양하고 풍성한 콘텐츠가 전 세계적으로 크게 주목을 받고 인기를 끌고 있다. 이들 콘텐츠를 해외 무수한 이용자들에게 제공하고 그로부터 수익을 얻기 위해서는 어떻게 할까? 국내에서 직접 해외 이용자를 대상으로 서비스를 제공할 수도 있으나, 보다 효율적으로 상업적 성과를 달성하기 위해 이들 콘텐츠의 작가 혹은 배포권을 가진 자(이하 통칭하여 "작가 등")가 해외 사업자인 온라인 출판/배포업체와 계약을 체결하여 웹툰 또는 웹소설의 수출을 진행할 수 있다. 이 경우, 작가 등은 해당 저작물이 해외에서 배포되도록 허락하고 협조하는 대신 이로부터 발생하는 수익금의 일정 부분을 사업자로부터 받는 계약을 체결하는 것이다.

이렇게 웹툰 등 저작물의 해외배포를 위해 체결되는 계약서로는 출판계약서, 웹툰 배포계약서, 상품화 라이선스계약서 및 저작물 번역계약서 등이 있다. 이들 계약서에는 가장 필수적이고 중요한 공통의 내용으로서 대상 저작물의 활용 가능 범위가 명시적으로 규정된다.

즉, 저작물을 독자가 온라인에서 읽게끔 서비스하는 사업자에게 단순히 저작물의 복제 및 배포만 허락하는지, 사업자가 직접 원저작물을 번역하는 등 다양한 변형을 하도록 허락하는지, 또는 원저작물의 등장인물이나 기타 작품의 일정 요소를 이용하여 다양한 상품을 만들어 판매하도록 허락하는지 등의 사항이 규정된다.

그리고 이러한 권리를 한 사업자에게만 독점적으로 허락하는 것인지 및 저작물 이용이 가능한 시간적, 지리적 범위 등 저작물의 활용 범위에 대해 당사자 간에 명확히 합의하여 규정한다.

추가로, 대상 저작물과 관련하여 당사자들이 현재 소유하고 있는 지식재산권과 이후 발생할 수 있는 지식재산권이 누구에게 귀속되는지를 명시하고, 필요한 보호조치 의무를 명시해 둔다. 저작물의 배포와 관련하여 분쟁이 발생하는 경우 이를 원활히 해결할 수 있게 당사자 사이에서 서로 부담하는 책임에 대해서도 합의해 계약 내용에 포함시킨다.

이하에서는 웹툰이나 웹소설 등 국내 온라인 콘텐츠를 해외에 배포하여 상업적 성공을 하고자 하는 작가 등이 사업 기획, 계약 협상 및 체결을 하는 과정에서 참고할 수 있도록, 저작물의 해외배포를 위한 영문계약서에 공통적으로 포함되는 주요 계약조항에 대해 먼저 간단히 소개한 후, 몇 가지 대표적 유형의 모델 계약서를 통해 각각의 계약 내용을 좀 더 상세히 설명하고자 한다.

저작물 해외배포를 위한 영문계약서의 주요 조항 소개

1. 저작물 이용권리 허락 Grant of License
  (1) 허락된 이용범위 규정: 저작물의 복제, 출판, 배포, 전시, 공연, 전송, 이차저작물 작성권 등 저작물과 관련한 다양한 권리 중 어떤 권리를 허락하는 것인지 명시
  (2) 저작물을 이용할 수 있는 지역이나 구체적 온라인 플랫폼 명시
  (3) 저작물을 이용할 수 있는 기간 명시
  (4) 허락된 권리(License)가 해당 지역 내에서 배타적인 것인지, 양도 또는 재사용권 허락(Sublicence) 가능한지 등 명시

2. 대가 및 지급 License Fee and Payment
  (1) 저작물 배포권 등 저작물 이용을 허락하는 대가로 받는 라이선스 요금License Fee 명시
  (2) 발생 수익에 따른 로열티Royalty 규정
  (3) 기타 사항으로서, 로열티에 최소보증금액Minimum Guarantee Amount이나 상한금액Cap을 정하거나, 수익금 발생 규모에 따라 다른 비율로 로열티를 산정하는 등 대가와 관련한 다양한 추가 합의사항 명시
  (4) 대가 지급방법 및 정산, 증명, 감사 절차 등 규정

3. 작가 등 Copyright Holder - Licensor**의 의무 및 보증사항**
  (1) 저작물을 사업자에게 인도하고 이후 배포를 위해 작가 등이 협조할 의무 규정
  (2) 대상 저작물에 대해 작가 등이 저작권을 정당하게 소유함 또는 저작물 배포를 허락할 권리를 가지고 있음을 보증
  (3) 저작물에 지식재산권 침해 또는 기타 불법적 내용 없음 등에 대한 보증

4. 사업자Distributor - Licensee의 의무 및 보증사항

(1) 합의된 배포 일정에 따라 허락된 이용 범위 내에서 배포를 이행해야 할 의무 규정

(2) 원저작물에 임의 변경을 가하지 않고 기타 불법적 내용이 포함되지 않도록 배포할 것임을 보증

5. 원저작물 및 배포되는 저작물의 지식재산권 귀속 및 관리에 관한 사항

(1) 원저작물 및 번역물 등에 대한 지식재산권을 누가 갖는지 명시

(2) 저작권이나 상표권 등록을 통해 지식재산권을 보호 및 관리하는 경우, 관련 각 당사자의 의무 명시

6. 지식재산권 클레임 및 면책

(1) 저작물의 배포 및 기타 이용과 관련한 지식재산권 클레임이나 소송이 제3자에 의해 제기되는 경우, 작가 등이 사업자를 보호하고 면책해야 하는 의무 규정

(2) 배포되는 상태의 저작물(번역물)과 관련하여 지식재산권 또는 기타 권리 침해에 대한 클레임이나 소송이 있는 경우, 사업자가 작가 등을 보호하고 면책해야 하는 등 면책 범위에 대한 내용 규정

7. 책임제한

(1) 계약으로 인해 각 당사자가 상대방에 대하여 부담하게 되는 책임의 종류를 직접적 손해에 대한 배상책임으로 제한하는 규정

(2) 계약 상 한 당사자가 책임지게 되는 손해배상 총금액에 일정 상한선을 두어 금액 제한

8. 계약기간 및 해지

(1) 계약이 유효하게 존재하는 기간 및 갱신 조건 규정

(2) 상대방의 계약상 의무 불이행이나 파산 등 상대 당사자가 계약을 일방적으로 해지할 수 있는 사유 명시

(3) 계약해지의 경우 저작물 이용권리 및 대가 지급 의무 등 잔존 권리나 의무 등을 어떻게 처리할지 명시

9. 일반 조항

기타 계약에 적용되는 법률, 분쟁해결 방법, 불가항력 사유 발생시 책임, 통지방법 명시 등 다양한 일반적인 계약 규정을 포함

주의 위에 설명한 계약조항은 저작물 해외배포를 위한 계약에 일반적으로 포함되는 규정들을 중요하고 필수적인 내용 중심으로 예시적으로 열거한 것일 뿐, 이러한 계약에 포함될 수 있는 모든 내용을 빠짐없이 열거한 것은 아니다. 계약 상황 및 각 거래 요건에 따라 위 조항들은 다양하게 변경 가능하며, 필요한 다른 많은 규정을 추가해야 할 수도 있음에 유의하기 바란다.

웹툰 해외배포를 위한 모델 계약서들

웹툰 등 콘텐츠를 해외에서 배포하기 위해 주로 체결하게 되는 계약서 내용의 이해를 돕고, 필요한 경우에 협상의 기초로 활용되도록 이하에서는 다음의 네 가지 유형의 영문 모델 계약서를 제시하고 설명한다.

1. 출판계약서
2. 웹툰 배포계약서
3. 상품화 라이선스계약서
4. 작품 번역계약서

제시한 각 영문 모델 계약서의 내용 이해를 돕기 위하여, 해당 조항이나 문구에 대한 설명 및 관련하여 협의할 사항 또는 유의할 사항 설명을 함께 제공하였다. 또한, 각 모델 계약서에 포함된 개별 조항의 상세한 의미 파악을 위해 참고할 수 있도록 각 조항 아래에 이어서 국문 번역문을 추가하였다.

당사자들이 합의하여 결정하거나 기입해야 하는 부분은 계약서 내에 "[　]"로 표시되어 있다. 간혹 제안되는 문구가 "[　]" 안에 채워져 제시된 부분도 있다. 당사자 간에 이들 내용을 확정하고, 사실 관계에 따라 공란을 채우고 나서 "[", "]" 표시는 체결될 버전의 계약서 본문에서 삭제해야 한다.

일반적인 영문계약서 작성방법에 따르면, 당사자 간에 어떤 용어를 정의할 필요가 있을 때 대문자로 시작하는 단어를 사용하여 해당 용어를 정의하고, 이후 계약서 내에서 대문자로 시작하는 해당 용어는 앞서 정의된 의미를 갖는 것으로 해석한다. 예를 들어, 모델 출판계약서에서 출판권을 허락하는 당사자인 작가 등을 제1조에서 "라이센서(Licensor)"로 정의하고 있으므로, 이후 계약서 내에서 사용된 라이센서(Licensor)라는 용어는 모두 이 당사자를 지칭한다.

모델 계약서 관련 유의사항

책 앞의 '주의사항'과 함께, 여기 제시되는 영문 모델 계약서 및 그에 대한 설명은 독자가 웹툰 관련 해외진출 사업을 모색하는 데 있어 참고할 만한 계약서 모델을 제시하고 각 계약 내용에 대한 일반적인 이해를 돕기 위한 것이므로 독자에게 어떠한 법률서비스나 계약 관련 자문을 제공하는 것이 아님을 유의하시기 바란다.

실제 사업 계획에 따라 계약 협상 및 체결 상황이 발생하여 법률 자문이나 전문가의 도움이 필요한 경우에는 별도로 해당 사안에 정통한 전문가의 서비스를 구해야 하며, 본문에 포함되는 어떠한 내용도 법률 조언에 해당하거나 변호사와 의뢰인 관계를 성립하는 것이 아님을 이해하시기 바란다.

제1장
출판계약서

참고용 계약서 내려받기
(QR코드 스캔▼)

용조 작가는 동남아시아 어느 나라의 Y 출판사로부터 용조 작가가 예전에 낸 책을 출판하고 싶다는 제안을 받았다. 내가 과연 계약을 할 수 있을까 의심스럽긴 하지만, 영어를 잘 하는 동생의 도움을 받아서 직접 한번 계약서를 보고 싶은 욕심도 있는데… 어디 한번 살펴볼까?

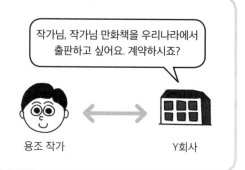

작가님, 작가님 만화책을 우리나라에서 출판하고 싶어요. 계약하시죠?

용조 작가　　　　　Y회사

출판계약서 Publishing Agreement 란 어떤 것일까?

출판계약서는 웹툰이나 웹소설의 출판은 물론, 일반 서적을 다양한 형태로 출판 및 배포하기 위해 작가와 출판사가 협의하는 경우에 체결하는 일반적인 계약이다.

아래 제시된 모델 계약서에 포함된 규정들은 미국법에 따라 체결되는 일반적 출판계약서의 규정과 대략적으로 일치하나, 주로 우리의 웹툰 등 작품의 작가나 그로부터 권한을 받아 배포를 허락하는 당사자(이하 "작가 등"이라고 한다)의 입장 및 이익을 우선 고려하여 기본 안을 제시하였다.

출판계약서는 어떤 구조일까?

출판계약서는 작가 등이 사업자에게 출판을 허락하고, 사업자는 허락된 바에 따른 출판을 하도록 규정하는 것이 기본 구조이다.

출판계약서에는 출판과 관련하여 허락하는 이용권리의 범위를 계약서 내에 명확히 규정하고, 이용에 상응한 대가를 지급받을 수 있도록 라이선스 요금이나 로열티 규모를 적절히 산정하여 규정해야 한다. 또한, 미리 예측이 어려운 경우에는 요율 변경이 가능하게 하는 등 정당한 보상이 이루어지도록 방법을 모색, 협의하여 계약서에 명시해두는 것이 좋다.

출판과 배포를 허락하는 당사자인 작가 등이 해당 웹툰이나 웹소설 등 작품에 대한 저작권자임을 보증하는 내용 및 이러한 작품의 출판 및 배포로 인해 발생할 수도 있는 지식재산권 분쟁에 대한 책임도 계약서 내에 명확히 규정해 놓아야 한다. 특히 작가 등의 입장에서는 계약을 통해 얻는 이익보다 만일의 경우에 책임져야 하는 손해배상금액이 더 크지 않도록 책임의 범위를 제한하여 두는 것이 매우 중요하다.

본 모델 출판 계약서는 Creative Commons License CC0 1.0 Universal에 따라 복제 및 배포 허용된 샘플 계약서(여러 출판사, 변호사, 작가들의 의견을 반영하여 만들어져 공개된 초안임)를 저자가 수정하여 작성하였으며, 동일한 위 라이선스 조건으로 복제 및 배포가 가능하다.

계약서를 조문별로 살펴보자

제1조. 계약서 제목, 전문, 당사자

(MODEL) PUBLISHING AGREEMENT

1. Parties. This publishing agreement (this "Agreement"), dated [_____] ("Effective Date"), is between [_____] organized under the laws of [_____] with offices at [_____] ("Publisher") and [_____] organized under the laws of the Republic of Korea with offices at [_____]/ residing at [_____] ("Licensor").

(모델) 출판 계약서

1. 당사자. 본 출판 계약(본 "계약")은 [_____]("유효일")에 [_____]법에 따라 설립되어 [_____]에 주소를 두고 있는 [_____]("출판사")와 대한민국 법에 따라 설립되어 [_____]에 주소를 두고 있는 [_____]("라이센서") 간에 체결된다.

계약의 제목과 당사자 표시이다. 본 출판계약서의 효력이 발생하기 시작하는 유효일과 사업자인 출판사 및 작가 등 라이센서의 이름, 상호, 주소 등을 명시한다.

제2조. 계약 목적 설명 부분

2. Purpose of Agreement. Licensor has independently created, or has obtained, through effective and legitimate agreements, the rights including, without limitation, copyrights, to enter into this Agreement for, the works described in Schedule A (the "Work"), which Publisher wants to publish. This Agreement establishes the collaborative relationship between Licensor and Publisher to publish the Work. The formats and methods of distribution of the Work will be agreed upon by Licensor and Publisher including paid access and flexible licensing to enable new means of engagement with the content.

2. 계약 목적. 라이센서는 별첨 A에 상세히 기재된 작품("작품")을 독자적으로 창작하였거나, 유효하고 적법한 합의를 통해 저작권을 포함하여 작품과 관련하여 본 계약을 체결할 권리를 획득하였고, 출판사는 이 작품을 출판하고자 한다. 본 계약은 라이센서와 출판사 간에 작품을 출판하기 위하여 필요한 상호 협력관계를 규정한다. 작품 배포의 형식 및 방법에 대하여서는 라이센서와

출판사 간에 합의로 정하며, 이는 유료 액세스 및 기타 콘텐츠를 활용하는 새로운 방식에 대한 융통성 있는 라이선싱을 포함한다.

본 출판계약의 배경 및 목적을 간단히 설명하는 조항이다. 구체적으로, 라이센서는 별첨에 표시한 작품에 대하여 저작권자로서 또는 권리를 부여받은 자로서 출판을 허락할 권한을 가졌으며, 이를 사업자가 출판 및 배포할 수 있도록 당사자 간에 협조하기로 하면서 관련한 사항을 본 계약에 규정한다는 내용이다.

● 별지 첨부 내용 설명

This Agreement incorporates a series of schedules that may be completed at various stages of the publication process and may be amended from time to time by the parties, as follows:

Schedule A: The Work.

Schedule B: Distribution and Re-Use of the Work.

Schedule C: Publication Schedule.

Schedule D: Royalties and Revenue Sharing.

Schedule E: Content Not Original to Licensor.

Schedule F: Marketing Efforts of Licensor and Publisher.

본 계약은 출판 과정 중 다양한 단계에서 합의하여 완성되었고, 당사자 간에 수시로 합의를 통해 수정할 수 있는 다음과 같은 별첨 목록을 포함한다.

별첨 A: 작품 상세 사항.

별첨 B: 작품의 배포 및 이용권리.

별첨 C: 출판 일정.

별첨 D: 로열티 및 수익배분조건 규정.

별첨 E: 라이센서가 저작권자가 아닌 콘텐츠에 관한 사항.

별첨 F: 라이센서와 출판사 간 마케팅 관련 이행 사항.

작품의 상세 사항, 배포 및 출판 일정, 로열티, 라이센서가 원작자가 아닌 콘텐츠와 관련한 사항, 판매 촉진을 위한 당사자들의 노력 등 본 계약과 관련된 상세 사항을 별첨 문서에 기재하여 본 계약서에 첨부할 수 있다.

본 예시에서 별첨 D에 기재되는 로열티 요율 및 지급 방식에 대한 사항은 본 계약 상 특히 중요한 내용이므로, 계약 본문에 따로 조항을 두어 규정하는 경우도 있으나, 작품이 여러 편이고, 이후 유동적으로 추가 변경될 수 있거나, 각 허락된 권리에 대해 지급하는 로열티가 각각 다르게 상세 규정되는 경우 본 모델과 같이 별첨 문서에 따로 상세히 기재하는 것도 효과적인 방법이다.

• 제3조. 저작권의 내용 및 표시

3. Copyright; License to Publish.

3. 저작권 및 출판 허락.

이 조항은 작품에 대한 저작권의 귀속, 관리 및 출판 허락과 관련한 당사자의 권리와 의무 관계를 규정하는 조항이다.

3.1. Copyright Ownership; Registration. Licensor owns and retains copyright in the Work, and Publisher will register the Work with the [U.S. Copyright Office] in the Licensor's name. Licensor agrees to provide Publisher with the information necessary to register the Work and to certify the application.

3.1. 저작권 소유 및 등록. 라이센서는 작품에 대한 저작권을 소유하고 있으며 출판사는 라이센서 명의로 작품을 U.S. Copyright Office에 등록하기로 한다. 라이센서는 작품을 등록하고 확인하기 위해 필요한 정보를 출판사에 제공하기로 합의한다.

제3.1항은 저작권자 및 저작권 등록에 관한 사항으로서, 작가가 작품에 대한 저작권을 소유한다는 내용이다(별도의 원작자가 있는 작품인 경우라면 그러한 원작자 또는 타인으로부터 이용 허락을 받아 본 계약을 체결한다는 내용이 추가로 설명되어야 한다).

저작권 관리를 용이하게 하기 위해 미국 등 지역에서 저작권을 작가 명의로 등록하는 경우, 이를 위해 상호 협조하여야 함을 규정하였다.

3.2. Copyright Notice. Each copy of the Work distributed by Publisher will include the following copyright notice: © [year of first publication] [Licensor's name].

3.2. 저작권 고지. 출판사가 배포하는 작품의 각 배포본은 다음의 저작권 고지를 포함하여야 한다: © [year of first publication(출판년도)] [Licensor's name(라이센서 명)].

제3.2항은 저작권 고지에 대한 내용으로서, 배포될 작품 상에 표시되어야 할 저작권 고지 형식에 대한 규정이다.

3.3. Grant of Rights. Licensor grants to Publisher:

3.3.1. a non-exclusive license to use, publish, edit, reproduce, distribute, publicly perform, publicly display, and prepare derivative works based upon the Work, in whole or in part, for any purpose associated with this Agreement;

3.3.2. the right to use Licensor's name, likeness, and biographical information in association with Publisher's activities undertaken in connection with this Agreement, including without limitation in the promotion, advertising, sales, and licensing of the Work; and

3.3.3. the right to make the Work available through appropriate access formats and forums, as selected by Licensor in Schedule B: Distribution and Re-Use of the Work.

3.3. 이용 허락. 라이센서는 출판사에게 다음과 같은 이용 권리를 허락한다:

3.3.1. 본 계약과 관련된 모든 목적을 위하여, 작품을 전체적으로 또는 부분적으로, 이용, 출판, 편집, 복제, 배포, 공연, 전시하고 이차저작물을 작성할 수 있는 비배타적인 권리;

3.3.2. 작품 판촉, 광고, 판매 및 라이선싱 활동을 포함하여, 본 계약과 관련하여 이루어지는 출판사의 활동에 있어서 라이센서의 명칭, 퍼블리시티권 및 작가에 관한 정보를 이용할 권리; 및

3.3.3. 라이센서가 선택하여 별첨 B: 작품의 배포 및 이용권리에 나타난 바에 따른 적절한 액세스 형식 및 포럼을 통해 작품에 접근 가능하게 할 수 있는 권리.

제3.3항은 사업자에게 허락하는 작품 이용권리의 범위를 구체적으로 특정하여 규정하는 조항이다. 이는 본 출판계약은 물론 기타 다양한 지식재산권 라이선스 계약에서 허락되는 권리의 범위를 결정하는 매우 중요한 조항이다. 따라서, 양 당사자 모두 자신이 계약에서 허락하고자 또는 얻고자 의도한 바가 빠짐없이 정확하게 기재되었는지 잘 살펴보고 확인해야 한다.

3.4. Scope of Licenses. The licenses in Section 3.3 shall be (subject to termination and reversion), sublicensable, worldwide, and in all media now known or later developed. Licensor reserves all rights not granted to Publisher in this Agreement.

3.4. 허락된 권리의 범위. 제3.3항에 규정된 권리는 재이용권 허락이 가능하며 전 세계를 대상으로 하고, 현재 알려져 있거나 향후 개발될 모든 매체를 그 범위로 한다 (단, 해지 및 반환 가능함). 본 계약에서 출판사에게 허락하지 않은 모든 권리는 라이센서가 보유한다.

제3.4항은 라이선스 범위로서, 위 제3.3항의 권리 허락 부분과 연결되어 본 계약상 권리 범위를 추가적으로 정의하는 부분이다. 허락된 이용에 지리적 범위가 있는지, 일정 매체에 한정되는지, 기타 제3자에게 재라이선스할 수 있는지에 대해 규정하는 조항이다.

당사자 간 합의하는 바에 따라 전 세계적으로 모든 매체에 대하여 이용할 권리를 제한 없이 허락할 수도 있고, 다음과 같이 일정 지역, 언어, 제한된 형식으로 라이선스 범위를 한정할 수도 있다(…throughout the [North America/other territories] and in [certain languages/detail of any languages not included], and in [certain formats, print or digital…].

제4조. 사업자의 의무

4. Publisher Commitments. Subject to the terms and conditions of this Agreement, Publisher commits to:

4.1. prepare the Work for publication, including editing and formatting the Work; however, in the process of editing, Publisher will not make substantive changes in the Work without the approval of Licensor, which will not be unreasonably withheld or delayed;

4.2. make the Work available as set forth in Schedule B: Distribution and Re-Use of the Work;

4.3. follow the schedule and satisfy Publisher's responsibilities outlined in Schedule C: Publication Schedule;

4.4. pay Licensor royalties or payments as outlined in Schedule D: Royalties and Revenue Sharing, except that no royalties are owed for copies of the Work purchased by Licensor at a discount or given away by Publisher for promotional purposes;

4.5. if the Work is published in print, provide Licensor with [**5**] complimentary copies and the option to purchase additional copies at the discounted rate of [**40%**] off list price;

4.6. use reasonable efforts to collaborate with Licensor in marketing efforts as described in Schedule F: Marketing Efforts of Licensor and Publisher; and

4.7. facilitate access to digital versions of the Work by persons with print disabilities by following technical standards and key principles of accessible design.

4. 출판사 서약 및 의무사항. 본 계약의 규정 및 조건에 따라, 출판사는 다음과 같이 서약한다:

4.1. 작품을 편집하고 포매팅하는 등 출판을 위해 작품을 마련함; 단, 편집 과정에서 출판사는 라이센서의 승인 없이는 작품에 실질적인 변경을 가할 수 없으며, 변경에 대한 라이센서의 동의는 합리적인 이유 없이 보류되거나 지연되어서는 안 됨;

4.2. 별첨 B: 작품의 배포 및 이용권리에 기재된 바에 따라 작품이 배포되도록 함;

4.3. 별첨 C: 출판 일정에 기재된 바에 따라 일정을 준수하며 출판사의 의무를 이행함;

4.4. 별첨 D: 로열티 및 수익배분조건 규정에 따라 라이센서에게 로열티 및 지급금을 지불함; 단, 라이센서가 할인가로 구매한 작품 배포본이나 출판사가 판촉 목적으로 무상 배포한 배포본에 대해서는 로열티 지급 의무가 없음;

4.5. 작품이 인쇄본으로 출판되는 경우, 라이센서에게 [5]부의 무상 배포본 및 [40%] 할인된 가격으로 추가 배포본을 구입할 권리를 제공함;

4.6. 별첨 F: 라이센서와 출판사 간 마케팅 관련 이행 사항에 따라 마케팅 활동에 대해 라이센서와 협력하는 데에 합리적인 노력을 다함; 그리고

4.7. 장애인을 위한 디자인의 기술적 표준 및 주요 원칙을 준수하여, 시각 장애를 가진 이용자들에게 작품의 디지털 버전 액세스가 가능하도록 도움.

사업자의 서약 또는 의무사항을 규정하는 조항이다. 다음과 같이 작품 출판과 관련하여 사업자가 이행해야 하는 사항을 기재한다.

즉, 작품 내용에 변경 없이 출판을 위한 용도로 포매팅 및 편집할 의무, 합의된 바의 배포 세부사항 및 출판 일정에 맞춰 작품을 준비할 의무, 작가 등에게 지급해야 할 로열티 등을 규정에 맞게 지급할 의무, 양 당사자 간 합의된 바에 따른 마케팅 실시 의무 등이 규정된다.

● 제5조. 작가 등의 의무(보증)

5. Licensor Commitments. Licensor represents and warrants that:

5.1. Licensor holds all the necessary rights and is authorized to enter into this Agreement, and the Work is not a "work made for hire" (not created within the scope of Licensor's employment or pursuant to an agreement) or its publication does not require the permission of any other person or entity;

5.2. the contents of the Work are original to Licensor, except for third-party materials, for which Licensor will provide appropriate citations and attributions and necessary permissions as identified in Schedule E: Content Not Original to Licensor;

5.3. nothing in the Work is defamatory, infringes anyone's rights—including without limitation intellectual property, privacy, or contractual rights—or otherwise violates the law;

5.4. Licensor will follow the schedule and satisfy Licensor's responsibilities outlined in Schedule C: Publication Schedule;

5.5. Licensor will collaborate with Publisher to facilitate access to the Work by persons with print disabilities by providing alternative text for images and other information as reasonably requested by Publisher; and

5.6. Licensor will collaborate with Publisher in marketing efforts intended to raise awareness of the Work and promote sales and licensing of the Work, as described in Schedule F: Marketing Efforts of Licensor and Publisher.

5. 라이센서 서약 및 의무사항. 라이센서는 다음을 진술하고 보증한다:

5.1. 라이센서는 본 계약을 체결하기 위해 필요한 모든 권리를 보유하며 본 계약을 체결할 권한을 가지고 있고, 작품은 "업무상 저작물"이 아니거나 (라이센서의 업무 범위 내에서 또는 기타 계약에 따라 창작된 것이 아님) 작품의 출판을 위해 다른 당사자의 허락이 필요하지 않음;

5.2. 작품의 내용은 라이센서가 독창적으로 창작한 것임; 단, 제3자의 작품인 경우는 제외하며, 이 경우에는 라이센서가 별첨 E: 라이센서가 저작권자가 아닌 콘텐츠에 관한 사항에 기재된 바에 따라 적절한 인용 및 저자 표시를 하고 필요한 허락을 받아 제공함;

5.3. 작품 내의 어떠한 내용도 명예훼손을 하거나, 지식재산권, 사생활보호 권리 또는 계약상 권리 등 제3자의 권리를 침해하거나, 기타 법률을 위반하는 것이 아님;

5.4. 별첨 C: 출판 일정에 기재된 바에 따라 라이센서는 일정을 준수하며 라이센서의 의무를 이행함;

5.5. 시각 장애를 가진 이용자들에게 작품에 대한 액세스가 가능하도록, 출판사가 합리적으로 요청하는 바에 따라 라이센서는 이미지를 위한 대체 텍스트 및 기타 정보를 제공하여 출판사에 협조함; 그리고

5.6. 별첨 F: 라이센서와 출판사 간 마케팅 관련 이행 사항에 기재된 바에 따라, 작품에 대한 인식을 높이고 판매 및 라이선싱 촉진을 위한 마케팅 활동에 대해 라이센서는 출판사와 협력함.

작가 등이 사업자에게 확인하여 주는 사항 및 작품 출판과 관련하여 작가 등이 이행하여야 하는 의무사항을 기재한 조항이다. 예를 들어 다음과 같은 내용이 포함된다:

작가 등이 본 출판 계약을 체결할 권한을 가짐, 작가 등이 작품의 원작자이거나 이용허락을 받은 것임, 작품이 타인의 명예훼손을 하거나, 지식재산권 침해, 사생활 침해 등 법률 위반하는 내용이 아님, 합의된 출판 스케줄에 따른 의무를 이행할 것임, 그리고 합의된 바에 따른 마케팅 활동에 협조할 것임 등이 있다.

● 제6조. 이차적저작물

6. Derivative Works. If Licensor or Publisher believes that a substantially modified version or adaptation of the completed published Work described in Schedule A: The Work should be prepared ("Derivative Work"), they shall contact the other and in good faith explore the feasibility of such Derivative Work. If Licensor and Publisher agree in writing to prepare a Derivative Work, a new series of Schedules will be created. If Licensor is unable or declines to prepare a Derivative Work, Publisher may engage others to prepare a Derivative Work. Royalties shall be allocated as set forth in Schedule D: Royalties and Revenue Sharing and Licensor shall be attributed as the original Licensor. If Publisher declines to publish a Derivative Work, Publisher shall explore in good faith the sublicensing of the Work to a third party identified by Licensor for that particular version and format.

6. 이차저작물. 별첨 A: 작품 상세 사항에 기재된 작품의 완성된 출판본의 실질적으로 변경이 가해진 버전이나 작품의 새로운 적용 버전("이차저작물")이 작성되어야 한다고 라이센서나 출판사가 판단하는 경우, 당사자는 상대방과 연락하여 이차저작물 진행 가능성에 대해 선의로 협의한다. 라이센서와 출판사가 이차저작물 작성에 대해 서면 합의하는 경우, 그에 대해 새로운 별첨 목록을 작성한다. 라이센서가 이차저작물을 작성하지 못하거나 이를 거절하는 경우, 출판사는 제3자를 통해 이차저작물을 작성할 수 있다. 로열티는 별첨 D: 로열티 및 수익배분조건 규정에 따라 할당되며, 라이센서는 원작에 대한 라이센서로서 인정되고 표시되어야 한다. 출판사가 이차저작물을 출판하기를 거부하는 경우, 출판사는 라이센서가 지정하는 제3자에게 작품의 특정 버전 및 포맷에 대한 재이용권을 허락하기 위한 선의의 합의를 하여야 한다.

본 조항은 본 계약에 따라 출판하기로 한 작품으로부터 이차저작물을 작성하여 출판하는 것과 관련하여 양 당사자 간에 우선적으로 먼저 협의하여야 하며, 합의가 이뤄지는 경우에 추가 별지를 체결하여 이차저작물에 대한 출판을 진행하기로 한다는 내용이다.

작가가 이차저작물 작성을 원하지 않는 경우나 사업자가 이차저작물 출판을 할 수 없는 경우에 대해서는 당사자 간에 협의하는 바에 따라 기재한다.

본 모델에서는 작가 등이 직접 이차저작물 작성을 원치 않는 경우, 사업자가 제3자를 통해 작성하고 작가 등에게 일정 로열티를 지급하는 것으로 되어 있다. 사업자가 이차저작물 출판을 하지 않기로 한 경우에는 이를 출판할 수 있는 제3자에게 협조해야 한다는 내용이 제시되어 있다.

제7조. 권리침해주장

7. **Third Party Claims.** If the Work becomes the subject of a third party claim, such as a copyright infringement claim, Publisher and Licensor shall notify the other immediately and work collaboratively to investigate and attempt to resolve the claim. Publisher has the right to offset its costs, expenses, fees (including reasonable attorneys' fees), and losses, if any, relating to third party claims with any revenues to which Licensor would be entitled under this Agreement. In the event of such third party claim, Publisher shall have the unilateral right to terminate further distribution of copies or posting of the Work and to terminate this Agreement.

7. **제3자 클레임.** 작품이 저작권 침해 클레임과 같은 제3자의 클레임의 대상이 되는 경우, 출판사와 라이센서는 즉시 상대방에게 통지하고 해당 클레임을 조사하고 해결하기 위해 상호 협력한다. 출판사는 제3자 클레임과 관련한 비용, 수수료 (합리적 변호사 비용 포함) 및 손실 금액을 본 계약에 따라 라이센서가 받게 되는 수익에서 공제할 권리를 갖는다. 제3자 클레임이 발생하는 경우, 출판사는 일방적으로 작품의 추가 배포나 게시를 중단하고 본 계약을 해지할 수 있는 권리를 갖는다.

본 조항은 작품과 관련하여 계약의 당사자가 아닌 제3자가 자신의 권리가 침해되었다는 클레임을 제기하는 경우, 양 당사자가 상호 통지하고 클레임 해결을 위해 협조할 의무를 기재한 조항이다.

권리침해주장에 대한 손해배상 책임을 다하기 위해 사업자가 변호사 비용 등 금액을 부담한 경우, 해당 금액을 본 계약상 지급해야 하는 로열티에서 공제할 수 있다고 규정해 두었다 (일반적으로는 사업자의 비용 공제 권리뿐 아니라 관련 모든 비용, 손실, 손해에 대해 작가 등이 책임지고 면책해 주도록 규정하기도 하나, 본 모델에서는 제3자 클레임 관련 작가 등의 의무를 가능한 한 축소하여 규정했다).

또한, 제3자 클레임이 발생한 경우에 사업자가 작품 배포를 중단하고 본 계약을 해지할 수 있는 권리를 갖는 것으로 명시되어 있다.

제8조. 책임제한

8. Limitation of Liability. IN NO EVENT SHALL EITHER PARTY BE LIABLE TO THE OTHER PARTY FOR ANY INDIRECT, SPECIAL, EXEMPLARY, CONSEQUENTIAL, INCIDENTAL OR PUNITIVE DAMAGES IN ASSOCIATION WITH THIS AGREEMENT, REGARDLESS OF THE FORM OF ACTION OR THEORY OF RECOVERY, INCLUDING IF THAT PARTY HAS BEEN ADVISED OF THE POSSIBILITY OF SUCH DAMAGES OR LOSSES.

8. 책임 제한. 어떠한 경우에도 한 당사자는 상대 당사자에게 본 계약과 관련하여 간접 손해, 특수 손해, 예시적, 결과적, 부수적 혹은 징벌적 손해에 대하여 책임지지 않는다. 이는 소송의 형태나 손해배상 이론이 어떤 것인지에 상관없이 그러하며, 해당 손해나 손실 가능성에 대해 당사자가 알고 있었던 경우에도 마찬가지이다.

본 조항은 양 당사자가 본 계약과 관련하여 책임을 부담하는 범위를 한정하여 두고자 하는 목적으로 계약에 포함하는 규정이다. 각 당사자가 본 계약으로부터 비롯하여 발생하는 책임 중에서, 간접 손해, 결과적 손해, 부수적 손해, 징벌적 손해 등에 대해서는 책임지지 않고 직접적 손해에 대해서만 상호 책임지겠다는 내용이다. 즉, 계약 상 다른 조항에 다양한 책임과 의무 내용이 규정되어 있음에도 불구하고, 각 당사자가 최종적으로 지게 될 책임 범위에 명시적으로 제한을 두는 내용이다.

따라서, 다른 조항에 비해 우선 적용되는 중요성을 가진 내용이라는 점 및 각 당사자들이 최악의 상황에서 부담하게 될 책임 범위를 반드시 파악하고 계약을 체결하고 관리하는 것이 필수적이라는 점을 고려하여, 당사자들이 모두 본 조항 내용을 반드시 숙지하고 확인할 수 있도록 예시와 같이 본 책임 제한 조항 전체를 대문자로 표시하여 다른 조항과 구별되게 하는 경우가 많다.

본 모델과 같이 손해의 유형을 구분하여 간접 손해 등에 대해서는 책임을 지지 않기로 규정하는 것과 더불어, 한 당사자가 일정 금액을 초과하여서는 손해를 부담하지 않기로 하는 내용, 즉, 금액 한도를 설정하는 내용을 추가적으로 규정할 수도 있다.

한편, 한 당사자가 지식재산권 침해 등에 대하여 상대방을 면책하여 줄 의무를 지는 경우에, 그러한 면책 의무의 범위는 무제한으로 하기로 합의가 이뤄진 경우라면, 본 책임 제한 조항은 지식재산권 클레임 면책 의무에 대해서는 적용되지 않는 것으로 규정해 놓기도 한다.

제9조. 계약기간 및 해지

9. Term and Termination.

9. 계약기간 및 해지.

본 계약의 유효 기간 및 해지 조건을 규정하는 조항이다.

9.1. Term. This Agreement begins on the Effective Date and continues for [　] years until the earlier of expiration of the copyright, or termination as set forth in this Agreement.

9.1. 계약기간. 본 계약은 유효일에 시작하여 [　] 년간 지속되나, 그보다 먼저 저작권이 만료되거나 계약이 해지되는 경우, 그 때까지만 유효한 것으로 한다.

제9.1항은 계약기간 규정으로서, 본 계약 상 당사자들의 권리와 의무가 유효하게 지속되는 기간을 정한다. 보통은 "계약 체결일로부터 몇 년"과 같이 일정 기간으로 정해 두고, 이후 당사자 중 일방이 반대하지 않는 한 일정 주기로 자동 갱신되도록 규정한다.

9.2. Termination. Publisher may terminate this Agreement for cause, if the Licensor does not meet delivery dates identified in Schedule C: Publication Schedule and a new schedule is not agreed upon, or if the required permissions are not received. Either party may terminate this Agreement in the case of another event that materially affects Licensor's ability to complete the Work or Publisher's ability to publish the Work, or in the event of a default under the terms of this Agreement that is not cured within [**thirty (30)**] days after written notice to the other party specifying such breach. Upon termination of this Agreement, all rights in the Work shall revert to Licensor.

9.2. 해지. 라이센서가 별첨 C: 출판 일정에 기재된 인도일을 준수하지 않고 새로운 일정에 합의하지 않는 경우, 또는 필요한 허락을 받지 못한 경우에 출판사는 본 계약을 해지할 수 있다. 라이센서가 작품을 완성할 수 있는 역량이나 출판사가 작품을 출판할 수 있는 역량에 중대하게 영향을 끼치는 사건이 발생하는 경우, 또는 본 계약의 규정을 위반하고, 해당 위반 사항을 명시한 서면 통지를 상대 당사자에게 제공한 후 30일 이내에 해당 위반이 시정되지 않는 경우, 일방 당사자는 본 계약을 해지할 수 있다. 본 계약의 해지시, 작품에 대한 모든 권리는 라이센서에게 반환된다.

제9.2항은 본 계약을 한 당사자 일방이 해지할 수 있는 사유에 대해 규정한 조항이다. 예를 들어, 작가 등이 합의한 스케줄에 따라 작품을 인도하지 않는 경우에 사업자가 계약 해지를 할 수 있다고 규정된다. 또한, 한 당사자가 본 계약 상 중대한 의무를 이행하지 않았고, 이를 통지받고도 일정 기간 내에 시정하지 않는 경우에 상대방이 계약을 해지할 수 있다는 내용이 일반적으로 포함된다. 추가로, 일방 당사자의 파산의 경우, 계약 해지 규정을 두기도 한다.

계약이 해지되면 본 계약에 따라 인도된 모든 자료를 반환하거나 폐기해야 함을 명시하는 내용을 추가하기도 하며 이미 유통되고 있거나 구독 중인 작품에 대해서는 지속 판매 또는 계속 이용이 가능하도록 하는 내용을 구체적으로 규정하기도 한다.

제10조. 불가항력

10. Force Majeure. Neither party shall be liable for delay or failure to perform caused in whole or part by circumstances beyond the reasonable control of that party, including without limitation acts of God, acts of nature, fire, flood, war, weather, transportation delays, terrorism, data destruction, government action, strikes, lockouts or other serious labor disputes, shortage of or inability to obtain material or equipment, or power failures.

10. 불가항력. 불가항력적 사건, 자연재해, 화재, 홍수, 전쟁, 날씨, 운송지연, 테러, 데이터파괴, 정부조치, 파업, 봉쇄, 심각한 노동분쟁, 자재나 장비 부족, 정전 등 당사자의 합리적 통제 밖의 상황으로 인해 전적으로 또는 부분적으로 의무 이행을 지연하거나 불이행하는 것에 대하여 어떠한 당사자도 책임지지 않는다.

본 조항은 불가항력적 사건으로 인해 계약상 의무를 불이행한 경우, 책임을 지지 않도록 하는 조항이다.

제11조. 일반조항

11. General Provisions.

11. 일반 조항

기타 본 계약과 관련한 일반적인 사항들을 규정해 놓는 조항이다.

11.1 <u>Entire Agreement and Amendment</u>. This Agreement contains the entire understanding of the parties, including the Schedules attached hereto, with respect to the stated subject matter and can be modified only by a signed, written agreement.

11.1 <u>완전합의 및 개정</u>. 본 계약에 첨부된 별첨 목록을 포함하여 본 계약은 기재된 본건 주제에 대한 당사자들의 합의 일체를 포함하며, 오직 당사자들이 서명한 서면 계약에 따라서만 수정할 수 있다.

본 항은 본 계약이 당사자 간에 이뤄진 합의와 이해 사항 일체를 나타내는 것이며, 이전의 협의 내용에 우선한다는 내용이다. 또한 본 계약의 변경은 양 당사자가 서면으로 합의 및 서명한 경우에만 효력이 있음을 명시한 규정이다.

11.2 <u>Governing law and Dispute Resolution</u>. This Agreement shall be governed by and construed in accordance with the laws of [the Republic of Korea]. Any claim, dispute or controversy between the Parties arising out of or in relation to this Agreement shall be finally settled by arbitration in accordance with the rules of the [Korean Commercial Arbitration Board], which rules are deemed to be incorporated by reference into this clause. The place of arbitration shall be [Seoul, the Republic of Korea]. The award shall be final and binding upon both Parties.

11.2 준거법 및 분쟁해결. 본 계약은 [대한민국] 법의 적용을 받고 그에 따라 해석된다. 본 계약으로부터 발생하거나 본 계약과 관련한 당사자들 간의 클레임, 분쟁이나 다툼은 [대한상사중재위원회]의 규정에 따라 최종적으로 해결되며, 상기 규정은 본 조항에 언급됨으로써 본 계약에 통합된다. 중재는 [대한민국 서울]에서 수행한다. 중재에 따른 판결은 최종적인 것이며 양 당사자에게 구속력이 있다.

본 항은 본 계약에 적용되는 법률 및 분쟁 시 해결 방법에 대해 합의하여 규정해 놓는 조항이다. 본 모델에서는 권리자 측 입장에서 유리하게 대한민국 법과 국내 중재를 제안하도록 문구가 마련되었다. 준거법과 분쟁해결지에 관하여 합의가 이뤄지지 않는 경우, 양 당사자의 국가가 아닌 제3국의 법률 및 제3국에서의 중재 진행이 대안으로 제시되기도 한다.

11.3 Assignment, Delegation or Subcontracting. Neither Party may assign, delegate or subcontract its rights or obligations under this Agreement to any third party without prior written consent of the other Party.

11.3 양도, 위임 또는 하도급. 어느 한 당사자도 상대 당사자의 사전 서면 동의 없이는 본 계약에 따른 자신의 권리와 의무를 제3자에게 양도, 위임 또는 하도급 계약할 수 없다.

본 항은 양도, 위임 및 하도급에 대한 것으로서, 본 계약에 따른 권리나 의무는 상대방의 사전 서면 동의 없이 제3자에게 양도, 위임 또는 하도급 계약할 수 없음을 규정한다.

11.4 No Waiver. If any term is found invalid by a court of competent jurisdiction, such provision shall be enforced to the fullest extent that it is valid and enforceable under applicable law in a manner consistent with the intent of the parties expressed in that section; all other provisions of this Agreement shall remain in full force and effect. Any waiver of any provision of this Agreement must be in writing and signed by the party to be bound.

11.4 권리 불포기. 본 계약의 어떤 규정이 관할 법원에 의해 무효로 판단되는 경우, 해당 조항은 당사자들이 표현한 의도에 합치되는 방법으로 적용 법률 하에서 유효하고 이행 가능한 최대한의 범위에서 이행되도록 하며, 모든 다른 조항은 그 온전한 효력을 유지한다. 본 계약의 어떠한 조항에 대해 포기하는 것은 해당 내용의 구속을 받는 당사자가 서명한 서면에 의하여야 한다.

본 항은 일부 조항이 무효라고 해도 다른 조항은 그대로 효력이 있고, 당사자가 본 계약에 따른 의무 이행을 강제하지 않거나 특정 위반 사항에 대해 권리 포기를 하는 경우, 이것이 이후의 기타 이행이나 위반에 대한 권리 포기로 여겨지지 않음을 명시하는 조항이다.

만약 계약서가 한글과 영문본으로 동시에 작성되고, 두 개가 충돌할 경우 한국어가 우선한다고 규정하고 싶으면 아래와 같이 규정을 둔다. 다른 영문 계약서의 경우에도 같다.

This Agreement shall be executed in Korean and English languages and each of which shall be deemed original. If there is any conflict or inconsistency between the Korean version and the English version, the Korean version shall prevail over the English version.

본 계약은 한국어와 영어로 작성되었고, 양자 모두 진정한 것으로 간주된다. 양자의 충돌이나 불일치가 있는 경우 한국어 버전이 영어 버전에 우선한다.

계약 체결을 위한 서명란

각 당사자 표시 및 서명 부분이다.

AGREED AND ACCEPTED:

[PUBLISHER]

_____
Signature

_____
Printed Name

_____
Title

Dated: _____

[LICENSOR]

_____
Signature

_____
Printed Name

_____
Title

Dated: _____

다음과 같이 서명하여 계약 체결함

[출판사]

_____
서명

_____
성명

_____
직위

일자: _____

[라이센서]

_____
서명

_____
성명

_____
직위

일자: _____

● **별첨 A: 작품에 대한 상세 사항을 기재하여 첨부하는 별첨 문서이다.**

본 출판계약 상 출판의 대상이 되는 작품의 제목, 간단한 설명 및 인도/제출할 작품 구성 요소를 해당되는 바에 따라 표시한다.

SCHEDULE A: The Work

The following outlines the details of the Work to be published.

Proposed Title: _____

Please describe the Work in approximately 100 words:

_____

_____

The Work shall consist of (check all that apply):

☐ Text of XX,XXX words

☐ XX black and white photos

☐ XX color photos

☐ XX line drawings

☐ XX other illustrative images

☐ AltText or other text to aid in making digital image files accessible to the visually impaired

☐ XX audio files

☐ XX video files

☐ Captions for any video files

☐ Other (please specify: _____)

별첨 A: 작품 상세 사항

출판 대상 작품의 상세 사항은 다음과 같다.

제목: _____

작품에 대한 간략한 소개 (대략 100 단어 이내):

_____

작품은 다음의 사항으로 구성됨 (해당되는 것에 표시):

☐ 텍스트 _____ 단어

☐ _____ 흑백 사진

☐ _____ 컬러 사진

□ _____ 라인 그림

□ _____ 기타 이미지

□ 시각장애인을 위한 디지털 이미지 파일 작성을 위한 AltText 또는 기타 텍스트

□ _____ 오디오 파일

□ _____ 비디오 파일

□ 비디오 파일 캡션

□ 기타 사항 (기재하시오: _____)

● **별첨 B: 작품의 배포 및 이용권리를 표시하는 별첨 문서이다.**

출판사가 작품을 출판 및 배포할 수 있는 포맷에 대하여 상세 기재하며, 출판사에게 2차 저작물 작성 및 출판을 허락하는 경우, 해당 사항을 표시하게 되어 있다.

SCHEDULE B: DISTRIBUTION AND RE-USE OF THE WORK

The following outlines the methods of distribution of the Work.

Publisher may publish the Work in the following formats pursuant to this Agreement (please check all that apply):

☐ Paperback print book

☐ Ebook

☐ Online edition [specifics listed, including the terms and conditions under which online edition is sold or made available]

☐ Other formats/mediums (please specify: _____)

Publisher may exercise or sublicense the following subsidiary rights in the Work pursuant to this Agreement (please check all that apply):

☐ Translations

☐ Reprints or excerpts of portions of the Work

☐ Non-dramatic audio

☐ Motion picture, dramatic, and broadcast rights

☐ Proprietary ebook, database, or similar digital dissemination

☐ Publication in formats to facilitate access by persons with print disabilities, such as Braille or Audio

☐ None

Any royalties to be paid to Licensor or other revenue sharing will be outlined in Schedule D: Royalties and Revenue Sharing.

별첨 B: 작품의 배포 및 이용권리

작품의 배포 방식은 다음과 같다.

출판사는 본 계약에 따라 작품을 다음과 같은 형식으로 출판할 수 있다 (해당되는 것에 모두 표시):

☐ 페이퍼백 인쇄책

☐ Ebook

☐ 온라인 에디션 [온라인 에디션이 판매 또는 제공되는 상세 조건 기재]

☐ 기타 형식/매체 (기재하시오: _____)

출판사는 본 계약에 따라 작품에 대해 다음과 같이 이용할 권리를 행사하거나 재이용 허락할 수 있다 (해당되는 것에 모두 표시):

☐ 번역

☐ 작품의 일부분 재인쇄 또는 발췌

☐ 논-드라마틱 오디오

☐ 영화, 드라마 및 방송권

☐ ebook, 데이터베이스 또는 유사한 디지털 배포용 e-book

☐ Braille 또는 오디오와 같이 시각 장애인에게 제공할 수 있는 형식으로의 출판

☐ 해당사항 없음

라이센서에게 지급되어야 하는 로열티 또는 기타 수익배분은 별첨 D: 로열티 및 수익배분조건 규정에 기재된다.

● **별첨 C: 출판 일정에 합의한 사항을 기재하는 별첨 문서이다.**

SCHEDULE C: Publication Schedule

The following outlines the milestones and timeframes for completion of the Work and delivery to Publisher, review by peer reviewers or other third parties, revisions by Licensor, acceptance by Publisher, and dates of publication.

Licensor agrees to deliver the Work to Publisher according to the following schedule:

- One-third of the manuscript by **[mo/day/year]**
- Full Draft manuscript ready for review by **[mo/day/year]**
- Final, fully revised (in accordance with comments by reviewers) manuscript prepared for editing, design and production according to the details in Schedule A: The Work by **[mo/day/year]**

Publisher agrees to act in good faith and use reasonable efforts to edit, format, and publish the Work in the forms and with the licenses outlined in Schedule B: Distribution and Re-use of the Work within **[one (1) month]** of receiving a final, fully revised complete manuscript approved for publication by Publisher.

별첨 C: 출판 일정

작품의 완성, 출판사로 인도, 제3자 검토, 라이센서의 수정, 출판사의 수락 및 출판일 등에 대한 스케줄은 다음과 같다.

라이센서는 출판사에게 다음과 같은 일정에 따라 작품을 인도하기로 한다:

- 원고의 1/3 [mo/day/year]까지
- 검토 전 원고 전체 초안 [mo/day/year]까지
- 별첨 A: 작품 상세 사항에 기재된 내용에 따라, 편집, 디자인 및 제작될 수 있도록 준비된 최종적이고 완전히 검토 및 수정된 원고 [mo/day/year]까지

출판사는 최종, 검토 및 수정 완료된 원고를 수령한 후 [1개월] 이내에 별첨 B: 작품의 배포 및 이용권리에 기재된 형식 및 이용권리에 따라서 작품을 편집하고, 포매팅하고, 출판하기 위해 선의로 합리적인 노력을 다할 것임에 동의한다.

원고 제출/인도 일자를 합의한 바에 따라 기재한다. 일정과 관련한 더욱 상세한 사항에 대하여(예를 들어, 사업자가 이행할 의무인 편집, 포매팅, 배포 등 의무의 이행 완료 또는 개시일 등) 보다 구체적으로 해당 일자를 합의하여 추가할 수 있다.

예 complete editing by mo/day/year (편집 완료일);

complete design and formatting by mo/day/year (디자인 및 포매팅 완료일);

distribute by mo/day/year (배포일).

별첨 D: 로열티 및 수익배분 조건 규정에 대해 기재한 별첨 문서이다.

SCHEDULE D: Royalties and Revenue Sharing

Publisher will pay Licensor royalties or payments as outlined below. No royalties are owed for copies of the Work purchased by Licensor at a discount or given away for promotional purposes.

Publisher agrees to pay Licensor royalties based on the net receipts (which are gross receipts less shipping costs, discounts, credits, returns, allowances paid, commissions and taxes) actually received by Publisher ("Net Receipts") from copies of the Work sold or licensed as follows:

Paperback print books: **[X%]** on the first **[XXXX]** copies sold and **[X%]** on all subsequent copies sold.

Ebooks: **[X%]**.

Online editions: **[X%]**.

Other formats/mediums (please specify: _____) **[X%]**.

If Publisher licenses or sublicenses the following rights for commercial purposes, Publisher agrees to pay Licensor royalties based on Net Receipts as follows:

Translations: **[X%]**

Reprints or excerpts of portions of the Work: **[X%]**

Non-dramatic audio: **[X%]**

Motion picture, dramatic, and broadcast rights: **[X%]**

Proprietary ebook, database, or similar digital dissemination: **[X%]**

Publication in accessible formats: **[X%]**

Publisher shall pay royalties to Licensor annually, along with a written explanation as to the basis for its calculations of royalties, by **[March 31st]** for revenues received the previous calendar year. Publisher shall be entitled to a reasonable reserve for returns of copies of the Work, not to exceed twenty-five percent (25%) of royalties otherwise due and owing to Licensor for the accounting period. Any such reserve will be paid to the Licensor in the next accounting period. Publisher shall not be required to make payments of royalties amounting to less than **[fifty dollars (US$50.00)]**; these amounts will accrue to the benefit of Licensor in a Publisher account.

Upon written notice to Publisher within one year of any accounting statement, Licensor may at Licensor's expense have an independent certified public accountant examine Publisher's records of accounts for the Work during regular business hours to certify the accuracy of the accounting statement. If the audit reveals an underpayment, Publisher will promptly (i) pay the underpayment and (ii) if the underpayment is greater than five percent (5%), reimburse Licensor for the expense of the audit.

별첨 D: 로열티 및 수익배분조건 규정

출판사는 라이센서에게 다음에 규정된 바에 따라 로열티 또는 지급금을 지불한다. 라이센서가 할인가에 구매한 작품 배포본이나 판촉 목적으로 무상 배포된 배포본에 대해서는 로열티가 발생하지 않는다.

출판사는 판매 또는 이용권이 허락된 작품의 배포본에 대하여 출판사가 실제 수령한 순수입(총수입에서 운송비, 할인, 신용거래, 반품, 충당금, 수수료 및 세금을 공제한 금액)("순수입")에 근거하여 다음과 같이 라이센서에게 로열티를 지급하기로 한다.:

페이퍼백 인쇄책 : **처음 [XXXX] 부까지는 [X%]; 이후 판매본에 대하여는 [X%]**

Ebooks: **[X%]**.

온라인 에디션: **[X%]**.

기타 형식/매체 (기재하시오: _____) : **[X%]**.

출판사가 다음의 권리에 대해 이용권을 상업적 목적으로 허락하는 경우, 출판사는 순수입에 근거하여 다음과 같이 라이센서에게 로열티를 지급하기로 한다.

번역: **[X%]**

작품의 일부분 재인쇄 또는 발췌: **[X%]**

논-드라마틱 오디오: **[X%]**

영화, 드라마 및 방송권: **[X%]**

ebook, 데이터베이스 또는 유사한 디지털 배포용 e-book: **[X%]**

기타 장애인에게 제공할 수 있는 형식으로의 출판: **[X%]**

출판사는 [매년 3월 31일까지] 직전 년도의 수입에 대하여 로열티 계산의 근거가 되는 서면 설명자료를 제공함과 더불어 로열티를 라이센서에게 지급해야 한다. 출판사는 해당 정산 기간에 라이센서에게 지급해야 하는 로열티 금액의 25%를 초과하지 않는 한도 내에서 작품 배포본의 반품에 대비한 합리적인 예비금을 보유할 수 있다. 해당 예비금은 차기 결산 기간에 라이센서에게 지급해야 한다. 출판사는 [50 달러] 미만의 로열티에 대해서는 지급하지 않고 라이센서 계정에 지급해야 할 금액으로 기록해 둘 수 있다.

결산자료를 받은 후 1년 이내에 출판사에게 서면 통지를 한 후, 라이센서는 자신의 비용으로 제3의 공인회계사로 하여금 결산자료의 정확성을 확인하기 위하여 출판사의 작품과 관련한 결산자료를 일반적 업무 시간 중에 감사하도록 할 수 있다. 감사 결과 미지급 내역이 발견되면, 출판사는 즉시 (i) 해당 미지급금을 지불하고 (ii) 미지급금이 5%를 초과하는 경우에는 라이센서에게 감사 비용을 지급한다.

별첨 B에 표시된 배포 형식에 대하여 로열티 요율을 표시하고, 별첨 B에 표시된 2차저작물 작성 및 배포 형식에 대한 로열티 요율도 합의하여 표시한다.

위에 기재된 로열티 요율에 따라 정산서 및 지급을 년 단위로 하도록 규정된 지급 조항도 예시되어 있다. 월별 또는 분기별로 바꾸어 규정할 수 있으며, 로열티 지급과 관련한 세금은 누가 책임지는지에 관하여도 합의하여 규정해 두는 것이 좋다. 또한, 로열티 금액 정산 자료에 대한 감사를 실시할 수 있는 권한을 작가 등에게 부여하는 조항을 포함시켰다. 불일치 금액이 예를 들어 5%를 초과하는 경우, 감사 비용을 사업자가 부담하도록 규정되어 있다.

● **별첨 E**: 작가 등이 저작권자가 아닌 콘텐츠에 관한 사항에 대한 별첨 문서이다.

SCHEDULE E: Content Not Original to Licensor

Licensor will provide a list below of all content in the Work not original to Licensor, except for short quotes which are both properly cited and reasonably included as a fair use. Licensor will also specify any works included as a fair use (which are not short quotes) and works which are no longer protected by copyright. The labor of seeking permissions from third parties and paying permission fees are the Licensor's responsibility. Publisher may provide the form it requires such third parties to sign and require Licensor to provide copies of original permissions documentation.

Licensor agrees to obtain the right to include the content listed below in the Work, in perpetuity, throughout the **[World/North America/other territories]** and in **[all Languages/detail of any languages not included]**, and in **[all formats, print or digital, now known or later developed]**.

Please check each content type included in the Work, and include a list of all of those items not original to Licensor:

- ☐ texts
- ☐ black and white photos
- ☐ color photos
- ☐ line drawings
- ☐ other illustrative images
- ☐ audio files
- ☐ video files

Licensor agrees to supply the following details for each item listed above:

- Title
- Digital File Name
- Resource type (e.g., text, color photo, map)
- Caption
- Copyright status
- Copyright holder
- License granted for use

별첨 E: 라이센서가 저작권자가 아닌 콘텐츠에 관한 사항

라이센서는 공정이용으로서 적절히 인용되어 합리적으로 포함된 짧은 인용구를 제외하고는 라이센서가 작성한 것이 아닌 작품 내의 모든 콘텐츠 리스트를 제공한다. 라이센서는 또한 공정이용으로서 포함된 콘텐츠 (짧은 인용구가 아닌 경우) 및 저작권이 만료된 콘텐츠에 대한 사항을 명시해야 한다. 해당되는 제3자로부터 이용 허락을 구하고 이용료를 지급하는 것은 라이센서의 의무이다. 출판사는 관련하여 제3자가 서명해야 하는 서식을 제공하고 라이센서로 하여금 해당 허가 문서 사본을 제공하도록 요구한다.

라이센서는 **[전 세계/북미/기타 지역]**에서 **[모든 언어로/특정 언어로]** 된 것으로서 아래에 기재된 콘텐츠를 **[인쇄본 또는 디지털 형식, 현재 알려진 또는 이후 개발될 모든 형식으로]** 작품 내에 영구히 포함할 수 있는 권리를 획득하기로 한다.

라이센서가 창작한 것이 아닌 것으로서 작품 내에 포함된 콘텐츠 유형을 표시하고, 해당 콘텐츠 아이템 리스트를 포함하시오:

- ☐ 텍스트
- ☐ 흑백사진
- ☐ 컬러사진
- ☐ 라인그림
- ☐ 기타 이미지
- ☐ 오디오 파일
- ☐ 비디오 파일

라이센서는 위에 표시된 각 아이템에 대해 다음의 상세사항을 제공한다:

- 제목
- 디지털 파일명
- 원본 유형 (예: 텍스트, 컬러 사진, 지도 등)
- 캡션
- 저작권 상태
- 저작권자
- 이용권 허락에 대한 사항

 본 계약 상의 작품에 작가 등이 저작권을 가진 콘텐츠 이외에 다른 내용이 포함된 경우, 해당 내용을 명시하고, 이들이 본 계약 상의 작품에 포함된 상태로 출판, 배포될 수 있도록 계약당사자가 원작자로부터 허락을 받고, 그에 대한 사항을 사업자에게 알리도록 한다.

 본 별첨 예시에 포함된 것과 같이 제3의 저작권자의 허락에 따라 또는 공정이용 원리에 근거하여 이용권이 주어진다는 상세 내용은 생략하고, 간단히만 다음과 같이 계약 본문에 규정하는 경우도 많다. 즉, 작가 등이 해당 부분을 본 작품에 포함한 상태로 사업자에게 출판 및 배포하도록 할 권한을 가짐에 대해 계약 본문 내에 진술 및 보증하는 것이다.

본 별첨 E 상의 내용과 연관된 것으로서, 계약 당사자가 저작권자가 아닌 콘텐츠의 이용과 관련하여 제3자의 지식재산권 클레임이 제기되는 경우, 사업자에게 손해가 발생하지 않도록 면책 의무를 확실히 규정해 두는 것이 일반적이다.

■ 별첨 F: 양 당사자의 마케팅 관련 이행 사항에 대해 규정된 별첨 문서이다.

라이센서와 출판사가 행할 마케팅 관련 의무를 각각 해당되는 바에 따라 표시하고 기재한다.

SCHEDULE F: Marketing Efforts of Licensor and Publisher

Marketing is a joint responsibility, and Licensor agrees to be a full partner with Publisher in promoting the Work. The purpose of marketing is increasing visibility and, if applicable, sales and licensing. Publisher's marketing plans and Licensor's responsibilities are outlined below.

Subject to the terms and conditions in this Agreement, Publisher will take on the following marketing responsibilities during the term of this Agreement:

☐ Publisher will include the Work on its own website and distribute it through appropriate platforms. These include [   ].

☐ Publisher will place the Work in promotional channels (vendors and direct sales) typically used for Works of this subject matter. These include **[library wholesalers, Amazon.com]**.

☐ Publisher will include the Work in the Publisher's catalog.

☐ Publisher will include the Work in the following relevant conference exhibits for at least one year after publication: _____

☐ Publisher will submit up to XX number of copies of the Work for the following review outlets, as agreed upon with suggestions from Licensor: _____

Licensor will take on the following marketing responsibilities during the term of this Agreement:

☐ Licensor will submit suggestions of review and complete any marketing questionnaire that Publisher provides.

☐ Licensor will provide an appropriate citation and credit to the Work and to Publisher when drawing on or referring to the material contained in the Work.

☐ Licensor will publicize through her/his social medial channels, including Twitter and Facebook, and provide in such posts a unique identifier such as ISBN or Publisher URL.

☐ Licensor will use an excerpt of the book in a blog post appearing in the following:

_____

별첨 F: 라이센서와 출판사 간 마케팅 관련 이행 사항

마케팅은 공동의 의무이며, 라이센서는 작품의 판촉을 위해 출판사에 마케팅 파트너로서 온전한 협조를 하기로 한다. 마케팅의 목적은 작품에 대한 인식을 높이고 매출 및 라이선싱을 증가시키기 위한 것이다. 출판사의 마케팅 계획과 라이센서의 의무는 다음과 같다.

본 계약의 규정에 따라, 출판사는 본 계약 기간 동안 다음의 마케팅 의무를 이행하기로 한다:

- □ 출판사는 자신의 웹사이트에 작품을 포함시키고 다음을 포함하는 적절한 플랫폼을 통해 배포하기로 한다. 플랫폼: [   ].

- □ 출판사는 본 건과 같은 작품을 위하여 일반적으로 이용되는 판촉 채널(판매자 채널)을 통해 작품이 노출되어 배포되도록 한다. 이들 채널은 다음을 포함한다: [   ].

- □ 출판사는 작품을 출판사 카탈로그에 포함시킨다.

- □ 출판사는 출판 개시 후 1년에 최소 1회, 해당되는 바에 따라 다음의 전시회에 작품을 포함시킨다:

  _____

- □ 출판사는 라이센서의 제안에 의해 합의한 바에 따라 다음의 리뷰 단체 등에 작품의 최소 XX부를 제공한다: .

라이센서는 본 계약의 기간 동안 다음의 마케팅 의무를 이행하기로 한다:

- □ 라이센서는 출판사가 제공하는 마케팅 질의에 대해 리뷰 제안을 하고 답변을 제출한다.

- □ 라이센서는 작품에 포함된 내용에 근거한 작업을 하거나 작품 내용을 언급할 때 작품 및 출판사에 대해 적절한 인용 및 크레딧을 표시한다.

- □ 라이센서는 트위터와 페이스북을 포함한 SNS 채널을 통해 ISBN이나 출판사 URL과 같은 링크를 게시한다.

- □ 라이센서는 다음의 블로그에 작품의 일부분을 발췌하여 게시한다:

  _____

1   구체적인 라이선스 조건은 다음의 사이트에서 확인 가능하다.

https://creativecommons.org/publicdomain/zero/1.0/

제2장
웹툰배포/서비스계약서

참고용 계약서 내려받기
(QR코드 스캔▼)

씨앤웹 에이전시의 주대표는 남미 어느 나라의 X회사로부터 연락을 받고, 그 나라 언어에 한해서 서비스를 하는 내용의 웹툰 계약을 해보고자 한다. 비록 대가는 그리 크지 않지만, 또 모르는 일 아닌가? 게다가 우리나라의 멋진 작품들을 소개하는 일이니… 그렇다면 웹툰에 연재하는 내용의 계약은 어떻게 체결해야 할까?

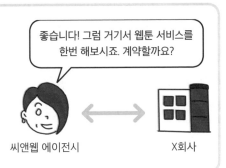

좋습니다! 그럼 거기서 웹툰 서비스를 한번 해보시죠. 계약할까요?

씨앤웹 에이전시   X회사

웹툰 배포/서비스 계약서 Webtoons Distribution Agreement 란 어떤 것일까?

웹툰 배포계약서는 웹툰이나 웹소설 저작물의 작가 등이 사업자의 온라인 플랫폼 등 배포 채널을 통해 저작물을 배포하고 서비스하려는 목적으로 저작물 이용 권리를 허락하는 계약서이다.

웹툰 배포/서비스 계약서는 어떤 구조일까?

본 웹툰 배포계약서는 대체로 앞에 설명한 일반적 출판계약서와 그 구조 및 내용이 유사하고, 중요하게 다뤄져야 하는 조항도 거의 동일하다. 따라서, 앞에 설명한 모델 출판계약서를 참조하고 서로 비교해가며 아래 구체적인 조항 내용을 살펴보기 바란다. 다만, 본 웹툰 배포계약서에서는 주로 온라인 플랫폼을 통한 배포에 초점을 두어 그에 관련된 내용은 비교적 상세히 규정하고 기타 조항은 간단하게 구성했다.

계약서를 조문별로 살펴보자.

● 계약서 제목 및 당사자

(MODEL) WEBTOONS DISTRIBUTION AGREEMENT

This Webtoons Distribution Agreement (this "Agreement") is executed and entered into as of [   ] ("Effective Date") by and between [   ], a corporation organized and existing under the laws of the Republic of Korea, having its principal place of business at [   ] ("Content Provider"), and [   ], a corporation organized and existing under the laws of [   ], having its principal place of business at [   ] ("Distributor") (a "Party" respectively and the "Parties" collectively).

(모델) 웹툰 배포 계약서

본 웹툰 배포 계약(본 "계약")은 [   ]("유효일")에 대한민국 법에 따라 설립되어 존재하며
[   ]에 본점을 둔 [   ]("콘텐츠 제공자") 및 [   ] 법에 따라 설립되어 존재하며
[   ]에 본점을 둔 [   ]("배포권자")(각각 "당사자," 통칭하여 "당사자들") 간에 체결된다.

계약 제목, 당사자와 계약체결일 표시 부분이다. 본 웹툰 배포계약서의 효력이 발생하기 시작하는 유효일, 계약당사자인 웹툰 저작물 제공자(Content Provider)와 해당 작품을 배포하고자 하는 배포권자(Distributor)의 이름, 상호, 주소 등을 명시하는 계약서 도입부이다.

웹툰 제공자가 회사가 아닌 개인인 경우에는 "a Korean corporation having its principal place of business at" 대신 "a Korean individual having its address at"으로 문구 변경하여 체결한다.

• 계약 목적 설명 부분

Recitals

WHEREAS, Content Provider owns all right, title and interest in and to the [webtoons, web novels, …] works and derivative works thereof as specified in Exhibit A attached hereto (the "Content") throughout the world;

WHEREAS, Distributor is engaged in the business of distributing and supplying various contents including, without limitation, [webtoons and web novels, etc.], in the territories specified in this Agreement; and

WHEREAS, Content Provider desires to license the use of the Content for Distributor's distribution and supply of the Content through Distributor's online distribution channels and Distributor desires to accept such license from Content Provider.

NOW, THEREFORE, in consideration of the foregoing and of the mutual promises hereinafter set forth, and for other good and valuable consideration, the receipt and sufficiency of which is acknowledged by the Parties, the Parties agree as follows:

전문

콘텐츠 제공자는 본 계약에 첨부된 별첨 A에 표시된 [웹툰, 웹소설 등] 작품 및 그에 대한 이차저작물("콘텐츠")에 대하여 전 세계에서 모든 권리, 소유권 및 이익을 보유하고 있다;

배포권자는 본 계약에 명시된 지역 내에서 [웹툰 및 웹소설 등]을 포함하여 다양한 콘텐츠를 배포하고 제공하는 사업을 운영하고 있다; 그리고

> 콘텐츠 제공자는 배포권자의 온라인 배포 채널을 통해 배포권자가 콘텐츠를 배포하고 공급하도록 콘텐츠를 이용할 권리를 허락하고자 하며, 배포권자는 콘텐츠 제공자로부터 라이선스를 받고자 한다.
>
> 이에, 본 계약에 기재된 위 내용 및 이하 상호 약정을 고려하며 양 당사자들이 그 충분함을 인정하는 유효하고 가치 있는 대가에 따라, 양 당사자들은 다음과 같이 합의한다.

당사자의 지위 및 계약 체결 목적에 대해 설명하는 계약서의 전문이다.

콘텐츠 제공자는 웹툰 등 작품의 저작권자(저작권자가 아닌 경우, 콘텐츠 제공자를 작품의 배포를 위한 라이선스를 할 권한이 있는 자로서 설명해야 함. 예 "Content Provider has the right to license the use of the [webtoons, web novels, etc.] as specified in Exhibit A for distribution")이며, 배포권자는 웹툰 등 다양한 콘텐츠 온라인 배포 사업을 하는 자로서, 별첨 A에 명시적으로 기재하는 작품("콘텐츠")을 온라인 배포하기 위한 라이선스 계약을 체결하는 것임을 설명하는 부분이다.

또한, 전문에 기재된 목적을 위해 당사자들이 아래 계약 본문 규정에 합의한다는 선언적 문장이 포함되어 있다.

● 제1조. 배포권자 선임 및 배포 허락

1. Distributor Appointment and License Grant

1. 배포권자 선임 및 라이선스 허락

이 조항은 작품을 온라인에서 배포하도록 배포권자를 선임하고 온라인 배포를 위해 작품을 이용할 수 있도록 허락하는 권리 범위를 규정하는 조항이다. 배포권자의 권한과 의무, 작품과 관련한 이용 권리의 범위 등이 포함된다.

1.1 <u>Distributor Appointment and License for Content</u>. Content Provider appoints Distributor as Content Provider's [non-exclusive/exclusive] distributor, to whom Content Provider hereby grants the right, within the Territory (defined below), to:

(a) reproduce, [translate] and transmit the Content for distribution;

(b) distribute the Content in the countries specified in Exhibit B ("Territory") and through the online distribution channels specified in Exhibit B ("Channels");

(c) use the Content for the purpose of marketing the Content;

(d) market the Content; and

(e) accept payments for the Content.

1.1 <u>배포권자 선임 및 콘텐츠 라이선스.</u> 콘텐츠 제공자는 배포권자를 자신의 [비독점적/독점적] 배포권자로 선임하여, 영역(아래 정의됨) 내에서 다음을 행할 수 있는 권리를 배포권자에게 허락한다:

  (a) 배포를 위해 콘텐츠를 복제, [번역] 및 전송;

  (b) 별첨 B에 기재된 국가("영역") 내에서 별첨 B에 기재된 온라인 배포 채널("채널")을 통해 콘텐츠를 배포;

  (c) 콘텐츠 마케팅 목적으로 콘텐츠를 이용;

  (d) 콘텐츠 마케팅 활동; 및

  (e) 콘텐츠에 대한 지급금 수령.

제1.1항은 콘텐츠 제공자가 배포권자를 일정 지역 내에서 콘텐츠의 독점 또는 비독점적 온라인 배포권자로 선임하고 배포를 위해 필요한 권리 부여를 하는 내용이다. 본 모델 계약서에서는 배포권자에게 온라인 채널 상 배포를 위한 복제, 전송, 배포, 마케팅, 대가 수령 등을 할 수 있는 권리가 허락되는 것으로 규정했다.

배포권의 범위는 별첨 B에 명시되는 지역 범위 및 배포자의 온라인 서비스 플랫폼(모바일 플랫폼 포함)을 통한 배포로 한정된다. 콘텐츠 제공자가 번역 전 원본을 제공하고 배포권자가 번역물 제작을 하는 경우라면, 번역물 작성권도 권리 범위에 포함되도록 규정해야 한다.

1.2 <u>License for Marks.</u> Content Provider grants Distributor a non-exclusive right and license to use, in connection with the Content, Content Provider's trademarks, trade names, service marks, logos or other identifying or distinctive marks related to Content Provider or Content, including, without limitation, titles of Content (collectively, "Marks"), provided that Distributor will comply with the Content Provider's trademark usage guidelines provided to Distributor.

1.2 <u>마크 라이선스.</u> 콘텐츠 제공자는 배포권자에게, 콘텐츠와 관련하여 콘텐츠 제공자의 상표, 상호, 서비스표, 로고 또는 기타 콘텐츠 제공자나 콘텐츠와 연관된 식별성 있는 마크(콘텐츠 제목을 포함하나 이에 한정되지는 않음)("마크")를 이용할 수 있는 비독점적인 권리를 허락한다. 단, 배포권자는 배포권자에게 제공된 콘텐츠 제공자의 상표이용 가이드라인을 준수해야 한다.

제1.2항은 마크(표장) 사용권을 규정한 조항이다. 콘텐츠의 제목을 포함하여, 콘텐츠 제공자나 콘텐츠와 관련한 상표, 상호, 서비스마크, 로고 등을 사용할 수 있도록 마크에 대한 사용권을 배포권자에게 허락하는 조항이다. 사용할 마크에 대해 명시하고 사용 가이드라인을 미리 제공해 두어야 한다.

1.3 <u>Delivery of Content</u>. Content Provider shall provide Distributor with the Content in a form suitable for electronic reproduction, transmission and distribution in accordance with the delivery schedule specified in this Agreement.

1.3 <u>콘텐츠 인도</u>. 콘텐츠 제공자는 본 계약에 명시된 인도 일정에 따라 콘텐츠를 전자 복제, 전송 및 배포하기에 적합한 형태로 배포권자에게 제공해야 한다.

제1.3항은 작가 등의 콘텐츠 제공의무를 규정한 조항이다. 콘텐츠 제공자가 정해진 일정에 따라서 온라인 복제 및 배포에 적합한 형태로 작품을 배포권자에게 제공하여야 한다는 조항이다.

당사자 간의 요구사항에 따라 특별히 배포권자가 제시하는 문서나 파일 형식이 정해져 있다면 그 사항을 명시하고, 작품과 관련하여 추가 이미지나 썸네일 등을 제공해야 한다면 그에 대한 사항도 추가로 규정해 놓을 수 있다.

예 "For all of the Content delivered under this Agreement, Content Provider shall:(a) ensure that the Content complies with the submission documentation and online platform requirements in effect at the time of delivery; and (b) provide images, thumbnails, descriptions and categorization of the Content."

● 제2조. 콘텐츠 배포를 위한 의무

2. Obligations for Content Distribution

2. 콘텐츠 배포 의무

이 조항은 본 계약에 따라 콘텐츠를 배포하기 위해 양 당사자가 행해야 하는 의무 사항을 규정한다.

2.1 <u>Distributor's Obligation for Preparation</u>. Distributor shall prepare Content for distribution and publication through Channels, including editing and formatting the Content, provided that such editing or formatting shall strictly be limited to the forms and structures of the Content, not the substance of the Content.

2.1 <u>배포권자의 배포 준비 의무</u>. 배포권자는 콘텐츠를 편집하고 포매팅하는 것을 포함하여, 채널을 통해 배포 및 출판하기 위한 준비를 해야 한다. 단, 상기 편집 및 포매팅은 콘텐츠의 내용에 대한 것이 아니라, 엄격히 콘텐츠의 형식 및 구조에 한정된 것이어야 한다.

제2.1항은 배포권자의 의무로서 배포 준비 의무를 규정한 내용이다. 정의된 배포채널을 통해 콘텐츠를 배포할 수 있도록 배포권자가 편집 및 포매팅 등 준비를 해야 할 의무를 갖는다.

2.2 <u>No Substantive Change by Distributor.</u> Distributor shall make no substantive changes in the Content without the prior written approval of Content Provider. Distributor shall provide Content Provider with the details of the Content as edited and formatted by Distributor prior to commencement of the distribution of its Content through the Channels.

2.2 <u>배포권자의 실질적 변경 금지</u>. 배포권자는 콘텐츠 제공자의 사전 서면 승인 없이는 콘텐츠에 어떠한 실질적 변경도 할 수 없다. 배포권자는 채널을 통한 콘텐츠 배포의 개시 이전에, 자신이 편집 및 포매팅한 콘텐츠 상세사항을 콘텐츠 제공자에게 제출해야 한다.

제2.2항은 배포권자가 콘텐츠의 내용을 변경해서는 안 됨을 명시한다. 또한, 배포 개시 이전에 편집 및 포매팅 완료된 내용을 콘텐츠 제공자가 살펴볼 수 있도록 해야 한다는 내용이다.

2.3 <u>Online Publication and Distribution.</u> Distributor shall publish and distribute the Content only through Channels within Territory in accordance with the schedule previous agreed upon between the Parties. Distributor shall bear all costs and expenses for its operations for online publication and distribution of the Content.

2.3 <u>온라인 출판 및 배포</u>. 배포권자는 당사자들 긴에 사진에 합의된 일정에 따라 오식 영역 내에서 채널을 통해 콘텐츠를 출판하고 배포해야 한다. 배포권자는 콘텐츠의 온라인 출판 및 배포 운영에 소요되는 모든 비용을 책임진다.

제2.3항은 배포권자의 온라인 출판 및 배포에 대한 사항을 규정한다. 양 당사자 간에 합의된 스케줄에 따라 정해진 지역 내에서 합의된 채널을 통해서만 콘텐츠를 출판 배포할 수 있다고 간단히 규정해 두었다.

2.4 <u>Marketing Collaboration by Content Provider.</u> Content Provider shall collaborate with Distributor in Distributor's marketing efforts for online publication and distribution of the Content under this Agreement.

2.4 <u>콘텐츠 제공자의 마케팅 협조</u>. 콘텐츠 제공자는 본 계약에 따른 콘텐츠의 온라인 출판 및 배포를 위한 배포권자의 마케팅 노력에 있어 배포권자에게 협력을 해야 한다.

제2.4항은 배포권자의 마케팅 활동에 콘텐츠 제공자가 협조해야 함을 규정한다.

제3조. 대가 및 지급 규정

3. Fees and Payment

3. 대가 및 지급

본 계약에 따른 콘텐츠 배포권에 대한 대가로서 배포권자가 콘텐츠 제공자에게 지급해야 하는 금액 및 지불 방법에 대한 내용을 규정하는 조항이다.

3.1 Fees. Within 30 days after the end of each month Distributor will pay Content Provider fees in the amount ("Fees") equal to Net Receipts (defined below), less Distributor's retained Distribution Fee (defined below). For the purpose of this Section, "Net Receipts" for each month shall be amounts actually collected with respect to the Content during such month ("Gross Receipts") reduced by any amounts respecting the Content that are charged back or otherwise returned during such month due to customer refunds or contested payment transactions ("Chargebacks"), less Transaction Costs (defined below). "Transaction Costs" means all costs associated with Gross Receipts, including but not limited to credit card, mobile carrier billing and other transactional fees incurred for Distributor's distribution and billing. "Distribution Fee" means Distributor's retained fee of [　]% of Net Receipts from Content distributed through the Channels.

3.1 대가. 매월 말일로부터 30일 이내에 배포권자는 콘텐츠 제공자에게 순수입(아래 정의됨)에서 배포권자의 배포수수료(아래 정의됨)를 공제한 금액을 지급한다. 본 조항에서 매월의 "순수입"은 해당 월에 콘텐츠에 대하여 실제 수령한 금액("총수입")에서 해당 월에 고객 환불이나 지불거래 상 문제로 인해 지불 거절되거나 환불된 금액("입금취소금")을 빼고 거래비용(아래 정의됨)을 공제한 금액을 의미한다. "거래비용"은 배포권자의 배포 및 요금 청구와 관련하여 발생하는 신용카드, 통신사 청구 및 기타 거래비용을 포함하되 이에 한정되지는 않는 것으로서, 총수입과 관련된 모든 비용을 의미한다. "배포수수료"는 채널을 통해 배포되는 콘텐츠로부터의 순수입의 [　]%에 해당하는 수수료를 의미한다.

제3.1항은 배포권에 대한 대가를 규정해 놓은 조항이다. 본 모델에서는 매월 콘텐츠로부터 발생하는 순매출에서 배포권자의 배포수수료Distribution Fee를 제외한 금액을 콘텐츠 제공자에게 지급하도록 규정했다. 순매출을 어떻게 산정하는지는 예시를 참고하여 상세히 규정하면 된다. 배포 채널에 여러 플랫폼이 포함되어 있고, 각 플랫폼에 대하여 배포수수료 비율을 달리하고자 할 경우에는 각 해당 플랫폼에 대하여 별도로 합의된 사항을 본 조항에 세부적으로 명시한다.

본 모델에서는 매월 지급하도록 되어 있는데 지급 주기를 이와는 달리 규정하기를 원하는 경우, 또는 송장 발급 후 그에 따른 지불을 하게 하는 등 세부 지불 절차를 다르게 규정하기를 원하는 경우에는 당사자 간 합의하는 바에 따라 본 조항을 변경 또는 추가 규정할 수 있다. 또한,

지불 화폐, 환율, 수수료, 계좌번호 등을 당사자 간 합의에 따라 대가 및 지급 조항 내에 추가로 명시할 수 있다.

> 3.2 <u>Reporting</u>. Within thirty (30) days after the end of each calendar month, Distributor shall issue to Content Provider a report setting forth amounts Gross Receipts, Chargebacks, Transaction Costs and the Fees payable under this Agreement.

> 3.2 <u>보고</u>. 매월 말일로부터 30일 이내에, 배포권자는 총수입, 입금취소금, 거래비용 및 본 계약에 따라 지불되어야 하는 대가를 기재한 보고서를 콘텐츠 제공자에게 제출해야 한다.

제3.2항은 배포권자의 보고 의무에 대한 것이다. 지급해야 하는 금액의 근거가 되는 총매출액, 환불금, 기타 비용 및 이로부터 계산된 최종 지급금액을 나타내는 보고서를 제출할 의무가 규정된다.

> 3.3 <u>Audit</u>. Upon providing a seven (7) days' prior notice, Content Provider may, once every twelve (12) months and during ordinary business hours, through an independent certified public accountant, audit Distributor's records in order to verify Distributor's compliance with its payment obligations under this Agreement. If any audit results in discovery of lack of payment in excess of 5% of the duly owed amount, Distributor shall immediately pay any such under-reported amount plus interest and reasonable expenses incurred for the audit.

> 3.3 <u>감사</u>. 7일의 사전 통지를 제공한 후, 콘텐츠 제공자는 매 12개월에 1회, 통상의 근무 시간 중에, 제 3의 공인회계사를 통하여 배포권자의 기록에 대한 감사를 수행하여 배포권자가 본 계약에 따른 지불 의무를 준수하는지를 확인할 수 있다. 감사 결과, 지불해야 하는 금액의 5%를 초과하여 미지급금이 발생한 것이 발견되면, 배포권자는 즉시 해당 미지급금 및 이자, 그리고 합리적인 감사 비용을 지불해야 한다.

제3.3항은 콘텐츠 제공자의 감사권에 대한 것이다. 배포권자가 보고하는 금액에 대한 감사를 행할 권리가 콘텐츠 제공자에게 있으며, 감사 결과 처리에 대한 내용을 규정한다.

> 3.4 <u>Tax</u>. Distributor shall be responsible for paying any and all taxes imposed in the Territory related to its distribution of Content through the Channels.

> 3.4 <u>세금</u>. 배포권자는 채널을 통한 자신의 콘텐츠 배포와 관련하여 영역 내에서 부과되는 모든 세금을 지불할 의무를 갖는다.

제3.4항은 세금 관련 사항을 규정한다. 본 계약에 따라 배포가 행해지는 지역에서 부과되는 모든 세금은 배포권자가 납부해야 함을 규정하고 있다. 본 조항은 당사자 간 합의에 따라 변경할 수 있으며, 국제 거래에서 발생하는 세금 관련 사항은 해당 분야 세금 전문가의 자문을 받는 것이 좋다.

• 제4조. 당사자들의 진술 및 보증

4. Representations and Warranties

4. 진술 및 보증

본 계약의 체결과 관련하여, 그리고 콘텐츠와 관련하여 당사자 간에 상호 제공하는 보증 내용을 포함하는 조항이다.

4.1 <u>General Representations and Warranties</u>. Each Party represents and warrants that it has the full power, legal right and authority to enter into this Agreement and perform its obligations under this Agreement.

4.1 <u>일반적 진술 및 보증</u>. 각 당사자는 자신이 본 계약을 체결하고 본 계약에 따른 의무를 이행할 온전한 권한과 법적 권리가 있음을 진술하고 보증한다.

제4.1항은 일반적으로 계약 당사자가 상대방에게 제공하는 보증으로서, 양 당사자가 각각 본 계약을 체결할 권리를 가지고 있음을 보증하는 내용이다. 추가로 본 계약에 따른 이행을 하는 것이 타인이나 타사에 대하여 어느 한 당사자가 부담하고 있는 의무의 위반이 아님을 보증하는 내용을 포함할 수 있다.

4.2 <u>Warranties by Content Provider</u>. Content Provider represents and warrants that [to the best knowledge of Content Provider as of the Effective Date] Content does not: (a) contain any material that is unlawful in the Territory, defamatory, pornographic, discriminatory or which promotes or facilitates, illegal activity; or (b) infringe any copyright, trademark, or other intellectual property rights of any third party.

4.2 <u>콘텐츠 제공자의 보증</u>. 콘텐츠 제공자는 [유효일자에 콘텐츠 제공자가 아는 한], 콘텐츠가: (a) 영역 내에서 불법적인 내용, 명예훼손, 외설물, 차별적 또는 불법행위를 촉진하거나 유도하는 내용을 포함하지 않으며; (b) 어떠한 제3자의 저작권, 상표권 또는 기타 지식재산권도 침해하지 않음을 진술하고 보증한다.

제4.2항은 콘텐츠 제공자가 보증하는 사항으로서, 콘텐츠에 불법적인 내용이 포함되어 있거나 제3자의 지식재산권을 침해하는 내용이 포함되어 있지 않음을 보증하는 내용이다.

[　] 안의 "to the best knowledge as of the Effective Date"이라는 문구는 콘텐츠 제공자가

대상 작품을 직접 작성한 것이 아니거나 (즉, 예를 들어 원작자에게 양도받았거나 라이선스 받아 배포하는 경우), 배포 지역의 법률 위반 여부에 대해 완전한 분석 후 보증이 어려운 경우에, 계약 체결 당시까지 최선의 노력을 다해 알아본 바에 의하면 법률 위반이 없다는 정도로 제한적인 보증을 하고자 할 때 추가할 수 있는 문구다.

4.3 <u>No Other Warranties</u>. Except for the express representations and warranties set forth in this Section, neither Party makes any other representations or warranties.

4.3 <u>다른 보증 없음</u>. 본 조항에 명시된 진술 및 보증 이외에 어떠한 당사자도 다른 진술이나 보증을 제공하지 않는다.

제4.3항은 제4조 내에 명시된 보증 사항 이외에 기타 다른 보증은 제공하지 않음을 명확히 하는 내용이다.

제5조. 책임제한

5. Limitation of Liability

IN NO EVENT SHALL EITHER PARTY BE LIABLE FOR ANY INDIRECT, SPECIAL, PUNITIVE OR CONSEQUENTIAL DAMAGES IN CONNECTION WITH OR ARISING OUT OF THIS AGREEMENT OR THE DISTRIBUTION OR MARKETING OF THE CONTENT OR ANY RELATED SERVICE PROVIDED BY CONTENT PROVIDER OR DISTRIBUTOR. IN NO EVENT SHALL CONTENT PROVIDER [OR DISTRIBUTOR]'S TOTAL CUMULATIVE LIABILITY FOR ALL CLAIMS ARISING OUT OF OR RELATED TO THIS AGREEMENT EXCEED THE TOTAL AMOUNT OF PAYMENT MADE TO CONTENT PROVIDER UNDER THIS AGREEMENT DURING THE TWELVE (12) MONTHS IMMEDIATELY PRECEDING SUCH CLAIM.

5. 책임 제한

어느 당사자도 본 계약, 콘텐츠의 배포나 마케팅, 또는 콘텐츠 제공자나 배포권자의 관련 서비스로부터 발생하는 또는 이들과 연관된 것으로서 간접손해, 특별손해, 징벌적 손해 또는 결과적 손해에 대한 책임을 지지 않는다. 어떠한 경우에도 콘텐츠 제공자 [또는 배포권자]의 본 계약으로부터 발생하는 클레임에 대한 총 누적 책임은 해당 클레임 직전 12개월 동안 본 계약에 따라 콘텐츠 제공자에게 지급된 금액의 총액을 초과하지 않는다.

본 조항은 계약과 관련하여 발생하는 당사자의 책임의 범위 및 책임지는 금액 한도를 제한하여 두는 조항이다.

각 당사자들이 본 계약과 관련하여 직접적 손해에 대해서만 책임을 질 뿐, 간접 손해, 특별 손해, 징벌적 손해, 결과적 손해 등에 대해서는 책임을 지지 않음을 명시하여 당사자들의 책임 범위를 제한한다. 이와 같이 제외되는 책임 유형을 명시하여 책임을 제한함과 더불어, 직접적 손해에 대해서도 그 총 금액의 상한을 위 예시와 같이 '클레임 발생 이전 1년간 지급한 총액'으로 한정하여, 이를 초과하는 손해에 대해서는 책임을 지지 않도록 규정할 수 있다.

일반적으로 금액을 지급받는 당사자의 책임금액 한도를 정해두나, 경우에 따라 지급의무를 이행하는 당사자도 동일하게 자신의 책임금액에 상한을 둘 것을 요구하는 경우도 있다. 이런 경우, 위 [ ] 에 포함된 "OR DISTRIBUTOR"를 추가하여 양 당사자에게 금액적 책임제한이 동일하게 적용되는 것으로 규정하기도 한다.

책임 제한 조항은 기타 계약 본문에 규정된 다른 조항의 내용에도 불구하고 적용되는 것으로서, 당사자들이 갖는 기타 모든 책임 및 의무를 제한하는 매우 중요한 조항이다. 따라서 본 조항 전체가 구별되도록 대문자로 표시하여 양 당사자가 본 조항 내용에 보다 주의하도록 유도한다.

● 제6조. 지식재산권 관련 규정

6. Intellectual Property Rights

6. 지식재산권

본 계약에 따라 배포되는 콘텐츠 및 이용되는 상표와 관련한 소유권을 명확히 규정해 놓기 위한 조항이다.

6.1 Ownership by Content Provider. The Parties acknowledge and agree that Content Provider [(or its licensor)] owns all intellectual property rights, including copyrights and trademarks, in and to the Content and marks, logos and titles used in connection with the Content, and that this Agreement does not transfer the ownership of any of such intellectual property rights.

6.1 콘텐츠 제공자의 소유권. 당사자들은 콘텐츠 제공자 [[혹은 콘텐츠 제공자에게 이용을 허락한 라이센서)]가 콘텐츠 및 콘텐츠와 관련한 마크, 로고 및 제목에 대한 저작권과 상표권을 포함한 모든 지식재산권을 보유하고 있으며, 본 계약이 그러한 지식재산에 대한 소유권을 이전하는 것이 아님을 인정하고 동의한다.

제6.1항은 콘텐츠 제공자가 소유권을 갖는 지식재산에 대해 규정한다. 콘텐츠 및 이와 관련하여 사용된 마크, 로고, 이름 등에 대한 지식재산권을 콘텐츠 제공자가 소유함을 명확히 하며, 본 계약으로 인해 이러한 소유권이 이전되는 것이 아님을 명시한다.

콘텐츠를 원작자로부터 라이선스 받아 배포를 허락하는 경우라면 해당 원작자가 지식재산권의 소유자이므로 이를 명시하거나, 원작자로부터 정당한 권리를 받아 배포권을 허락하는 것임을 명시한다.

> 6.2 <u>Ownership by Distributor</u>. The Parties acknowledge and agree that Distributor owns all intellectual property rights in and to marks and logos of Distributor used in connection with distribution of the Content through the Channels, and that this Agreement does not transfer the ownership of any of such intellectual property rights.

> 6.2 <u>배포권자의 소유권</u>. 당사자들은 채널을 통해 콘텐츠를 배포하는 것과 관련하여 사용하는 배포권자의 마크와 로고에 대한 모든 지식재산권을 배포권자가 보유하고 있으며, 본 계약이 그러한 지식재산에 대한 소유권을 이전하는 것이 아님을 인정하고 동의한다.

제6.2항은 배포권자가 소유권을 갖는 지식재산에 대해 규정한다. 본 계약에 따른 콘텐츠 배포를 위해 사용되는 배포권자의 상표와 로고 등에 대해서는 배포권자가 지식재산권을 소유함을 명확히 하는 내용이다.

추가로, 번역물을 콘텐츠 제공자가 제공하는 경우에는 콘텐츠 내에 번역물이 포함된 것으로 정의한다. 반면, 배포권자가 번역물을 작성하는 경우라면, 해당 번역물의 이용권(즉, 번역물을 당사자들이 본 계약의 지역 이외의 장소에서 배포 및 활용할 수 있는지, 마케팅 용도로 활용할 수 있는지 등)에 대해 당사자 간에 합의하여 본 계약에 추가로 규정해 두는 것이 좋다.

● 제7조. 면책 규정

> **7. Indemnification**

> **7. 면책**

본 계약과 관련하여 제3자의 클레임이 제기되는 경우, 계약 상대방으로부터 관련 책임 및 손해에 대해 면책을 받을 수 있도록 규정해 두는 조항이다.

> 7.1 <u>Indemnification by Content Provider</u>. Content Provider agrees to indemnify and defend Distributor from and against all liabilities, damages, costs and expenses (including attorney fees) arising from claims, demands, actions or proceedings brought by any third party alleging that such third party's intellectual property rights have been infringed by Content or in connection with breach of any warranty provided by Content Provider under this Agreement.

> **7.1 콘텐츠 제공자에 의한 면책.** 콘텐츠 제공자는 제3자의 지식재산권이 콘텐츠에 의해 침해되었다고 주장하는 것으로서, 해당 제3자가 제기한 클레임, 요구, 소송이나, 콘텐츠 제공자가 본 계약에 따라 제공한 보증의 위반과 관련하여 제기된 클레임이나, 요구, 소송으로부터 발생하는 모든 책임, 손해, 비용(변호사 비용 포함)으로부터 배포권자를 면책하고 방어하기로 한다.

제7.1항은 콘텐츠 제공자가 지는 면책 의무 규정이다. 본 계약에 의해 배포되는 콘텐츠가 제3자의 지식재산권을 침해한다는 클레임 또는 콘텐츠가 불법적 내용을 포함한다는 등의 제3자 클레임이 배포권자에게 제기된 경우, 이로 인해 배포권자가 손해를 입지 않도록 콘텐츠 제공자가 면책해 주고 해당 클레임을 방어해야 한다는 내용이다.

> **7.2 Indemnification by Distributor.** Distributor agrees to indemnify and defend Content Provider [and its licensor] from and against liabilities, damages, costs and expenses (including attorney fees) arising from claims, demands, actions or proceedings brough by any third party alleging that such party's intellectual property rights or other rights have been infringed by Distributor in connection with its publication or distribution activities hereunder or by Distributor's changes, modifications or derivative works of Content.

> **7.2 배포권자에 의한 면책.** 배포권자는 제3자의 지식재산권이나 기타 권리가 본 계약에 따른 출판이나 배포와 관련하여 배포권자에 의해, 또는 배포권자가 작성한 콘텐츠의 변경, 수정 또는 이차저작물에 의해 침해되었다고 주장하는 것으로서, 해당 제3자가 제기한 클레임, 요구, 소송으로부터 발생하는 모든 책임, 손해, 비용(변호사 비용 포함)으로부터 콘텐츠 제공자 [및 이용권 제공자]를 면책하고 방어하기로 한다.

제7.2항은 배포권자의 면책 의무로서, 배포권자가 행한 작품 배포 또는 작품 변경이 제3자의 권리를 침해했다는 클레임으로 인해 콘텐츠 제공자에게 손해가 발생하는 경우, 이에 대해 배포권자가 면책 책임을 지고 해당 클레임을 방어해야 함을 규정하는 내용이다.

● 제8조. 계약기간 및 해지

> **8. Term and Termination**

> **8. 계약기간 및 해지**

본 계약의 계약기간 및 계약이 해지되는 경우를 규정하고, 해지되었을 때의 결과에 대해 규정하는 조항이다.

8.1 <u>Term</u>. This Agreement shall begin to take effect as of the Effective Date and shall remain in effect until [   ] or earlier terminated pursuant to this Section. [This Agreement shall be renewed automatically for one (1) more year terms unless either Party gives the other Party a notice not to renew at least ninety (90) days prior to the expiration date of the then-current term of this Agreement.]

8.1 계약기간. 본 계약은 유효일에 발효하여 [   ]까지 또는 본 조항에 따라 그보다 먼저 해지되는 날까지 유효하게 유지된다. [한 당사자가 상대 당사자에게 본 계약의 당시 유효한 계약기간의 만료일 최소 90일 이전에 갱신하지 않기로 하는 통지를 하지 않는 한, 본 계약은 추가 1년의 기간 동안 자동으로 갱신된다.]

제8.1항은 계약기간에 대한 것으로서, 본 계약이 계약체결일로부터 시작하여 특정일자까지 혹은 일정 조건에 따라 해지되기까지 유효함을 규정한다. 계약기간을 유효일로부터 '몇 년'으로 정할 수도 있다. 만기 시 자동 갱신을 하기를 원하면 예시된 두 번째 문장과 같이 규정하면 된다.

8.2 <u>Termination</u>. This Agreement may be terminated during the term of this Agreement in any of the following events.

(a) This Agreement may be terminated by either Party if the other Party is in material breach of any term or condition of this Agreement and said Party in breach fails to cure such breach within [fifteen (15)] days after the Party in breach has been notified of the breach by the other Party.

(b) Either Party may terminate this Agreement for any reason and at any time by giving the other Party [ninety (90)] days' prior written notice.

8.2 해지. 다음의 경우에 본 계약은 계약기간 중에 해지될 수 있다.

(a) 한 당사자가 본 계약의 중대한 위반을 하고 상대 당사자로부터 위반에 대한 통지를 받은 후 [15]일 이내에 해당 위반을 시정하지 못하는 경우, 본 계약은 위반 당사자가 아닌 당사자에 의해 해지될 수 있다.

(b) 한 당사자는 상대 당사자에게 [90]일의 사전 서면 통지를 제공하고 어떤 사유로든 언제든 본 계약을 해지할 수 있다.

제8.2항은 본 계약이 해지되는 경우에 대해 규정한 것이다. 본 계약이 만료되기 전이라도 한 당사자의 계약위반에 의하여 또는 일정 기간의 사전 통지를 통해 특별한 사유가 없는 경우라도 계약을 해지할 수 있음을 규정하는 내용이다.

8.3 <u>Effect of Termination</u>. In the event of expiration or termination of this Agreement:

(a) Distributor shall provide Content Provider with a statement of all sums due to Content Provider under this Agreement and make payment for such sums within [thirty (30)] days of such expiration or termination; and

(b) Distributor shall stop any on-line publication or distribution of the Content immediately upon such expiration or termination, provided however that Content Provider acknowledges and agrees that expiration or termination of this Agreement does not terminate the rights or licenses of an end user to continue to use the Content, if the Content was subscribed to or downloaded by the end user prior to the effective date of expiration or termination.

8.3 해지 효과. 본 계약이 만료되거나 해지되는 경우, 다음이 적용된다:

(a) 배포권자는 만기일 또는 해지일로부터 [30]일 이내에 콘텐츠 제공자에게 지급해야 하는 총액에 대한 결산서를 제공하고 해당 금액을 지급한다; 그리고

(b) 만기나 해지 즉시, 배포권자는 콘텐츠의 온라인 출판이나 배포를 중단한다; 단, 콘텐츠 제공자는 최종 이용자가 만료나 해지의 유효일 이전에 콘텐츠를 구매하거나 다운로드한 경우, 그러한 콘텐츠를 최종 이용자가 계속하여 이용할 수 있는 권리가 본 계약의 만료나 해지로 인해 종료되는 것은 아님을 인정하고 동의한다.

제8.3항은 본 계약이 만료되거나 해지되면, 배포권자가 일정 기간 내에 본 계약 상 지급해야 할 금액에 대한 보고 및 지급을 해야 함을 규정하고, 더 이상 콘텐츠 배포를 하지 않도록 하는 조항이다. 단, 이미 콘텐츠를 구입한 이용자에 대해서는 계속 서비스할 수 있도록 규정한다.

8.4 <u>Return or Deletion of Content</u>. Upon expiration or termination of this Agreement, Distributor shall return to Content Provider or destroy all Content, including documentations, images and files, used for distribution of the Content under this Agreement.

8.4 <u>콘텐츠 반환 또는 폐기</u>. 본 계약의 만료나 해지시, 배포권자는 본 계약에 따라 콘텐츠를 배포하기 위하여 이용한 문서, 이미지, 파일을 포함하여 모든 콘텐츠를 콘텐츠 제공자에게 반환하거나 폐기하여야 한다.

제8.4항은 콘텐츠 반환 또는 폐기 의무를 규정한 것으로서, 본 계약이 만료되거나 해지되는 경우에 배포권자가 콘텐츠 모두를 콘텐츠 제공자에게 반환하거나 폐기해야 함을 규정한다.

● 제9조. 일반조항

9. Miscellaneous

9. 기타 조항

기타 본 계약과 관련한 일반적인 사항들을 규정해 놓는 조항이다.

9.1 <u>Force Majeure</u>. Neither Party will be liable for any delay or failure to fulfill its obligations hereunder that results from acts of God, war, civil disturbance, court order, legislative or regulatory action, catastrophic weather condition, failure or fluctuation in electrical power or other utility services or other cause beyond its control.

9.1 <u>불가항력</u>. 천재지변, 전쟁, 민간인소요, 법원 명령, 입법 또는 행정조치, 기후이변, 전력이나 기타 유틸리티서비스의 중단이나 변동 또는 당사자의 통제가 불가한 다른 요인으로 인해 본 계약의 의무 이행을 지연하거나 불이행하는 것에 대해 어느 당사자도 책임지지 않는다.

제9.1항은 불가항력적 사유로 인해 본 계약상 의무 이행을 하지 못하는 것에 대해 당사자가 책임을 지지 않도록 한다는 내용이다.

9.2 <u>Governing law and Dispute Resolution</u>. This Agreement shall be governed by and construed in accordance with the laws of [the Republic of Korea]. Any claim, dispute or controversy between the Parties arising out of or in relation to this Agreement shall be finally settled by arbitration in accordance with the rules of the [Korean Commercial Arbitration Board], which rules are deemed to be incorporated by reference into this clause. The place of arbitration shall be [Seoul, the Republic of Korea]. The award shall be final and binding upon both Parties.

9.2 <u>준거법 및 분쟁해결</u>. 본 계약은 [대한민국] 법의 적용을 받고 그에 따라 해석된다. 본 계약으로부터 발생하거나 본 계약과 관련한 당사자들 간의 클레임, 분쟁이나 다툼은 [대한상사중재위원회]의 규정에 따라 최종적으로 해결되며, 상기 규정은 본 조항에 언급됨으로써 본 계약에 통합된다. 중재는 [대한민국 서울]에서 수행한다. 중재에 따른 판결은 최종적인 것이며 양 당사자에게 구속력이 있다.

제9.2항은 본 계약에 적용되는 법률 및 분쟁시 해결 방법에 대해 합의하여 규정해 놓는 조항이다. 본 모델에서는 작품에 대한 배포권을 라이선스하는 당사자 입장에서 유리하게 대한민국 법과 국내 중재를 제안하도록 문구가 마련되었다. 준거법과 분쟁해결지에 관하여 합의가 이뤄지지 않는 경우, 양 당사자의 국가가 아닌 제3국의 법률 및 제3국에서의 중재 진행이 대안으로 제시되기도 한다.

9.3 <u>Notices</u>. All notices or reports under or relating to this Agreement shall be sent by e-mail or by registered mail to the address set forth first above in this Agreement or to any other address the Party may designate in writing.

9.3 <u>통지</u>. 본 계약에 따른 모든 통지나 보고서는 이메일이나 등기우편으로 발송하되, 본 계약에 기재된 주소, 또는 당사자가 서면으로 지정하는 기타 주소로 발송하여야 한다.

제9.3항은 본 계약에 따라 상대방에게 통지를 하거나 보고를 해야 하는 경우, 해당 통지나 보고서를 보내는 방법 및 수신지 등을 규정해 놓는 조항이다.

9.4 <u>Relationship of Parties</u>. This Agreement will not be construed to create a joint venture or partnership between the Parties and neither will have the right, power, or authority at any time to act on behalf of, or impose any obligation on or to represent the other, except as expressly set forth herein.

9.4 <u>당사자들의 관계</u>. 본 계약은 당사자들 간에 합작회사나 파트너십을 구성하는 것으로 해석되지 않으며, 어떤 한 당사자도 본 계약 내에 명시된 바를 제외하고는 다른 당사자를 대신하여 행위를 하거나, 의무를 부과하거나, 대리할 권리, 권력 또는 권한을 갖지 않는다.

제9.4항은 본 계약 당사자들의 관계가 합작회사 구성원이나 파트너가 아니며 한 당사자가 상대방을 대리하는 것이 아님을 명시하는 내용이다.

9.5 <u>Assignment, Delegation or Subcontracting</u>. Neither Party may assign, delegate or subcontract its rights or obligations under this Agreement to any third party without prior written consent of the other Party.

9.5 <u>양도, 위임 또는 하도급</u>. 어느 한 당사자도 상대 당사자의 사전 서면 동의 없이는 본 계약에 따른 자신의 권리와 의무를 제3자에게 양도, 위임 또는 하도급 계약할 수 없다.

제9.5항은 양도, 위임 및 하도급에 대한 것으로서, 본 계약에 따른 권리나 의무는 상대방의 사전 서면 동의 없이 제3자에게 양도, 위임 또는 하도급 계약할 수 없음을 규정한다.

9.6 <u>No Waiver</u>. The failure of either Party to this Agreement to insist upon the performance of any of the terms and conditions of this Agreement, or the waiver of any rights for breach of any of the terms and conditions of this Agreement, shall not be construed as subsequently waiving any such terms and conditions, but the same shall continue and remain in full force and effect as if no such forbearance or waiver had occurred.

9.6 <u>권리 불포기</u>. 어느 한 당사자가 본 계약의 어떤 규정의 이행을 강제하지 않거나 본 계약의 위반에 대한 권리를 포기하는 것은, 해당 규정에 대한 이후의 포기로 해석되지 않으며, 해당 규정은 상기 이행 자제나 포기가 없었던 것처럼 완전한 효력을 계속하여 유지한다.

제9.6항은 한 당사자가 본 계약에 따른 의무 이행을 강제하지 않거나 특정 위반 사항에 대해 권리 포기를 하는 경우, 이것이 이후의 기타 이행이나 위반에 대한 권리 포기로 여겨지지 않음을 명시하는 조항이다.

9.7 <u>Entire Agreement</u>. This Agreement and its exhibits contain and incorporate the entire understanding of the Parties with respect to the subject matter of this Agreement and supersede all prior agreements, understandings and negotiations with respect to the subject matter hereof.

9.7 <u>완전 합의</u>. 본 계약 및 별첨 문서는 본 계약의 주제에 대한 당사자들 간의 완전한 합의 일체를 포함하고 통합하며, 해당 주제에 대한 이전의 모든 합의, 이해나 협상을 대체한다.

제9.7항은 본 계약이 당사자 간에 이뤄진 합의와 이해 사항 일체를 나타내는 것이며, 이전의 협의 내용에 우선한다는 내용이나.

9.8 <u>Amendment</u>. No modification, amendment, supplement to or waiver of any provision of this Agreement shall be binding upon the Parties unless agreed and executed in writing by both Parties.

9.8 <u>개정</u>. 본 계약 조항의 변경, 개정, 보충 또는 포기는 양 당사자들이 서면으로 합의하여 체결한 서면 문서에 의한 경우에만 당사자들에게 구속력을 갖는다.

제9.8항은 계약 변경에 대한 것으로서, 본 계약의 변경은 양 당사자가 서면으로 합의 및 서명한 경우에만 효력이 있음을 명시한 규정이다.

● 계약 체결을 위한 서명란

IN WITNESS WHEREOF, the Parties hereto have duly caused this Agreement to be executed as of the date first above written.

Content Provider: [   ]   Distributor: [   ]

_____   _____

By: [   ]   By: [   ]

Title: [   ]   Title: [   ]

이를 증거하기 위해, 당사자들은 상기 일자에 본 계약을 체결하였다.

콘텐츠 제공자: [   ]   배포권자: [   ]

_____   _____

서명인: [   ]   서명인: [   ]

직위: [   ]   직위: [   ]

당사자들의 정당한 권한 있는 대표자가 서명을 하여 계약 체결을 증명하는 서명란이다.

● 별첨 문서 표시부분

Exhibits:

Exhibit A. Description of Content
Exhibit B. Territory and Channels

별첨 문서들:

별첨 A. 콘텐츠 상세사항
별첨 B. 영역 및 채널

본 계약에 첨부되는 별첨 문서들(별첨 A. 배포 대상 작품에 대한 상세사항 및 별첨 B. 배포 대상 영역 및 배포 채널에 관한 상세사항)을 표시한 것으로서, 계약 본문 마지막 부분에 위와 같이 별첨 리스트를 기재하고, 이어서 각 별첨 문서에 해당 상세 사항을 기재하여 첨부한다. 각 별첨 문서에 기재할 사항과 관련해서는 앞서 제시한 출판계약서 모델의 별첨 기재 내역을 참고하기 바란다.

제3장
상품화라이선스계약서

참고용 계약서 내려받기
(QR코드 스캔▼)

용조 작가는 동남아시아 어느 나라의 Y회사로부터 연락을 받고 출판계약을 진행시키고 있는데, 뜻밖에 그 나라의 Z회사로부터 용조 작가의 상품을 상품화하는 계약도 체결하고 싶다는 연락을 받았다. 내 작품이 벌써부터 이렇게 인정받고 있다니? 놀라는 용조 작가… 그런데 상품화 계약은 또 어떻게 체결해야 하는 거지?

작가님, 만화책의 캐릭터와 일러스트를 우리나라에서 상품으로 만들고 싶어요.

용조 작가　　　　　　　　Z회사

상품화 라이선스계약서 Merchandise License Agreement 란 어떤 것일까?

상품화 라이선스계약서는 웹툰이나 웹소설의 작가 등이 사업자로 하여금 해당 저작물의 제목, 캐릭터, 이미지, 그래픽 등을 활용하여 다양한 종류의 상품을 제작하여 판매하도록 할 때 체결하는 라이선스계약서다.

상품화 라이선스계약서는 어떤 구조일까?

작가 등은 상품화를 허락하는 대가로 라이선스 요금(License Fee)이나 매출 수익에 비례하여 로열티(Royalty)를 받게 된다. 즉, 다양한 유형의 기타 라이선스계약과 마찬가지로, 상품화 라이선스계약서 내에는 일정 상품 제작 및 판매를 허락하는 규정을 두고, 이에 대한 대가로 매출 금액에 일정 비율을 곱하여 로열티 금액을 정하며, 이러한 로열티 대신 또는 로열티에 추가하여 별도의 라이선스 요금을 지급하도록 규정한다.

상품화 라이선스계약서는 저작물의 출판이나 배포계약처럼 저작물 자체를 복제 및 배포하는 권한을 주는 것과는 달리, 저작물과 관련한 소비재 상품 등 다양한 상품을 디자인, 제작 및 판매하도록 허락하는 계약이므로, 이 과정에서 작가 등이 소유한 저작권이나 상표권과 같은 지식재산권 및 명성이 침해되거나 손상되지 않도록 하는 것이 중요하다. 즉, 작가 등이 상품 품질과 관련한 통제권을 갖고 자신의 저작권 및 상표권이 강력하게 보호될 수 있는 방안을 마련해 계약에 명시해 두는 것이 작가 등의 입장에서는 매우 중요하다.

계약서를 조문별로 살펴보자

● 계약서 제목 및 당사자

(MODEL) MERCHANDISE LICENSE AGREEMENT

This Merchandise License Agreement (this "Agreement") is executed and entered into as of [   ] (the "Effective Date") by and between [   ], a Korean corporation having its principal place of business at [   ] ("Licensor") and [   ], a [   ] corporation having its principal place of business at [   ] ("Licensee") (a "Party" individually and the "Parties" collectively).

(모델) 상품화 라이선스 계약서

본 상품화 라이선스 계약(본 "계약")은 [   ]("유효일")에 [   ]에 주 사업장을 갖는 대한민국 법인인 [   ]("라이센서")와 [   ]에 주 사업장을 갖는 [   ] 법인인 [   ]("라이센시")(개별적으로 "당사자", 통칭하여 "당사자들") 간에 체결된다.

계약의 제목과 계약 당사자 표시 부분이다. 첫 문장에 상품화 라이선스 계약의 효력이 발생하기 시작하는 유효일이 표시되며, 계약 당사자인 작가 혹은 작가로부터 권한을 받아 본 라이선스를 제공하는 라이센서("Licensor")와 본 계약의 대상 작품을 활용하여 상품을 제작하여 판매하고자 하는 사업자인 라이센시("Licensee")의 이름, 상호, 주소 등이 표시된다.

웹툰이나 웹소설 등 본 계약상 상품화 대상 작품과 관련한 권리를 제공하는 자가 회사가 아닌 개인인 경우에는 "a Korean corporation having its principal place of business at" 대신 "a Korean individual having its address at" 등으로 문구 변경하면 된다.

● 목적 설명 부분

WHEREAS, Licensor is the owner of all right, title and interest throughout the world to the [webtoons, web novels, etc.] and derivative works thereof as specified in Exhibit A attached hereto (the "Works") and titles, trademarks and service marks, and variants thereof as specified in Exhibit B attached hereto (the "Marks");

WHEREAS, Licensee desires to use the Works and/or the Marks on or in connection with the products which are made up of the titles, character names, character images, pictures, graphics and other items forming a part of the Works as identified in Exhibit C (the "Products") and to manufacture and sell the Products in the countries identified in Exhibit D (the "Territory"); and

WHEREAS, Licensor desires to grant Licensee the right to use the Works and the Marks solely in connection with the Products.

NOW, THEREFORE, in consideration of the mutual promises, covenants and conditions contained herein, the Parties agree as follows.

라이센서는 본 계약에 첨부된 별첨 A에 명시된 [웹툰, 웹소설]과 이의 이차저작물("작품")에 대하여, 그리고 별첨 B에 명시된 제목, 상표, 서비스표 및 이의 변형된 표장("마크")에 대하여 전 세계에서 모든 권리, 소유권 및 이익을 소유한 소유권자이다;

라이센시는 별첨 C에 명시된 것으로서, 작품의 제목, 캐릭터 이름, 캐릭터 이미지, 그림, 그래픽 및 작품의 일부분을 구성하는 기타 요소로 이루어진 상품("상품") 상에 또는 이와 관련하여 작품 및/또는 마크를 이용하고자 하며, 별첨 D에 명시된 국가("영역") 내에서 상품을 제조하고 판매하고자 한다;

라이센서는 오직 상품과 관련하여 작품과 마크를 이용할 수 있는 권리를 라이센시에게 허여하고자 한다.

이에, 본 계약에 포함된 상호간 약속, 서약 및 조건에 따라, 당사자들은 다음과 같이 합의한다.

당사자의 지위 및 본 계약 체결 목적에 대해 설명하는 계약서의 전문(前文)이다.

라이센서는 웹툰 등 작품의 저작권 및 관련 상표권 등을 가진 자(저작권자나 상표권자가 아닌 경우, 작품의 상품화를 위해 작품이나 상표 사용권을 라이선스를 할 권한이 있는 자로서 설명해야 함. **예** "Licensor has the right to license the use of the Works and the Marks …. ")이며, 라이센시는 웹툰 등 작품의 제목, 캐릭터명, 캐릭터 이미지, 그림 등을 활용하여 다양한 상품을 제작하여 판매하고자 하는 사업자로서 일정 지역에서 이 상품화 권리를 라이선스 받아 제작 판매하려는 자임을 설명하는 부분이다.

작품, 상표, 상품 및 지역에 관한 상세 사항은 별첨을 붙여 그 안에 자세히 표시한다.

제1조. 이용권 허락 (라이선스) 규정

1. Grant of License

제1조. 라이선스

1.1 Licensor hereby grants to Licensee a non-exclusive, non-sublicensable, non-transferable and non-assignable license (the "License") to use the Works and/or the Marks solely for the design, manufacture, production, marketing, advertising, promotion and sale of the Products by Licensee within the Territory and, for this purpose only, to affix the Marks on or to packaging, advertising and promotional materials sold, used or distributed in connection with the Products (the "Promotional Material").

1.1 라이센서는 영역 내에서 라이센시가 오직 상품의 디자인, 제조, 제작, 마케팅, 광고, 판촉 및 판매만을 위하여 작품 및/또는 마크를 이용하고, 이 목적만을 위하여, 상품과 연관되어 판매, 이용 또는

유통되는 포장, 광고 및 판촉물("판촉물")에 마크를 부착할 수 있는 비독점적이며, 재이용권 허여 불가능하고, 이전이나 양도 불가능한 이용권리("라이선스")를 라이센시에게 허락한다.

제1.1항은 작품 및 마크(표장)를 활용하여 상품을 디자인, 제작 및 판매할 권리를 라이센서가 라이센시에게 부여하는 이른바 라이선스 허락 조항이다.

허락하는 권리가 비배타적이며, 서브라이선스 불가하고 양도 불가능한 권리이며, 명시적으로 기재된 지역 내에서 상품 및 판촉물 등을 제작, 판매하는 용도로만 제한된다고 명시하는 등 라이선스의 범위를 정해두는 내용으로서, 본 계약의 핵심 조항이다.

1.2 Based upon the License, Licensee shall commence manufacture, distribution, and sale of the Products in commercially reasonable quantities within [six (6)] months after the Effective Date of this Agreement and, thereafter, shall continue to distribute and sell all of the Products in the Territory. The Products shall be sold by Licensee at a competitive price not more than at the price customarily charged by the Licensee.

1.2 본 라이선스에 따라, 라이센시는 본 계약의 유효일 이후 [6]개월 이내에 상업적으로 합리적인 수량의 상품을 제조, 유통 및 판매 개시해야 하며, 이후 영역 내에서 모든 상품을 계속하여 유통하고 판매해야 한다. 상품은 라이센시가 통상 책정하는 가격을 초과하지 않는 경쟁력 있는 수준의 가격으로 라이센시에 의해 판매되어야 한다.

제1.2항은 상품의 판매 개시 시점 및 상품 가격 등에 대한 대략적인 요건을 포함하는 조항이다. 이에 대해 보다 상세히 통제하고자 하는 경우에는 상세 규정을 마련하여 추가 기재할 수 있다.

제2조. 로열티 지급 및 정산서 관련 조항

2. Royalty Payment and Statements

제2조. 로열티 지급 및 정산서

2.1 Licensee agrees to pay Licensor a royalty of [ ] percent ([ ]%) based on gross sales less quantity discounts and returns actually credited ("Net Sales") of the Products by Licensee ("Royalty"). No deduction shall be made for cash or other discounts, commissions or uncollectible accounts nor for any costs incurred in the manufacture, sale, distribution or exploitation of the Products.

2.1 라이센시는 상품의 총매출에서 수량할인 및 실제 환불금액을 공제한 금액("순매출")의 [ ]%에 해당하는 금액("로열티")을 라이센서에게 로열티로 지급하기로 한다. 현금할인 또는 기타 할인, 커미션이나 부실채권, 상품의 제조, 판매, 유통, 활용을 위해 발생한 비용에 대한 공제는 하지 않는다.

제2.1항은 로열티 금액을 규정한 조항으로서, 상품 순매출의 일정 비율을 로열티로 정해 라이센서에게 지급하도록 하는 내용이다. 최소수익 보장을 위한 대안으로, 일정 기간에 대해 로열티 최소보증금액 Minimum Guaranteed Royalty을 정해 두고, 순매출에 따라 계산된 로열티 금액이 해당 최소보증 로열티 금액에 미치지 못하는 경우에는 계산된 로열티 금액에 상관없이 최소보증 로열티를 지급하도록 규정할 수도 있다.

2.2 Licensee shall pay all Royalties due to Licensor under this Agreement in respect of the Products within thirty (30) days after the end of each calendar quarter (the "Royalty Period"). All payments made hereunder shall be in [United States] currency. Time is of the essence with respect to all payments to be made and interest at a rate of [ ] percent ([ ]%) per month shall accrue on any amount due Licensor calculated from the date on which payment was due.

2.2 라이센시는 본 계약에 따라 상품에 대하여 라이센서에게 지급하도록 규정된 모든 로열티를 매월 ("로열티기간") 말일로부터 30일 이내에 지불하여야 한다. 모든 지불은 [미국] 화폐로 이루어진다. 모든 지급의무는 그 이행시기 준수가 필수이며, 라이센서에게 지급되어야 하는 금액에 대하여는 지급 기일로부터 계산하여 매월 [ ]%의 이자가 가산된다.

제2.2항은 로열티 정산 및 지급일, 지급지연에 대한 이자율 등 로열티 지급과 관련한 사항을 정해 명시한 규정이다.

2.3 Licensee shall provide the Licensor, within thirty (30) days after the end of each Royalty Period, a complete and accurate statement of its Net Sales of the Products for that Royalty Period, said statement to be certified as accurate by the Licensee. Such statements must be submitted whether or not any Products have been shipped or Royalties have been earned during the Royalty Period.

2.3 라이센시는 매 로열티기간의 말일로부터 30일 이내에 라이센서에게 해당 로열티기간에 대한 상품 순매출액에 대한 완전하고 정확한 정산서를, 정확하다는 라이센시의 확인을 추가하여 라이센서에게 제공하여야 한다. 이 정산서는 해당 로열티기간 동안 상품이 운송되었는지 또는 로열티가 발생했는지 여부와 상관없이 제출되어야 한다.

제2.3항은 정산서 등 제출의무에 대한 것이다. 매출액에 따라 로열티 금액이 결정되므로 상품의 매출액에 대한 근거 자료 및 정산서를 지급 기간에 맞춰 제출하도록 요구하는 내용이다.

2.4 The receipt or acceptance by Licensor of any Royalty statement furnished pursuant to this Agreement, or any Royalty payment made, shall not preclude Licensor from questioning their accuracy at any time for a period of [three (3)] years from the receipt of the Royalty statement. Licensor shall have the right, at reasonable hours of the day and upon reasonable notice, to examine Licensee's books and records with respect to this Agreement. If any mistakes are discovered in such statements or payments, appropriate adjustments shall be promptly made by the Parties. Licensee shall pay Licensor interest on late Royalty payments at an annual rate of [ ] percent ([ ] %) above the prevailing prime interest rate of [   ], in effect on the date on which such late Royalty payment should have been paid to Licensor, but in no event shall such interest rate exceed the maximum rate permitted by applicable law. All books of account and records of Licensee relating to this Agreement shall be retained for at least [three (3)] years after expiration or termination of this Agreement.

2.4 본 계약에 따라 제공된 로열티 정산서를 라이센서가 수락했거나, 로열티 금액이 지급되었어도, 라이센서는 해당 로열티 정산서 수령 후 [3]년 간 언제라도 그 정확성에 대해 문제를 삼을 수 있다. 라이센서는 합리적인 시간 중에 합리적인 통지를 하고 나서, 본 계약과 관련한 라이센시의 장부와 기록을 검사할 권리를 갖는다. 정산서나 지불에 오류가 발견되면, 당사자들은 즉시 적절한 조정을 한다. 라이센시는 지급이 지연된 로열티에 대해서 해당 지연된 로열티 금액이 라이센서에게 지급되었어야 하는 일자의 [   ]의 최우대 금리에 [ ]%를 더한 연이율로 지연 이자를 지불해야 하나, 이 이율은 적용법에서 허용하는 최대 금리를 초과해서는 안 된다. 본 계약과 관련된 라이센시의 모든 장부와 기록은 본 계약의 만료나 해지 이후에도 최소한 [3]년 동안 보관되어야 한다.

제2.4항은 로열티 산출 근거에 대해 확인하고 감사할 수 있는 라이센서의 권리를 규정한 조항이다. 로열티 금액에 이상이 발견된 경우 지연이자를 정하여 추가로 지급하게 하는 내용을 위에 포함하였다. 감사를 위해 소요된 비용에 대해서도 라이센시가 책임을 지도록 추가로 비용 부담 의무를 규정할 수 있다.

2.5 There shall be no deduction from the Royalties payable to Licensor for taxes, fees or expenses of any kind which may be incurred or paid by Licensee in connection with (i) Royalty payments due to Licensor or (ii) the manufacture, sale, distribution or advertising of the Products.

2.5 (i) 라이센서에게 지급되는 로열티와 관련하여 또는 (ii) 상품의 제조, 판매, 유통 또는 광고와 관련하여 라이센시에게 발생한 어떠한 종류의 세금, 수수료 또는 비용도 라이센서에게 지급할 로열티 금액으로부터 공제할 수 없다.

제2.5항은 본 계약에 따라 지급되는 로열티 금액에서 세금이나 각종 비용에 대한 공제를 할 수 없음을 명시한 조항이다.

각 당사자의 세금 부담 여부에 대해서는, 해당 국가 당사자와의 거래에 대한 납세 의무 관련 전문가의 자문을 받고 세금 리스크를 최대한 줄이는 방법으로 당사자 간에 명확히 합의 후 계약에 명시해 두는 것이 좋다.

● 제3조. 상품 품질 관련 규정

3. Quality Requirement of Products

제3조. 상품 품질 요건

3.1 Licensee warrants: (i) that the Products and all Promotional Material will be of good quality in design, materials and workmanship and suitable for its intended purpose; (ii) that no injurious or hazardous substances will be used in or on the Products or the Promotional Material; and (iii) that the Products and the Promotional Material will not cause harm when used as intended and with ordinary care and will be manufactured, marketed, advertised, promoted and sold or otherwise distributed in compliance with all applicable laws and regulations. The quality and style of the Products and all Promotional Material relating to the Products shall be at least as high as the best quality of similar goods presently sold or distributed by Licensee in the Territory and shall be strictly in compliance with artwork and samples of the Products and/or the Promotional Material approved by Licensor.

3.1 라이센시는 다음을 보증한다: (i) 상품 및 판촉물이 그 디자인이나, 자재 및 공정에 있어서 우수한 품질이며, 원래의 의도된 목적에 적합한 것임; (ii) 상품이나 판촉물에 위험 물질이 사용되지 않을 것임; 및 (iii) 상품 및 판촉물은 의도된 바에 따라 통상의 주의로 사용될 때 해를 끼치지 않을 것이며, 모든 적용 법령을 준수하여 제조, 마케팅, 광고, 판촉, 판매 또는 유통될 것임. 상품 및 상품에 관한 모든 판촉물의 품질과 스타일은 라이센시가 영역 내에서 현재 판매하거나 유통하고 있는 유사한 제품의 최고 품질과 최소한 같은 수준이어야 하며, 라이센서가 승인한 상품 및/또는 판촉물의 아트워크 및 샘플과 엄격히 일치하는 것이어야 한다.

제3.1항은 상품의 품질과 관련하여 라이센시가 보증하는 내용이다. 상품 및 판촉물 등의 품질, 무해성, 적법성 등에 대해 보증하며, 상품이 라이센서에 의해 승인된 원판이나 견본과 일치해야 함을 규정하는 조항이다.

3.2 All Products and all Promotional Material on which the Works or the Marks are used shall contain the following legal notices:

[Copyright & Trademark Notices

Ex: Copyright and Trademarks [   ] under license by [   ].]

Licensee acknowledges that the copyright and trademark notice must be permanently affixed to all Products, the Promotional Material, and to any separate portions of the Products or the Promotional Material which contain the Work and/or the Marks and which are intended to be used separately by the purchaser.

3.2 작품이나 마크가 사용된 모든 상품 및 판촉물은 다음의 법적 고지를 포함하여야 한다:

[저작권 및 상표 고지

예: 저작권과 상표 [   ]는 [   ]의 라이선스에 의해 이용됨]

라이센시는 상기 저작권 및 상표 고지가, 모든 상품 및 판촉물, 그리고 작품 및/또는 마크를 포함하며, 구매자가 분리하여 사용하도록 의도된 상품이나 판촉물의 분리된 부분에 모두 영구히 부착되어야 함을 인정한다.

제3.2항은 상품과 판촉물 등에 작품이나 마크의 권리자를 표시하는 고지를 포함하도록 하는 규정이다.

3.3 Prior to determining the design of the Products or Promotional Material, Licensee shall submit, for Licensor's approval, copies of all preliminary artwork regarding the proposed Products and Promotional Material. Prior to the sale and distribution of the Products or the use of any Promotional Material, Licensee shall submit at its own cost for Licensor's approval, one complete set of samples of all Products intended to be sold and distributed and one complete set of samples of all Promotional Material intended to be used. Licensee may not sell or distribute any such Product nor use any such Promotional Material without Licensor's prior written approval of such samples.

3.3 상품이나 판촉물의 디자인 확정 이전에 라이센시는 제안된 상품 및 판촉물의 모든 예비 아트워크 사본을 라이센서가 승인할 수 있도록 제출해야 한다. 상품을 판매 및 유통하거나 판촉물을 사용하기 전에, 라이센시는 판매 및 유통 예정된 모든 상품 샘플의 1세트 전체 및 사용될 모든 판촉물 샘플의 1세트 전체를 자신의 비용으로 라이센서에게 제출하여 승인을 받는다. 라이센시는 상기 샘플에 대한 라이센서의 사전 서면 승인 없이는 상품을 판매 또는 유통할 수 없으며 판촉물을 사용할 수 없다.

제3.3항은 상품이나 판촉물 등의 디자인 확정에 앞서 라이센서의 승인을 위해 디자인 원판을 제출할 의무를 규정하고, 판매 전에 상품 샘플을 제출해 승인을 받도록 하는 내용이다. 디자인 원판과 샘플 승인 절차, 거절 시 처리 절차에 대해 당사자 간에 합의하여 보다 상세히 규정해 둘 수 있다.

3.4 Licensee agrees to permit Licensor to request reasonable amount of samples of the Products or the Promotional Material for further inspection and confirmation of the quality standard or to inspect the facilities where the Products are manufactured or packaged. In the event that the above-stated quality standards or requirements are not met or maintained throughout the term of this Agreement, Licensor has the right to require that Licensee immediately discontinue manufacturing, selling and distributing such Products that fail to meet the quality standards or other requirements.

3.4 라이센시는 라이센서가 상품이나 판촉물 샘플의 합리적 수량을 요청하여 추가로 그 품질 기준 검사 및 확인을 할 수 있고, 상품이 제조되고 포장되는 설비를 검사할 수 있는 권한을 가짐에 동의한다. 상기 품질 기준이나 요구사항이 본 계약 기간 동안 충족되거나 유지되지 않는 경우, 라이센서는 라이센시가 즉시 해당 품질 기준이나 기타 요구사항을 미충족하는 상품 제조, 판매 및 유통을 중지하도록 요구할 권리를 갖는다.

제3.4항은 상품이나 판촉물 등의 품질 검사를 위해 합리적인 수량의 샘플을 요구하여 검사할 권한이 라이센서에게 있음을 명시하고, 합의된 품질 수준 및 적법성 요건을 만족하지 못하는 경우 해당 상품 제작 판매를 즉시 중단 요구할 수 있음을 명시한다.

● 제4조. 라이센서의 아트워크(Artwork) 및 영업권(Goodwill) 관련 규정

4. Licensor's Artwork and Goodwill Protection

제4조. 라이센서의 아트워크(Artwork) 및 영업권(Goodwill) 보호

4.1 Licensor will, at the request of Licensee and at Licensee's expense, provide Licensee with Licensor's artwork of the Works and/or the Marks which Licensee requires for use in connection with the Products or the Promotional Material. All artwork relating to the Works and Marks, notwithstanding their invention, shall be deemed to be the property of Licensor.

4.1 라이센서는 라이센시의 요청에 따라 라이센시의 비용으로, 상품이나 판촉물과 관련하여 라이센시가 이용하고자 요청하는 라이센서의 작품 및/또는 마크 아트워크를 라이센시에게 제공한다. 작품과 마크에 대한 모든 아트워크는 누가 작성했는지에 상관없이 모두 라이센서의 재산으로 여겨진다.

제4.1항은 상품이나 판촉물 등에 사용하기 위해 작품 및 마크에 관한 라이센서의 아트워크를 라이센시가 요청하는 경우에 라이센서가 이를 제공하도록 하는 내용이다. 작품이나 마크와 관련한 모든 아트워크는 누가 만들었는지에 상관없이 라이센서의 소유인 것으로 규정해 두었다.

4.2 Licensee recognizes the value of the goodwill associated with the Works and the Marks owned by Licensor and acknowledges that the Works and the Marks have acquired secondary meaning. Licensee shall not use the Marks in a scandalous or demeaning manner or in any other manner which would, in the reasonable opinion of Licensor, cause loss of value or goodwill or otherwise cause injury to the Marks or to Licensor. It is expressly understood that this covenant shall survive termination or expiration of this Agreement. Any violation of this paragraph shall constitute a material breach of this Agreement.

4.2 라이센시는 라이센서가 소유한 작품과 마크에 대한 영업권의 가치를 인정하며, 작품 및 마크가 식별력 있는 이차적 의미를 획득하였음을 인정한다. 라이센시는, 라이센서가 합리적으로 판단할 때 마크나 라이센서에게 손해를 끼치거나, 영업권의 가치에 손실을 초래하는 방법으로 또는 추잡하거나 모욕적인 방법으로 마크를 사용하지 말아야 한다. 본 서약은 본 계약의 해지나 만료 이후에도 유효함을 당사자들은 명시적으로 합의한다. 본 조항의 위반은 본 계약의 중대한 위반이 된다.

제4.2항은 작품 및 마크와 관련한 라이센시의 의무를 규정하는 조항이다. 라이센시는 라이센서의 마크를 이용할 때 상표의 식별력이나 가치를 해하지 않도록 하며, 라이센서의 명성이나 영업권이 손상되지 않도록 할 의무가 있다는 내용이다. 이는 본 계약 상 중대한 의무로서 계약의 만료나 해지 이후에도 준수해야 한다고 명시되어 있다.

● 제5조. 라이센서의 지식재산권 보호를 위한 규정

5. Licensor's Intellectual Property Protection

제5조. 라이센서의 지식재산권 보호

5.1 Between Licensor and Licensee, Licensor is the sole and exclusive owner of all rights in and to the Works and/or the Marks. All rights in and to the Works and/or the Marks are retained by Licensor for its own use, except for the specific rights licensed to Licensee under this Agreement. Licensor reserves the right to use, and to license other parties to use, the Works and/or the Marks throughout the world for any purpose Licensor may determine except as otherwise expressly provided in this Agreement, but neither Licensor nor any party licensed by Licensor shall have the right to use the Works and/or the Marks in any manner which would conflict with the rights granted to Licensee under this Agreement.

5.1 라이센서와 라이센시 사이에서, 라이센서가 작품 및/또는 마크에 대해 모든 권리를 갖는 유일하고 독점적인 소유권자이다. 본 계약에 따라 라이센시에게 이용권이 허락된 특정 권리를 제외하고는 작품 및/또는 마크에 대한 모든 권리는 라이센서 자신이 이용할 수 있도록 라이센서가 보유

한다. 라이센서는 본 계약에서 달리 명시적으로 규정한 바를 제외하고는 라이센서가 결정하는 어떠한 목적으로든 전 세계에서 작품 및/또는 마크를 이용하고, 제3자가 이용하도록 라이선스할 수 있는 권리를 보유한다. 단, 라이센서 혹은 라이센서가 이용권을 허락한 어떠한 제3자라도 본 계약 하에서 라이센시에게 허락된 권리와 충돌하는 방법으로 작품 및/또는 마크를 이용할 권리를 갖지는 않는다.

제5.1항은 라이센서가 소유하는 지식재산권에 대해 명시한 조항이다. 즉, 라이센서가 작품과 마크에 대한 지식재산권을 갖는 당사자이며, 본 계약에서 라이센시에게 이용을 허락한 것을 제외하고는 모든 권리를 라이센서가 보유함을 명시한다. 라이센서는 라이센시에게 부여한 이용권과 충돌하지 않는 한도 내에서, 자신이 원하는 바에 따라 자유롭게 작품 또는 마크를 어디서든 이용할 권리를 갖는다.

5.2 Licensor may obtain, at its own cost and in its own name, appropriate copyright and trademark protection, e.g., through registration, for the Works and/or the Marks in the Territory and Licensee agrees to cooperate with Licensor in protecting such Works and/or Marks. Licensee agrees, during and after the term of this Agreement, that it will not challenge the rights of Licensor in the Works and/or the Marks or the validity of the License being granted herein. Licensee further agrees that its use of the Works and/or the Marks inures to the benefit of Licensor and that Licensee shall not acquire any rights in the Works and/or the Marks.

5.2 라이센서는 영역 내에서 예를 들어 등록을 통한 방법으로 작품 및/또는 마크에 대해 적절한 저작권 및 상표권 보호를 자신의 비용으로 자신의 명의로 획득할 수 있으며, 라이센시는 상기 작품 및/또는 마크 보호에 있어 라이센서에게 협조하기로 합의한다. 라이센시는 본 계약 기간 동안 및 이후에도, 라이센서가 작품 및/또는 마크에 대해 갖는 권리와, 본 계약에서 허락된 라이선스의 유효성에 대해 문제를 제기하지 않기로 한다. 라이센시는 또한, 작품 및/또는 마크를 자신이 이용하는 것이 라이센서의 이익으로 귀결되며, 라이센시가 작품 및/또는 마크에 대해 어떠한 권리도 취득하지 않을 것임에 동의한다.

제5.2항은 라이센서의 지식재산권 보호 조치 등에 대한 내용이다.

라이센서가 본 계약의 대상 지역 내에서 작품과 마크에 대한 저작권 및 상표권 보호를 위해 필요에 따라 지식재산권 등록을 할 수 있으며, 이 경우에 라이센시는 협조할 의무가 있는 것으로 규정되어 있다.

또한, 본 계약의 유효기간 동안 및 그 이후에도 라이센시는 라이센서의 지식재산권 유효성을 문제 삼지 않기로 동의하는 내용이 포함되어 있다.

5.3 Without limiting the generality of the foregoing, Licensee agrees that it shall not at any time apply for any registration of any copyright, trademark or other designation which would affect Licensor's ownership of the Works and/or the Marks nor file any document with any governmental authority to take any action which would affect the ownership of the Works and/or Marks. Except as permitted under this Agreement, Licensee agrees that it shall, at no time, use or authorize the use of any trademark, trade name or other designation identical with or confusingly similar to the Marks.

5.3 상기 내용의 일반성을 제한하지 않는 것으로서, 라이센시는 라이센서의 작품 및/또는 마크에 대한 소유권에 영향을 끼치도록 어떠한 저작권, 상표 또는 기타 표장에 대한 등록을 위한 출원을 언제라도 하지 않을 것이며, 작품 및/또는 마크의 소유권에 영향을 끼칠 행위를 하기 위해 정부 기관에 어떠한 문서도 제출하지 않을 것임에 동의한다. 본 계약에 따라 허용된 바를 제외하고는, 라이센시는 언제라도 마크와 동일하거나 혼동되게 유사한 어떠한 상표, 상호 또는 기타 표장도 이용하거나 이용 허락하지 않을 것임에 동의한다.

제5.3항은 라이센서의 지식재산권과 관련하여 라이센시에게 금지된 행위를 규정한다.
라이센시는 라이센서의 지식재산권에 악영향을 끼칠 수 있는 저작권 또는 상표 등록을 할 수 없으며, 본 계약에 따라 허용된 바를 제외하고는 라이센서의 마크와 유사한 상표를 사용해서는 안 된다는 내용이다.

5.4 Licensee agrees to assist Licensor in the protection or enforcement of Licensor's rights in the Works and/or the Marks in all cases including, without limitation, in claims and suits brought to challenge Licensor's rights. With respect to any such claims and suits, Licensor shall employ counsel of its own choice to direct the handling of the litigation and any settlement thereof. Licensor shall be entitled to receive and retain all amounts awarded as damages, profits or otherwise in connection with such suits.

5.4 라이센시는 작품 및/또는 마크에 대한 라이센서의 권리를 보호하거나 강제하기 위하여 모든 경우에 라이센서에게 협조하여야 하며, 이는 라이센서의 권리를 문제 삼으며 제기되는 클레임 및 소송의 경우를 포함한다. 상기 클레임 및 소송에 대하여, 라이센서는 소송 및 협의 절차를 진행할 변호사를 자신이 선택하여 처리를 의뢰할 것이며, 라이센서는 해당 소송과 관련하여 손해배상 또는 이익으로 판결 받은 모든 금액을 수령하고 보유할 권리를 갖는다.

제5.4항은 라이센서의 지식재산권에 대하여 제기된 클레임이나 소송과 관련하여 라이센서의 권리를 보호하기 위해 라이센시가 협조해야 함을 규정한 조항이다.

● 제6조. 보증 및 면책 규정

6. Warranties and Indemnification

제6조. 보증 및 면책

6.1 Each Party represents and warrants to the other that: (i) this Agreement has been duty authorized, executed and delivered by such Party; (ii) such Party has the full power and authority to enter into this Agreement and to perform its obligations hereunder; (iii) this Agreement constitutes a valid and binding obligation of such Party, enforceable in accordance with its terms; and (iv) the execution and performance of this Agreement by such Party does and will not violate any applicable laws or any agreement between such Party and any other person or entity.

6.1 각 당사자는 상대방에게 다음을 진술하고 보증한다: (i) 본 계약이 해당 당사자에 의해 정당하게 권한 받은 자에 의해 인정되고, 체결되었으며 인도되었음; (ii) 자신은 본 계약을 체결하고 그에 따른 의무를 이행할 온전한 힘과 권한을 가지고 있음; (iii) 본 계약은 그 규정된 바에 따라 이행 강제 가능한 것으로서, 당사자의 유효하고 구속력 있는 의무를 구성함; 및 (iv) 당사자가 본 계약을 체결하고 이행하는 것은 해당 낭사사와 제3자 간에 체결된 계약이나 적용되는 법을 위반하는 것이 아님.

제6.1항은 양 당사자가 상대방에게 제공하는 진술 및 보증 사항이다.

각 당사자가 본 계약을 체결할 권한이 있으며, 본 계약을 체결하고 이에 따라 의무 이행을 하는 것이 어떠한 법의 위반이나 제3자와의 계약 위반도 되지 않음을 보증하는 내용이다.

6.2 Licensee agrees to indemnify and hold Licensor harmless from and against any and all claims (and liabilities, judgments, penalties, losses, costs, damages and expenses resulting therefrom, including reasonable attorneys' fees) made by third parties against Licensor arising out of or in connection with any action taken under or in violation of this Agreement by Licensee, its manufacturers, distributors or the employees or agents of any of the foregoing, including without limitation the manufacture, distribution, advertising, sale or use of the Products, but excluding any claims to the extent based on or arising out of the use of the Marks by Licensee in accordance with the terms of this Agreement.

6.2 라이센시는 라이센시나 그 제조업체, 유통업체, 그들의 직원 또는 대리인이 본 계약에 따라 또는 본 계약을 위반하여 행한 행위(상품의 제조, 유통, 광고, 판매 또는 사용을 포함하나 이에 한정되지는 않음)로부터 발생하거나 이와 연관하여 제3자가 라이센서를 대상으로 제기한 모든 클레임(및 그로부터 귀결되는 책임, 판결, 징벌, 손실, 비용, 손해 및 변호사 비용을 포함한 수수료)으로부터 라이센서를 면책하고 피해가 없도록 해야 한다. 단, 본 계약의 규정에 따라서 라이센시가 마

크를 이용한 것에 기인하거나 그로부터 발생한 클레임은 본 면책 범위에서 제외된다.

제6.2항은 라이센시의 면책의무를 규정한 조항이다. 라이센시가 상품을 제작 및 판매하는 것과 관련하여 제기되는 클레임이나 소송으로 인해 라이센서가 어떠한 책임이나 손해도 부담하지 않도록, 라이센시가 라이센서를 면책하고 보호해야 한다는 내용이다.

단, 라이센시가 본 계약의 규정을 준수하여 마크를 사용한 것으로 인해 클레임이 제기된 경우에는 면책 의무가 없는 것으로 규정해 두었다.

6.3 Licensor agrees to indemnify and hold Licensee harmless from and against any and all claims (and liabilities, judgments, penalties, losses, costs, damages and expenses resulting therefrom, including reasonable attorneys' fees, but excluding lost profits) made by third parties against Licensee asserting rights in the Works and/or the Marks and to the extent based upon or arising out of the use of the Works and/or the Marks by Licensee in accordance with the terms of this Agreement.

6.3 라이센서는 제3자가 작품 및/또는 마크에 대한 권리를 주장하며 본 계약에 따라 라이센시가 작품 및/또는 마크를 이용하는 것으로부터 기인하여 라이센시를 대상으로 제기한 모든 클레임(및 그로부터 귀결되는 책임, 판결, 징벌, 손실, 비용, 손해 및 변호사 비용을 포함한 수수료(이익 손실은 제외함))으로부터 라이센시를 면책하고 피해가 없도록 해야 한다.

제6.3항은 라이센서의 면책의무를 규정한 조항이다. 라이센시가 본 계약에 따라 마크를 사용한 것과 관련하여 제3자의 상표권 클레임이나 소송이 제기되는 경우, 이로 인해 라이센시에게 손해나 책임이 발생하지 않도록 라이센시를 면책하고 보호할 의무가 라이센서에게 있다는 내용이다.

● 제7조. 상품 제조업체의 서약

7. Manufacturers' Covenants

제7조. 제조업체의 서약

7.1 Licensee shall have the right to arrange with another party to manufacture the Products or components of the Products for exclusive sale, use and distribution by Licensee. Licensee agrees to enter into a written agreement with all such manufacturers and to incorporate into such written agreements all of the provisions, for the protection of the rights of Licensor, which are contained in the form manufacturer agreement which has been prepared by Licensor for such purpose and which is available from Licensor. Licensee further agrees to furnish Licensor, within 30 days of their execution, copies of all agreements with such manufacturers.

> 7.1 라이센시는 라이센시의 배타적인 판매, 사용 및 배포를 위해 제3자로 하여금 상품 및 상품의 부속품을 제조하도록 할 수 있는 권리를 갖는다. 라이센시는 라이센서의 권리 보호를 위해 그러한 모든 제조업체와 서면 계약을 체결하고 라이센서 권리 보호를 위한 모든 조항을 해당 서면 계약에 통합시켜야 하며, 그러한 제조업체와의 약관 형식 계약서는 라이센서가 마련하여 이용되도록 제공한 것이어야 한다. 라이센시는 상기 계약 체결로부터 30일 이내에 해당 제조업체와의 모든 계약 사본을 라이센서에게 제공하기로 동의한다.

제7.1항은 상품을 라이센시가 직접 제작하는 것이 아니라 제3자를 통해 제작하는 경우에 대한 조항이다.

라이센시가 판매할 상품을 제3자를 통해 제작하는 경우, 제3자와의 거래로 인해 라이센서의 권리가 침해되지 않도록 하기 위하여 필요한 사항을 규정하는 내용이다. 라이센서의 권리를 보호하기 위한 본 계약 상의 모든 의무사항이 해당 제조업체와의 계약 내에도 포함되도록 규정해 두었다.

> 7.2 Licensee agrees that (i) Licensee shall enforce against its manufacturers all of the provisions which are required to be included in such agreements for the protection of Licensor as provided in Section 7.1; (ii) Licensee shall advise Licensor of any violations thereof by manufacturers of which Licensee has actual knowledge, and of corrective actions taken by Licensee; and (iii) at the request of Licensor, Licensee shall terminate such agreement with any manufacturer which violates any of such provisions for the protection of Licensor. In any event, Licensee shall be responsible for any damages or expenses incurred by Licensor resulting from said manufacturers' violation of any provisions for protection of Licensor's rights.

> 7.2 라이센시는 다음에 동의한다: (i) 라이센시는 제7.1항에 규정된 바와 같이 라이센서의 보호를 위해 제조업체와의 계약에 포함되도록 요구되는 모든 조항을 제조업체에게 이행 강제할 것이다; (ii) 라이센시는 라이센시가 실제로 알게 된 제조업체의 위반사항 및 라이센시가 행한 시정 조치에 대해 라이센서에게 통지한다; 그리고 (iii) 라이센서의 요청에 따라, 라이센시는 라이센서 보호를 위한 해당 조항을 위반한 제조업체와의 계약을 해지해야 한다. 어떠한 경우라도, 라이센서의 권리를 보호하기 위한 조항을 상기 제조업체가 위반한 것으로 인해 라이센서에게 발생한 손해와 비용에 대해 라이센시는 책임을 진다.

제7.2항은 제조업체의 서약 내용과 관련하여 라이센시가 지는 의무를 규정한다. 라이센시가 제조업체의 의무 이행을 강제해야 하고, 불이행이 있는 경우 이를 라이센서에게 알리며, 필요한 경우 해당 제조업체와의 계약을 해지해야 함을 규정한 조항이다. 또한, 제조업체의 의무 불이행으로 인해 라이센서에게 발생하는 손해에 대해서는 라이센시가 책임을 진다는 내용이 명시되어 있다.

● 제8조. 계약기간 및 해지

8. Term and Termination

제8조. 계약 기간 및 해지

8.1 The term of this Agreement (the "Term") shall commence on the Effective Date and terminate on the [ ]th anniversary of the Effective Date, unless terminated earlier by either Party pursuant to this Section. Licensee shall have the right to extend the Term for one additional [   ]-year period, provided that (i) Licensee notifies Licensor of such extension at least 60 days prior to the end of the original Term and (ii) Licensee is not then in breach of this Agreement.

8.1 본 계약의 기간("유효기간")은 본 항에 따라 한 당사자가 사전에 해지하지 않는 한, 유효일로부터 [ ]년째 되는 일자에 종료된다. 라이센시는 본 계약의 유효기간을 [ ]년의 기간 단위로 한번 연장할 권리를 가지며, 이는 (i) 라이센시가 원래의 유효기간 종료일의 최소한 60일 이전에 연장에 대해 라이센서에게 통지를 하고, (ii) 라이센시가 당시 본 계약의 불이행 상태가 아닌 경우에 한해 가능하다.

제8.1항은 본 계약의 유효기간 및 일정 조건이 만족되는 경우 유효기간이 연장될 수 있음을 명시한 조항이다.

8.2 Licensor shall have the right to terminate this Agreement for any breach of this Agreement set forth below if after [30] days' written notice from Licensor to Licensee specifying the breach, Licensee has failed to cure such breach: (i) if Licensee makes, sells, offers for sale or distributes or uses any Products or Promotional Materials without prior approval of Licensor as provided in this Agreement, or makes any use of the Marks not authorized under this Agreement; (ii) if Licensee fails to include on any Products or any Promotional Materials the required copyright and trademark notice as provided in this Agreement; (iii) if Licensee fails to submit Royalty statements or make Royalty payments to Licensor as provided in this Agreement; (iv) if Licensee becomes subject to any voluntary or involuntary order of any governmental agency involving the recall of any Products because of safety, health or other hazards to the public and Licensee fails or refuses to stop the sale or use of such Products within [10] days of receipt of the recall notice; (v) if Licensee becomes subject to any voluntary or involuntary insolvency, cessation, bankruptcy or similar proceedings, or an assignment for the benefit of creditors is made by Licensee, or an agreement between Licensee and its creditors generally is entered into providing for extension or composition of debt, or a receiver is appointed to administer the assets of Licensee, or the assets of Licensee are liquidated, or any distress, execution or attachment is levied on such of its equipment as is used in the production and distribution of the Products and remains undischarged for a period of [60] days; or (vi) if Licensee breaches any of the other material provisions of this Agreement.

8.2 다음과 같은 본 계약의 위반에 대하여, 라이센서가 라이센시에게 위반사항을 특정하여 서면통지를 한 후 30일이 지나도록 해당 위반사항을 라이센시가 시정하지 못한 경우, 라이센서는 본 계약을 해지할 권리를 갖는다: (i) 라이센시가 라이센서의 사전 승인 없이 상품이나 판촉물을 제작, 판매, 판매청약, 유통, 이용하거나, 본 계약에 따라 이용 권한을 받지 않은 마크의 사용을 하는 경우; (ii) 라이센시가 본 계약에 규정된 바에 따라 저작권 및 상표 고지를 상품이나 판촉물에 포함하지 않는 경우; (iii) 라이센시가 본 계약에 규정된 바에 따라 로열티 정산서를 제출하지 않거나 로열티 지급을 하지 않는 경우; (iv) 공공의 안전, 건강 위험 또는 기타 위험으로 인해 어떠한 상품의 리콜 관련하여, 라이센시가 정부기관의 자발적 또는 비자발적 리콜 명령의 대상이 되고, 라이센시가 해당 리콜 통지를 받은 후 [10]일 이내에 해당 상품의 판매 또는 이용 중단을 하지 않거나 거부하는 경우; (v) 라이센시가 자발적 또는 비자발적 부도, 업무중지, 파산 또는 유사한 절차의 대상이 되거나, 라이센시가 채권자단을 위한 양도를 하는 경우, 또는 라이센시와 채권자단 간에 채무의 연장이나 조정을 하거나, 라이센시의 자산 관리를 위해 관리인이 선임되거나, 라이센시의 자산이 청산되거나, 강제집행이나 압류가 상품 제조 및 유통에 이용되는 장비에 행해지고, 이러한 절차가 [60]일 이내에 해제되지 않는 경우; 또는 (vi) 라이센시가 본 계약의 기타 중대한 조항의 위반을 행한 경우.

제8.2항은 본 계약이 해지되는 경우에 대한 조항이다. 라이센시가 본 계약을 위반하고 해당 위반 사항을 일정 기한 내에 시정하지 못한 경우에 라이센서가 본 계약을 해지할 수 있도록 규정해 두었다.

해지의 사유가 될 수 있는 위반으로서, 승인받지 않고 상품을 판매, 저작권 및 상표 고지 의무 불이행, 지급기일에 지급의무 불이행, 상품 리콜의 경우, 기업 파산의 경우 및 기타 중대한 계약 위반의 경우 등이 본 모델 예시로서 포함되어 있다.

8.3 Termination of this Agreement as provided in this Section 8 shall be without prejudice to any rights or claims which Licensor may otherwise have against Licensee. Upon termination of this Agreement as a result of a breach by Licensee, all Royalties based on sales previously made shall become immediately due and payable to Licensor.

8.3 본 8조에 따른 본 계약의 해지로 인해 라이센서가 라이센시에 대항하여 갖는 어떠한 권리나 클레임이 저해되는 것은 아니다. 라이센시의 계약 위반으로 인해 본 계약이 해지되는 경우, 이전에 행해진 판매에 대한 모든 로열티는 즉시 지급기일이 도래하여 라이센서에게 지급되어야 한다.

제8.3항은 본 계약이 해지되는 경우에도 라이센서가 본 계약상 라이센시에 대하여 갖는 권리나 클레임은 그대로 유효함을 명시한 조항이다. 라이센시의 계약 위반으로 인해 계약이 해지되는 경우에는 상품 판매에 기반한 모든 로열티를 즉시 지급하도록 하는 내용이 포함되어 있다.

8.4 Upon the expiration or termination of this Agreement for any reason, Licensee shall: (i) immediately and permanently discontinue manufacturing, selling, advertising, distributing and using the Products and Promotional Materials; and (ii) immediately and permanently discontinue any use of the Works or the Marks.

8.4 본 계약이 어떠한 이유로든 만료되거나 해지된 경우에, 라이센시는: (i) 상품 및 판촉물의 제조, 판매, 광고, 유통 및 사용을 즉시 그리고 영구히 중지하여야 하며; (ii) 작품 또는 마크의 이용을 즉시 그리고 영구히 중지하여야 한다.

제8.4항은 본 계약이 만료되거나 해지된 경우의 의무사항에 대한 것이다. 즉시 상품 및 판촉물 제작 및 판매를 중단하여야 하며, 작품이나 마크의 사용도 즉시 중단해야 함이 규정되어 있다.

8.5 Notwithstanding the provisions of Section 8.4, upon termination or expiration of this Agreement for any reason, except as a result of a breach of Royalty payment obligation, Licensee shall have a sell-off period of [6] months for the Products already manufactured and in Licensee's inventory, subject to the payment of Royalties to Licensor on any such sales in accordance with this Agreement. Licensee shall deliver to Licensor within [30] days following expiration or termination a written inventory listing all Products in Licensee's possession or control as of the date of such inventory.

8.5 제8.4조의 규정에도 불구하고, 로열티 지급 의무의 위반으로 인한 해지를 제외하고 어떠한 이유로든 본 계약이 해지되거나 만료된 경우에, 라이센시는 이미 제조되어 라이센시의 재고로서 존재하는 상품에 대해 [6]개월의 매각기간을 가지며, 이는 해당 매출에 대해 본 계약에 따라 라이센서에게 로열티를 지급해야 함을 조건으로 한다. 라이센시는 만료나 해지로부터 [30]일 이내에 라이센서에게 서면으로 재고 점검일자에 라이센시가 점유하거나 통제하는 모든 상품을 기재한 재고 목록을 인도해야 한다.

제8.5항은 본 계약의 만료나 해지 시에도 라이센시가 일정 권리를 가짐을 규정한 내용이다. 즉, 본 계약의 해지가 로열티 지급의무 위반이 아닌 경우라면 일정 기간 동안 이미 제작되어 재고로 있는 상품을 판매할 수 있는 권한을 라이센시가 갖는다는 내용이다.

● 제9조. 일반조항

9. General Provisions

제9조. 기타 일반 조항

9.1 This Agreement contains the entire understanding of the Parties with respect to its subject matter and supersedes any and all prior agreements, understandings and negotiations, whether oral or written.

9.1 본 계약은 본 계약의 주제에 대한 당사자들 간의 합의 및 이해 일체를 포함하며, 이전의 모든 구두 또는 서면의 합의, 이해 및 협상 내용에 우선한다.

제9.1항은 본 계약이 작품에 기반한 상품화를 위한 양 당사자 간 합의 일체를 포함하는 내용임을 확인하는 조항이다.

9.2 Neither Party shall directly or indirectly assign, transfer or sublicense any of its rights under this Agreement without the prior written consent of the other Party, except that Licensor may assign its right to receive Royalty payments to any party.

9.2 어떠한 당사자도 상대방의 사전 서면동의 없이는 본 계약 하의 권리를 직간접적으로 양도, 이전 또는 서브라이선스할 수 없다. 단, 라이센서는 로열티 지급을 수령할 권리를 다른 자에게 양도할 수 있다.

제9.2항은 상대방의 사전 서면동의 없이 본 계약 상 권리를 제3자에게 양도 또는 서브라이선스 할 수 없음을 명시하는 조항이다.

9.3 Nothing contained in this Agreement shall be construed so as to make the Parties partners or joint venturers with each other or to permit either Party to bind the other or purport to act on behalf of the other in any respect.

9.3 본 계약에 포함된 어떠한 조항도 당사자들 간에 파트너나 합작사 관계를 형성하거나, 어떤 면에서든 한 당사자가 다른 당사자를 구속하도록 허용하거나, 다른 당사자를 대리하여 행위를 하도록 허락하는 것으로 해석되지 않는다.

제9.3항은 본 계약상 양 당사자의 관계를 설명하는 조항이다.

9.4 No waiver or modification of any of the terms of this Agreement shall be effective unless in writing and signed by both Parties. Failure by either Party to enforce any rights under this Agreement shall not be construed as a waiver of such rights, and a waiver by either Party of a default in one or more instances shall not be construed as a continuing waiver or as a waiver in other instances.

9.4 본 계약의 어떤 조항을 포기하거나 변경하는 것은 양 당사자들이 서면 작성하여 서명하지 않는 한 유효하지 않다. 어떤 한 당사자가 본 계약 상 어떤 권리를 강제하지 않는 것은 해당 권리의 포기로 해석되지 않으며, 어떤 불이행에 대해 한 당사자가 포기하는 것은 다른 경우에서도 포기가 계속되는 것으로 또는 별개의 경우에서의 포기로 해석되지 않는다.

제9.4항은 본 계약 내의 어떠한 규정의 포기나 변경의 효력에 대한 조항이다.

9.5 If any term or provision of this Agreement is for any reason held to be invalid or unenforceable, such invalidity or unenforceability shall not affect any other term or provision, and this Agreement shall be interpreted as if such term or provision had never been contained herein.

9.5 어떠한 이유로든 본 계약의 어떠한 규정이나 조항이 무효이거나 강제 불가능한 것으로 판단되는 경우, 해당 무효나 강제불능은 어떠한 다른 규정이나 조항에도 영향을 끼치지 않으며, 본 계약은 해당 규정이나 조항이 원래 본 계약에 포함되지 않았던 것처럼 해석된다.

제9.5항은 본 계약의 어떤 규정이 무효가 된 경우라도, 본 계약의 나머지 다른 규정은 원래의 합의 사항 그대로 유효하게 유지된다는 내용이다.

9.6 All notices required to be sent to either Party shall be sent by hand delivery or by certified mail, postage prepaid, return receipt requested at the above written addresses.

9.6 한 당사자에게 송부되어야 하는 모든 통지는 인편으로 또는 우편요금이 선지급된 등기우편으로 하여 상기 주소로 보내야 한다.

제9.6항은 본 계약과 관련하여 상대방에게 보내는 통지의 방법을 규정한 조항이다.

9.7 This Agreement shall be governed by and construed in accordance with the laws of the [Republic of Korea]. Any disputes arising out of or in connection with this Agreement shall be submitted to and settled by the exclusive jurisdiction of the [Seoul Central District Court of the Republic of Korea].

9.7 본 계약은 [대한민국] 법의 적용을 받고 그에 따라 해석된다. 본 계약으로부터 발생하는 또는 이와 관련된 모든 분쟁은 [대한민국의 서울중앙지방법원]에 제출하여 해결한다.

제9.7항은 본 계약에 적용되는 준거법 및 분쟁해결방법에 대해 당사자 간에 합의한 내용을 명시하는 조항이다.

본 모델에서는 작가 등의 입장에서 가능한 한 유리하게 대한민국 법과 국내 법원을 제시하였지만, 상품이 제작 및 판매되는 해당 지역의 법이 준거법이 되어야 한다고 상대방이 주장하는 경우, 준거법은 상대방이 원하는 대로 양보하는 대신 분쟁해결 방법을 대한민국 내에서의 중재 또는 재판으로 하도록 타협하는 대안을 고려할 수 있다.

● 계약 체결을 위한 서명란

IN WITNESS WHEREOF, the Parties have executed this Agreement as of the Effective Date.

LICENSOR: [Company or Individual Name]   LICENSEE: [Company Name]

By: _____   By: _____

Name: Name:

Title: Title:

이에, 당사자들은 상기 유효일에 본 계약을 체결하였다.

LICENSOR: [Company or Individual Name]   LICENSEE: [Company Name]

By: _____   By: _____

Name: Name:

Title: Title:

● 별첨 문서 표시부분

Exhibits:

Exhibit A. Description of Works

Exhibit B. Marks

Exhibit C. Description of Products

Exhibit D. Territory

별첨 문서들:

별첨 A. 작품에 대한 상세사항 표시

별첨 B. 마크에 대한 상세사항

별첨 C. 상품에 대한 상세사항 표시

별첨 D. 영역

별첨문서 목록을 여기에 나열하고, 각 별첨 문서의 해당 내용을 작성하여 계약서 체결본에 첨부한다.

제4장
작품번역계약서

참고용 계약서 내려받기
(QR코드 스캔▼)

씨앤웹 에이전시의 주대표는 남미 어느 나라의 X회사로부터 연락을 받고 계약을 체결하려고 하는데, 일단 자신이 권리를 갖고 있는 작품의 번역을 하는 것이 필요할 것 같다. 이왕이면 한국어 번역을 잘 한다고 소문난 번역가인 '제임스 몰랑'을 통해서 번역을 하면 좋을 것 같은데… 번역계약서는 어떻게 써야 할까?

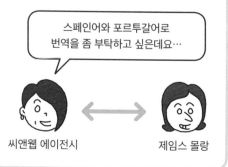

스페인어와 포르투갈어로 번역을 좀 부탁하고 싶은데요…

씨앤웹 에이전시   제임스 몰랑

작품 번역계약서(Literary Translation Agreement)란 어떤 것일까?

작품 번역계약서는 웹툰이나 웹소설 또는 기타 작품을 해외에서 배포하게 되는 경우에 필요한 번역 작업을 위해 작가나 그로부터 권한을 받은 출판사와 번역자 간에 체결하는 계약이다.

작품 번역계약서(Literary Translation Agreement)는 어떤 구조일까?

작품 번역계약서는 주로 번역을 의뢰하는 작가나 출판사가 번역자에게 일정 대가를 지급하며 번역을 의뢰하고, 번역물 배포를 위해 번역 결과물을 자유로이 활용할 수 있도록 필요한 권한을 확보하는 내용으로 구성된다. 번역본에 대한 소유권 및 이용권 범위를 어떻게 규정할 것인가에 대해 당사자 간에 분명하게 합의를 하여 명확히 규정해 두는 것이 중요하다.

웹툰이나 웹소설의 작가 또는 출판사의 이익을 우선적으로 고려하여 계약서를 구성하는 경우, 번역이 원작의 내용에 따라 충실히 수행되어야 함 및 번역본이 지식재산권 분쟁 또는 기타 법적인 문제의 원인이 않을 것임을 번역자가 보증하도록 요구해야 한다. 번역과정 통제권, 번역물에 대한 이용권 등 상세한 내용은 실제 작품의 번역을 수행하는 목적과 구체적 상황에 따라 당사자 간에 상호 필요한 대로 협의 및 조정하여, 아래 제시된 모델을 기준으로 각 조항을 다양하게 변경하여 규정할 수 있다.

계약서를 조문별로 살펴보자

● 계약서 제목, 당사자, 목적 표시 부분

(MODEL) LITERARY TRANSLATION AGREEMENT

This Literary Translation Agreement (this "Agreement") is executed and entered into as of [   ] (the "Effective Date") by and between [Translator's name], a [   ] individual, whose address is [Translator's address] (the "Translator") and [Publisher's name], a [   ] corporation, having its principal place of business at [Publisher's address] (the "Publisher") (a "Party" respectively and the "Parties" collectively), concerning a translation into the [English] language from the [Korean] language (the "Translation") of [title of original Work] (currently titled [working title in English]) (the "Work") by [Author's name] (the "Author").

(모델) 작품 번역 계약서

본 작품 번역 계약(본 "계약")은 [   ]("유효일")에 [번역자 주소]에 주소를 둔 [   ]의 개인인 [번역자 이름]("번역자")와 [출판사 주소]에 본점을 둔 [   ]의 법인인 [출판사명]("출판사")(개별적으로 "당사자", 통칭하여 "당사자들") 간에 [작가명]("작가")의 [원작명 (가제 [영문 가제])]("작품")의 [국문]으로부터 [영문]으로의 번역 또는 번역본("번역" 또는 "번역본")과 관련하여 체결된다.

작품 번역계약서의 효력이 발생하기 시작하는 유효일과 계약당사자인 웹툰, 웹소설 등 작품의 출판사("Publisher")와 해당 작품을 번역할 번역자("Translator")의 이름, 상호, 주소 등을 명시하는 계약서 도입부이다. 번역 대상 작품이 다수인 경우에는 해당 작품의 상세사항을 별첨에 따로 기재하거나 별도 정의 문장을 두어 상세히 기재한다.

● 제1조. 번역 수행 규정

---

1. **Translation.** The Translator agrees to: (i) create and deliver to the Publisher the Translation on or before [the delivery date]; (ii) review and revise the Translation; and (iii) assign to the Publisher all of the Translator's rights including the copyright in the Translation [OR grant the Publisher the exclusive, permanent and sublicensable license throughout the world to reproduce, publish, distribute and otherwise use the Translation in print (hardcover and paperback) and electronic formats, and audiobook format according to the terms and conditions of this Agreement, including without limitation, by making the Translation available to the public through networks, including Internet, Intranet, Extranet and cellular network, any on-line platforms, and/or in any media forms such as e-book and audiobook, etc.].

---

1. 번역. 번역자는 다음에 동의한다: (i) 출판사에게 [인도일]까지 번역본을 작성하여 인도할 것; (ii) 번역본을 검토하고 수정할 것; 및 (iii) 번역본에 대한 저작권을 포함하여 번역자의 모든 권리를 출판사에게 양도할 것 [대안: 번역본을 본 계약에 따라 인쇄(하드커버 및 페이퍼백) 및 전자 형태, 및 오디오북 형태로 전 세계에서 복제, 출판, 배포 및 기타 이용할 수 있는 배타적이고, 영속적이며, 서브라이선스 가능한 권리를 출판사에게 허락할 것 (이 권리는 번역본을 인터넷, 인트라넷, 엑스트라넷 및 무선통신망 등의 네트워크를 통해, 온라인 플랫폼을 통해 그리고/또는 e-book이나 오디오북 등의 여하한 미디어 형태로 대중에게 제공하는 것을 포함하나 이에 한정되지는 않는다)].

번역자가 지정된 인도일까지 번역본을 출판사에 제공하고, 번역본에 대한 모든 권리를 출판사에 양도하도록 하는 규정 예시이다. 번역자가 번역본에 관한 모든 권리를 출판사에 양도하지 않고 자신이 보유한 상태에서 [OR] 이후 문구에 기재된 바와 같이 번역본을 온라인상에서 배포하는 등 자유롭게 이용할 권리를 출판사에 허락하는 것으로 합의하여 규정할 수도 있다.

추가로 번역 서비스와 관련하여 원작의 인도일, 번역 완성일, 최종본 포맷 등에 대해 다음과 같은 사항을 정하여 규정해 둘 수 있다.

Date of delivery of the Work to the Translator(번역자에게 작품을 인도해야 하는 날짜): [_____];

Scheduled completion date of the Translation(번역 완료일): [_____];

Format of delivery(인도 형식): [_____];

Final version in [_____] format(최종본 포맷).

● 제2조. 번역서비스 대가 지급규정

2. Translation Fee. The Publisher shall pay the Translator a fee of [   ] U.S. Dollars for the Translation, payable as follows: The Translator shall receive the first half ([   ] U.S. Dollars) within [30] days of the Effective Date, and the second half ([   ] U.S. Dollars) within [30] days from the Publisher's acceptance of the final version of the Translation.

2. 번역 서비스 요금. 출판사는 번역에 대해 [   ] 달러의 서비스 요금을 번역자에게 다음과 같이 지급한다: 번역자는 유효일로부터 [30]일 이내에 위 요금의 50%인 [   ] 달러를 받고, 나머지 50%인 [   ] 달러는 출판사가 번역본의 최종 버전을 수락한 날로부터 [30]일 이내에 받는다.

번역자가 번역의 대가로 받을 금액을 명시하는 규정이다. 이 금액에 대한 지급이 지연될 경우 지연이자를 지급할 의무를 추가 규정할 수 있다. 또한, 이후 대상 작품 내의 예상치 못한 내용으로 인해 요금을 재산정해야 하는 경우 재협상권을 주는 내용을 추가할 수 있다.

예 If it is discovered that latent special difficulties exist in the Work of which neither Party could be reasonably aware at the time of offer and acceptance, the fee may be renegotiated. In the event that the Parties fail to reach an agreement on a new fee, the Translator will have the right to unilaterally terminate this Agreement and shall not be deemed to be in breach of this Agreement.

본 계약의 제1조 및 제2조 내용과 관련하여, 번역자가 번역본 이용에 대해 매출액에 기반한 로열티를 주장하는 경우에는 다음과 같이 규정하고 지급일정 및 관련 매출보고서 열람권, 감사권 등을 추가로 규정할 수 있다.

예 The Publisher agrees to pay the Translator the following percentage of its net receipts from reproduction, publication or distribution of the Translation under this Agreement: [   ] % of the net receipts of the Publisher from the Translation.

제3조. 번역본의 수락 조항

3. **Acceptance by Publisher.** Within [   ] days after the delivery of the entire Translation, the Publisher shall notify the Translator in writing whether the Publisher accepts the Translation or requires reasonable revisions on the Translation within certain time-limit. If the Publisher fails to give the Translator any notice about acceptance within said [   ] days after the deliver of the entire Translation, the Translation shall be deemed accepted. If the Translation is delivered after the requested revisions, the Publisher shall have [   ] days to accept or reject the revisions and then discuss for further revisions, provided that the Translation may not be rejected unreasonably.

3. **출판사의 번역본 수락.** 번역본 전체가 인도된 후 [   ]일 이내에, 출판사는 번역자에게 서면으로 출판사가 번역본을 수락하는지 또는 번역본의 수정이 일정 기간 내에 수행되도록 요구하는지 통지하여야 한다. 출판사가 번역본 전체를 인도받은 후 상기 [   ]일 이내에 번역자에게 수락에 대해 어떠한 통지도 하지 않는 경우, 번역본은 수락된 것으로 간주한다. 수정이 요구된 후에 번역본이 인도되면, 출판사는 [   ]일 이내에 수정본을 수락하거나 거절하여야 하며, 추가 수정을 위해 협의한다. 단, 번역본은 불합리하게 거절되어서는 안 된다.

번역본을 제공받은 후 출판사가 이를 수락하거나 추가 수정을 요청할 수 있도록 규정한 조항이다. 번역본에 대한 추가 수정 협의가 곤란하여 서비스를 중단해야 하는 경우의 서비스 요금 및 중간 결과물 활용권에 대하여 당사자 간에 합의하는 상세사항을 추가 규정해 둘 수 있다.

제4조. 번역본 무단변경 금지 조항

4. **No Change by Publisher.** The Publisher agrees not to make any changes to the accepted Translation without consent of the Translator, except for editing to conform with the Publisher's standard style and punctuation, spelling, and capitalization. The Publisher will

send the Translator the final edited manuscript of the Translation, and the Translator will review and revise them for any errors within [ ] weeks of receipt of such from the Publisher. If the Translation is in any way amended or altered without the prior permission of the Translator, the Translator shall not be in any way liable for amendments made or their consequences.

4. 출판사의 무단변경 금지. 출판사의 표준 스타일, 구두법, 맞춤법 및 대문자 표시 방법 등에 맞추기 위한 편집 이외에 출판사는 번역자의 동의 없이 수락된 번역본에 어떤 변경도 하지 않기로 동의한다. 출판사는 최종 편집된 번역본 원고를 번역자에게 송부하며, 번역자는 출판사로부터 원고를 받은 후 [ ]주 이내에 오류가 없는지 검토하고 수정한다. 만일 번역본이 번역자의 사전 허락 없이 변경된 경우, 번역자는 해당 변경 사항이나 그 결과에 대해 어떠한 책임도 지지 않는다.

단순 스타일이나 맞춤법 변경 이외에 번역본 내용상의 변경은 번역자의 동의 없이는 불가능함이 명시된 조항이다.

제5조. 번역에 관한 보증

5. Translation Warranty. The Translator represents and warrants to the Publisher that. (i) the Translator has the right and authority to enter into this Agreement; (ii) the Translator shall make every effort to render a quality translation that is true to the original text of the Work, is accurate, and is coherent; (iii) the Translation is original work created by the Translator; and (iv) no defamatory, libelous or otherwise illegitimate material or content will be introduced to the Translation by the Translator that was not present in the original Work. The Translator agrees to indemnify and hold harmless the Publisher from and against any claim, action, loss or damage incurred by the Publisher as a result of any breach of warranties provided herein.

5. 번역본에 관한 보증. 번역자는 출판사에게 다음의 사항을 진술하고 보증한다: (i) 번역자는 본 계약을 체결할 권리와 권한을 가짐; (ii) 번역자는 작품 원문에 충실하고, 정확하고, 일관된 고품질의 번역을 하기 위한 최선의 노력을 다할 것임; (iii) 번역본은 번역자가 독자적으로 만들어낸 창작물임; 그리고 (iv) 원래의 작품에 포함되어 있지 않은 내용으로서 어떠한 명예를 훼손하거나, 비방하거나 기타 불법적인 내용도 번역자에 의해 번역물에 포함되지 않을 것임. 번역자는 본 보증의 위반으로 인해 출판사에게 제기되거나 발생하는 클레임, 소송, 손실 또는 손해로부터 출판사를 면책하고 출판사에게 피해가 가지 않도록 보호하기로 동의한다.

번역자가 출판사에게 제공하는 보증으로서, 번역자가 원작 내용에 맞게 충실히 번역하여 번역본을 자신의 독창적 창작물로서 만들어 내고, 번역본 내에 명예훼손 등 기타 법령을 위반하는 내용이 포함되지 않도록 할 것이며, 관련 클레임이 제기되거나 손해가 발생하는 경우에는 출판사를 면책하기로 한다는 내용이다.

● 제6조. 저작권 관련 보증

6. Copyright. The Publisher represents and warrants to the Translator that: (i) the Publisher has full right and authority to enter into this Agreement and have the Work translated; and (ii) the Translation will not result in infringement of any existing copyright in connection with the Work. The Publisher agrees to indemnify and hold harmless the Translator from and against any claim, action, loss or damage incurred by the Translator as a result of any breach of this warranty.

6. 저작권. 출판사는 번역자에게 다음의 사항을 진술하고 보증한다: (i) 출판사는 본 계약을 체결하고 작품이 번역되도록 할 모든 권리와 권한을 가지고 있음; 그리고(ii) 번역을 하는 것은 작품과 관련하여 존재하는 어떠한 저작권의 침해도 되지 않을 것임. 출판사는 본 보증의 위반으로 인해 번역자에게 제기되거나 발생하는 클레임, 소송, 손실 또는 손해로부터 번역자를 면책하고 번역자에게 피해가 가지 않도록 보호하기로 동의한다.

출판사가 번역 대상 작품과 관련하여 번역자에게 제공하는 보증으로서, 출판사가 작품 번역 의뢰를 할 권한을 가지고 있으며, 이로 인해 어떠한 저작권 침해도 발생하지 않을 것이라는 보증이다. 본 보증의 위반으로 인한 클레임이나 손해에 대해서는 출판사가 번역자를 면책해 주도록 규정되어 있다.

번역본에 대한 저작권 등록 의무에 관하여는 당사자 간에 번역본 저작권을 양도할 것인지 라이선스할 것인지 정해지는 바에 따라 적절히 합의하여 추가 규정할 수 있다.

● 제7조. 번역자 표시 의무

7. Acknowledgement and Notice. The Publisher shall acknowledge the Translator's work for the Translation in the same manner as acknowledgement of the Author and others involved in the Work and the Translation, for example, by the following statement: "[English] translation by [Translator's name]". The Translator's name shall appear on the front of or on the title page of all electronic or other editions of the Translation.

7. 번역자 인정 및 표시. 출판사는 작가와 작품 및 번역본에 관여한 자들을 인정하는 것과 동일한 방법으로 번역본에 대한 번역자의 업무를 예를 들어 다음과 같은 문구로 인정해야 한다: "[English] translation by [번역자명]". 번역자 이름은 번역본의 모든 전자판 또는 기타 편집판의 전면 또는 제목 페이지에 표시되어야 한다.

배포되는 번역본에 번역자가 인정되고 표시되도록 하는 규정이다.

● 제8조. 기밀유지의무 규정

8. Confidentiality. No documents for translation shall be deemed to be confidential unless this is expressly stated by the Publisher. Any information related to the Work, the Translation and/or this Agreement expressly identified by Publisher in writing as confidential shall not be revealed or otherwise disclosed by Translator to any person without prior written consent of the Publisher. The confidentiality obligation herein shall not apply to the extent the Translator is required by law to disclose such information or to the extent such information is or becomes public knowledge other than by disclosure by the Translator. \

8. 기밀유지의무. 출판사가 명시적으로 기밀이라고 표시한 것을 제외하고는 번역을 위한 어떠한 문서도 기밀인 것으로 간주되지 않는다. 출판사가 서면으로 기밀임을 명시한 것으로서, 작품, 번역본 및/또는 본 계약과 관련한 어떠한 정보도 출판사의 사전 서면 동의 없이는 번역자에 의해 어떠한 제3자에게도 누설되거나 공개되어서는 안 된다. 본 기밀유지 의무는 번역자가 법에 의해 해당 정보를 공개하도록 요구되는 경우 또는 해당 정보가 번역자에 의한 공개 이외 다른 방법으로 공지의 사실이 되는 경우에는 적용되지 않는다.

작품 및 번역본과 관련하여 기밀로 유지해야 할 사항이 있는 경우, 출판사가 기밀정보로 지정한 사항에 대해 번역자가 이를 기밀로 유지할 의무를 가짐을 명시한 규정이다.

● 제9조. 계약 해지 관련 규정

9. Termination. In the event that the Publisher cancels or terminates this Agreement prior to Translator's completion of the service(s), the Publisher shall pay the Translator the portion of the Translation fee set forth in Section 2 hereof represented by the percentage of total service(s) performed, but in no event less than [   ]% of said fee. In the event that the Translator breaches this Agreement, the Publisher shall have the right to terminate this Agreement. In the event of any termination of this Agreement hereunder, the Translator shall immediately return to the Publisher all materials and data of the Work supplied by the Publisher and submit to the Publisher all translated work that exists as of the date of such termination, in which the Translator assigns all copyrights to the Publisher. Neither Party shall be deemed to be in breach or default of any provision of this Agreement by reason of a delay or failure in performance due to any causes beyond its control.

9. 계약 해지. 번역자가 서비스를 완료하기 전에 출판사가 본 계약을 취소하거나 해지하는 경우, 출판사는 본 계약의 제2조에 규정된 번역 서비스 요금에서 전체 서비스 중 이행된 부분에 대한 일부분을 번역자에게 지급해야 한다. 단, 어떠한 경우에도 상기 요금의 [   ]% 이상은 지급해야 한다. 번역자가 본 계약을 위반하는 경우, 출판사는 본 계약을 해지할 권리를 갖는다. 본 계약이 본 조항에

따라 해지되는 경우, 번역자는 출판사가 제공한 작품과 관련한 모든 재료 및 데이터를 출판사에게 즉시 반환하여야 하며 해지일자까지의 모든 번역 결과물을 출판사에게 제출하여야 하며, 그에 대한 모든 저작권을 출판사에게 양도해야 한다. 어떠한 당사자도 자신이 통제할 수 없는 사유로 인한 지연이나 의무불이행으로 인해 본 계약의 위반을 행한 것으로 간주되지 않는다.

출판사가 번역 완성 전에 계약을 해지하는 경우 번역 서비스 요금을 어떻게 할 것인지 규정되어 있다. 번역자의 계약 위반으로 인한 해지의 경우에는 해지 당시까지 작성된 번역본 및 그에 대한 저작권을 번역자가 출판사에게 제출 및 양도하도록 규정해 두었다. 이와 다르거나 추가적인 해지 사유 및 해지에 따른 결과에 대해서는 당사자 간 합의하는 바에 따라 규정하면 된다.

제10조. 일반조항

10. **General Provisions.** This Agreement is the entire and complete agreement of the Parties as to the subject matter hereof. This Agreement may be amended, modified, or terminated only by the express written agreement of both Parties. Transfer of rights and obligations hereunder by any of the Parties to a third party shall require the other Party's consent in writing. If any of the provisions hereof is held invalid, this shall not cause invalidity of the entire Agreement and shall not have any effect on the effectiveness of the remaining provisions hereof. This Agreement shall be governed and interpreted by the laws of [the Republic of Korea] and any disputes hereunder shall be settled by courts with jurisdiction over the defendant's registered seat (general jurisdiction).

10. **일반 조항.** 본 계약은 본 계약의 주제에 대한 당사자들 간의 완전한 합의 일체를 구성한다. 본 계약은 양 당사자들의 명시적 서면 합의를 통해서만 개정, 수정 또는 해지될 수 있다. 당사자가 제3자에게 본 계약 하의 권리나 의무를 이전하는 것은 상대 당사자의 서면 동의가 있어야 가능하다. 본 계약의 어떤 조항이 무효인 것으로 판결 받는 경우, 이는 본 계약 전체를 무효로 하는 것은 아니며 나머지 조항의 효력에 대해 어떠한 영향도 끼치지 않는다. 본 계약은 [대한민국] 법의 적용을 받고 그에 따라 해석되며, 본 계약과 관련한 분쟁은 피고의 등록 주소지에 대해 관할권을 갖는 법원에서 해결한다.

기타 준거법 및 분쟁해결 약정 등 계약에 일반적으로 들어가는 조항이다. 분쟁해결 법원을 특정하여 정할 수 있으나 본 모델에서는 클레임의 대상이 되는 당사자인 피고가 등록된 지역 등 피고 관할지 법원을 예로 제시했다.

● 계약 체결을 위한 서명란

IN WITNESS WHEREOF, the Parties hereto have duly caused this Agreement to be executed as of the Effective Date first above written.

Translator: [   ]   Publisher: [   ]

_____   _____

By: [   ]   By: [   ]

Title: [   ]   Title: [   ]

이를 증거하기 위해, 당사자들은 상기 일자에 본 계약을 체결하였다.

번역자: [   ]   출판사: [   ]

_____   _____

이름: [   ]   이름: [   ]

직위: [   ]   직위: [   ]

계약 체결의 최종 절차로서, 계약 당사자 자신 또는 권한 있는 대표자가 서명하도록 마련된 서명란이다.

하마탱 작가의
실전 팁 5

일단 작가들이 많이 듣곤 하는 말들을 살펴보자.

> *"일단 저희 사무실에서 얘기 나누고, 괜찮으시면 바로 계약서 쓰시죠…"*
>
> *"잘 몰라서 그러는데, 보통 얼마 드려야 해요?"*
>
> *"저희 OOO에 무료로 작품 올려볼 생각 없으세요?"*
>
> *"작가님 홍보도 되고 좋을 겁니다"*
>
> *"재능기부 하실 생각 없으세요? 실은 이번에 저희가…"*
>
> *"이런 의뢰는 처음이고, 예산도 부족해서요…"*
>
> *"저희가 필요한 게 크게 어려운 그림은 아니거든요…"*
>
> *"내부 방침상…"*
>
> *"저희가 신생업체라…"*
>
> *"이번엔 OOO 해서 OOO진 못하지만, 다음에는 OOO 해드릴게요…"*

뭔가 느낌이 쎄하지 않은가?

모든 원고 의뢰는 계약서를 작성하는 것이 기본이다. 서면계약에는 다음 사항이 포함되어야 한다. 계약 금액, 계약기간·갱신·변경 및 해지에 관한 사항, 계약 당사자의 권리 및 의무에 관한 사항, 업무·과업의 내용, 시간 및 장소 등 용역의 범위에 관한 사항, 수익의 배분에 관한 사항, 분쟁해결에 관한 사항 등이다. 회사 자체 양식으로 하길 원하더라도, 문화예술 분야별 표준계약서를 참조해달라고 하는 것만으로도 큰 효과가 있다.

조심해야 할 계약의 대표적인 사례를 몇 개 소개한다.

조심해야 할 계약 사례

- **명확한 정보 제공 없이 우선 만나서 얘기하자며 덜컥 미팅부터 제안하는 경우.**

전화든 이메일이든 최초의 접선 과정에서 중요한 포인트는 개괄적으로라도 알아야 한다.

미팅은 세부적인 사항을 논의하고 조율하는 게 좋다.

- **계약서 없이 작업을 진행하는 경우.**

소규모, 초단기 프로젝트인 경우 이메일, 메신저로 소통하거나 구두계약 정도로 진행하는 경우도 있다. 하지만 통상적으로 서면 계약서를 작성하지 않았을 때 문제가 발생하면 조치가 어렵다.

계약서를 검토할 시간이 없는 경우.

계약을 서두르거나 심지어 미팅 현장에서만 검토하고 곧바로 계약서 작성을 권하는 경우가 있는데, 피하는 게 좋다. 사전에 제공하는 계약서를 받아 충분한 시간을 확보해 검토해야 한다.

계약서 초안 파일이나 사본을 미리 제공하지 않는 경우.

보통 흔히 사유로 드는 비밀유지조항은 보통 다음과 같은 문구다. *"저작자와 서비스업자는 이 계약의 체결 및 이행과정에서 알게 된 상대방의 사업상 비밀 정보를, 상대방의 서면에 의한 사전 승낙 없이 제3자에게 누설하여서는 아니 된다"* 하지만 상대방의 사업상 비밀 정보가 아니라 계약서 내용 전부를 포함하는 것은 과하다. 단순히 법률적 해석을 위해 전문가에게까지 공개를 금지하는 조항은 아니다.

일방적으로 연재 중단할 수 있는 조항이 있는 경우.

문화체육관광부에서는 만화 분야 표준계약서 6종을 배포하고 있다. 2016년 개정된 계약서에는 '원고 교정 요구 시 기한·횟수를 설정', '계약 당사자 간 비밀유지 의무에 대한 예외 사유' 등이 추가됐고 '웹툰 연재 계약서'의 경우 '일방적 연재 중단 금지' 조항이 신설됐다.

원고교정비용에 대한 언급이 없는 경우.

작가의 뜻과 무관하게 업체에서 무리한 수정요구를 하거나, 혹은 업체에서 임의로 수정하는 경우다. 외주작업의 경우에도 원고 수정 기한과 횟수를 제한하거나, 수정 범위(그림의 면적) 등에 따라 수정비용을 설정하는 게 좋다.

프로젝트 취소나 보류 시 조치사항 언급이 없는 경우.

때로는 원청회사의 사정에 따라, 또는 직접적 계약당사자인 업체의 변심으로 프로젝트가 취소되는 경우도 있다. 기제작한 원고에 대한 제작비와 위약금에 대한 조항이 있어야 한다.

의뢰 주체(원청회사)와의 합의 내용을 알려주지 않는 경우.

최소한의 주 계약사항은 알아둬야 한다. 드물지만 하청에 하청을 주는 경우를 생각해 보자. 3천만 원에 수주한 프로젝트인데, 실무를 맡는 작가에게는 고작 3백만 원이 돌아가는 최악의 사태가 발생할 수도 있다.

계약 목적, 기한과 범위가 불분명하거나 너무 포괄적인 경우.

웹툰 제작과 연재를 넘어 합의하지 않은 다양한 서비스까지 모조리 다 포함하는 경우는 조심해야 한다. 플랫폼을 특정하지 않거나 정보를 알 수 없는 경우도 사용기한과 범위를 한정하는 게 좋다. 또 해외 진출 시에도 국가별로 별도 계약을 하는 게 좋다.

- **계약기간이 너무 길거나 조건부 종료인 경우.**

MG를 상쇄할 때까지 무제한적으로 연장하는 건 조심해야 한다. 연재종료 후 1~3년까지로 제한하는 게 좋다. 계약기간을 연장하고 싶다면, 추후 재계약하는 게 좋다.

- **계약해지에 대해 통보하지 않으면 계약이 자동 연장되는 경우.**

계약을 연장하고자 할 때는 추가로 서면 계약을 작성해야 한다.

- **원고의 사용 내역, 결산 등 정보를 제대로 공유하지 않는 경우.**

실제 일을 함께 해보기 전에는 알기 힘들므로, 주위 평판을 알아두는 게 좋다. 위 사항을 계약서에 명시하는 것은 더 좋다.

- **2차적저작물의 독점적 권리를 포함하는 경우.**

2차적 저작권이 작가가 아니라 스튜디오, 제작사 등에 있거나 과도한 지분을 갖는 경우가 많아 조심해야 한다.

출판, 해외, 영화, 드라마, 게임 등 2차적저작물의 독점적 권리를 포함하고 그 수익배분 역시 일괄적으로 적용하는 경우도 피해야 한다. 각 분야별로 별도로 계약하고 수익배분도 분야별 성격에 따라 다르게 적용하는 게 좋다.

- **기본 원고료나 MG 없이 추후 발생할 매출로만 수익 배분을 하는 경우.**

미래의 유료매출이나 광고수익이 적다면 아무런 대가도 없이 연재를 하는 리스크를 감당해야 한다.

- **업체가 승인하거나 플랫폼에 게재된 시점으로 마감 기준을 설정하는 경우.**

작가가 작품을 보낸 시점을 기준으로 삼아야 한다. 지체상금(지각비) 조항도 조심해야 한다.

- **'협의'를 통해 결정한다는 문구가 있는 경우.**

단순 통보만 해도 협의를 마쳤다고 간주하기 때문에 조심해야 한다. 작가의 동의를 구하거나 '합의'로 수정해 명시하는 게 좋다.

- **계약서 수정을 거부하는 경우.**

합의하에 계약서를 수정하거나, 새롭게 부속합의서를 추가 작성할 수 있다.

- **의뢰 내용이 사회 통념에 과도하게 벗어나거나 자신의 신념과 가치에 위배되는 경우.**

종종 발생하는 케이스다. 조건이 아무리 마음에 들어도 지지하거나 동의할 수 없는 내용이 포함됐다면 거부하는 게 좋다.

이외에도 다양한 사례들이 있을 것이다.

팁을 주자면, 독소조항을 찾아내는 건 오히려 쉽다는 점이다. 문서로 적힌 글자는 결코 숨을 수가 없다. 문구를 꼼꼼히 거듭 읽어보는 것만으로도 웬만한 독소조항은 찾아낼 수 있다. 없어야 할 문구가 있는 경우도 마찬가지다. 반면, 있어야 할 문구가 없는 건 찾아내기 어렵다. 그러므로 표준계약서 등과 비교해 무엇이 빠졌는지, 혹은 미처 발견하지 못했던 문제점을 찾아낼 수 있을 정도는 숙지해두는 것이 좋다.

저작권법,
계약의 기초지식

서론
저작권법과 계약의 이해

용조 작가는 D 회사로부터 일러스트를 400만 원에 의뢰받았다. 나쁘지 않은 조건이므로 수락! 서로 이메일도 주고받아서 계약을 한 내용도 남아 있다. 계약금도 100만 원 받고, 작품도 이메일로 파일을 넘겨줬는데, 그때부터 D 회사는 '작품이 기대에 못 미쳐서 잔금을 줄 수 없다'는 등 이런저런 핑계만 대면서 잔금 300만 원을 주지 않는다. 잉? 그런데 확인을 해보니 용조 작가의 일러스트를 이렇게 저렇게 활용을 하고 있네? 이 상황에서 용조 작가는 어떻게 대처하면 좋을까?

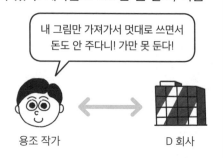

내 그림만 가져가서 멋대로 쓰면서 돈도 안 주다니! 가만 못 둔다!

용조 작가 　　　　D 회사

이상에서는 계약서들을 하나하나 뜯어보고 살펴보았다. 이렇게 개별 계약시에 대해서 충분히 이해를 하고 있다면 해당 계약을 체결하는 데는 큰 문제가 없다.

그런데 계약마다 다소의 변경이 이루어질 수도 있고, 만들어진 계약은 이행되면서 여러 가지 문제가 발생되기도 한다. 이때는 조금 다르다. 계약의 전체적인 이해를 하기 위해서는 개별 계약서나 개별 조항만 보면 힘들다. 숲을 보지 않고 나무만 보는 셈이 되는 것이다.

흔한 예를 들어본다. 웹툰 작가가 에이전시와 계약을 했다. 무난한 내용으로 계약을 했는데, 에이전시가 하는 행동은 영 시원하지 않고, 뭔가 정산이 계속 늦어진다거나, 내게 해줘야 할 것을 해주지 않는 것 같기도 하다. 게다가, 나에게 허락 없이 중요한 계약을 체결하였고, 나는 그것을 뒤늦게 알고 항의를 했었다. 몇 번 추궁을 했지만, 도통 이런 일이 고쳐질 것 같지 않다. 나는 에이전시와 신뢰를 잃었는데, 해지를 할 수는 없을까?

계약서를 다시 뜯어보아도 '해지할 수 있다'라는 조항에 나에게 딱 맞는 내용이 없다면 어떻게 될까? 전속사와의 계약서를 아무리 보아도 '신뢰관계가 깨지면 해지할 수 있다.'라는 내용은 없는데, 그럼 이제 도저히 믿을 수 없는 전속사와도 계약을 유지해야 할까? 뒤에서 보겠지만, 계약서에 해지 사유로 규정되어 있지 않아도 일정한 요건 하에서는 이런 경우에도 해지가 가능하다.

법을 전체적으로 알지 못하면 이런 계약의 '전체적인 그림'을 보기 힘들다.

따라서 이하에서는 간단하게라도 저작권이 무언지, 저작권법 중 나에게 필요한 부분은 어떻게 되어있는지, 알아야 할 계약 관련 법률 내용은 무엇인지 살펴본다. 주된 내용은 저작권법이고, 그 외에 민법 등 주변 법도 중요하다.

1. 저작권법은 어떤 법일까?

웹툰에 가장 직접적으로 적용되는 법은 저작권법이고, 웹툰의 '계약'과 관련해서는 저작권법 중에서도 제45조(저작재산권의 양도) ~ 제63조의2(출판권의 준용) 부분이 중요하다.

이하에서는 웹툰과 관련이 있는 저작권법의 내용을 간단하게 한번 살펴보자.

저작권은 무엇이고 저작물은 무엇일까?

결론부터 말하면, 웹툰은 (완전히 남의 것을 베낀 것이 아니면) 저작물이고, 웹툰 창작만 하면 별다른 절차 없이 저작권이 생겨난다.

'저작물'이란 **'인간의 사상 또는 감정을 표현한 창작물'**을 말하고(저작권법 제2조 제1호. 이하 법령은 생략한다), '저작권'이란 이러한 저작물에 대한 배타적·독점적 권리를 말한다.

즉, '사상', 즉 좌뇌적 활동과 '감정', 우뇌적 활동을 모두 포함한 사람의 정신적 활동을 겉으로 표현한 창작물을 저작물이라고 한다. 또한 이 저작물에 부여되는, 창작자가 독점할 수 있고(독점적), 타인을 배제할 수 있는(배타적) 권리를 저작권이라고 한다.

저작권법에서는 **저작물의 예로 어문, 음악, 연극, 미술, 건축, 사진, 영상, 도형, 컴퓨터프로그램 등을 들고 있으나** [제4조(저작물의 예시)] 조항의 제목처럼 이는 '저작물의 예시'이고 인간의 사상 또는 감정을 표현한 창작물이라면 이러한 내용에 없어도 저작물에 해당할 수 있다. 웹툰이나 만화 또한 당연히 저작물에 해당한다.

저작물이 되기 위한 '창작성'은 어느 정도가 되어야 할까?

대법원은 **"저작권법에 의하여 보호되는 저작물이기 위하여는 문학·학술 또는 예술의 범위에 속하는 창작물이어야 하므로 그 요건으로서 창작성이 요구되나 여기서 말하는 창작성이란 완전한 의미의 독창성을 말하는 것은 아니며 단지 어떠한 작품이 남의 것을 단순히 모방한 것이 아니고 작자 자신의 독자적인 사상 또는 감정의 표현을 담고 있음을 의미할 뿐"**이라고 판시하고 있다.

즉, '창작성'이라고 해도 완전히 독창적이거나 높은 수준일 필요는 없고, 작가의 독자적인 사상 또는 감정을 담고 있으면 충분하다. 다만, '남의 것을 단순히 베낀 것'은 저작물이라고 볼 수 없다. 독자 여러분의 유치원 다니는 자녀, 조카가 스케치북에 그린 토끼 그림이라고 해도 충분히 저작물이 될 수 있는 것이다.

웹툰의 저작권은 언제 발생할까? 웹툰을 만드는 순간, 즉 창작하는 순간 발생한다. 이것을 잡지나 인터넷에 연재할 필요도 없고, 등록을 할 필요도 없다. 이렇게 별도 절차 없이 권리가 생기는 방식을 '무방식주의'라고 한다. 반대로, 특허, 실용신안, 상표, 디자인 등은 등록을 해야 권리가 발생하는데 이를 '등록주의'라고 한다.

현실적으로 법적 분쟁 상황이 되면 창작 사실 입증이 중요할 수 있다. 서적, 음반 등 객관적인 증거가 남는 경우는 비교적 쉽게 객관적 확인이 가능하다. 예컨대 블로그 등 인터넷 게시물의 경우는 어떨까? 그 내용을 나중에 수정할 수 있다면 창작 사실 입증의 근거가 되기는 힘들 것이다.[2] 즉, 블로그를 보니 2010. 1. 1.에 게시물이 올라와 있지만, 실은 2020년에 만들어놓고 2020. 1. 1.자 게시글을 살짝 고쳤을 수도 있으니까.

저작권 등록을 하면 법적인 추정력까지 생기므로 가장 강력한 증거가 될 것이다. 즉, 저작권이 발생하기 위해 등록을 할 필요가 없긴 하지만, 등록을 하면 저작자의 추정, 창작일 또는 공표일의 추정, 제3자에 대한 대항력, 침해자의 과실추정, 법정손해배상 청구 등 효과가 생겨서 등록을 하면 법적 효과 측면에서는 여러모로 유용하다(제53, 54, 125, 125조의2 등).

우리나라는 저작권 등록이 매우 활발한 나라 중 하나로서, 세계에서도 손꼽히는 등록이 많은 나라라고 한다. 사람들이 다들 숨어서 저작권 등록을 열심히 하고 있는 것 같다.

저작자와 저작권자. 저작권자는 누구?

'저작자'란 저작물을 창작한 자를 말한다(제2조 제2호). 따라서 저작물을 창작한 사람이 '저작자'이고 이를 '창작자주의' 원칙이라고 한다.

한편 '저작권자'는 저작권을 갖고 있는 사람이다. 저작물을 창작한 순간 저작권은 발생되므로 창작한 사람이 '저작자'이자 '저작권자'가 되지만, 저작권을 양도하는 경우, 창작자는 더 이상 '저작권자'가 아니고 '양수인'이 저작권자가 된다(저작자와 저작권자의 분리).

웹툰이나 만화의 저작자이자 저작권자는 누구? 창작자, 즉 작가이다.

그런데 고용주 또는 사용자(회사건 개인이건)의 지시를 받아 만든 웹툰은 조금 다르다. 이때는 고용한 사람의 저작물이 되어 버린다. '창작한 사람이 저작자가 된다'는 저작권법의 가장 큰 예외이다.

제2조(정의) 제31호에서는 *"업무상 저작물"은 법인·단체 그 밖의 사용자(이하 "법인 등"이라 한다)의 기획하에 법인 등의 업무에 종사하는 자가 업무상 작성하는 저작물을 말한다."*라고 규정하고, 제9조(업무상저작물의 저작자)에서는 *"법인 등의 명의로 공표되는 업무상 저작물의 저작자는 계약 또는 근무규칙 등에 다른 정함이 없는 때에는 그 법인 등이 된다. 다만, 컴퓨터프로그램저작물의 경우 공표될 것을 요하지 아니한다."*라고 규정한다.

위 규정의 요건은 (1) 법인 등의 사용자가 저작물의 작성을 기획할 것, (2) 저작물이 법인 등의 업무에 종사하는 자에 의하여 작성될 것(사용관계), (3) 업무상 작성하는 저작물일 것, (4) 저작물이 법인 등 사용자의 명의로 공표될 것, (5) 계약 또는 근무규칙 등에 다른 정함이 없을 것이 된다.

위와 같은 요건을 갖춘 경우 저작자는 창작자 개개인이 아니라 사용자가 된다. 특허법에서는 직원이 업무로 만든 특허의 경우 어느 정도 보상을 해주는 '직무상 발명'이 있지만, 업무상저작물은 사용자에게 어떤 경제적 의무도 없다. 애초에 저작권(저작인격권)이 사용자에게 귀속되므로, 창작을 했다고 해도 자신의 이름을 표시해달라고 요구할 권리도 없다.

자 그럼 웹툰의 어시스턴트는 여기에 해당할까? 두 경우를 나누어 생각해봐야 한다. 저작권법 상 업무상저작물의 '사용자-직원 관계'인지, 아니면 '의뢰자-프리랜서 관계'일지로 나누어 생각 해야 한다. 전자라면 사용자의 업무상저작물이 되지만, 후자라면 저작권은 프리랜서에게 발생 한다. 의뢰자는 원칙적으로 이용권만 갖고 있고(이용허락관계), 의뢰자가 저작권자가 되고 싶으 면 저작권 양도를 받아야 한다.

웹툰을 둘 이상이 함께 그릴 때는 '공동저작물'이 문제 된다.

'공동저작물'이란 '2인 이상이 공동으로 창작한 저작물로서 각자의 이바지한 부분을 분리하여 이용할 수 없는 것'을 말한다(제2조 21호). 요건으로 보통 **(1) 2인 이상이 '창작'에 관여(창작적 기여)**, **(2) 창작에 있어서 공동관계 존재, (3) 분리불가능성**을 들고 있다.

제15조(공동저작물의 저작인격권)에서는 "*① 공동저작물의 저작인격권은 저작자 전원의 합의 에 의하지 아니하고는 이를 행사할 수 없다. 이 경우 각 저작자는 신의에 반하여 합의의 성립을 방해 할 수 없다.*"라고 규정하고, 제48조(공동저작물의 저작재산권의 행사)에서도 "*① 공동저작물의 저작재산권은 그 저작재산권자 전원의 합의에 의하지 아니하고는 이를 행사할 수 없으며, 다른 저 작재산권자의 동의가 없으면 그 지분을 양도하거나 질권의 목적으로 할 수 없다. 이 경우 각 저작재 산권자는 신의에 반하여 합의의 성립을 방해하거나 동의를 거부할 수 없다.*"라고 규정한다.

그렇다면 둘 이상(예를 들어서 글 작가와 그림 작가)이 같이 창작을 하자는 의사로, 실제로 함 께 창작을 해서 어느 부분이 누가 창작했는지 알 수 없게 되었다면(공동저작물의 성립), 전원의 합의에 의해서만 저작권 행사가 가능하고, 한쪽이라도 반대하면 원칙적으로 저작권 행사가 불 가능하다. 다만, '신의에 반하여 동의를 거부하면' 단독으로도 저작권을 행사할 수 있는데, 법원 은 이처럼 **신의에 반하는 출판, 발매, 배포 금지 청구는 인정할 수 없다**고 한다.[3]

그렇다면 공동저작권자 동의 없이 저작권을 행사하면 저작권 침해(민사책임) 또는 저작권법 위반죄(형사책임)가 되는가? 현재 법원은 민사책임은 지지만, 형사책임은 지지 않는다는 취지 로 보고 있다. 즉, 형사사건에서 대법원은 "*위 규정은 공동저작물에 관한 저작재산권을 행사하는 방법을 정하고 있을 뿐이므로, 공동저작자가 다른 공동저작자와의 합의 없이 공동저작물을 이용한 다고 하더라도 그것은 공동저작자들 사이에서 위 규정이 정하고 있는 공동저작물에 관한 저작재산 권의 행사방법을 위반한 행위가 되는 것에 그칠 뿐 다른 공동저작자의 공동저작물에 관한 저작재산 권을 침해하는 행위까지 된다고 볼 수는 없다*"고 판시하였다.[4]

다소 구별해야 하는 점이 있다. 글 작가가 그림 작가와 관계 없이 만화의 스토리를 완전히 완 성한 이후에 만화가가 이를 이용해 작품을 그렸다면 이때 양자는 '원저작물'-'2차적저작물' 관 계가 된다. 반면, 글 작가가 그림 작가의 만화 창작을 염두에 두고 만화의 스토리, 콘티 등을 그 려주어 그림 작가가 이를 만화로 완성했다면 이는 '공동저작물' 관계가 될 것이다.

저작권은 어떤 내용의 권리일까? 인격권과 재산권이 있다던데?

그럼 웹툰의 '저작권' 내용은 어떤 것일까? 저작권은 다소 특이하게 단일한 권리가 아닌, 지분적 권리로 이루어진 '권리의 다발' 형식을 취하고 있다. 예를 들어 소유권은 그냥 소유권이다. 하지만 저작권은 그 아래 자잘한 권리들의 총합이다.

저작권은 크게 보면 저작인격권과 저작재산권으로 구성되어 있고, 이것들은 또 세부적인 권리들로 구성되어 있다. 개별 권리의 내용은 '무슨 행위를 하려면 작가의 허락이 필요한 권리'라고 생각하면 간단하다. 예를 들어서 '복제권'은 무엇인가? '복제 행위를 하려면 작가의 허락이 필요한 권리'를 말한다. 작가의 허락 없이 복제를 하면 복제권 침해가 된다.

● 저작인격권

'저작인격권'은 저작자가 저작물에 대하여 가지는 인격적 권리를 말한다. 즉, 저작물을 저작자의 인격적 발현체로 보는 것이다. 저작인격권은 인격적 권리로서, 양도도 할 수 없고, 상속도 할 수 없다. 저작인격권으로는 공표권(제11조), 성명표시권(제12조), 동일성유지권(제13조)이 있다. 각 권리의 내용은 명칭과 거의 일치한다.

- **공표권**
- **성명표시권**
- **동일성유지권**

저작권 계약과 관련하여 의미가 있는 부분은 '저작인격권'은 일신전속적인 권리로 양도가 불가능하다는 점이다. '저작인격권이 양도된다.'고 규정해도 무효이다.

저작인격권을 전적으로 '포기'하는 계약은 인정하기 힘들고, 일정한 제한이 있어야 한다고 볼 것이다.[5] 반면에, 저작인격권을 '불행사'하기로 하는 계약은 무효로 보기 힘들다고 생각된다. 이 사례가 법원까지 가서 문제 된 판례는 없고, 현실적으로는 개별적인 저작권인격권을 포기하거나 불행사하기로 하는 약정도 그대로 통용되는 것 같다.

● 저작재산권

'저작재산권'은 저작물을 이용함으로부터 발생하는 경제적 이익을 보호하는 권리이다. 저작재산권은 재산적 권리로서 양도, 상속이 가능한 권리이다(상속이 되므로 사후 70년까지 보호가 된다).

저작재산권으로는 복제권(제16조), 공연권(제17조), 공중송신권(제18조), 전시권(제19조), 배포권(제20조), 대여권(제21조), 2차적저작물작성권(제22조)이 있다. 각 권리의 내용은 명칭과 거의 일치한다.

- **복제권**
- **공연권**

- *공중송신권(그 내용으로 방송권, 전송권, 디지털음성송신권이 있다)*
- *전시권*
- *배포권*
- *대여권(다만, 상업용 음반과 상업적 프로그램만 해당)*
- *2차적저작물작성권*

저작권 계약과 관련하여 가장 문제가 되는 것은 2차적저작물작성권이다. 2차적저작물작성권은 원저작물을 번역·편곡·각색·영상제작 그 밖의 방법으로 창작물을 작성할 수 있는 권리(저작권법 제5조 제1항)를 말한다. 웹툰이나 만화를 영화나 드라마로 만들 수 있는 권리 또는 캐릭터 상품을 만들 수 있는 권리, 즉 OSMU One Source Multi Use의 기반이 되는 권리이다.

저작권의 제한

그렇다면 저작권은 제한이 없을까? 잘 생각해 보면 어떤 웹툰도(창작품도) 100% 모든 것을 새롭게 창작한 것이란 없다. 그렇다면 저작물의 권리 행사를 무제한적으로 인정하는 것도 모순이다.

저작권은 저작물을 독점적, 배타적으로 이용할 수 있는 권리이지만, 이를 무제한 인정하면 오히려 문화예술의 발전을 가로막을 수 있고, 저작권법에서도 여러 공공적 목적 등으로 일정한 요건 하에서 저작권을 제한하고 있다.

저작재산권의 제한 사유는 아래와 같으며(제23~36조), 2016년 일반조항(공정이용)이 신설되었다. 저작인격권의 제한 사유는 각 조항 자체에 규정하고 있다(제11 내지 13조).

웹툰과 관련된 조항은 주로 공공저작물의 자유이용(제24조의2), 공표된 저작물의 인용(제28조), 저작물의 공정한 이용(제35조의3) 조항이 될 것 같다.

- *재판절차 등에서의 복제(제23조)*
- *정치적 연설 등의 이용(제24조)*
- *공공저작물의 자유이용(제24조의2)*
- *학교교육 목적 등에의 이용(제25조)*
- *시사보도를 위한 이용(제26조)*
- *시사적인 기사 및 논설의 복제 등(제27조)*
- *공표된 저작물의 인용(제28조)*
- *영리를 목적으로 하지 아니하는 공연·방송(제29조)*
- *사적이용을 위한 복제(제30조)*
- *도서관등에서의 복제 등(제31조)*
- *시험문제로서의 복제(제32조)*

- 시각장애인 등을 위한 복제 등(제33조)
- 청각장애인 등을 위한 복제 등(제33조의2)
- 방송사업자의 일시적 녹음·녹화(제34조)
- 미술저작물등의 전시 또는 복제(제35조)
- 저작물 이용과정에서의 일시적 복제(제35조의2)
- 부수적 복제 등(제35조의3)
- 문화시설에 의한 복제 등(제35조의4)
- 저작물의 공정한 이용(제35조의3)
- 번역 등에 의한 이용(제36조)

아이디어-표현 이분법이란?

웹툰의 창작과 저작권 침해에서 가장 중요한 저작권법 원칙을 하나만 뽑으라면 '아이디어-표현 이분법'일 것이다. 이 원칙은 저작권법에는 명확한 규정이 없지만, 전 세계적으로 인정되는 저작권법 원칙이다.

'아이디어-표현 이분법'이란 저작권법에서는 '아이디어'는 보호되지 않고, '표현'만 보호된다는 원칙이다. 따라서, 다른 사람의 저작물에서 '아이디어'만 따서 쓴다면 그것은 저작권 침해가 아니다. '표현'을 따서 써야 저작권 침해가 된다.

또한 어떤 작품 창작에 아이디어만 제공한 자는 저작자가 아니다. 대법원은 *"2인 이상이 저작물의 작성에 관여한 경우 그중에서 창작적인 표현 형식 자체에 기여한 자만이 그 저작물의 저작자가 되는 것이고, 창작적인 표현 형식에 기여하지 아니한 자는 비록 저작물의 작성 과정에서 아이디어나 소재 또는 필요한 자료를 제공하는 등의 관여를 하였다고 하더라도 그 저작물의 저작자가 되는 것은 아니(다)."*라고 판시한다.[6]

관련된 원칙으로 합체이론merger doctrine, 필수장면이론이 있다.

'합체이론'은 아이디어가 오직 한 가지 방법으로만 효과적으로 표현될 수 있을 때는 아이디어와 표현이 합체되어 있다고 보아, 그 표현도 저작권의 보호대상에서 제외하는 이론이다. '필수장면이론'은 특정한 주제나 내용(아이디어)을 표현하는 데 있어서 전형적으로 사용할 수밖에 없는 표현은 저작권으로 보호하지 않는다는 이론이다.

예컨대 '태왕사신기 vs. 바람의 나라'에서는 법원은 다음과 같이 판시한다.[7]

"양 작품은 사신 또는 사신수가 누군가를 수호하는 수호신 또는 수호수로 설정되어 있다는 점에서 유사하다. 그러나 아이디어 자체는 저작권법에 의한 보호를 받을 수 없고, 나아가 어떠한 아이디어를 표현하는 데 실질적으로 한 가지 방법만 있거나, 하나 이상의 방법이 가능하다고 하더라도 기술적인 또는 개념적인 제약 때문에 표현방법에 한계가 있는 경우에는 그러한 표현은 저작권법의 보

호대상이 되지 아니하거나 그 제한된 표현을 그대로 모방한 경우에만 실질적으로 유사하다고 할 것이다."

그런데 '아이디어-표현 이분법'은 악용의 소지가 다분하다. 쉽게 말해서, 다른 사람의 저작물에서 아이디어만 뽑아 쓰는 경우, 아무런 제재도 할 수 없다는 것이 이상하지 않은가? 실제로 만화가나 웹툰 작가들이 예전부터 영화, 드라마 제작자 측에 이런 식의 피해(?)를 호소하는 사건이 많았다. 대표적인 예가 앞에서 본 '바람의 나라'-'태왕사신기' 사건, '내겐 너무 사랑스러운 뚱땡이'-'두근두근 체인지' 사건[8], '설희'-'별에서 온 그대' 사건[9] 등이 있다.

다만, 최근 '부정경쟁방지 및 영업비밀보호에 관한 법률'(이하 '부정경쟁방지법'이라고 한다)에서는 제한된 범위이지만 아이디어를 보호하는 내용의 법개정이 이루어졌다. 즉 아래와 같이 타인의 아이디어(또는 성과물)를 무단 이용하는 행위를 '부정경정행위'로서 규제하고 있다(부정경쟁방지법 제2조 제1호 차목, 카목).

"차. 사업제안, 입찰, 공모 등 거래교섭 또는 거래과정에서 경제적 가치를 가지는 타인의 기술적 또는 영업상의 아이디어가 포함된 정보를 그 제공목적에 위반하여 자신 또는 제3자의 영업상 이익을 위하여 부정하게 사용하거나 타인에게 제공하여 사용하게 하는 행위. 다만, 아이디어를 제공받은 자가 제공받을 당시 이미 그 아이디어를 알고 있었거나 그 아이디어가 동종 업계에서 널리 알려진 경우에는 그러하지 아니하다."(제2조 제1호 차목)

"카. 그 밖에 타인의 상당한 투자나 노력으로 만들어진 성과 등을 공정한 상거래 관행이나 경쟁질서에 반하는 방법으로 자신의 영업을 위하여 무단으로 사용함으로써 타인의 경제적 이익을 침해하는 행위"(제2조 제1호 카목).

2. 다른 저작물은 어떻게 이용할까?

타인의 저작물은 어떻게 이용할까?

웹툰 창작 시 타인의 저작물을 이용하려면 어떻게 해야 할까? 거꾸로, 내 웹툰을 이용하겠다는 사람이 나타나면, 어떤 이용이 가능할까?

저작물의 이용은 크게 '저작권의 양도'[10]와 '저작물의 이용허락'으로 이루어지고, 중간적으로 '출판권설정', '배타적발행권설정'이 있다.

'양도'는 양도인이 양수인에게 저작권을 넘겨주고, 양수인이 저작권을 취득하는 것이다. 웹툰이 저작권 양도가 되면, 이제 웹툰의 저작권은 상대방(양수인)에게 넘어간다. 즉, 저작권 양도의 경우 '(나의 저작권을 너에게) 넘긴다, 양도한다.'는 의미이므로, 저작권 양도 이후 저작권은 양수인이 갖는다.

저작권은 전부를 기간 제한 없이 양도함이 보통이지만, **일부만을 양도할 수도 있고**(제45조 제1항), 경우에 따라서는 기간을 제한하거나 장소적으로 제한하여 양도할 수도 있다.

다만, **'저작재산권 전부를 양도하는 경우 특약이 없는 때에는 2차적저작물 작성권은 포함되지 않은 것으로 추정한다'는 규정을 주의해야 한다**(제45조 제2항). 따라서 단지 '저작권 전부를 양도한다.'라고만 한다면 2차적저작물작성권은 양도인에게 그대로 남아 있는 결과가 된다. 물론, 특약을 하면 문제없는데, '특약'은 2차적저작물작성권을 양도한다는 내용이 분명해야 한다.

반면, '이용허락'은 이용허락을 받은 자가 단지 이용할 수 있는 채권적 권리를 갖는 것에 불과하다. 웹툰의 이용허락을 해주면, 웹툰의 저작권은 여전히 원 권리자에게 남아 있고, 상대방은 이용할 수 있는 권리만 갖는다.

저작물의 이용허락의 경우 '(내 저작물을 너에게) 이용을 허락한다.'는 것이기 때문에 저작권은 변함없이 저작권자에게 남아 있다. **이용허락의 경우에도 이용방법 및 조건의 제한을 둘 수 있다**(제46조 제2항).

이용허락은 '독점적(배타적) 이용허락'과 '비독점적(비배타적) 이용허락'으로 나뉘고, 당사자가 합의해서 자유롭게 정할 수 있다. 이용허락은 채권적 성질의 계약관계이므로, 이용허락을 받은 자는 제3자에 대해 권리를 주장할 수 없는 것이 원칙이지만, 독점적 이용허락의 경우 '채권자대위권'을 이용하여 정지청구권을 행사할 수 있다는 것이 판례의 입장이다.[11] 손해배상청구권도 행사할 수 있다고 일반적으로 인정되고 있다.

'양도'와 '이용허락'의 중간적인 형태가 있다. 이들이 '배타적발행권'과 '출판권'이다.

배타적발행권은 저작물을 발행하거나 복제·전송할 권리를 가진 자가 그 저작물을 발행 등에 이용하고자 하는 자에 대하여 설정하는 권리 중 '출판권'을 제외한 것을 말한다(제57조 제1항).

출판권은 저작물을 복제·배포할 권리를 가진 자가 그 저작물을 인쇄 그 밖에 이와 유사한 방법으로 문서 또는 도화로 발행하고자 하는 자에 대하여 허락하는 출판을 할 권리를 말한다(제63조 제1항).

그럼 웹툰의 출판계약(또는 연재계약)의 법적 성질은 무얼까?

당사자의 합의에 따라, '양도계약', '이용허락계약', '출판권설정계약' 모두 가능하다.

민법상 집(아파트)에 비유를 하자면, '양도'는 집을 매매하는 것과 같고, '이용허락계약'은 집을 임대해 주는 것과 같으며, '출판권설정'은 집에 전세권을 설정해 주는 것과 같다.

예컨대 아래 표와 같다.

	저작권양도계약	출판권설정계약	출판허락(이용허락)계약
민법계약과 비교	매매계약	전세권설정계약	임대차계약
효과	출판사에게 가장 유리	중간	작가에게 가장 유리

'법정허락'(법으로 정해진 허락)이라는 것도 있다. 예를 들어서 아주 재미있는 인터넷 소설을 보고, 꼭 그것을 웹툰화하고 싶다고 하자. 그런데 아무리 찾아도 해당 소설의 작가를 알 수 없다면, 어떻게 하면 될까? 타인의 저작물을 이용하려면 허락을 받아야 한다. 이때 현실적인 허락을 받을 수 없다면 '법으로 정해진' 허락을 받으면 된다.

즉, 저작권자의 허락을 직접 받는 것이 여의치 않을 경우, 저작권자의 직접 허락 없이도 적절한 대가를 지급하거나 공탁하고 저작물을 이용할 수 있도록 하는 제도가 법정허락제도이다. 저작권법 제50조에 규정을 두고 있다.

그런데 현실적으로 양도계약인지 이용허락계약인지 명확하지 않은 사례들이 있다. 이때는 어떻게 판단할까? 대법원은 *"저작권에 관한 계약을 해석함에 있어 과연 그것이 저작권 양도계약인지 이용허락계약인지는 명백하지 아니한 경우, 저작권 양도 또는 이용허락되었음이 외부적으로 표현되지 아니한 경우에는 저작자에게 권리가 유보된 것으로 유리하게 추정함이 상당하다."*라고 일관되게 판시하고 있다.[12] '저작자에게 권리가 유보되었다(남아있다)', 즉 저작권 양도가 아닌 이용허락으로 추정하는 것이다.

매절계약이란 어떤 걸까?

'매절'이라는 말을 들어 보셨는가? '그림을 매절로 넘겼다.'고 할 때 어떤 형태의 계약이 체결되는 걸까? '매절買切'은 '팔아넘긴다'는 뜻의 일본어인데, 저작물의 거래 대가를 일시불로 지급하는 계약을 말한다.

예를 들어서 사업자가 작가에게, '우리 회사의 홍보 웹툰을 1편 그려주면 100만 원을 주겠다.'라고 제안을 해서 작가가 수락을 했다고 하자. 사업자와 작가는 '홍보 웹툰 1편을 그려주는데

100만 원'이라는 합의를 하였다. 작가는 일시불로 100만 원을 받기로 했고, 그 만화가 아무리 인기가 좋고 매출에 도움이 되었어도 그 이상 대가를 청구하지는 못한다.

이때 작가의 웹툰이 '이용허락'이냐, '양도'냐가 문제 된다. 전자라면 사업자는 한정된 범위에서 채권적 권리만 갖고 이용이 가능할 뿐이지만, 후자의 경우 사업자가 저작권자로서 자유롭게 이용이 가능하니 차이가 크다.

그렇다면 '매절'의 법적 성격은 무엇일까?

매절 계약에서 성격에 대해 명확히 규정하면 그대로 해결하면 된다('구름빵' 사건 계약서는 '저작권 양도'의 매절 계약 형식이었다). 다만, 그 매절 계약이 다른 이유로 무효 또는 취소 사유가 있는지 문제 될 뿐이다.

매절 계약에서 그 성격에 대한 규정이 없거나, 아예 계약 자체가 존재하지 않고 저작물의 거래와 대가 지급만 있었던 경우라면 그 법적 성격이 문제 된다. 이는 (앞에서 본 대법원의 판단 기준에 따라) 기본적으로 당사자의 의사를 중심으로 판단할 일이지만, 당사자의 의사가 분명하지 않으면 저작권자에게 권리가 유보된 것으로 추정할 것이다.

다만, 법원은 매절 계약에서는 다소 특이한 법리를 제시하고 있다. *"신청인과 위 박영창 사이의 1987.3.31.자 계약은 저작물 이용대가를 판매부수에 따라 지급하는 것이 아니라 미리 일괄지급하는 형태로서 소위 매절계약이라 할 것으로, 그 원고료로 일괄지급한 대가가 인세를 훨씬 초과하는 고액이라는 등의 소명이 없는 한 이는 출판권설정계약 또는 독점적 출판계약이라고 봄이 상당하(다)."* 고 보고 있는 것이다.[13] 즉, 일시불로 대가가 인세(보통의 이용료)를 훨씬 초과하는 상당한 정도의 고액이라면 저작권 양도로 볼 수 있지만, 거꾸로 일시불로 지급한 대가가 인세(이용료)를 훨씬 초과하지 않는다면 출판권 설정계약 또는 이용허락계약으로 보고 있다.

다만, ('구름빵' 사건이 상징적으로 보여주듯이) 일시불에 의한 영구한 저작권 양도는 저작자(저작권자)에게 너무 불리하고 부당하다는 비판이 있어 왔다. 이에 현재 국회에 계류 중인 저작권법 개정안에서는 아래와 같이 일시불에 의한 저작권 양도의 경우 작가가 추가보상을 청구할 수 있도록 규정하였다.

향후 이 법안이 통과될 경우, 매절로 저작권 양도를 받으려는 측에서는 각별히 주의가 필요한 부분이다.

제59조(저작자의 추가 보상 청구)
① 저작자가 제57조제1항에 따라 저작재산권을 양도한 대가로 받은 보상과 양도 이후에 양수인("재양수인"을 포함한다. 이하 같다)이 저작물 이용에 따라 취득한 수익 간에 현저한 불균형이 발생한 경우에는 저작자는 양수인에게 추가적인 보상을 청구할 수 있다. 다만, 저작자가 양수인으로부터 저작물 이용에 따른 수익 중 일부를 현저하게 불균형하지 아니한 비율로 보상받도록 약정한 경우에는 그러하지 아니하다.

② 제1항에 따른 청구는 저작재산권이 양도된 날로부터 10년 안에 행사하여야 한다.

③ 제1항에 따른 보상은 저작자와 양수인이 협의하여 정하되, 협의가 성립되지 아니한 경우에 저작자 또는 양수인은 위원회에 조정을 신청할 수 있다.

④ 제1항에 따른 청구는 저작자가 사전에 포기할 수 없다.

가격(프라이싱)

가끔 '저작권 가격을 체결할 때, 적정 가격이 얼마냐?'고 물어보는 질의도 받는다. 이것은 사적자치의 영역이므로 양자간 결정할 문제이고, 법적인 문제는 아니다. 다만, 아래 사항은 하나의 기준은 될 수 있겠다.

문화체육관광부 훈령인 '홍보콘텐츠 제작비 지급에 관한 규정'(2019년 개정)에서는 문화체육관광부가 제작·발행하는 홍보콘텐츠 제작비 지급에 관하여 아래와 같은 제작비 지급 기준을 제시한다(제1조, 제3조).

또한 콘텐츠 제작 계획 변경 및 취소로 인하여 콘텐츠가 제작되지 못한 경우에는 그때까지 진행된 작업분에 한하여 홍보콘텐츠 제작비 지급 기준에 의거, 50%(부가세 포함) 범위 이내에서 지급할 수 있다고 규정한다(제5조).

'만화', '일러스트료(삽화)' 관련 지급 기준은 아래와 같다(다만, 규정을 초과하는 유명 작가 등의 경우는 별도 결재한다고 표에 명시되어 있다).

구분	항목		단위	단가
만화료	전단형	콘티료	식	300,000
		작화료	식	1,000,000
	스토리형	콘티료	면	200,000
		작화료	면	400,000
	단편(4-8단컷), 만평	콘티료	식	150,000
		작화료	식	300,000
일러스트료 (삽화)	표지용		컷	500,000
	스토리형			200,000
	단순형			100,000
	표제컷			50,000

미국의 '그래픽 아티스트 길드'에서 나온 '핸드북 - 가격&윤리적 가이드라인'(2013년판)에서는

원작 카툰(Original Cartoon)의 카툰당(per cartoon) 원고료로 아래와 같은 예시를 들고 있으며, 다만, 소규모 인쇄나 특별한 목적의 잡지는 10~50달러를 지불하고 있다고 설명한다.[14] 참고를 할 수 있겠다.

잡지명	흑백	칼라
Catholic Digest	$100	$100
Harvard Businss Review	$700	$800
The New Yorker	$575	
Playboy	$400	$450
Reader's digest	$650	$650
Saturday Evening Post	$125	
Wall Street Journal	$150	

3. 계약은 어떤 것일까?

계약은 무엇이고, 어떤 역할을 할까?

계약은 무엇일까? 양쪽 당사자의 의사가 하나로 일치하여, 서로 내용을 확인하고 서명, 날인하는(체결하는) 문서를 말한다. 법에서는 일방이 '청약'이라는 것을 하고(일종의 제안) 상대방이 '승낙'을 하면(제안을 받아들인다는 답변) 계약이 체결된다고 설명한다. 계약은 양쪽이 합의를 하는 그 시점에서 성립을 한다.

따라서 말로 계약하는 것(구두계약 口頭契約)도 얼마든지 가능하다. 즉, 계약이 성립되기 위해서 계약서를 꼭 써야 하는 것이 아니다. 다만, 말만 오갔다면, 그것을 입증하는 것도 힘들거니와, 과연 확정적으로 청약과 승낙이 오가서 계약 성립으로 볼 합의가 이루어졌는지 다투어질 경우들도 있다(그냥 상대방의 의중을 떠보거나 가능성을 타진해 볼 정도일 수도 있으니까).

계약은 왜 체결하는 걸까?

계약을 체결하면 당사자 쌍방이 해야 할 일이 무엇인지 명확히 할 수 있다. 또한 당사자 일방이 약속한 내용을 위반할 때 상대방이 피해를 어떻게 구제받을 것인지 미리 기재하여 분명히 해둠으로써 분쟁해결과 손해배상의 편의를 꾀할 수 있다.[15]

더군다나 엔터테인먼트 업계의 산업화가 진행되면서 서로 합의해야 할 사항이 복잡해지고 많아져, 간단한 구두 계약으로는 관련 법률관계를 정리하는 것이 불가능한 상황이 되었다.[16] 즉, 계약을 체결하면 당사자의 불완전한 기억력을 보강하여 미연에 분쟁을 방지하고 손쉬운 입증 자료로 쓸 수 있다.[17]

계약에는 어떤 배경으로 문제가 생길까?

현실적으로 저작권, 엔터테인먼트 계약에서는 미흡한 또는 부실한 계약서 때문에 많은 문제가 발생하고, 웹툰 계약도 마찬가지이다. 사실 변호사로서 업무를 하다 보면, 상담을 하러 오는 문제의 50% 정도는 애초에 잘못된 계약서에서 시작된 문제들이 많다.

그 이유는 대체로 다음과 같이 설명할 수 있겠다.

우선, 엔터테인먼트 업계에서는 많은 데뷔 희망자가 있지만, 영향력을 미칠 수 있는, 성공할 수 있는 채널은 비교적 소수이다. 그리고 성공한 경우와 '아직 성공하지 못한 경우'의 차이가 크다.

그렇기 때문에 업계에 진입하고자 하는 자는 다소 불합리한 대우를 감수해서라도 우선 진입을 희망하고, 따라서 계약 시에는 보통 말하는 '갑'과 '을'의 상황이 벌어지곤 한다. 그래서 사업자가 내미는 계약서에 대해서 이의를 하기도 힘들고, 고쳐 달라고 말하기도 힘들다. 물론 '을'은

(내가 지금은 좀 불리한 계약을 한다고 해도) 작품만 히트치면 내가 '갑'이 되어 더 이상 사업자가 내미는 계약서를 무조건 받아들이지 않으리라 생각하며 싸인을 하겠지만….

다음으로, 작가는 자신의 예술 세계에 몰두해서 그 수준을 끌어올리는 일에 관심이 많고, 창작활동은 계산과 논리를 바탕으로 한 좌뇌적 활동이라기보다는 직관과 상상, 감성을 주로 하는 우뇌적 활동이다 보니 상대적으로 문서, 법률, 계약에 취약하다. 반대로, 사업자의 경우는 아무래도 많은 계약, 법률관계, 법적인 트러블에 부딪치는 일이 많기 때문에 계약이나 분쟁에 익숙하고 유리한 편이다.

더 현실적으로 말하면 작가는 친한 변호사나 전문가가 없고, 계약서 검토를 하는 시간과 비용이 부담스러운 반면, 사업자는 아무래도 그런 사람들과 친하고, 자신의 회사(법인 또는 사업자)의 비용으로 쉽게 검토를 맡길 수 있으니, 시작부터 작가에게 불리한 측면이 있기도 하다(기울어진 운동장).

나아가, 우리 법상 구두계약도 유효하기 때문에, 원칙적으로 말로 동의한 계약도 효력을 부인할 수는 없다. 하지만, 그런 말로 한 계약은 당사자의 의사가 얼마나 확실한지 문제가 될뿐더러, 현실적으로 그런 말을 했다는 것을 입증하기 힘든 입증의 문제가 있다. 그런데 '이건 그냥 계약서고, 계약서와 상관없이 이렇게 이렇게 하자.'라는 식의 형태로 계약이 되는 경우도 많다. 그런데 이런 구두로 말한 내용은 얼마나 효력이 있는지 의문이다.

계약서 체결은 왜 각별한 주의가 필요할까?

웹툰 관련 사업은 지적재산권 또는 계약과 매우 밀접한 관계가 있다.

웹툰 창작으로 만들어지는 것은 기본적으로는 웹툰이라는 유형물이다. 하지만 웹툰 산업에서는 그 유형물 자체의 가치보다는(예를 들어서 그림 또는 파일의 가치보다는) 유형물이 복제, 배포, 공중송신, 2차적저작물로 작성되면서 생기는 가치가 훨씬 클 수 있다. 즉, 해당 웹툰의 소유권보다는 이것이 연재되고 책으로 나오면서 생기는 가치가 훨씬 큰 것이다.

결국 산출물의 지적재산권이 더 중요한 가치가 있는데, 이런 지적재산권은 물건이나 부동산처럼 눈에 보이거나 손에 잡히지 않는다. 그렇기 때문에 법률과 계약에 따라 그 법률관계가 형성되는 것이다. 그래서 계약이 핵심적으로 중요한 역할을 한다.

예를 들어 어떤 웹툰 작가가 어떤 사업자로부터 만화 10페이지 분량을 그려달라고 제안을 받고, 돈 500만 원을 받았다고 하자. 이 500만 원은 저작권 양도의 대가인가? 이용허락의 대가인가? 즉, 500만 원을 받고 그려줬으면 웹툰은 저작권 양도가 되는가? 아니면 저작권은 웹툰 작가에게 남아있고 단지 사업자에게 이용만 허락해 줬을 뿐인가?

양쪽 모두 겉으로 보기엔 별다른 차이가 없다. 계약서를 들여다봐야 양자 간에 저작권 양도가 있었는지 이용허락이 있었는지 알 수 있다.

우리가 아파트 관련 계약을 할 때, 매매계약을 하는지, 임대차계약을 하는지 헷갈리는 사람은 없다. 모든 사람이 해당 내용을 잘 알고, 거래도 빈번히 일어나고, 법률관계가 명확하기 때문이다. 하지만 엔터테인먼트 또는 저작권 관련 계약은 그와 달리 많이 알지도 못하고 흔히 있는 일도 아니다. 따라서 특히 주의가 필요하다.

어쨌거나, 현재에는 계약서 없이 진행되는 웹툰 관련 사업은 거의 없는 듯하다.

또한 우리의 법이나 판례는 계약서는 기본적으로 쓰여있는 그대로, 문언 그대로 해석함을 원칙으로 삼고 있다. 따라서 권리를 크게 변동시키는 계약서를 작성하면 나중에 번복하기가 매우 힘들다.

예컨대 한때 사회적으로 '부당한 저작권 양도'로 사회적으로 이슈가 되었다가 결국 저작권 양수인 측에서 저작권을 모두 돌려주는 것으로 종결이 된 '가왕' 조용필 씨 사건을 보자. 해당 판례의 사실관계에 따르면 모종의 계약으로 인해 권리가 모두 음반사 측에 양도가 되었고, 이에 조용필 씨가 해당 양도를 무효화하는 일련의 소송을 제기했다. 그러나 해당 1, 2, 3심 판결을 보면 모두 일사천리로 저작권 양도가 유효함을 판시하고 있고, 따라서 대법원에서도 그대로 확정 판결이 났을 뿐이다.

해당 사건의 판결문을 보면, 조용필 측에서 계약의 무효를 주장하는 민법총칙상의 주장을 하고 있으나 ― 예컨대 반사회질서의 법률행위, 불공정한 법률행위, 사기, 착오 등 ― 매우 간단간단하게 그런 주장을 배척하고 저작권 양도에 아무런 문제가 없다고 판시하고 있다.[18] 더욱더 주의가 필요한 이유이다.

표준계약서, 표준약관

웹툰이나 다른 예술 관련, 요즘 표준계약서나 표준약관이 많이 나오고 있다. 이것들은 어떤 효력을 갖고 있고, 어떤 용도로 쓰면 될까?

엔터테인먼트 계약도 일반 계약과 마찬가지로 사적자치私的自治의 원칙에 따르기 때문에, 계약 내용은 당사자가 자유롭게 결정하면 된다.

그런데 현재 우리나라 사회의 실상을 보면 실제로는 '갑'이 우월한 협상력을 바탕으로 불공평한 계약이 체결되는 경우가 많아서, 이를 제어할 방법이 절실해지는데 그중 하나가 바로 표준계약서의 도입이다.

영미권의 국가(대표적으로 미국)의 경우 동업조합guild, 조합union이 잘 구성되어 있어서 해당 길드, 조합에서 마련한 표준계약서를 반드시 사용해야 하는 식으로 계약관계가 정리되는 듯하다. 즉, 위 조합이나 길드에서 이미 단체교섭을 통해 최저임금액 기타 노동조건 등 주요 내용을 합의하여 단체협약서가 마련되고, 개별 아티스트들이 개별 계약을 체결할 때는 이 단체협약서의 적용을 자동적으로 받게 되므로(계약서에 한두 줄 분량의 일반조항으로 삽입됨), 개별 계약

시에도 충분한 보호를 받게 되는 것이다.[19]

우리나라는 일부 업계를 제외하고는 조합, 협회 활동이 강력하지 못한 경우가 대부분이라 이런 식으로 표준계약이 흔하지는 않지만, 예술인복지법에 근거해서 문화체육관광부에서 여러 표준계약서를 발표하고 있다.

표준계약서의 활용을 통해 지위의 비대칭성을 보완하여 공정한 계약을 체결할 수 있고, 산업계의 건전한 계약문화를 형성하고, 분쟁을 예방하고 합리적인 분쟁처리를 할 수 있게 되어 궁극적으로 해당 산업의 발전을 꾀할 수 있을 것이다.[20]

관련해서 '예술인복지법'에서는 **국가는 문화예술용역 관련 계약의 당사자가 대등한 입장에서 공정하게 계약을 체결할 수 있도록 문화예술 분야에 관한 표준계약서를 개발하고 이를 보급하여야 한다**고 규정하고 (제5조 제1항), **표준계약서 사용시 국가나 지방자치단체가 문화예술 재정 지원에 있어 우대할 수 있다**고 규정한다 (제5조 제2항).

그러나 표준계약서가 강제력이 있다거나 그 존재 자체로 어떤 법적 효력이 있는 것은 아니다. 그렇다면 '내가 표준계약서를 사용해달라고 해봤자, 상대방이 응하지도 않는데, 표준계약서가 무슨 소용이 있느냐?'라고 생각할 수도 있다. 하지만 이런 경우에도 표준계약서를 공정한 계약서의 근거로 제시할 수 있고, 적어도 그러한 수준으로 계약서를 고쳐달라고 요청할 수 있으니 유용한 근거가 될 수 있다.

4. 계약의 체결

웹툰 계약이 양자 사이의 합의로 체결되었다고 할 때, 실제로 계약 체결 관련 몇 가지 점들을 살펴보자.

계약서의 제목은?

웹툰 계약의 제목을 어떻게 정하는지는 얼마만큼 중요한가?

계약서의 제목은 그 내용을 설명해 주는 것으로, 해석에 참고가 될 뿐 법적 효력을 좌우하지는 않는다. 예를 들어 서면 제목에 '양해각서(MOU. 보통 법적 구속력을 갖지 않는 것이 보통이다)'라고 기재된 경우에도 그 내용이 법적 구속력을 갖는 것이라면 법적으로는 '계약'으로서의 효력을 가질 수 있다.

계약서의 당사자는 누구?

웹툰 계약의 당사자에 대해서 살펴보자.

계약서를 체결한 당사자는 계약 내용에 따른 권리, 의무를 부담해야 한다. 민법상 미성년자는 단독으로 유효한 법률행위를 하지 못하고, 대리인의 동의를 얻어야 하며, **동의가 없는 법률행위는 취소할 수 있다**(제5조 제1항). 따라서 미성년자와 계약을 할 때는 꼭 법정대리인의 동의를 받아서 진행해야 한다. 민법에 따르면 *사람은 만 19세로 성년에 이른다*(제4조).

법인이 당사자인 경우는 법인만이 계약의 당사자이고, 법인의 대표이사, 직원 등은 계약의 당사자가 아니다. 따라서 법인이 계약을 불이행한다고 해도 대표이사에게 책임을 물을 수 없다. 쉽게 말해서 법인 사업자와 계약을 체결한 다음, 법인이 계약 위반을 했다고 해서 대표이사에게 책임을 물을 수는 없다는 것이다.

대리인을 통해 계약을 체결하는 경우, 대리인이 본인(위임인)의 수권을 받았음을 분명히 해야 한다. 이를 위해 보통은 '위임장'을 작성하여 첨부한다. 위임장의 효력을 더욱 분명히 하기 위해서는 본인의 인감증명을 첨부하고, 위임장에도 본인의 인감을 날인하도록 한다.

계약의 체결에 형식이 필요한가(문서 등)?
공증을 받아야 하는가?

웹툰 계약은 말로 하면 안 되는가? 꼭 문서를 작성해야 하는가?

민법상 계약이 성립하기 위해서 형식이 필요하지는 않다. 이를 '낙성계약' 원칙이라고 한다.

허락만 하면 된다는 것이다. 따라서 구두계약도 계약이 된다. 이와 달리 문서 등 형식이 필요한 것을 '요식계약'이라고 한다. 요식계약은 각 법에 규정되어 있는데, 예외적이고 많지 않다(민법의 경우 '증여계약'만 요식계약).

미국의 경우 사기방지법Statute of Fraud에 의해서 일정한 법률행위, 예컨대 1년 이내에 이행을 완료할 수 없는 계약은 반드시 문서로 체결해야 한다.

우리나라 민법에서 계약은 형식을 요구하지 않기 때문에 구두계약, 즉 말로 이루어진 계약도 얼마든지 계약으로서 성립 가능하다. 예를 들어서 해당 계약 내용을 녹음한다면 계약성립을 입증할 수 있을 것이다.

부득이하게 구두계약으로 진행되었을 때는 계약이 체결된 다음에 계약 내용을 자세하게 쓴 감사편지 또는 이메일을 보낸다면 계약입증의 증거자료로 삼을 수 있을 것이다.[21] 그러나 계약의 체결 여부, 계약 당사자의 구체적인 의사, 계약상 권리의무를 가장 확실하게 입증하는 것은 역시 문서, 계약서이다.

계약서를 서면으로 작성하는 경우에도 형식이나 길이 등은 문제 되지 않는다.

딜 메모deal memorandum는 정식 계약 이전 단계로 향후 진행될 계약 내용을 간단한 메모 형식으로 거래의 기본 내용을 기재하는 것이다. 영국, 미국법의 판례상 딜 메모의 법적 구속력 여부는 일의적인 기준이 아니라 교섭상황 등 다양한 요소에 기초하여 구체적으로 판단하므로 결과를 예측하기 힘들다.[22]

딜 메모가 이후 계약을 교섭해나가려는 당사자의 의사를 확인한 것에 머물 정도라면 메모는 구속력이 없지만, 딜 메모가 어느 정도 구체적이어서 당사자의 합의를 반영한 경우에는 법적인 구속력이 인정될 가능성이 높아질 것이다.[23] 즉, 간단한 메모 형식의 문서도 계약으로서의 효력을 가질 수 있는 것이다.

'공증'이라는 말 들어보았는가? 계약서는 공증을 꼭 받아야 하는가?

우리 법상 공증은 두 가지 의미가 있다. 계약서에 쓰여있는 바로 그 당사자가 작성, 계약을 체결했다는 것(이것을 '사서증서의 인증'이라고 한다), 또 하나는 재판을 거치지 않고도 집행력을 부여하는 것(이것을 '공정증서 작성'이라고 한다).

대체로 계약서에 공증을 한다는 것은 전자의 의미이다. 즉, 다른 사람이 아닌 그 사람이 작성했다는 것을 확실하게 하기 위해서 공증을 하는 것이다. 따라서 본인이 작성한 것인지만 문제 되지 않는다면 굳이 공증을 거칠 필요는 없다. 본인 작성임을 분명히 하기 위해서는 인감도장을 찍고 인감증명서를 붙인다거나, 무인(지문)을 찍는 방법, 기명을 자필로 쓰고 사인을 하는 방법 등이 있다.

그럼에도 불구하고 본인이 작성한 것임을 분명히 하고 싶으면 공증을 하는 것도 하나의 방법이다. 대리인이 공증을 할 때에는 위임장이 필요할 수 있다.

계약 체결 자체에 문제가 있는 경우는?

웹툰 계약의 체결 자체에 문제가 있을 수도 있다.

계약은 채권 채무의 발생을 목표로 한 법률행위로서, 청약(계약을 원한다는 의사표시)과 승낙(이를 받아들인다는 의사표시)으로 이루어진다. 청약과 승낙이 일치하면 그대로 계약의 내용이 된다. 그런데 양자가 일치하지 않는데도 계약이 성립된 경우가 있을 수 있다. 이때 의사표시의 하자 또는 계약의 효력이 문제 된다.

● 무효 사유

일정한 경우 계약이 아예 무효가 되는 경우가 있다.

계약의 무효사유는 민법총칙편에 규정되어 있는데, **'반사회질서의 법률행위'**(민법 제103조), **'불공정한 법률행위'**(민법 제104조) 조항이다. 보통 '노예계약을 했다.'고 말할 때의 계약이 여기 해당하는 경우가 많다.

그러나 이 규정들은 상당히 엄격한 요건을 필요로 한다. 예컨대 '반사회질서의 법률행위'와 같은 경우 '첩' 계약과 같이 명백히 반사회적인 경우를 말하고, 불공정한 법률행위는 불공정성이 극히 심하고, 상대방이 이를 알고(악의) 이용해야 한다. 따라서 이 규정을 이유로 계약을 무효화하는 것은 매우 어렵다.

● 취소 사유

일정한 경우 계약을 후발적으로 취소를 할 수 있는 경우도 있다. 취소를 하면 소급하여 무효가 된다.

일정한 요건을 갖춘 경우, 착오로 한 의사표시는 취소할 수 있다(민법 제109조). 또한 **사기로 한 의사표시, 강박에 의한 의사표시도 취소할 수 있다**(민법 제110조). 이러한 착오, 사기, 강박의 경우 요건이 상당히 엄격하므로, 실제 받아들여지는 경우는 많지 않은 듯하다.

중요한 계약의 취소사유로 미성년자가 체결한 계약이 있다. 만 19세로 성년자가 되는데(민법 제4조), **미성년자가 법정대리인의 동의 없이 한 계약(법률행위)은 취소할 수 있다**(민법 제5조).

다만, **취소할 수 있는 법률행위는 추인할 수 있는 날로부터 3년 내에, 법률행위를 한 날로부터 10년 내에 취소를 해야** 하는 제한이 있다(민법 제146조). 따라서 미성년자가 성년이 된 다음 3년 내에 취소를 해야 하고, 그 기간이 지나면 취소할 수 없다.

계약기간은 자유롭게 정해도 될까?

웹툰 계약의 계약기간은 자유롭게 정해도 될까? 문제가 되는 경우는 없을까?

사적자치의 원칙상 계약기간을 정하지 않거나 영구적인 것으로 한다고 해도 그 자체로 무효라고는 볼 수 없다.

그러나 개인이 어떠한 행위를 해야 할 의무('급부의무'라고 한다)를 정하는 계약기간을 영구적으로 하는 것은 개인의 자유를 과도하게 제한하는 것으로서 사적자치의 원칙을 침해하는 것일 수 있으므로, 반사회질서의 법률행위(민법 제103조)로 무효로 볼 여지도 있다.[24] 예를 들어서 작가가 계속적으로 작품을 공급해서 사업자가 작품을 사업화하는 전속 매니지먼트 계약의 경우가 그러하다.

법원도 연예인 전속계약 기간을 10년으로 정한 사안에서, 해당 계약기간이 실질상 10년이 넘는 장기간이고, 제반 조항에 비추어볼 때 연예인이 전속계약에 심히 종속되어 활동의 자유가 지나치게 장기간 부당하게 제한받게 된다는 이유로 해당 전속계약 기간 조항이 민법 제103조에서 정한 선량한 풍속 기타 사회질서에 반한다고 판시한 바 있다.[25]

캘리포니아 노동법 California Labor Code 2855조는 *개인적인 서비스를 제공하는 계약 또는 독특한 성격의 역무를 제공하는 계약의 계약기간은 7년을 넘을 수 없다*는 취지로 규정한다. 대중문화예술인(배우, 가수) 표준 전속계약서도 원칙적으로 7년의 기간을 상한으로 하고 있다.

민법상 위임계약은 각 당사자가 언제든지 해지할 수 있고, 다만 부득이한 사유 없이 상대방의 불리한 시기에 해지하는 경우에는 손해를 배상해야 한다(민법 제689조).

계약상 지위의 양도는 가능한가?

웹툰 계약을 체결한 다음, 작가든 사업자든 다른 사람으로 하여금 계약상 지위를 이어받게 할 수 있을까?

전속계약에서 쌍방이 부담하는 의무는 상대방에게 특정한 일(급부)을 하겠다는 하는 채무이다. 이러한 성격의 의무는 해당 의무를 이행하는 당사자가 누구인지가 매우 중요하고, 신뢰관계가 매우 중요하다. 아티스트의 입장에서도 상대방 사업자가 누구인지는 매우 중요할 것이다. 따라서 계약상 지위 또는 권리 의무의 양도는 인정되지 않음이 원칙이다.

법원도 *연예인 전속계약상 연예 매니지먼트사의 채무는 하는 채무로서 채무자 자신의 급부행위가 중요하므로 전속사와 타사의 합병에 관하여 연예인의 동의가 없으면 원고는 이를 이유로 계약을 해제할 수 있다*고 판시한 바 있다.[26]

멀리 있는 사람 사이에 계약서가 오갈 때는?

웹툰 계약서를 만나서 도장 찍는 것이 아니라, 서로 좀 떨어져서 문서로 주고받는 경우는? 또한 계약을 해지하겠다는 의사표시를 내용증명 우편으로 보냈는데, 아뿔싸, 우편상 문제가 기간을 넘기면 어떻게 되나?

민법상 **의사표시는 도달하여야 효력이 생긴다**(민법 제111조). 이를 '도달주의' 원칙이라고 한다. 즉, 의사표시는 발송만 하고 나 몰라라 할 수 있는 것이 아니고, 도달까지 확인이 되어야 한다. 도달 사실은 주장하는 자가 입증해야 하므로 발송한 사람이 도달했다는 사실을 입증해야 한다.

계약의 경우, 예를 들어 계약이행 최고, 해지 의사표시도 상대방에게 도달해야 한다.

어떤 의사표시의 도달을 입증하기 위해 흔히 쓰이는 것이 '내용증명' 우편이다. 등기우편의 경우 우편의 도달 확인은 되겠지만, 어떤 내용이 전달되었는지 알 수가 없기 때문이다.

이메일의 경우는 어떨까? '수신확인' 기능이 있는 이메일이라면 입증이 가능할 것이다. 다만, 이메일을 '문서'로 볼 수 있을지 여부는 명확하지 않다. 계약서에서 명확히 이에 대해서 규정하는 것이 좋겠다.

5. 계약의 내용, 이행, 해석

웹툰 계약서를 받아들었다. 아마 당신은 당신 이름으로 된 난생처음의 계약서일 수 있다. 자, 계약서를 어떻게 파악할 것인가?

계약은 어떻게 해석되는가?

웹툰 계약의 내용은 어떻게 해석될까? 예를 들어 '최선을 다한다'라는 말의 법적 의미는 무엇일까? 이런 해석은 결국 재판을 통해 판사의 판단으로 확정된다. 그럼 계약서를 해석하는 판사들은 계약을 어떻게(어떤 원칙으로) 해석할까?

법률행위 해석의 방법으로는 자연적 해석(당사자의 의사를 탐구), 규범적 해석(표시행위의 객관적 의미를 탐구), 보충적 해석(법률행위 내용에 틈이 있는 경우 이를 보충하는 해석 방법)이 있다.

쉽게 말해서 당사자의 의사가 일치하는 것을 우선으로, 불일치하는 경우 객관적인 관점에서 해석하며, 그러한 해석도 불가능할 때는 당사자가 약정하였을 것으로 보이는 내용으로 당사자의 의사를 보충하여 계약을 해석한다.

법원은 **"일반적으로 법률행위의 해석은 당사자가 그 표시행위에 부여한 객관적인 의미를 명백하게 확정하는 것으로서 당사자가 표시한 문언에 의하여 그 객관적인 의미가 명확하게 드러나지 않는 경우에는 그 문언의 내용과 그 법률행위가 이루어진 동기 및 경위, 당사자가 그 법률행위에 의하여 달성하려고 하는 목적과 진정한 의사, 거래의 관행 등을 종합적으로 고찰하여 사회정의와 형평의 이념에 맞도록 논리와 경험의 법칙, 그리고 사회 일반의 상식과 거래의 통념에 따라 합리적으로 해석하여야 한다."** 라고 판시한다.[27]

실무상으로는 압도적으로 많은 수가 계약서 '문언에 따라 해석'을 하고 있다. 따라서 계약서에는 관련된 내용이 객관적으로 명확하게 나타나도록 해야 하고, 추상적이거나 모호한 용어를 사용하지 않도록 해야 한다.

일단 작성된 계약은 계약 내용 그대로 효력 인정됨이 원칙이다. 거래란 거래 당사자가 신중하게 고려해서 자유롭게 결정하는 것이고, 일방의 부주의를 상대방에게 책임을 전가시킬 수 없기 때문이다.

저작권 계약에 특수한 해석 원칙이 하나 있다. 앞에서도 보았지만, '저작자 유보 추정'이라는 것이다.

대법원은 **"저작권에 관한 계약을 해석함에 있어 과연 그것이 저작권 양도계약인지 이용허락계약인지는 명백하지 아니한 경우, 저작권 양도 또는 이용허락되었음이 외부적으로 표현되지 아니한 경**

우에는 저작자에게 권리가 유보된 것으로 유리하게 추정함이 상당하며, 계약내용이 불분명한 경우 구체적인 의미를 해석함에 있어 거래관행이나 당사자의 지식, 행동 등을 종합하여 해석함이 상당하다."라고 판시한다.[28]

예컨대 문학상을 수여하며 지급한 상금이 저작권 양도의 대가인지가 문제 된 사안에서, 대법원은 "피고가 수여한 상금이 표창의 의미만 가지는지 또는 출판에 대한 인세 또는 원고료까지 포함되어 있는지가 불분명하고, 상금에 인세 또는 원고료가 포함되어 있다고 하더라도 그것이 저작권의 양도 내지는 복제, 배포권의 양도대가로 볼 수 있을 정도의 고액이라고 보기는 어려우며, 신탁자들의 대부분이 기성 작가들로서 수상을 통해 이름을 알리는 이점이 크지 아니한 점 등을 종합하여 보면, 신탁자들과 피고의 법률관계는 출판권설정계약이나 저작권 또는 복제, 배포권의 양도계약이 아니라 저작물들의 이용허락계약"이라고 판시했다.[29] 즉, 저작권 양도를 쉽게 인정하지 않는다.

6. 계약의 위반 및 구제수단

계약의 위반

계약의 위반은 계약의 개별 조항을 위반하는 것을 말한다. 그런데 위반의 효과는 계약의 어떤 의무를 위반하였는지에 따라 조금 다르게 나타난다.

좀 단순화해서 설명하면, 주된 급부의무(계약상 주가 되는 의무) 위반을 하면 해제권과 손해배상청구권이 발생하지만, 종된 급부의무(계약상 종이 되는 의무) 위반을 하면 손해배상청구권만 발생하며, 부수적 주의의무를 위반 시에도 손해배상청구권만 발생한다는 것이다.

따라서 주된 급부의무가 무엇인지 파악하는 일도 중요한데, 웹툰계약의 경우라면 작가 측에서는 웹툰을 공급해야 할 의무, 사업자 측에서는 대가를 줘야 할 의무가 주된 급부의무일 것이다.

작가 또는 사업자가 웹툰 계약을 위반했을 경우 상대방은 어떻게 구제를 받을 수 있을까? 이행청구, 손해배상청구, 계약의 해제·해지가 문제될 것이다.

참고로, 원래 계약이 존재하고, 계약위반의 결과 저작권을 허락 없이 이용한 셈이 되었다면 이는 계약위반(채무불이행)일까? 아니면(또는 동시에) 저작권침해가 성립할까? 대법원은 이 경우 저작권침해가 아닌 계약위반만 성립한다는 취지로 판시한다.[30]

이행청구

민법에서는 '강제이행'이라는 규정을 두고 *채무자가 채무를 이행하지 않은 때에는 채권자가 강제이행을 청구할 수 있다*고 규정한다(민법 제398조).

그런데 피아니스트의 피아노 연주, 가수의 출연같이 그 사람만 할 수 있는 채무(부대체적 작위의무)는 이 규정의 대상이 되지 않는다. 이때는 '간접강제'만 문제 되는데(민사집행법 제261조), 이 경우에도 의무자의 자유의사를 강제하면 채무의 내용에 좇은 의무이행을 기대할 수 없는 경우, 예컨대 예술, 창작 등에는 간접강제도 허용되지 않는다.

따라서 웹툰 계약에서도 강제적으로 원 계약상 의무를 이행하도록 하는 구제수단은 부적당하거나 불가능할 것이다. 예를 들어서 작가가 계약상 이행해야 할 작품을 그려서 갖고 올 의무를 이행하지 않는다고 해서, 사업자가 법원에 '작가가 작품을 그려서 인도하도록 해달라.'는 청구를 할 수는 없다는 것이다. 결국 이 경우는 금전에 의한 손해배상 청구만이 문제 될 것이다.

손해배상의 청구

일방이 고의나 과실로 계약에 따른 이행을 하지 않는 경우 상대방은 손해배상을 청구할 수 있다(민법 제390조).

손해배상을 청구할 때는 **'통상의 손해'** 즉 그런 일이 있으면 보통 생기는 손해를 청구할 수 있음이 원칙이고(민법 제393조 제1항), **'특별한 사정으로 인한 손해'**는 위반자가 그 사정을 알았거나 알 수 있었을 때에 한하여 배상을 청구할 수 있다(민법 제393조 제2항).

손해배상은 금전배상이 원칙이다(민법 제394조). 계약을 해제, 해지해도 손해배상을 청구할 수 있음은 물론이다(민법 제551조).

그런데 웹툰 관련 계약에서 손해배상을 구하는 경우, 손해의 입증이 매우 어렵다. 특히 손해배상 소송을 하면 (우리 법원의 원칙적 입장인) '실손해배상' 원칙 때문에, 수치화되고 증거로 입증된 손해 외에는 배상을 받기가 매우 힘들다. 예를 들어 어떤 웹툰 작가가 웹툰을 그려서 주기로 했는데 웹툰을 그려오지 않아 사업자가 손해배상을 구한다고 하자. 대체 사업자는 얼마의 손해를 본 것일까? 그 금액을 객관적으로 정확하게 계산할 수 있을까?

그래서 계약서에 '위약금'이나 '위약벌' 규정을 두곤 한다. 두 개의 개념이 다소 다르다. '위약금'은 위약을 할 경우 배상할 금액을 규정해두는 것이다. 예를 들어서 'A의무를 위반한 경우 1억 원을 배상한다.'와 같은 식이다. 이 **위약금은 손해배상액의 예정으로 추정한다**(민법 제398조 제3항). 즉, 계약위반을 한 경우 위약금을 손해액으로 추정한다. **위약금이 지나치게 크면 법원은 적당히 감액을 할 수 있다**(민법 제398조 제2항).

다른 개념으로 '위약벌'이 있다. 예를 들어서 'A의무를 위반한 경우 위약벌로 1억 원을 배상한다.'와 같은 식이다. 위약벌은 손해배상과는 별도로 단지 그 채무의 이행을 확보하기 위해 정해지는 의무위반에 대한 벌칙의 성격이므로, 손해배상과 위약벌을 동시에 청구할 수도 있다.

위약벌이 지나치게 큰 경우에도 법원은 감액을 할 수 있는데 다소 논리가 다르다. 즉, **의무의 강제에 의하여 얻어지는 채권자의 이익에 비하여 약정된 벌이 과도하게 무거울 때에는 그 일부 또는 전부가 공서양속에 반하여 무효로 된다.**[31] 사실상 감액을 할 수 있다는 결론은 같다.

계약의 해제, 해지

유효하게 성립된 계약을 당사자 일방의 의사표시로 종결시키는 것을 해제, 해지라 한다.

해제란 유효하게 성립된 계약의 효력을 소급적으로 소멸하게 하여 계약이 처음부터 성립하지 않은 상태로 복귀시키는 것을 말한다.

한편 해지는 전속계약과 같이 일정한 기간 동안 계속해서 행해지는 계속적 계약관계에서 일방의 의사표시로 계약의 효력을 장래에 향하여 소멸하게 하는 행위를 말한다. 해지는 해제와 달리, 소급해서 계약의 효력을 없애는 것이 아니라, 해지하는 시점부터 효력을 없앤다는 차이가 있다.

언제 해제(해지)가 가능한가?

해제(해지)는 크게 두 가지 경우에 할 수 있다.

당사자가 계약에 포함시킨 해제의 사유가 발생하여 행사하는 해제는 '약정해제'라고 한다. 가장 흔한 경우가 '일방이 계약을 위반하여 상대방이 시정을 최고했으나 이를 시정하지 않는 경우'이다.

민법 등 법에서 정한 해제사유가 발생하는 경우 이를 이유로 하는 해제는 '법정해제'라고 한다. 계약서에 '해제'에 관한 조항이 전혀 없는 경우에도(그런 계약서도 간혹 있다) 법에서 정해진 해제사유는 행사할 수 있다. 민법에서 명시적으로 규정한 사유는 '이행지체'와 '이행불능'이다.

예를 들어서 상대방이 계약상 의무 이행을 늦게 하는 경우 계약서에 따로 규정이 없어도 해제 또는 해지를 할 수 있을까? 이를 '이행지체'를 이유로 한 해제 또는 해지라고 하는데, 민법은 **'당사자 일방이 그 채무를 이행하지 아니하는 때에는 상대방은 상당한 기간을 정하여 그 이행을 최고하고 그 기간 내에 이행하지 아니한 때에는 계약을 해제할 수 있다.'**라고 규정하므로(민법 제544조) 이에 따라 해제, 해지를 할 수 있다. 또한 **일방의 책임있는 사유로 이행이 불능하게 된 때에는 상대방은 계약을 해제할 수 있다**(민법 제546조).

위 두 가지(약정해제, 법정해제)에 포함되지 않는 사유는 해제 사유가 되지 않는다. 예를 들어서 '상대방이 나에게 다른 일로 배신감을 줘서'라는 경우, 계약서에 해제 사유로 규정되지 않았으면 해제를 할 수 없다.

다만, 연예인 전속계약 등 **고도의 신뢰관계를 전제로 한 계약**의 경우 판례에서 '**신뢰관계의 파탄**'**을 해지의 사유**로 인정하고 있다.[32]

조금 다른 것으로 '합의해지'가 있다. 이는 두 당사자가 합의하여 해지를 하는 것으로, 효과도 당사자가 자유롭게 정하면 된다.

7. 기타 계약 관련 유의할 점

기타 웹툰 계약의 체결 관련 유의할 점이나 평소 많이 듣는 질문들을 정리해 본다.

통화나 대화를 녹음해도 되나?

말로 하는 '구두계약'도 계약으로서 유효하게 성립된다는 점은 살펴보았다. 그럼 이러한 당사자 사이의 대화나 전화 통화를 녹음하면 어떨까(현실적으로는 계약의 성립 여부보다는 증거를 만드는 데 많이 사용되는 방법이다)?

대화 당사자 사이의 대화 내용을 녹음하는 것은 법 위반이 아니고, 법원에서 증거로 사용될 수 있다. 녹음한 내용은 속기사무소(주로 법원 근처에 있음)에 가져가면 간단한 속기록으로 만들어준다.

다만, 이러한 녹취로 계약의 성립 여부를 입증하려면, 녹음 자체로 당사자가 합의한 내용이 명확하고 구체적이어야 할 것이다.

합의와 협의, 어떻게 다를까?

계약서상 '합의'라는 용어와 '협의'라는 용어가 있다.

'합의'는 양 당사자의 의사표시의 합치가 되어야 한다. 반면 '협의'는 단지 '협의'만 하면 된다.

'협의'의 사전적 의미는 '둘 이상의 사람이 서로 협력하여 의논함.'이라고 한다.[33] 결국, 그냥 협의만 하면 되는 것이고, 의견의 일치를 볼 필요는 없다. 협의만 거치면 쌍방 동의가 안 되어도 진행을 할 수도 있는 것이다.

한국만화가협회 자료에서는 "협의는 목적의 달성을 위하여 당사자들 간 의견을 수렴하는 절차이며, 상호 의견이 일치하는 것을 전제조건으로 하지 않습니다. 합의는 당사자 간 '의사의 합치'가 있어야 합니다. 따라서 반드시 상호의견이 일치해야 하는 항목, 작가의 동의가 필요한 항목에는 '합의'라는 용어를 사용하는 것을 권장합니다."라고 설명한다.[34]

예를 들어 계약서에 '전속사는 배우와 사전에 '합의'하여 출연할 작품을 결정한다.'고 규정된 경우, '합의'는 양자의 의견이 일치해야 출연작을 결정할 수 있는 것이므로, 배우가 동의를 하지 않으면 전속사가 일방적으로 출연작을 결정할 수는 없다. 반면, '전속사는 배우와 사전에 '협의'하여 출연할 작품을 결정한다.'고 계약서가 규정된 경우에는 전속사가 배우와 협의만 하면, 배우가 반대를 해도 전속사가 출연할 작품을 결정할 수 있다. 즉, '합의'는 상대방의 동의를 얻어야 하지만, '협의'는 상대방과 회의만 거치면(협의만 하면) 의견의 일치에 이를 필요는 없다.[35]

따라서 나의 동의 없이는 무언가가 진행될 수 없도록 하고 싶으면 '합의'라는 용어를 써야 한다. 반면 계약상 내가 상대방의 동의 없이 무언가를 결정하고 싶다면, '협의'라는 용어를 쓰면 될 것이다. 비슷해 보이지만, 하늘과 땅 차이가 될 수도 있다.

다만, 다음의 경우는 어떨까? "'작가'와 '사업자'는 차후 협의하여 본건 작품에 대한 저작권을 양도할 수 있다."

이 경우는 '협의'라고 썼더라도 결국 쌍방이 구체적인 내용과 조건에 대해 합의를 하지 않으면 양도가 이루어질 수 없다. 따라서 여기의 '협의'는 내용이나 맥락상 '합의'와 같은 의미로 보아야 할 것이다.

계약서가 작성되지 않으면 어떻게 되나?

다소 극단적인 경우이지만 계약서가 문서로 작성되지 않은 채로 계약이 이행되고 있다면 어떨까? 예컨대 계약의 구체적 내용은 정해지지 않았지만 계약금이 오가고, 계약사항이 진행되는 등으로 계약이 성립된 것은 다투지 않는 경우이다.

이런 경우는 기본적으로 저작자(저작권자)에게 유리한 결과가 된다. 판례의 입장에 따르면 명확하게 대외적으로 표시되지 않으면 저작권은 저작자에게 남아 있는 것으로 추정하기 때문이다. 작가 입장에서는 아예 계약서를 쓰지 않는 경우가 나을 수 있는 것이다.

그럴 경우 기타 계약조건은 보통의 계약이라거나 저작권법의 출판계약 규정 등에 따라 규율될 가능성이 높다.[36]

비밀유지약정이 있는데 변호사와 상담해도 되나?

계약서상 비밀유지조항이 있으면 변호사에게 상담 받는 것도 계약 위반일까?

앞에서도 살펴보았지만, 비밀유지조항이 있다고 해도 변호사에게 계약서를 보여주고 자문을 얻는 것이 문제 되지는 않을 것 같다. 이러한 행위는 '정당행위'(형법 제20조)로 위법성이 없고, 변호사는 직무상 알게 된 비밀에 대해서 비밀유지의무가 있기 때문에 (변호사법 제26조) 변호사와 상담하는 것이 비밀의 누설이라고 보기도 힘들 것이다.

또한 이런 문제로 사업자가 법원에서 손해배상 등 소송을 한다고 한들, 손해액 입증도 힘들고, 판사들에게 매우 눈총을 받을 것 같다.

계약, 나중에 변경해달라고 할 수 있나?

일단 성립한 계약을 사후적으로 변경해달라고 요구할 수 있을까?

프랑스, 독일 등 유럽의 여러 나라에서는 여러 종류의 계약의 변경요구권 제도를 두고 있고, 미국에서도 저작권의 양도 후 35년이 지나면 통지를 하여 양도를 종결하고 저작권을 회복할 수 있는 종결권 termination right 제도를 두고 있으나, 우리 저작권법에는 그러한 규정이 없다.

입법론으로는 신중히 고려해 볼 사안이지만, 현실적으로는 이를 요구하기 힘들 것이다. 다만, 앞에서 보았지만, 현재 저작권법 개정안으로 아래와 같은 '추가 보상 청구권' 조항이 상정되어 있다.

제59조(저작자의 추가 보상 청구)

① 저작자가 제57조제1항에 따라 저작재산권을 양도한 대가로 받은 보상과 양도 이후에 양수인 ("재양수인"을 포함한다. 이하 같다)이 저작물 이용에 따라 취득한 수익 간에 현저한 불균형이 발생한 경우에는 저작자는 양수인에게 추가적인 보상을 청구할 수 있다. 다만, 저작자가 양수 인으로부터 저작물 이용에 따른 수익 중 일부를 현저하게 불균형하지 아니한 비율로 보상받도 록 약정한 경우에는 그러하지 아니하다.

② 제1항에 따른 청구는 저작재산권이 양도된 날로부터 10년 안에 행사하여야 한다.

③ 제1항에 따른 보상은 저작자와 양수인이 협의하여 정하되, 협의가 성립되지 아니한 경우에 저 작자 또는 양수인은 위원회에 조정을 신청할 수 있다.

④ 제1항에 따른 청구는 저작자가 사전에 포기할 수 없다.

언제 변호사의 도움을 받아야 할까?

필자는 웹툰 계약 관련에 항상 변호사의 도움을 받아야 한다고 생각하지는 않지만, 분명 변호 사의 도움이 필요한 경우가 있다.

필자 나름의 하나의 기준을 세워본다면, 보통 흔히 쓰는 계약이라거나 다른 계약서가 존재할 정도의 계약(출판계약, 매니지먼트계약 등)이라면 해당 계약서들을 잘 참고해서 본인이 신중히 진행해도 좋겠지만, 다른 사례가 없는 새로운 유형의 계약(사업화계약서 등), 중요한 권리를 오 래 묶어두는 계약이라면 변호사의 도움을 받는 것이 좋겠다.

미국의 '그래픽 아티스트 길드'에서 나온 '핸드북'에서는 계약서를 쓰거나 협상을 할 때 '변호 사와 상의를 해야 할 때'로서 다음과 같은 경우를 들고 있다.[37]

1. 복잡한 로열티와 라이선싱(이용허락) 이슈를 포함한 대규모 또는 복잡한 프로젝트

2. 긴 기간 또는 위약금이 걸려있는 프로젝트

3. 다국적 시장에서의 라이선싱(이용허락) 작업

8. 저작권 침해의 구제

저작권 침해는 어떻게 구제받을 수 있나?

참고로 저작권을 침해당하는 경우의 구제수단에 대해서도 간단히 살펴본다. 크게 보면 민사상 구제수단과 형사상 구제수단이 있다.

민사상 구제수단

민사소송은 법원에 소장을 제출하여 자신의 침해된 권리의 회복을 구하는 방법이다.

저작권이 침해당한 경우 침해정지(예방) 청구(제123조), 손해배상 청구(제125~126조), 부당이득반환 청구, 명예회복 등의 청구(제127조)가 가능하다.

저작권 침해로 인한 손해를 산정하기 힘들다는 점을 감안하여 저작권법에서는 특칙을 두고 있는데, **침해자의 이익액을 손해액으로 추정**(제125조 제1항), **권리의 행사로 통상 받을 수 있는 금액에 상당하는 액을 손해액으로 청구 가능**(제125조 제2항), **침해된 저작물마다 1,000만 원 이하의 법정 손해배상 청구**(제125조의2), **판사의 재량에 의한 손해액 인정**(제126조) 등이다.

민사상 구제수단은 절차상으로 크게 보면 '가처분' 사건과 '본안' 사건이 있다. 민사소송은 본안사건이 원칙이다. 가처분 사건은 1심 판결만으로 즉시 효력 발생하는 강력한 재판이지만, 권리 또는 권리침해가 분명해야 하고, 현저한 손해, 급박한 위험이 있어야 하므로 승소가 쉽지 않다. 현실적으로 저작권 침해를 이유로 가처분 사건에서 이기기란 매우 어렵다.

형사상 구제수단

형사상 구제를 받으려면 수사기관에 고소장을 제출하여 상대방의 처벌을 요청해야 한다.

저작권 침해의 경우 형사처벌이 가능하다. 또한 형사절차는 비용이 저렴하고 강제수사가 진행되므로 분쟁이 조기에 해결되는 장점이 있다.

원칙적으로 형사고소를 한다고 해서 손해배상을 받는 것은 아니고, 민사책임과 형사책임은 기본적으로 무관하지만 형사처벌에서 '피해의 회복'이 매우 중요하게 고려되고, 어차피 민사소송으로 배상 문제가 따르므로 '합의'를 많이 한다.

저작권을 고의로 침해한 자에 대해서는 형사고소가 가능하다. **저작권을 복제, 공연 등의 방법으로 침해한 자는 5년 이하의 징역 또는 5,000만 원 이하의 벌금에 처하거나 이를 병과할 수 있다**(제136조). 그러나 현실적으로 보면 저작권법위반죄의 경우 실형(집행유예 포함)은 거의 없다시피 하고, 벌금(약식명령)으로 처리되는 것이 보통이다.

저작권법위반죄는 피해자의 고소가 있어야 하는 친고죄이지만, 영리 목적 또는 상습적 위반의 경

우는 비친고죄이다(제140조).

경험상 수사기관(경찰, 검찰)은 아무래도 법원보다는 전문성이 떨어지고, 당사자가 충분히 설득할 기회도 없다. 따라서 자칫 고소를 했다가 불기소 처분이 나버리면 그 후 민사소송도 하기 힘들어진다. 스텝이 꼬이는 것이다.

따라서 하나의 기준을 세운다면, 거의 복사하다시피 베낀 복제(이른바 '데드카피')는 형사고소를 해도 좋겠지만, 그것이 아니고 저작권 침해 판단을 해야 하는 사건은 형사고소보다는 민사소송을 제기하는 것을 권한다.

조정이란 무엇?

조정은 법관이나 조정위원회가 분쟁에 개입하여 쌍방의 합의로 이끄는 절차를 말한다.

당사자가 합의하거나 조정안을 받아들이면 조정이 성립하지만, 한쪽이라도 조정안을 받아들이지 않으면 조정은 불성립으로 끝난다. 조정이 성립되어 조정조서가 작성되면 판결과 같은 효력이 있다.

저작권 분쟁의 조정기관은 한국저작권위원회에서 진행하고 있고, 콘텐츠 사업자와 이용자의 분쟁 조정은 콘텐츠분쟁조정위원회에서도 진행하고 있다. 조정은 비용이 매우 저렴하며, 대외적으로 공개되지 않고 비밀이 보장되는 장점이 있지만, 양 당사자가 완전히 합의해야 분쟁이 종결된다는 단점이 있다. 즉, 일방이라도 아예 조정장에 나타나지 않거나, 결국 마련된 조정안을 거부하면 조정이 진행되지 않는다. 하지만 일단 조정이 진행되면 뜻밖에 조정이 성립되는 경우도 많다. 그리고 이런 조정위원들은 대체로 업계를 잘 알고, 저작자(창작자)에게 우호적이기 때문에 작가 입장에서는 좋은 선택지라고 생각한다.

중재란 무엇?

"중재"란 당사자 간의 합의로 분쟁을 법원의 재판에 의하지 아니하고 중재인仲裁人의 판정에 의하여 해결하는 절차를 말한다(중재법 제3조 제1호). 중재는 조정과 비슷해 보이지만 큰 차이가 있는데, 중재인이 내리는 중재판정에 대해서는 당사자가 판정에 따라야 하고 법원에 소송을 제기할 수 없다는 점이다. 중재합의가 있음에도 법원에 소송을 제기하면 법원은 소송을 각하한다.

법원의 재판이 3심까지 진행되는 것에 비하면, 1심으로 분쟁이 종결되는 차이점이 있다.

중재에 의하여 해결하기 위해서는 계약서에 '중재조항' 즉 중재에 의한다는 규정이 있어야 한다(중재법 제3조 제2호)(내용은 '공통조항' 부분 참고).

침해에 대한 구제 절차를 예를 들어 살펴보자

용조 작가는 A 업체로부터 일러스트를 400만 원에 의뢰받았다. 나쁘지 않은 조건이므로 수락! 서로 이메일도 주고받아서 계약을 한 내용도 남아 있다. 계약금도 100만 원 받고, 작품도 이메일로 파일을 넘겨줬는데, 그때부터 A업체는 '작품이 기대에 못 미쳐서 잔금을 줄 수 없다'는 등 이런저런 핑계만 대면서 잔금 300만 원을 주지 않는다.

잉? 그런데 확인을 해보니 용조 작가의 일러스트를 이렇게 저렇게 활용을 하고 있네? 이 상황에서 용조 작가는 어떻게 대처하면 좋을까?

일단 본건을 형사고소할 수 있을까? 저작권법위반죄로 고소를 하면 경찰에서는 '본건은 민사 사안이므로 민사소송을 하라.'고 종결할 가능성이 높다. 사기죄로 고소를 하면? 원래부터 A업체가 돈을 줄 생각이나 능력 없이 계약을 했다면 몰라도, 그런 상황이 아니라면 사기죄 역시 성립하지 않을 가능성이 높다. 결국 형사고소는 별 실익이 없이 진행될 것 같다.

그다음으로 생각해 볼 것은 저작권위원회 조정 또는 콘텐츠분쟁조정위원회 조정이다. 이 절차는 비용이 거의 들지 않고, 비밀이 보장되는 자리에서 저작권이나 콘텐츠에 대해서 잘 아는 조정위원들이 조정을 하니 추천할 만하다. 만일 여기시 조정이 되면 판결과 효력도 같아서, 가성비도 좋다.

만일 조정이 성립되지 않으면, 그다음 생각해 볼 것은 '지급명령신청'이다. 서식도 정형화되어 있고, 민사소송보다 비용도 싸다. 만일 상대방이 지급명령을 받고도 이의를 하지 않으면 지급명령이 확정되는데, 효과는 판결과 같다.

상대방이 지급명령신청에 대해 이의를 하면 사건은 곧장 민사 본안소송 절차로 넘어간다. 소가가 300만 원이므로 소액사건으로 분류가 된다. 법원에 가보는 건 처음일지 모르지만, 너무 겁먹지 말자(정 겁이 나면 30분, 1시간 전에 가서 다른 사람들 재판하는 것을 구경을 한번 해 보자). 소액사건은 변호사 없이 진행하는 경우가 대부분이라, 판사도 당사자가 약간 서툴게 진행을 해도 양해를 해준다. 뜻밖에 간단하게 판결이 내려질 수 있다.

이런 경우 진행했다가 거의 불을 보듯 패소를 하는 것이 바로 '가처분'(예를 들어서 지금 저작권 이용을 막아달라는 침해중지가처분)이다. 가처분은 권리침해가 분명해야 하고, '현저한 손해를 피하거나 급박한 위험을 막기 위해서'와 같은 필요성이 있어야 하므로, 정말로 받을 돈이 있다고 해도, 그 돈을 민사소송 절차를 통해 받으라는 취지로 기각이 될 것이다.

9. 통고서 작성

통고서의 의미와 역할은?

웹툰, 만화와 같은 엔터테인먼트 사건은 법정까지 가지 않고 당사자 사이의 합의로 종결되는 경우가 많다. 법정으로 가는 경우 상당한 시간, 비용, 노력이 필요하고, 보는 관점에 따라서는 굉장히 지저분할 수 있는 분쟁 내용이 공개가 되므로, 밝고 화려한 이미지를 보여줘야 하는 엔터테인먼트 산업의 이미지와는 맞지 않기 때문이다.

보통 이러한 분쟁은 일방이 상대방에게 통고서(보통 '내용증명'의 방법으로)를 보내고, 서로 간 통고서가 오가다가 일방이 더 이상 요구나 추궁을 포기하여 유야무야되거나 합의서를 작성하여 합의로 종결이 되는 경우가 많다. 여기서 종결이 되지 않으면 당사자의 판단에 따라 법정으로 가게 된다.

현실적으로는 엔터테인먼트 업무를 많이 하는 변호사라면 '법원에 가는 것보다 우체국에 가는 일이 많다.'고 할 정도로 잦은 일이며, 원만히 해결되면 상당히 바람직할 수 있는 해결책이다.

이때 주로 사용되는 것이 통고서이고, 발송 사실의 입증을 위해 '내용증명'의 방식으로 보내는 것이 보통이다. 통고서는 특히 당사자 사이에 사실관계에 다툼이 없을 경우(숨기는 것이 불가능한 경우)에 유용하며, 잘만 이용하면 분쟁이 조기에 해결될 수 있다. 또한 통고서는 증거를 확보하려는 별도의 목적으로 이용되기도 한다(상대방으로부터 우리 쪽에 유리한 답변을 끌어내는 목적으로 사용됨). 한편으로 통고서를 섣불리 잘못 보내면 상대방이 증거를 은폐할 수도 있고, 상대방이 우리 측 법적 분쟁에 대비할 기회를 줄 수도 있다. 준비가 잘 된 상태에서 통고서를 보내면 굳이 정식 법적 절차까지 가지 않고 사안을 해결할 수 있어서 유용한 수단이 된다.

통고서는 어떻게 쓰면 될까?

통고서는 본인이 직접 작성해서 본인 이름으로 보내도 아무런 문제가 없다. 만일 변호사에게 의뢰하여, 변호사 명의로 보내는 경우 상대방이 '곧 정식 법적 절차로 이행될 수 있겠구나.'라고 생각하여 보다 긴장하게 되는 효과가 있다.

변호사에게 이러한 사건을 위임하는 경우 정식 법적 절차에 소요되는 비용보다 상당히 저렴한 비용으로 분쟁을 해결할 수 있고, 위임을 맡은 변호사는 통고서 발송, 양자간 협상(합의), 합의서 작성까지 업무를 처리하는 것이 보통이다.

다음은 제3자가 저작권을 침해한 경우의 통고서 샘플이다.

통고서

발 신 인   ○○○
                    서울 ○○구 ○○로 ○○○

수 신 인   주식회사 ○○
                    서울 ○○○
                    대표이사 ○○○

제목: ○○○ 작가 저작권 침해 중지 등 요구의 건

1. 수신인(이하 '귀사')의 발전을 기원합니다.

2. 본인은 ○○○○, ○○○ 등 작품을 창작하여 ○○○ 등에 발표한 작가입니다. 특히 본인이 0000년 창작하여 ○○○○에 발표한 ○○○○ 작품(이하 '본건 저작물'이라고 합니다)은 독자들의 많은 사랑을 얻어 지금까지 연재 중입니다.

> 이 사건에서 문제 된 작품의 창작자가 본인임, 즉 본인이 문제 된 작품의 저작권자임을 기재한다.

3. 본인은 최근 ○○○○에서 귀사가 발표한 ○○○○라는 작품(이하 '귀사 침해작품'이라고 합니다)을 보았습니다.

> 상대방의 침해 작품 제작 사실을 기재한다.

4. 그런데 귀사의 침해작품은 본인의 본건 저작물과 ○○○○ 등이 동일하고, ○○○○ 등이 유사하여 본인의 저작권 침해 작품으로 생각됩니다. 양 작품의 유사성에 대해서는 별지로 첨부합니다.

> 상대방의 작품이 내 저작권 침해임을 구체적으로 밝힌다.

5. 이에 본인은 귀사에 대해 아래 사항을 요구합니다.
   (1) 귀사 침해작품의 게재 등을 중지할 것
   (2) 귀사의 본인 저작권 침해에 대해 공식적으로 사과할 것
   (3) 귀사의 본인 저작권 침해에 상응하는 금전배상 등 조치를 할 것(합의금 지급 등).

> 상대방에게 바라는 발송자의 요구사항을 항목화하여 적절하게 쓴다.

6. 본인은 귀사가 0000. 0. 0.까지 본 통고서에 대한 회신을 요청합니다. 회신은 본인에게 직접 주시기 바랍니다(전화 : 000-0000-0000, 주소 : 서울 ○○구 ○○○로 ○○○○).

2000. 0. 0.

발신인 ○○○ (인)

10. 합의서 작성

합의서의 의미과 역할은?

합의서는 서로가 원만히 합의를 해서 다른 추가적인 분쟁 없이 합의절차로 분쟁을 종결하기로 하는 문서를 말한다.

통고서를 보낸 다음 통고서를 2~3차례 주고받으며 서로의 주장 등을 확인하고, 합의가 가능함이 확인되면, 합의서를 작성하여 관련 분쟁을 마치게 된다.

합의는 어떤 경우 가능하고, 어느 정도나 가능한가? 경험상 살펴보면 분쟁의 내용, 쌍방이 갖고 있는 증거나 주장사항, 협상 당사자의 태도 등에 따라 천차만별로 가능성이 달라지기 때문에 예측하기 힘들다. 그야말로 케이스 바이 케이스라고 생각된다.

합의서는 어떻게 쓰면 될까?

합의서를 꼼꼼히 작성하지 않으면 재차 분쟁의 여지가 생길 수 있기 때문에, 합의서 작성은 변호사의 도움을 받는 것이 바람직하다.

아래에 샘플을 첨부한다.

합의서

000(이하 '갑')과 000(이하 '을')은 아래와 같이 합의한다.

1. '갑'은 0000년 0월경 제작, 발표한 '0000' 작품이 '을'의 '0000' 작품의 저작권 침해임을 인정하고, '을'에 대해 진심으로 사과한다.

2. '갑'은 0000. 0. 0.까지 '을'에게 000원을 합의금으로 지급한다.

3. '갑'과 '을'은 본 합의의 내용 및 상대방에 관한 일체의 사항을 비밀로 유지한다.

4. '갑'과 '을'은 본 합의서에 기재된 것 외에 본건에 관하여 상호 일체 청구를 포기하고 이의를 제기하지 아니한다.

2000. 0. 0.

갑 ○○○   **을** ○○○
주소 :   주소 :
_____ (인)   _____ (인)

---

11. 저작권 등록

저작권 등록은 왜 하나?

앞에서도 보았지만, 우리 법상 저작권의 발생에는 특별한 방식이 필요 없지만(무방식주의), 저작권 등록을 하면 저작자에게 유리한 여러 가지 법적 효과가 발생하므로, 가치 있는 저작물이라고 생각한다면 적극 등록을 고려해 볼 만하다.

저작권 등록이 점점 알려지고, 등록이 간편한 낫에 등록과 관련된 분쟁도 점점 증가하는 추세로 보인다. 예컨대 회사의 직원으로 근무하는 자가 업무상저작물을 자신의 명의로 등록한다거나, 공동으로 저작한 저작물을 단독 명의로 저작권 등록하는 경우 등이다.

다만, **허위등록을 한 경우 저작권법에 따라 3년 이하의 징역 또는 3,000만 원 이하의 벌금 또는 병과로 처벌될 수 있다**(제136조 제2항 2호).

저작권 등록은 어떻게 하나?

저작권 등록은 권리자 여부 등을 실질적으로 심사하지 않고, 저작물로서의 요건을 갖추었는지 간단한 형식심사를 하고 있다.

저작권 등록은 저작권위원회 직접 방문 신청, 우편 등록 신청, 인터넷 등록신청 등 여러 방법으로 가능하다. 한국저작권위원회가 운영하는 온라인저작권등록 사이트(www.cros.or.kr)에서 온라인, 오프라인 저작권 등록 절차와 내용을 매우 상세히 안내하고 있다. 전화로 문의해도 친절하게 답변해 준다(전화: 1800-5455).

특허, 상표 등 여타 지식재산권 등록에 비해 기간도 짧고, 등록절차도 간편하며, 비용도 매우 저렴한 편이다(2021년 현재 온라인의 경우 2만 원 정도이다).

본인이 직접 등록하는 것도 충분히 가능하다. 다만 덜 번거롭게, 안전하게 하려면 변호사(대리인)를 통해서 등록할 수도 있겠다.

다음은 저작권위원회에서 샘플 작성례로 게시한 저작권등록신청서이다.

작성례(공동저작자, 여러 건, 대리 신청)

■ 저작권법 시행규칙 [별지 제3호서식]

저작권등록신청서

※ [ ]에는 V표를 합니다.　　※ 반드시 뒤쪽의 작성요령을 읽고 작성합니다.　　　　　　(앞쪽)

접수번호		접수일자		처리기간	4일

저작물	① 제 호 (제 목)	Hong's Secret(홍스 시크릿) 외 3건	※ 외국어의 경우 한글을 함께 기재합니다. ([v] 여러 건 등록: 총　4 건) ※ 뒤쪽의 저작물 분류표 및 작성요령을 참고하여 기재합니다.		
	② 종 류	별지목록참조2)			

신청인 ∧ 등록권리자 ∨	③ 성 명 (법인명)	(한글) 주식회사 활빈당 외 1인3)　　(한자) (영문)			
	④ 국 적	대한민국	⑤	주민등록번호 (법인등록번호)	000000-0000000
				사업자등록번호	000-00-00000
	⑥ 주 소	경상남도 진주시 충의로 19, 늘벗동 1층			
	⑦ 전화번호 (휴대전화번호)	02-0000-0000 (010-0000-0000) ※ 휴대전화번호는 선택사항이나, 기재하지 않은 경우 신청 진행 등이 지연될 수 있습니다.	⑧ 전자우편주소		hong@copyright.or.kr
	⑨ 신청인 구분	[ ] 저작자 본인　　　[V] 공동저작자 중 1인(목록 별첨) [ ] 상속인 등　　　　[ ] 공동상속인 중 1인(목록 별첨)			

대리인	⑩ 성 명 (법인명)	00법률사무소 대표 홍인형	⑪	주민등록번호 (법인등록번호)	000000-0000000
				사업자등록번호	000-00-00000
	⑫ 주 소	서울특별시 용산구 후암로 107, 게이트웨이타워 5층			
	⑬ 전화번호 (휴대전화번호)	010-0000-0000 ※ 휴대전화번호는 선택사항이나, 기재하지 않은 경우 신청 진행 등이 지연될 수 있습니다.	⑭ 전자우편주소		hih@cros.or.kr

※ 등록을 거짓으로 한 경우에는 「저작권법」 제136조제2항제2호에 따라 3년 이하의 징역 또는 3천만원 이하의 벌금에 처해질 수 있습니다.

「저작권법」 제53조제1항, 같은 법 시행령 제26조제1항 및 같은 법 시행규칙 제6조제1항제1호가목에 따라 위와 같이 등록을 신청합니다.

2020 년 8 월 5 일

신청인의 대리인 00법률사무소 대표 홍인형 (홍인형의 서명 또는 날인)

한 국 저 작 권 위 원 회 귀중

첨부 서류	1. 「저작권법 시행규칙」 별지 제4호서식의 저작권등록신청명세서 2. 등록과 관련한 복제물이나 그 내용을 알 수 있는 도면・사진 등의 서류 또는 전자적 기록매체 3. 등록사유를 증명하는 서류(등록내용에 대하여 증명이 필요한 경우에 한정하여 첨부하는 것으로서 제적등본 등) 4. 저작자・상속인 등이 2인 이상인 경우 「저작권법 시행규칙」 별지 제19호서식에 따른 목록 5. 저작물을 대량으로 등록하는 경우 「저작권법 시행규칙」 별지 제20호서식에 따른 목록 6. 등록 원인에 대하여 제3자의 동의 또는 허락을 요하는 경우에는 이를 증명하는 서류(신청인이 미성년자인 경우 친권자 동의서 등) 7. 등록권리자임을 증명하는 서류(대리인이 신청하는 경우 대리인임을 증명하는 서류를 포함합니다) 8. 「국민기초생활 보장법」 제7조제1항제1호에 따른 생계급여 제3호에 따른 의료급여의 수급자인 경우에는 같은 법 시행규칙 별지 제3호의2서식에 따른 수급자 증명서	수수료(1건)
		신청물 10건까지
		방문・우편: 30,000원 / 인 터 넷: 20,000원
		신청물 10건 초과 시 추가건당: 10,000원
		「국민기초생활 보장법」 제7조에 따른 생계급여 및 의료급여의 수급자: 없 음(연간 10건에 한합니다)
		등록면허세 (교육세 포함, 1건) 3,600원

210mm×297mm[백상지(80g/㎡) 또는 중질지(80g/㎡)]

1 대법원 1995.11.14. 선고 94도2238 판결.

2 특허법원 2018. 6. 29. 선고 2017허7937 판결 참조.

3 서울지방법원 1995. 4. 28. 선고 94가합50354 판결. 즉, '의사표시에 갈음하는 판결'을 받을 필요없이 곧바로 권리 행사를 할 수 있다는 취지로 보인다. 이영록, "출판과 저작권", 한국저작권위원회(2010). 39면.

4 대법원 2014. 12. 11. 선고 2012도16066 판결.

5 임원선, "실무자를 위한 저작권법", 제3판, 한국저작권위원회(2013), 112면. 예컨대 저작물과 그 저작물의 이용 범위를 구체적으로 정해서 그에 대해 저작인격권을 포기하도록 하는 것이 합리적일 수 있다고 설명하고 있다.

6 대법원 2009. 12. 10. 선고 2007도7181 판결.

7 서울중앙지방법원 2007. 7. 13. 선고 2006나16757 판결.

8 서울고등법원 2007. 1. 16. 선고 2006나21219 판결.

9 해당 사건은 1심 소 제기 후 제3자의 중재로 원만히 해결되었다. 이영욱이 '설희'(원고)측을 대리하였음.

10 다만, 저작인격권은 일신전속권으로 양도가 불가능하기 때문에, 여기서 저작권 양도는 저작재산권의 양도를 말한다.

11 대법원 2007. 1. 25. 선고 2005다11626 판결.

12 대법원 1996. 7. 30. 선고 95다29130 판결 등.

13 서울민사지방법원 1994. 6. 1.자 94카합3724 결정.

14 Graphic Artists Guild, "HANDBOOK - PRICING & EHICAL GUIDELINES", 14th edition(2013), 261면.

15 채정원·이은미, "계약서 작성실무", 영화조세통람(2015), 5면.

16 영화계에서는 충무로 다방에서 제작자와 지방흥행업자 사이에 담뱃갑 안 은박지에 모나미 볼펜으로 몇 자 적은 것이 계약서의 효시라는 농담을 한다고 한다. 문화체육관광부, "알기쉬운 저작권계약"(2014), 40면, 각주 5.

17 채정원·이은미, "계약서 작성실무", 영화조세통람(2015), 4면.

18 서울지방법원 1998. 10. 16. 선고 97가합4178판결, 서울고등법원 1999. 11. 30. 선고 98나61038 판결, 대법원 2000. 4. 21. 선고 99다72989 판결.

19 강은경, "공연계약의 이해", 도서출판 오래(2012), 156~157면.

20 강은경, "공연계약의 이해", 도서출판 오래(2012), 228면.

21 박영목, "연예인 전속계약서 잘 쓰는 법", 커뮤니케이션북스(2009), 7면, 59면. 이메일을 보낼 때는 함께 참석했던 사람을 '참조'로 보내는 것이 좋고, 부득이하면 일기장이나 메모장에 써두는 것도 도움이 될 것이라고 한다.

22 강은경, "공연계약의 이해", 도서출판 오래(2012),164면.

23 후쿠이 겐사쿠·소레 고코·오바라 뉴네유키·시게타 다쓰오 저, 김원중 역, "엔터테인먼트 계약의 함정", 새빛 컬쳐(2004), 40~41면.

24 채정원·이은미, "계약서 작성실무", 영화조세통람(2015), 67면.

25 서울고등법원 2010. 3. 17. 선고 2009나38065 판결. 상고기각으로 확정.

26 서울중앙지방법원 2006. 5. 26. 선고 2005가합85172 판결.

27 대법원 1996. 7. 30. 선고 95다29130 판결.

28 대법원 1996. 7. 30. 선고 95다29130 판결.

29 대법원 2004. 8. 16. 선고 2002다47792 판결(이상문학상 수상작품집 사건).

30 대법원 2017. 11. 23. 선고 2015다1017, 1024, 1031, 1048 판결.

31 대법원 1993. 3. 23. 선고 92다46905 판결.

32 서울중앙지방법원 2009. 10. 27.자 2009카합2869 결정(동방신기 사건).

33 표준국어대사전(네이버 국어사전), "협의".

34 사단법인 한국만화가협회, "만화·웹툰 공정계약 가이드", 사단법인 한국만화가협회(2019), 52면.

35 박영목, "연예인 전속계약서 잘 쓰는 법", 커뮤니케이션북스(2009), 18면, 104면.

36 이상문학상 사건에서는 출판권 관련 저작권법 규정에 따라 판단하였다.

37 Graphic Artists Guild, "HANDBOOK – PRICING & EHICAL GUIDELINES", 14th edition(2013), 130면.

하마탱 작가의
실전 팁 6

법적 구제, 꼭 필요해?

물론 소송까지 가는 상황은 피하는 것이 상책이다. 누구나 한 번은 속거나 당하곤 하는데, 대부분 계약서 작성에서 방지할 수 있다. 이미 벌어진 일이라면, 어떻게든 구제받아야 한다. 상황을 바로잡기 위해 항의 표시는 확실히 하되 폭언, 폭력, 폭로 등 무리수는 금물이다. 내용증명을 발송하는 것도 방법인데, 법적 구속력은 없지만 분명한 경고 효과는 있다. 노동청이나 법률구조공단, 법률전문가의 도움을 요청하는 게 좋다.

소송절차를 밟는다면 좀 까다로워진다. 소송은 에너지 소모가 상당하다. 필자의 경우 소액심판 소송을 진행한 적이 있는데 살면서 사법부랑 얽힐 기회도 드물다는 생각이 들었다. 겸사겸사 법원 구경도 하고 조사, 취재하는 기회로 여겼다. 억울한 경험에 최선을 다해 대처해 보는 것은 의미 있는 경험이지만 두 번 다시 겪고 싶진 않았다. 그러니 평소 작업 진행 전반에 관해 잘 관리하고 기록해두는 것이 좋다. 관련 기관, 동료 작가, 협단체에 상담을 받는 것만으로도 큰 힘이 된다.

법적 구제에 도움이 될 만한 정보

아래 도움이 될 만한 정보를 기재해둔다.

웹툰작가 실무 특강-원고료 협상과 브랜드툰 노하우 (하마탱)
본 원고의 초안 자료를 요약한 자료이다. 특강 자료 파일을 다운로드 받을 수 있다.
https://blog.naver.com/sisacartoon/221687480992

한국저작권위원회 저작권 민원포털
저작권 민원 포털. 저작권 상담센터, 분쟁조정, 저작권아카데미, 저작권 교실, 저작권 기술정보시스템 등을 운영한다.
http://counsel.copyright.or.kr/main.srv

한국예술인복지재단
예술인의 권익을 보호하고, 각종 지원과 상담, 컨설팅을 한다.
http://www.kawf.kr/

한국저작권위원회 저작권등록

저작물에 관한 일정한 사항(저작자 성명, 창작연월일, 맨 처음 공표연월일 등)을 간편한 절차로 등록할 수 있다.

http://www.cros.or.kr/

DC상생협력지원센터

디지털콘텐츠 사업종사자들 대상으로 불공정거래 피해가 발생했을 때 피해구제, 법률자문 등 도움 주는 곳

http://www.dcwinwin.or.kr

만화 분야 표준계약서 6종 (문화체육관광부)

출판계약서 / 전자책 발행계약서 / 웹툰 연재계약서 / 매니지먼트 위임 계약서 / 공동 저작 계약서 / 기획만화 계약서 등

https://www.mcst.go.kr/kor/s_data/generalData/dataView.jsp?pSeq=42&pMenuCD=0405050000&pCurrentPage=1&pType=&pSearchType=01&pSearchWord=

만화인 헬프 데스크 (한국만화영상진흥원)

만화분야 창작자 및 기업의 애로사항을 해소하기 위한 1:1 무료 상담 서비스. 법률, 세무·회계, 노무, 창업 분야의 전문가로부터 문제에 대해 설명 및 대응방안을 상담 받을 수 있다.

http://www.komacon.kr/komacon/news/helpdesk.asp

참고서적

- 강은경, "공연계약의 이해", 도서출판 오래, 2012.

- 문화체육관광부, "알기쉬운 저작권계약", 2014.

- 문화체육관광부·한국저작권위원회, "창작물 공모전 가이드라인", 2015.

- 박성호, "저작권법", 제2판, 박영사, 2017.

- 박영목, "연예인 전속계약서 잘 쓰는 법", 커뮤니케이션북스, 2009.

- 사단법인 한국만화가협회·주재국·노명희, "공정계약을 위한 웹툰작가 필독서", 사단법인 만화가협회, 2017.

- 사단법인 한국만화가협회, "만화·웹툰 공정계약 가이드", 사단법인 한국만화가협회, 2019.

- 윤영환·임애리·김성주·신하나, "웹툰 작가에게 변호사 친구가 생겼다", 바다출판사, 2020.

- 이영록, "출판과 저작권", 한국저작권위원회, 2010.

- 이영욱, "공정한 저작권계약을 위한 입법적 보완방안에 관한 연구", 박사학위논문, 고려대학교, 2015.

- 임원선, "실무자를 위한 저작권법", 제3판, 한국저작권위원회, 2013.

- 조광희·안지혜·조준형, "영화인을 위한 법률가이드", 시각과 언어, 2003.

- 주식회사 글로벌리서치, "2019 웹툰 어시스턴트 실태조사", 콘텐츠진흥원, 2019.

- 채정원·이은미, "계약서 작성실무", 영화조세통람, 2015.

- 후쿠이 겐사쿠·소레 고코·오바라 뉴네유키·시게타 다쓰오 저, 김원중 역, "엔터테인먼트 계약의 함정", 새빛컬쳐, 2014.

- Graphic Artists Guild, "HANDBOOK - PRICING & EHICAL GUIDELINES", 14th edition, 2013.

웹툰계약마스터

2022년 5월 19일 초판 1쇄 발행

글쓴이 이영욱, 홍정순, 최인수
편 집 이열치매
디자인 김애린
마케팅 이수빈

—

펴낸이 원종우
펴낸곳 블루픽
주소 경기도 과천시 뒷골로 26, 2층
전화 02 6447 9000
팩스 02 6447 9009
메일 edit01@imageframe.kr
웹 http://imageframe.kr

—

ISBN 979-11-6769-129-3 13360
정가 33,000원